예레미야 및 애가 강해

AN EXPOSITION ON THE BOOK OF THE PROPHET JEREMIAH, AND ON THE LAMENTATIONS OF JEREMIAH

〔3판〕

김효성
Hyosung Kim
Th.M., Ph.D.

옛신앙
oldfaith
2024

머리말

주 예수 그리스도(마 5:18; 요 10:35)와 사도 바울(갈 3:6; 딤후 3:16)의 증거대로, 성경은 하나님의 말씀이다. 성경이 하나님의 말씀이며 우리의 신앙과 행위에 있어서 정확무오한 유일의 법칙이라는 고백은 우리의 신앙생활에 있어서 매우 기본적이고 중요하다.

웨스트민스터 신앙고백에 진술된 대로(1:8), 우리는 성경의 원본이 하나님의 감동으로 오류가 없이 기록되었고 그 본문이 "그의 독특한 배려와 섭리로 모든 시대에 순수하게 보존되었다"고 믿는다. 이것은 교회의 전통적 견해이다. 그러므로 구약성경에서 전통적 히브리어 마소라 본문을 중요히 여기며 야곱 벤 카임에 의해 편집한 제2 랍비 성경(봄버그판)을 표준적 본문으로 간주해야 한다고 본다.

성경은 성도 개인의 신앙생활뿐 아니라, 교회의 모든 활동들에도 유일한 규범이다. 오늘날처럼 다양한 풍조와 운동이 많은 영적 혼란의 시대에, 우리는 성경으로 돌아가 성경이 무엇을 말하는지 묵상하기를 원하며 성경에 계시된 하나님의 모든 뜻을 알기를 원한다.

성경으로 설교할지라도 그것을 바르게 해석하고 적용하지 않으면, 말씀의 기근이 올 것이다(암 8:11). 오늘날 많은 설교와 성경강해가 있지만, 순수한 성경 지식과 입장은 더 흐려지고 있는 것 같다.

그러므로 오늘날 요구되는 성경강해는 성경 본문의 뜻을 명료하게 해석하고 적용하는 것일 것이다. 실상, 우리는 성경책 한 권으로 충분하다. 성도는, 유일한 선생님이신 성령의 지도를 구하며 성경을 읽어야 하고, 성경강해는 오직 작은 참고서로만 사용해야 할 것이다.

심히 부족한 종에게 지혜와 분별력과 간절함과 건강을 주시고 또 약한 남편을 위해 일평생 헌신한 아내를 주시고 또 많은 기도와 물질로 후원한 성도들과 합정동 교회를 주신 하나님께만 영광을 돌린다.

내용 목차

예레미야

서론

본서의 **저자**는 제사장 예레미야이다. 그는 유다 왕 요시야 13년(주전 627년경)부터 시드기야 11년(주전 586년) 말까지 약 41년간 사역했으나 유다 백성의 반응은 냉담하였다. 비록 설교자의 사역의 결실이 없는 것같이 보이는 경우이었지만, 그는 하나님의 참된 선지자이었고 그가 전한 말씀들은 하나님께서 주신 진리의 말씀이었다. 선지자 예레미야의 모습은, 배교와 타협과 혼돈의 시대에 하나님의 뜻에 충실하여 성경적 교훈을 하고 성경적 방법으로 교회를 세우고 목회를 하는 대신, 교인수를 늘이는 일이라면 성경이 가르치지 않는 무슨 방법이라도 사용하려 하는 부패된 목사들의 모습과 다르다. 성경은 성도들의 개인적 신앙과 생활의 정확무오한 유일의 규칙일 뿐 아니라, 목사들의 전도사역과 목회사역의 정확무오한 유일의 규칙이다.

예레미야서의 헬라어 70인역은 히브리어 마소라 본문보다 8분의 1 정도나 짧고 장들의 배열도 다르다. 우리는 그 이유를 잘 알지 못한다. 그러나 우리는 구약성경의 본문에 관한 한 정통 유대교의 전통적 히브리어 마소라 본문에 권위와 신빙성을 두어야 한다고 본다.

예레미야의 **주요 내용**은 심판과 회복이다. 본서에는 '칼'(71회), '기근'(33회), '황폐' 혹은 '멸망' 등(33회), '진노'(24회), '온역'(17회) 등의 말이 자주 나온다. 예레미야는 유다 왕국의 멸망 시기에 사역한 선지자이었다. 본서에는 또 '안다'(73회), '이스라엘의 하나님'(47회) 등의 표현도 자주 나온다. 모든 사람은 결국 하나님을 알아야 한다. 특히 그의 공의의 심판을 알아야 하고 그의 긍휼의 구원을 알아야 한다. 또 여호와 하나님께서는 이스라엘의 하나님이시다. 그는 이스라엘 백성을 징벌하시지만, 마침내 구원하시고 회복시키실 것이다.

본서의 **특징적 진리**는 사람의 전적 부패성과 무능력이다. 다음 두

구절은 이 진리에 관하여 성경 전체 중에서 매우 중요한 요절이다. 예레미야 17:9, "만물보다 거짓되고 심히 부패한 것은 마음이라." 예레미야 13:23, "구스인이 그 피부를, 표범이 그 반점을 변할 수 있느뇨? 할 수 있을진대 악에 익숙한 너희도 선을 행할 수 있으리라."

본문 혹은 각주에 자주 사용된 약어

KJV	영어 King James Version
NASB	영어 New American Standard Version
NIV	영어 New International Version
LXX	고대 헬라어 70인역
Syr	고대 수리아어역
It	고대 라틴어역
Vg	고대 라틴어 Vulgate역
BDB	Brown-Driver-Briggs, *Hebrew Lexicon of the O. T.*
KB	Koehler-Baumgartner, *Lexicon in Veteris Testamenti Libros.*
Langenscheidt	*Langenscheidt Pocket Hebrew Dictionary.*
NBD	*The New Bible Dictionary.* IVP.
Poole	Matthew Poole, *A Commentary on the Holy Bible.*
JFB	Jamieson, Faussett, Brown 주석.
박윤선	구약주석.

1장: 예레미야를 부르심

1-10절, 예레미야를 부르심

〔1-3절〕 **베냐민 땅 아나돗의 제사장 중 힐기야의 아들 예레미야의 말이라. 아몬의 아들 유다 왕 요시야의 다스린 지 13년에 여호와의 말씀이 예레미야에게 임하였고 요시야의 아들 유다 왕 여호야김 시대부터 요시야의 아들 유다 왕 시드기야의 제11년 말까지 임하니라.** 이 해 **5월에 예루살렘이 사로잡히니라.**

예레미야는 남방 유다 왕국의 멸망 시기에 사역하였던 선지자이었다. 그는 "베냐민 땅 아나돗의 제사장 중 힐기야의 아들"이었다. 그는 에스겔과 같이 제사장이었다. 히스기야의 손자이며 므낫세의 아들인 아몬의 아들 유다 왕 요시야의 다스린 지 13년(주전 627년경)에 여호와의 말씀이 예레미야에게 임했고 요시야의 아들 유다 왕 여호야김 시대부터 요시야의 아들 유다 왕 시드기야의 제11년(주전 586년경) 말까지 임했다. 그 해 5월에 예루살렘 성이 바벨론 사람들에게 사로잡혔다. 예레미야의 선지자로서의 사역 기간은 약 41년간이었다.

구약의 선지자는 하나님의 말씀이 그에게 임하므로 선지자가 된다. 하나님의 말씀을 받지 못한 자는 선지자가 될 수 없다. 선지자들이 받은 말씀이 구약성경이 되었다. 신약교회의 목사는 선지자가 아니다. 그는 선지자들과 사도들의 책인 성경에 정통하여 그것을 해석하고 전하는 자이다. 참 설교자는 자기의 생각을 전하지 않고 성경의 교훈, 성경에 계시된 하나님의 말씀을 전하는 자이다. 그럴 때 그는 권위를 가진다. 성경적 설교와 교훈은 하나님의 권위를 가진다.

〔4-5절〕 **여호와의 말씀이 내게 임하니라. 이르시되 내가 너를 복중에**[태중에](NASB, NIV) **짓기 전에 너를 알았고 네가 태에서 나오기**[태어나기] **전에 너를 구별하였고 너를 열방의 선지자로 세웠노라 하시기로.**

하나님께서는 예레미야를 그 모친의 태중에서 지으셨다. 하나님께서는 모든 사람을 지으신다. 사람의 몸과 영혼은 하나님께서 만드신다. 부모는 하나님의 창조의 도구로 쓰이며 자식들을 낳는 것뿐이다.

하나님께서는 예레미야를 그 모친의 태중에 지으시기 전에 그를 아셨다. 그것은 하나님의 선택을 가리킨다. 하나님께서는 그의 생각과 계획 속에서 예레미야를 아셨다. 에베소서 1:4는 하나님께서 창세 전에 그리스도 안에서 우리를 택하셨다고 말하였다. 하나님께서는 구원하실 모든 사람을 만세 전에 아셨고 그리스도 안에서 택하셨다.

하나님께서는 예레미야가 모태에서 나오기 전에 그를 아셨고 그를 구별하셨고 그를 열방의 선지자로 세우셨다. 하나님께서 그를 선지자로 세우신 것은 하나님의 정하심과 택하심과 부르심으로 된 것이었다. 예레미야의 선지자직의 근원은 하나님이셨다.

오늘날 목사도 하나님께서 정해 세우신다. 요한복음 15:16, "너희가 나를 택한 것이 아니요 내가 너희를 택하여 세웠나니." 고린도전서 12:28, "하나님께서 교회 중에 몇을 세우셨으니 첫째는 사도요 둘째는 선지자요 셋째는 교사요." 에베소서 4:11, "그가 혹은 사도로, 혹은 선지자로, 혹은 복음 전하는 자로, 혹은 목사와 교사로 주셨으니."

〔6절〕 내가 가로되 슬프도소이다. 주 여호와여, 보소서. 나는 아이라. 말할 줄을 알지 못하나이다.

예레미야는 하나님의 부르심을 받았을 때 자신이 아이이며 말할 줄을 모른다고 말했다. 하나님의 충성된 종 모세도 하나님의 부르심을 받았을 때, "주여, 나는 본래 말에 능치 못한 자라. 주께서 주의 종에게 명하신 후에도 그러하니 나는 입이 뻣뻣하고 혀가 둔한 자니이다"라고 고백하였었다(출 4:10). 하나님께서는 자신의 부족과 연약을 아는 모세와 예레미야 같은 겸손한 자를 불러 쓰신다.

〔7-8절〕 여호와께서 내게 이르시되 너는 아이라 하지 말고 내가 너를 누구에게 보내든지 너는 가며 내가 네게 무엇을 명하든지 너는 말할지니라.

너는 그들을 인하여[그들의 얼굴을](MT, KJV) **두려워 말라. 내가 너와 함께하여 너를 구원하리라. 나 여호와의 말이니라 하시고.**

하나님께서는 예레미야에게 선지자의 사역이 무엇임을 지시해주셨다. 첫째로, 예레미야는 하나님께서 그를 누구에게 보내든지 가며 하나님께서 그에게 무엇을 명하든지 말해야 했다. 그것이 선지자와 목사의 임무이다. 목사는 하나님께서 보내시는 자에게라면 누구에게든지 가며 하나님의 명하시는 것이라면 무엇이든지 전해야 한다.

둘째로, 예레미야는 사람들의 얼굴을 두려워하지 말아야 했다. 그것은 하나님께서 그와 함께하셔서 그를 구원하시기 때문이다. 하나님께서는 그의 동행자, 후원자, 보호자, 구원자가 되신다. 그는 사람의 얼굴을 두려워할 것이 없다. 오늘날에 목사도 성경에서 하나님의 교훈을 깨달았다면, 그는 사람들의 얼굴을 두려워하지 말고 전하고 외쳐야 한다. 하나님께서는 그와 함께하시고 그를 구원하실 것이다.

〔9-10절〕 여호와께서 그 손을 내밀어 내 입에 대시며 내게 이르시되 보라, 내가 내 말을 네 입에 두었노라. 보라, 내가 오늘날 너를 열방 만국 위에 세우고 너로 뽑으며 파괴하며 파멸하며 넘어뜨리며 건설하며 심게 하였느니라.

셋째로, 예레미야는 하나님의 말씀을 전해야 했다. 선지자는 자기의 생각을 전하는 자가 아니고, 오직 하나님의 말씀을 전하는 자이다. 오늘날 목사도 그러해야 한다. 목사는 자기의 생각이나 세상의 말들을 하지 말고 성경에 계시된 하나님의 뜻만 충실히 전해야 한다.

넷째로, 예레미야는 열방 만국 위에서 파괴하고 건설하는 일을 해야 했다. 그를 열방 만국 위에 세우시는 것은 그의 말씀 사역이 이방 나라들에게도 관계됨을 보인다. 뽑으며 파괴하며 파멸하며 넘어뜨리는 것은 그가 사람들의 죄악을 지적하고 책망하고 하나님의 심판을 선포하는 것이며, 건설하고 심는 것은 회개를 촉구하고 그들을 구원하고 회복시키고 의와 선을 행하도록 가르치고 권면하는 것이다.

본문의 교훈을 정리해보자. 첫째로, 본문은 선지자의 자격에 대하여 증거한다. 선지자는 하나님께서 택하시고 세우신다. 거기에 선지자의 사역의 권위도 있다. 오늘날 목사도 비슷하다. 목사는 하나님께서 택하시고 세우신다. 그는 특히 성경에 정통해야 한다. 성경적 설교와 교훈이 참 설교요 그것이 하나님의 말씀의 권위를 가진다. 목사의 권위가 거기에 있다. 목사는 성경적 교훈을 위해 하나님께서 세우신 자이다.

둘째로, 본문은 선지자의 임무에 대하여 증거한다. 선지자는 하나님의 모든 말씀을 누구에게나 어디서나 전해야 한다. 사도행전 20:20-21에 보면, 사도 바울은 유익한 것은 무엇이든지 공중 앞에서나 각 집에서나 꺼림 없이 전하여 가르쳤고 유대인들과 헬라인들에게 하나님께 대한 회개와 우리 주 예수 그리스도께 대한 믿음을 증거하였다. 오늘날 목사들도 누구에게나 어디에서나 성경적 설교를 해야 한다.

또 선지자는 사람들의 낯을 두려워하지 말아야 한다. 그는 하나님의 종이기 때문이다. 오늘날 목사도 사람의 얼굴을 두려워하지 말아야 한다. 목사가 사람을 두려워하면 그는 악을 책망치 못하고 악과 타협하게 되고 설교 내용을 사람들의 기호에 맞추어 가감하게 될 것이다.

또 선지자는 파괴하고 건설해야 한다. 그는 사람들의 죄악된 요소들을 지적하고 파괴해야 하고, 그는 그들에게 꼭 있어야 할 덕들, 곧 경건과 거룩과 의와 선과 사랑과 진실의 덕을 건립해야 한다. 오늘날 목사도 똑같은 임무를 가진다. 그는 회개와 믿음과 온전함을 전해야 한다.

셋째로, 본문은 교인들의 의무도 보인다. 참 선지자가 하나님의 종이며 참 설교가 하나님의 말씀이라면, 교인들의 의무도 분명하다. 그들은 그를 영접해야 한다. 주께서는 "너희를 영접하는 자는 나를 영접하는 것"이라고 말씀하셨다(마 10:40). 오늘날 교인들은 성경적 설교를 하는 목사를 영접해야 한다. 그들은 그가 하나님의 보내심을 받아 하나님의 말씀을 전하는 자로 알고 존중해야 한다. 그들은 성경적 설교를 믿고 순종해야 한다. 그를 거절하는 것은 하나님을 거절하는 일이 될 것이다.

11-19절, 두 가지 이상(異像)

〔11-12절〕 여호와의 말씀이 또 내게 임하니라. 이르시되 예레미야야, 네가 무엇을 보느냐? 대답하되 내가 살구나무 가지를 보나이다. 여호와께서 내게 이르시되 네가 잘 보았도다. 이는 내가 내 말을 지켜 그대로 이루려 함이니라.

하나님께서는 구약시대에 이상(異像)을 통해 말씀하셨다. 예레미야는 두 가지 환상을 통해 하나님의 말씀을 받았다. 예레미야가 본 첫 번째 이상(異像)은 살구나무의 이상이었다. '살구나무'라는 원어(솨케드 שָׁקֵד)는 '지킨다'는 원어(솨카드 שָׁקַד, 쇼케드 שֹׁקֵד[분사])와 발음이 비슷하다. 하나님께서는 자신이 자신의 말을 지켜 그대로 이룰 것을 말씀하시기 위해 살구나무 가지를 보이셨던 것이다. 하나님께서는 그 약속하신 바를 그대로 지키시는 분이시다. 그는 말라기 3:6에서 "나 여호와는 변역지[변하지] 아니하노라"고 말씀하셨는데, 그것은 그가 약속하신 바를 변함이 없이 그대로 지키심을 말씀하신 것이다. 하나님께서는 신실하신 분이시다.

여호수아 21:45도, "여호와께서 이스라엘 족속에게 말씀하신 선한 일이 하나도 남음이 없이 다 응하였더라"고 증거하였다. 또 여호수아 23:14에 보면, 여호수아는 이스라엘의 모든 회중 앞에서, "보라, 나는 오늘날 온 세상이 가는 길로 가려니와 너희 하나님 여호와께서 너희에게 대하여 말씀하신 모든 선한 일이 하나도 틀리지 아니하고 다 너희에게 응하여 그 중에 하나도 어김이 없음을 너희 모든 사람의 마음과 뜻에 아는 바라"고 증거하였다. 하나님께서는 아브라함과 이삭과 야곱에게 약속하신 대로, 또 모세와 이스라엘 백성에게 약속하신 대로, 가나안 땅을 그들에게 기업으로 주셨던 것이다.

마태복음 24:35에 보면, 예수께서는 "천지는 없어지겠으나 내 말은 없어지지 아니하리라"고 말씀하셨다. 예수 그리스도의 말씀은 하나도 헛되지 않고 다 이루어질 것이다. 이것이 하나님의 신실하심이다. 사도 바울이라고 생각되는 히브리서 저자는 히브리서 10:23에서, "또 약속하신 이는 미쁘시니[신실하시니] 우리가 믿는 도리의 소망을 움직이지 말고 굳게 잡자"라고 권면하였다. 우리는 하나님을 믿고 그의 말씀이 그대로 이루어질 것을 알고 그것을 굳게 붙잡아야 한다.

〔13-16절〕 여호와의 말씀이 다시 내게 임하니라. 이르시되 네가 무엇을 보느냐? 대답하되 끓는 가마를 보나이다. 그 면이 북에서부터 기울어졌나이다. **여호와께서 내게 이르시되 재앙이 북방에서 일어나 이 땅의 모든 거민에게 임하리라. 나 여호와가 말하노라. 내가 북방 모든 나라의 족속을 부를 것인즉 그들이 와서 예루살렘 성문 어귀에 각기 자리를 정하고 그 사면 성벽과 유다 모든 성읍을 치리라. 무리가 나를 버리고 다른 신들에게 분향하며 자기 손으로 만든 것에 절하였은즉 내가 나의 심판을 베풀어 그들의 모든 죄악을 징계하리라.**

예레미야가 본 두 번째 이상(異像)은 끓는 가마의 이상(異像)이었다. 그 끓는 가마는 그 면이 북쪽에서 남쪽으로 기울어져 있었다. 그것은 하나님께서 북방 나라들을 불러 유다 성읍들을 치게 하실 일을 보이신 것이었다. 그것은 하나님의 심판에 대한 이상(異像)이었다. 하나님께서는 사람의 행위에 대해 보응하신다. 요한계시록 2:23에 보면, 주께서는 "내가 사망으로 그의 자녀를 죽이리니 모든 교회가 나는 사람의 뜻과 마음을 살피는 자인 줄 알지라. 내가 너희 각 사람의 행위대로 갚아 주리라"고 말씀하셨다. 하나님께서는 사람의 선악간의 행위에 대해 심판하시고 보응하신다. 그러므로 우리는 하나님의 모든 명령을 순종하고 거역하지 말고 악을 버리고 선을 행해야 한다.

〔17-19절〕 그러므로 너는 네 허리를 동이고 일어나 내가 네게 명한 바를 다 그들에게 고하라. 그들을 인하여 두려워 말라. 두렵건대 내가 너로 그들 앞에서 두려움을 당하게 할까 하노라. 보라, 내가 오늘날 너로 그 온 땅과 유다 왕들과 그 족장들과 그 제사장들과 그 땅 백성 앞에 견고한 성읍, 쇠기둥, 놋성벽이 되게 하였은즉 그들이 너를 치나 이기지 못하리니 이는

내가 너와 함께하여 너를 구원할 것임이니라. 여호와의 말이니라.

하나님께서는 예레미야에게 “너는 네 허리를 동이고 일어나 내가 네게 명한 바를 다 그들에게 고하라”고 말씀하시며 그의 사명을 완수하라고 명하셨다. 하나님의 뜻 행하기를 거부하는 것이 불충성이고 그의 뜻을 묵묵히 행하는 것이 충성이다. 선지자나 목사는 하나님의 말씀을 그대로 전해야 한다. 그것이 충성이다. 그렇게 하려면 주의 종들은 용기와 담대함이 필요하다. 그러므로 하나님께서는 예레미야를 유다 땅과 왕들과 그 족장들과 그 제사장들과 그 백성 앞에 견고한 성읍, 쇠기둥, 놋성벽이 되게 하셨고 그가 그와 함께하여 그를 구원할 것이기 때문에 그들이 그를 치나 이기지 못하게 하셨다.

오늘날 목사들에게도 고난이 있고 그를 대적하는 자들이 있으나, 그는 그들을 두려워하지 말아야 한다. 그는 모든 사람들에게 견고한 성읍, 쇠기둥, 놋성벽같이 용기와 담대함을 가진 자가 되어야 한다.

디모데후서 4:1-5, “하나님 앞과 산 자와 죽은 자를 심판하실 그리스도 예수 앞에서 그의 나타나실 것과 그의 나라를 두고 엄히 명하노니 너는 말씀을 전파하라. 때를 얻든지 못 얻든지 항상 힘쓰라. 범사에 오래 참음과 가르침으로 경책하며 경계하며 권하라. 때가 이르리니 사람이 바른 교훈을 받지 아니하며 귀가 가려워서 자기의 사욕(私慾)을 좇을 스승을 많이 두고 또 그 귀를 진리에서 돌이켜 허탄한 이야기를 좇으리라. 그러나 너는 모든 일에 근신하여 고난을 받으며 전도인의 일을 하며 네 직무를 다하라.”

오늘날 목사는 하나님의 말씀을 전하는 자이다. 그는 때를 얻든지 못 얻든지 말씀을 전파해야 한다. 또 그러려면 그는 하나님의 명령을 수행할 때 많은 고난이 따른다는 것을 기억해야 한다. 하나님께서는 바울을 견고케 하셨고 도우셨고 지키셨고 승리케 하셨듯이 오늘날 목사들도 견고케 하시고 도우시고 지키시고 승리케 하실 것이다.

사도 바울은 디모데후서 4:14-18에서 자신이 당한 고난을 간증했다. "구리 장색 알렉산더가 내게 해를 많이 보였으매 주께서 그 행한 대로 저에게 갚으시리니 너도 저를 주의하라. 저가 우리 말을 심히 대적하였느니라. 내가 처음 변명할 때에 나와 함께한 자가 하나도 없고 다 나를 버렸으나 저희에게 허물을 돌리지 않기를 원하노라. 주께서 내 곁에 서서 나를 강건케 하심은 나로 말미암아 전도의 말씀이 온전히 전파되어 이방인으로 듣게 하려 하심이니 내가 사자의 입에서 건지웠느니라. 주께서 나를 모든 악한 일에서 건져내시고 또 그의 천국에 들어가도록 구원하시리니 그에게 영광이 세세 무궁토록 있을지어다. 아멘." 구리 장색 알렉산더가 사도 바울에게 많은 해를 주었고 그의 말을 대적했으나 하나님께서는 그에게서 바울을 구원하셨다.

본문의 교훈을 정리해보자. 첫째로, 하나님께서는 그의 말씀을 지켜 그대로 이루시는 분이시다. 이스라엘 백성은 그런 지식과 믿음이 없었으나 우리는 하나님을 믿고 그의 말씀을 굳게 믿어야 한다. 디모데후서 1:12, "이를 인하여 내가 또 이 고난을 받되 부끄러워하지 아니함은 . . . 나의 의탁한 것을 그 날까지 저가 능히 지키실 줄을 확신함이라."

둘째로, 하나님께서는 공의로 심판하시는 분이시다. 그는 사람의 선악의 행위에 대해 공의로 심판하신다. 이 사실을 아는 자는 모든 악을 버리고 선을 행하고 하나님의 말씀을 거역하지 말고 순종해야 한다.

셋째로, 우리는 고난 중에도 낙심하지 말고 충성해야 한다. 배교와 타협과 혼돈의 시대에도 하나님의 바른 말씀은 힘있게 전파되어야 한다. 마귀는 우리가 바른 말씀을 전하며 바른 입장을 취하는 것을 싫어한다. 그러나 하나님께서는 그의 말씀을 지키며 전하는 자의 편에 계신다. 그는 그런 자를 견고케 하시고 도우시고 지키시고 승리케 하신다. 그러므로 우리는 박해자들이나 고난의 현실을 두려워하거나 염려하지 말고 주권적 섭리자 하나님을 바라보며 하나님 앞에 굳게 서야 한다.

2장: 하나님을 버리고 우상을 따름

1-13절, 이스라엘의 두 가지 악

〔1절〕 여호와의 말씀이 내게 임하니라. 이르시되.

여호와의 말씀이 예레미야에게 임하셨다. 하나님께서 하나님의 종 모세와 선지자들에게 주신 말씀들과 하나님의 아들 예수 그리스도와 성령께서 사도들에게 주신 말씀들이 구약과 신약의 책들에 다 기록되어 있다. 오늘날, 신구약 66권의 책들은 하나님의 친 음성의 말씀이며 살아 역사하는 말씀이다. 그러므로 우리는 성경을 읽고 연구하고 듣고 묵상하고 깨닫고 믿고 확신하고 그대로 행해야 한다.

〔2-3절〕 가서 예루살렘 거민의 **귀에 외쳐 말할지니라. 여호와께서 이같이 말씀하시기를 네 소년 때의 우의(友誼)**[경건, 사랑]**와 네 결혼 때의 사랑 곧 씨 뿌리지 못하는 땅, 광야에서 어떻게 나를 좇았음을 내가 너를 위하여 기억하노라.** 그때에 **이스라엘은 나 여호와의 성물(聖物) 곧 나의 소산 중 처음 열매가 되었나니 그를 삼키는 자면 다 벌을 받아 재앙을 만났으리라. 여호와의 말이니라.**

'우의'(友誼)라는 원어(케세드 חֶסֶד)는 주로 '자비' 혹은 '인자(仁慈)'--죄인들을 향한 하나님의 자비이든지, 다른 사람을 향한 사람의 자비이든지 간에--라는 뜻으로 사용되지만, 본문에서는 '하나님께 대한 사랑' 혹은 '경건'이라는 뜻으로 사용되었다고 보인다(BDB).

이스라엘 백성은 애굽에서 나온 후 광야에서 하나님을 경외하고 섬기며 따랐다. 비록 그 백성이 목이 곧고 항상 하나님을 거역하고 속히 하나님을 떠났으나(신 9장), 적어도 그 지도자 모세는 하나님 앞에서 경건하고 신실하였다. 하나님께서는 이스라엘 백성을 하나님의 성물(聖物)[구별된 물건]과 같이, 소산물 중의 첫 열매와 같이 여기셨다. 그를 침략하는 자들은 벌을 받고 재앙을 받았다.

〔4-5절〕 야곱 집과 이스라엘 집 모든 가족아, 나 여호와의 말을 들으라. 나 여호와가 이같이 말하노라. 너희 열조가 내게서 무슨 불의함을 보았관대 나를 멀리하고 허탄한 것을 따라 헛되이 행하였느냐?[허무하게 되었느냐?](KJV, NASB, NIV).

이스라엘 백성의 죄악은 두 가지로 요약되었다. 첫째는 하나님을 멀리한 것이며, 둘째는 헛된 것을 따른 것이다. 하나님께 불의한 일이 없음에도 불구하고 그들은 하나님을 멀리하고 헛된 것들을 따랐다. 신약시대에도 마찬가지이었다. 예수님 당시에 유대인들은 예수께서 무슨 잘못을 행하지 않으셨으나 그를 배척하고 죽였고 또 사도들이 무슨 악을 행하지 않았으나 그들을 박해하고 죽이려 하였다.

〔6-8절〕 그들이 우리를 애굽 땅에서 인도하여 내시고 광야 곧 사막과 구덩이 땅, 간조[건조]**하고 사망의 음침한 땅, 사람이 다니지 아니하고 거주하지 아니하는 땅을 통과케 하시던 여호와께서 어디 계시냐 말하지 아니하였도다. 내가 너희를 인도하여 기름진 땅에 들여 그 과실과 그 아름다운 것을 먹게 하였거늘 너희가 이리로 들어와서는 내 땅을 더럽히고 내 기업을 가증히 만들었으며 제사장들은 여호와께서 어디 계시냐 하지 아니하며 법 잡은 자들은 나를 알지 못하며 관리들도 나를 항거하며 선지자들은 바알의 이름으로 예언하고 무익한 것을 좇았느니라.**

이스라엘의 선조들은 그들을 애굽 땅에서 구원하시고 그의 기이한 손으로 그 거친 광야를 통과하도록 지켜주신 하나님을 잊어버렸고 그를 찾지 않았다. 하나님께서는 그들을 인도하여 기름진 가나안 땅에 들여 그 아름다운 소산을 먹게 하셨고 그 땅을 '내 땅'과 '내 기업'이라고 부르셨으나, 그들은 이리로 들어와서 그 하나님의 땅을 더럽혔고 그 하나님의 기업을 가증하게 만들었다. 이스라엘의 지도자들, 곧 제사장들과 법관들과 관리들과 선지자들도 하나님을 찾지 않았고 그를 알지 못했고 대적하였고 도리어 헛된 것들을 좇았다.

〔9-11절〕 그러므로 내가 여전히 너희와 다투고 너희 후손과도 다투리라. 여호와의 말이니라. 너희는 깃딤 섬들에 건너가 보며 게달에도 사람을

보내어 이 같은 일의 유무를 자세히 살펴보라. 어느 나라가 그 신(神)을 신(神) 아닌 것과 바꾼 일이 있느냐? 그러나 나의 백성은 그 영광(하나님)**을 무익한 것**(우상들)**과 바꾸었도다.**

깃딤 섬은 지중해 동북쪽 끝에 있는 큰 구브로 섬(사이프러스 섬)을 가리키고, 게달은 이스마엘의 후손인 유목민들(베두인 사람들)을 가리킨다. 어느 나라도 그들의 신을 신 아닌 것과 바꾼 일이 없었다. 그러나 이스라엘 백성은 그 하나님을 무익한 우상들과 바꾸었다.

〔12-13절〕 **너 하늘아, 이 일을 인하여 놀랄지어다. 심히 떨지어다. 두려워할지어다**(코르부 메오드 הָרְבוּ מְאֹד)[매우 황폐할지어다](BDB, NASB). **여호와의 말이니라. 내 백성이 두 가지 악을 행하였나니 곧 생수의 근원 되는 나를 버린 것과 스스로 웅덩이를 판 것인데 그것은 물을 저축지 못할 터진 웅덩이니라.**

하나님을 버리고 우상들을 섬긴 것은 매우 큰 악이기 때문에 하늘도 이 일을 듣고 놀랄 것이며 심히 떨 것이다. 하늘과 땅은 황폐할 것이다. 하나님의 백성 이스라엘의 악은 두 가지라고 다시 요약된다. 첫째는 생수의 근원 되는 하나님을 버린 것이다. 하나님께서는 생명의 근원이시다. 고기가 물을 떠나면 죽듯이, 사람은 하나님을 떠나면 죽는다. 창조주 하나님을 멀리하는 것은 사람에게 죽음이다. 둘째는 스스로 웅덩이를 판 것이다. 그러나 그 웅덩이는 물을 저축하지 못할 터진 웅덩이이다. 그것은 헛된 우상숭배를 가리킨 말씀이다.

본문의 교훈을 정리해보자. 첫째로, 우리는 창조자, 섭리자, 우리의 구주 하나님을 멀리하지 말고 그를 버리지 말고 그를 떠나지 말아야 한다. 이스라엘 백성은 하나님께 무슨 잘못이 있기에 그를 멀리하고 그를 버리고 떠났는가? 하나님께 무슨 문제가 있었으며 무슨 불의가 있었는가? 성경적 기독교 신앙에 무슨 잘못과 문제가 있으며, 성경적 교훈과 설교에 무슨 불의와 부도덕함이 있는가? 아무 잘못이 없다. 그러므로 우리는 창조자, 섭리자, 우리 구주 하나님, 우리에게 성경을 주신 하나님을 멀리하거나 떠나지 말고 성경적 교훈을 떠나지 말아야 한다. 신명기 10:20, "네 하나님 여호와를 경외하여 그를 섬기며 그에게 친근히 하라[그를 꼭 붙잡으라]." 신명기 11:22, "너희가 만일 내가 너희에게 명하는 이 모든 명령을 잘 지켜 행하여 너희 하나님 여호와를 사랑하고 그 모든 도를 행하여 그에게 부종(附從)하면[그를 꼭 붙잡으면]." 야고보서 4:8, "하나님을 가까이 하라. 그리하면 너희를 가까이 하시리라."

둘째로, 우리는 헛된 웅덩이나 터진 웅덩이를 파지 말아야 한다. 헛된 웅덩이나 터진 웅덩이는 하나님 아닌 것, 참으로 구원을 줄 수 없고 도움을 줄 수 없는 헛된 우상을 가리킨다. 그것은 오늘날 돈이나 육신의 쾌락이나 과학 등에 적용되며, 천주교회나 이단종파들이나 자유주의 신학이나 잘못된 교회연합운동이나 은사주의에도 적용된다. 사람이 하나님을 버리고 성경적 신앙, 역사적 기독교 신앙, 바른 신앙을 버리고 잘못된 사상을 구하며 따르는 것이 불경건이며 큰 악이다. 그것은 하늘도 놀라고 심히 떨 큰 악이다. 우리는 헛된 우상숭배를 버려야 한다.

셋째로, 우리는 하나님 한 분으로 만족하고 성경 교훈으로 만족해야 한다. 시편 23:1-2, "여호와께서는 나의 목자시니 내가 부족함이 없으리로다. 그가 나를 푸른 초장에 누이시며 쉴 만한 물가으로 인도하시는도다." 시편 73:24-26, "주의 교훈으로 나를 인도하시고 후에는 영광으로 나를 영접하시리니 하늘에서는 주 외에 누가 내게 있으리요 땅에서는 주밖에 나의 사모할 자 없나이다. 내 육체와 마음은 쇠잔하나 하나님께서는 내 마음의 반석이시요 영원한 분깃이시라." 갈라디아서 6:14, "내게는 우리 주 예수 그리스도의 십자가 외에 결코 자랑할 것이 없으니 그리스도로 말미암아 세상이 나를 대하여 십자가에 못 박히고 내가 또한 세상을 대하여 그러하니라." 이것이 옛 길, 옛 신앙이고 성경적 기독교다. 이것이 복된 길, 평안의 길, 영생의 길이다. 예레미야 6:16, "여호와께서 이같이 말씀하시되 너희는 길에 서서 보며 옛적 길 곧 선한 길이 어디인지 알아보고 그리로 행하라. 너희 심령이 평강을 얻으리라."

14-25절, 이스라엘 땅의 황무함의 원인

〔14-16절〕 이스라엘이 종이냐, 씨종(엘리드 바이스 יְלִיד בַּיִת)[집에서 난 (종)]**이냐? 어찌하여 포로**(바즈 בַּז)[약탈물]**가 되었느냐? 어린 사자들이 너를 향하여 부르짖으며 소리를 날려 네 땅을 황무케 하였으며 네 성읍들은 불타서 거민이 없게 되었으며 놉과 다바네스의 자손도 네 정수리를 상하였으니**[뜯어먹었으니].

이스라엘 백성은 집에서 난 종처럼 되었고 약탈물처럼 포로가 되었다. 침략자들은 이스라엘 땅을 황무케 하였고 그 성읍들을 불태워 거민들이 없게 했다. 놉[멤피스]과 다바네스의 자손들 곧 애굽 사람들은 이스라엘 나라의 지도자들을 죽였다.

〔17-19절〕 네 하나님 여호와가 너를 길로 인도할 때에 네가 나를 떠남으로 이를 자취함이 아니냐? 네가 시홀의 물을 마시려고 애굽 길에 있음은 어찜이며 또 그 하수를 마시려고 앗수르 길에 있음은 어찜이뇨? 네 악이 너를 징계하겠고 네 패역(메슈바 מְשׁוּבָה)[배교](BDB)**이 너를 책할 것이라. 그런즉 네 하나님 여호와를 버림과 네 속에 나를 경외함이 없는 것이 악이요 고통인 줄 알라. 주 만군의 여호와의 말이니라.**

'시홀'은 나일강(사 23:3) 아마 나일강의 동쪽 지류를 가리키는 말일 것이라고 하며(BDB), '그 하수'는 유브라데 강을 가리킨다. 이스라엘 백성의 죄는 하나님께서 그들을 인도하실 때에 그들이 하나님을 떠나고 그를 버린 것 곧 참 경건의 상실이었다. 그들은 하나님 대신 남방의 강대국인 애굽이나 북방의 강대국인 앗수르를 의지하였다. 그것은 세상을 의지하고 사람들을 의지한 것이다. 선지자는 그것을 '배교'라고 표현한다. 이스라엘 나라의 멸망은 바로 그들이 하나님을 버린 배교와 그들 속에 하나님 경외함이 없음 때문이었다.

〔20절〕 네가 옛적부터 네 멍에를 꺾고 네 결박을 끊으며 말하기를 나는 순복지 아니하리라[이는 내가 옛적에 네 멍에를 꺾고 네 결박을 끊었으나, 네가 말하기를, 나는 순복지 아니하리라](KJV, NASB) **하고 모든 높은 산 위와**

모든 푸른 나무 아래서 몸을 굽혀 행음하도다.

"내가 옛적에 네 멍에를 꺾고 네 결박을 끊었다"는 말씀은 출애굽 사건을 가리킬 것이다. 또 하나님께서는 사사 시대에도 여러 번 이방 나라들의 압제에서 이스라엘 백성을 건져주셨다. 그러나 이스라엘 백성은 하나님만 섬기지 않았고 하나님께 온전히 순복하지 않았고 이방인들의 우상들을 섬김으로 영적인 간음을 행하였다.

〔21절〕 **내가 너를 순전한 참 종자 곧 귀한 포도나무**(쇼레크 שֹׂרֵק)**로 심었거늘 내게 대하여 이방 포도나무의 악한 가지가 됨은 어찜이뇨?**

하나님께서는 아브라함을 택하시고 부르시고 그의 자손 이스라엘 백성을 순전하고 귀한 포도나무와 같이 되기를 원하셨다. 그는 아브라함과 이삭과 야곱의 자손들인 이스라엘 백성이 경건하고 의로운 백성이 되기를 원하셨다. 그러나 그들은 하나님의 뜻과 명령을 저버렸고 악을 행하는 이방인들과 다를 바가 없게 변질되었다.

〔22-23a절〕 **주 여호와 내가 말하노라. 네가 잿물로 스스로 씻으며 수다한 비누를 쓸지라도 네 죄악이 오히려 내 앞에 그저 있으리니 네가 어찌 말하기를 나는 더럽히지 아니하였다, 바알들을 좇지 아니하였다 하겠느냐? 골짜기 속에 있는 네 길을 보라. 네 행한 바를 알 것이니라.**

이스라엘 백성은 자신들의 그 많은 죄악들을 부인할 수 없을 것이다. 그들의 죄악은 잿물이나 많은 비누로도 씻어지지 않을 것이다. 그들의 죄악은 하나님 앞에 분명하게 기억될 것이다. 그들은 자신들을 더럽히지 않았고 바알들을 좇지 않았다고 변명할지라도 그들의 우상숭배의 자취들은 그들이 알 수 있도록 골짜기 속에 드러나 있었다.

〔23b-25절〕 **너는 발이 빠른 젊은 암약대가 그 길에 어지러이 달림** 같았으며 **너는 광야에 익숙한 들 암나귀가 그 성욕이 동하므로**[발정하여] **헐떡거림** 같았도다. **그 성욕의 때에**[그 발정의 때에] **누가 그것을 막으리요? 그것을 찾는 자들이 수고치 아니하고 그것의 달에 만나리라.** 내가 또 말하기를 **네 발을 제어하여 벗은 발이 되게 말며 목을 갈하게 말라** 하였으나 **오직 너는 말**

하기를 아니라, 이는 헛된 말이라. **내가 이방**신**을 사랑하였은즉 그를 따라 가겠노라 하도다.**

이스라엘 백성은 발정한 들 암나귀들이 어지러이 달리며 헐떡거림 같이 우상숭배의 일에 열심이었고 이방신들을 섬기기에 열렬하였다. 하나님께서는 그들에게 영적으로 행음하지 말고 헛된 갈망을 버리라고 말씀하셨으나 그들은 하나님의 말씀을 헛되이 여기며 이방신들을 사랑하였고 그것들을 따라갔다.

본문의 교훈을 정리해보자. 첫째로, 이스라엘 땅이 황무하게 된 원인은 그들이 범죄하였기 때문이다. 15-19절, "어린 사자들이 너를 향하여 부르짖으며 소리를 날려 네 땅을 황무케 하였으며 네 성읍들은 불타서 거민이 없게 되었으며 . . . 네가 나를 떠남으로 이를 자취함이 아니냐? . . . 네 악이 너를 징계하겠고 네 패역[배교]이 너를 책할 것이라." 이사야 48:18, "슬프다, 네가 나의 명령을 듣지 아니하였도다. 만일 들었더면 네 평강이 강과 같았겠고." 세상의 불행은 사람들의 죄 때문에 왔다.

둘째로, 하나님께서는 이스라엘을 귀한 포도나무로 심으셨으나 그들은 이방 포도나무의 악한 가지가 되었다. 21절, "내가 너를 순전한 참 종자 곧 귀한 포도나무로 심었거늘 내게 대하여 이방 포도나무의 악한 가지가 됨은 어찜이뇨?" 그들은 하나님을 떠났고 배교했고 영적 행음 즉 우상숭배에 빠졌었다. 그것은 십계명의 1, 2계명을 어기는 큰 악이다. 하나님께서는 이사야 5:2에서도 이스라엘을 "극상품 포도나무"라고 말씀하시며 좋은 포도 맺기를 기대하셨으나 들포도를 맺었다고 하셨다. 예수께서도 자신이 참 포도나무요 우리는 그의 가지라고 말씀하시며 우리가 주 안에 거하여 좋은 열매를 많이 맺어야 한다고 하셨다(요 15:1, 5). 우리는, 영원하신 여호와 온 세상을 창조하셨고 다스리시는 하나님 외에 다른 신을 섬기지 말아야 한다. 우리는 돈과 부귀영광과 육신의 쾌락에 가치를 두지 말고 하나님만 경외하고 믿고 의지하고 우리 안에 계신 성령의 도우심을 받아 그의 모든 계명을 순종하며 살아야 한다.

26-37절, 이스라엘 백성의 죄악됨

본문은 이스라엘 백성의 죄악됨과 그 결과로 받을 일을 증거한다.

〔26절〕 도적이 붙들리면 수치를 당함같이 이스라엘 집 곧 그 왕들과 족장들[혹은 방백들]**과 제사장들과 선지자들이 수치를 당하였느니라.**

이스라엘 백성은 그들의 왕들과 방백들과 제사장들과 선지자들이 함께 우상숭배하며 하나님의 계명들을 어김으로 다 수치를 당하였다. 도적이 붙들리면 수치를 당함같이, 그들은 수치를 당하였다. 범죄하는 자들은 다 이 세상에서도 마지막 심판 날에도 수치를 당할 것이다.

〔27-28절〕 그들이 나무를 향하여 너는 나의 아비라 하며 돌을 향하여 너는 나를 낳았다 하고 그 등을 내게로 향하고 그 얼굴은 내게로 향치 아니하다가 환난을 당할 때에는 이르기를 일어나 우리를 구원하소서 하리라. 네가 만든 네 신들이 어디 있느뇨? 그들이 너의 환난을 당할 때에 구원할 수 있으면 일어날 것이니라. [이는] **유다여, 너의 신들이 너의 성읍 수와 같도다**[같음이니라].

이스라엘 백성은 나무와 돌로 우상들을 만들어 놓고 신으로 숭배하였다. 그들은 그 우상들이 자기들을 낳은 아버지라고 부르며 그 등을 하나님께로 향하고 그 얼굴을 그에게로 향치 않았다. 그들의 신들의 수는 성읍 수같이 많았다. 그들은 십계명의 제1, 2계명을 어긴 자들이었다. 그것은 근본적인 죄악이었다. 그런데 그들은 이제 환난을 당한다고 어찌하여 여호와 하나님께 구원을 요청하는 것인가? 그들은 왜 자기들이 섬기던 우상들에게 구원을 요청하지 않는 것인가?

〔29-30절〕 나 여호와가 말하노라. 너희가 나와 다툼은 어찜이뇨? 너희가 다 내게 범과하였느니라. 내가 너희 자녀를 때림도 무익함은 그들도 징책을 받지 아니함이라. 너희 칼이 사나운 사자같이 너희 선지자들을 삼켰느니라.

이스라엘 백성은 다 하나님께 범죄하였다. 하나님께서 이스라엘 자손을 징책하여도 유익이 없었다. 왜냐하면 그들은 그 징책을 달게 받지 않기 때문이다. 그들은 도리어 사나운 사자들같이 그들의 칼로 선지자들, 곧 하나님의 종들을 죽였다. 그것은 하나님의 말씀을 부정하는 행위, 곧 하나님을 부정하고 하나님을 대적하는 행위이었다.

〔31절〕 너희 이 세대여, 여호와의 말을 들어**보라. 내가 이스라엘에게 광야가 되었었느냐? 흑암한 땅이 되었었느냐? 무슨 연고로 내 백성이 말하기를 우리는 놓였으니**(라드누 רָדְנוּ)[유랑하였으니, 돌아다녔으니] **다시 주께로 가지 않겠다 하느냐?**

하나님께서는 이스라엘 백성에게 거친 들판과 같았었는가? 그는 그들에게 슬픔과 불행의 땅과 같았었는가? 하나님께서는 그들에게 풍성한 곡식을 주고 기쁨과 평안을 주지 않으셨던가? 그런데 그들은 왜 방황하였는가? 그들은 왜 하나님께로 돌아가지 않으려 하는가?

〔32-34절〕 처녀가 어찌 그 패물을 잊겠느냐? 신부가 어찌 그 고운 **옷을 잊겠느냐? 오직 내 백성은 나를 잊었나니 그 날 수는 계수할 수 없거늘 네가 어찌 사랑을 얻으려고 네 행위를 아름답게 꾸미느냐? 그러므로 네 행위를 악한 여자들에게까지 가르쳤으며 또 네 옷단에 죄 없는 가난한 자를 죽인 피가 묻었나니 그들이 담 구멍을 뚫음을 인함이 아니라. 오직 이 모든 일로** 너를 책망함을 **인함이니라.**

하나님께서는 이스라엘 백성에게 가장 귀한 보화이신데, 그들은 하나님을 오랫동안 잊어버렸고 우상들을 위해 자신을 단장하였고 그 행위를 악한 여자들에게까지 가르쳤다. 또 그들은 죄 없는 가난한 자들을 죽였다. 그것은 그들이 밤에 담을 뚫고 집에 침입해온 도적들을 죽인 것이 아니고 자기들의 우상숭배를 책망함을 인함이었다. 그들은 공공연한 우상숭배자들이었고 또한 살인자들이었다.

〔35-37절〕 그러나 너는 말하기를 나는 무죄하니 그 진노가 참으로 내게서 떠났다 하거니와 보라, 네 말이 나는 죄를 범치 아니하였다 함을 인하여 내가 너를 심판하리라[너와 변론하리라](원문, BDB, KJV). **네가 어찌하여 네 길을 바꾸어 부지런히 돌아다니느뇨? 네가 앗수르로 인하여 수치를 당함같이 애굽으로 인하여 수치를 당할 것이라. 네가 두 손으로 네 머리를 싸고**

거기서도 나가리니 이는 네가 의지하는 자들을 나 여호와가 버렸으므로 네가 그들을 인하여 형통치 못할 것임이니라.

그들은 우상숭배와 살인의 죄를 범하면서도 양심의 가책을 느끼지 않았다. 그들의 양심은 반복된 악행으로 인해 무디어졌고 마비되어 있었다. 그들은 앗수르 나라로, 애굽 나라로 바삐 다녔었다. 그들은 한 종교와 한 신에 머물지 않았고 여러 종교, 여러 신들을 탐구하며 의지했다. 오늘날 말로 하면, 그들은 혼합주의자들, 종교다원주의자들이었다. 그러나 하나님께서는 이방나라들과 그 신들을 징벌하실 것이며 그 신들을 의지하던 이스라엘 백성은 형통치 못할 것이다.

본문의 교훈은 무엇인가? 첫째로, 이스라엘 백성의 많은 죄들 중에 첫 번째는 우상숭배의 죄이었다. 모든 사람들의 첫 번째 죄는 우상숭배의 죄이다. 사람이 하나님을 알지 못하고 하나님 아닌 것을 하나님으로 섬기며 하나님 대신에 거기에 절대적 가치를 두고 사는 것이 근본적인 죄악이며 모든 사람들의 문제이다. 오늘날 사람들도 이성과 과학, 돈과 육신적 쾌락, 세상적 명예와 세상 권세 등에 절대가치 혹은 많은 가치를 두고 산다면, 그것들은 다 우리를 행복케 하지 못하는 우상들이다. 그것들은 실상 헛된 것들이다. 우리는 모든 우상들을 버려야 한다.

둘째로, 이스라엘 백성은 하나님을 떠났고 잊어버렸고 방황하였다. 그 결과, 그들은 수치와 고난과 황폐함을 경험했다. 그러나 인생의 본분은 전도서 12:13의 말씀대로 여호와 하나님을 경외하며 그 모든 명령을 지키는 것이다. 우리는 하나님만 의지하며 섬기며 순종해야 한다.

셋째로, 우리는 우리 구주 예수 그리스도의 의만 의지하고 주의 교훈대로 선을 행하고 서로 사랑함을 실천해야 한다. 우리는 의가 없었던 자들이었다. 그러나 예수 그리스도께서 우리의 의가 되셨다. 우리의 의는 오직 예수 그리스도의 십자가뿐이다. 그러므로 우리는 구주 예수 그리스도만 믿고 모든 악을 버리고 선을 행하고 사랑을 실천해야 한다.

3장: 배역한 이스라엘아, 돌아오라

1-13절, 이스라엘 백성의 행음함

〔1절〕 세상에서 **말하기를 가령 사람이 그 아내를 버리므로 그가 떠나 타인의 아내가 된다 하자** 본**부(本夫)**[본 남편]**가 그를 다시 받겠느냐? 그리하면 그 땅이 크게 더러워지지 않겠느냐 하느니라. 나 여호와가 말하노라. 네가 많은 무리와 행음하고도 내게로 돌아오려느냐?**

이혼한 아내가 다른 사람의 아내가 되었는데, 본 남편이 그를 다시 아내로 받아들이겠는가? 그렇게 되면 사회가 혼란해지고 크게 더러워지지 않겠는가? 그러나 하나님께서는 이스라엘 백성에게 말씀하신다. 마지막 문장은 어떤 영어성경들처럼 "네가 많은 무리와 행음하였으나 내게로 돌아오라"고 번역하는 것이 옳아 보인다(KJV, NASB).[1] 하나님께서는 이스라엘 백성이 영적 행음 즉 우상숭배에 빠져 있음에도 불구하고 "내게로 돌아오라"고 권면하시는 것이라고 본다.

〔2-5절〕 **네 눈을 들어 자산(赭山)**[벌거숭이산들]**을 보라. 너의 행음치 아니한 곳이 어디 있느냐? 네가 길가에 앉아 사람을 기다린 것이 광야에 있는 아라바**[아라비아] **사람 같아서 음란과 행악으로** 이 **땅을 더럽혔도다. 그러므로 단비**[소낙비]**가 그쳐졌고 늦은 비가 없어졌느니라. 그럴지라도 네가 창녀의 낯을 가졌으므로 수치를 알지 못하느니라. 네가 이제부터는 내게 부르짖기를 나의 아버지여, 아버지는 나의 소시(少時)**[어릴 때]**의 애호자**(알루프 אַלּוּף)[친구]**시오니** 노를 **한없이 계속하시겠으며 끝까지 두시겠나이까 하지 않겠느냐? 보라, 네가 이같이 말하여도 악을 행하여 네 욕심을 이루었느니라 하시니라.**

이스라엘 백성의 죄는 한마디로 행음함이었다. 이것은 영적 의미와 육적 의미를 다 포함하였다고 본다. 영적 행음은 우상숭배를 가리

---

1) '돌아오려느냐?'는 원어(쇼브 שׁוּב)는 부정사의 절대형이다. 히브리어에서 부정사의 절대형은 강한 명령의 뜻을 가진다(예, 출 20:8).

킨다. 육적 행음을 보이는 구절은 예레미야 5:7-8이다. "내가 어찌 너를 사하겠느냐? 네 자녀가 나를 버리고 신이 아닌 것들로 맹세하였으며 내가 그들을 배불리 먹인즉 그들이 행음하며 창기의 집에 허다히 모이며 그들은 살찌고 두루 다니는 수말같이 각기 이웃의 아내를 따라 부르짖는도다." 그 결과로, 이스라엘 땅에는 단비가 그쳤고 늦은 비가 없어졌다. 사람들이 범죄하면 하나님께서 주시는 평안과 모든 좋은 것을 잃어버린다. 그것은 하나님의 징벌이다. 그러나 이스라엘 백성은 창녀의 낯을 가졌으므로 부끄러움을 알지 못하고 더욱 악한 욕심을 이루었다. 그것이 죄인의 모습이다.

〔6-10절〕 요시야 왕 때에 여호와께서 또 내게 이르시되 네가 배역한(메슈바 מְשֻׁבָה)[배교한, apostate] **이스라엘의 행한 바를 보았느냐? 그가 모든 높은 산에 오르며 모든 푸른 나무 아래로 가서 거기서 행음하였도다. 그가 이 모든 일을 행한 후에 내가 말하기를 그가 내게로 돌아오리라 하였으나 오히려 내게로 돌아오지 아니하였고 그 패역한**(바고다 בָּגוֹדָה)[배신한, treacherous] **자매 유다는 그것을 보았느니라. 내게 배역한**[배교한] **이스라엘이 간음을 행하였으므로 내가 그를 내어쫓고 이혼서까지 주었으되 그 패역한**[배신한] **자매 유다가 두려워 아니하고 자기도 가서 행음함을 내가 보았노라. 그가 돌과 나무로 더불어 행음함을 가볍게 여기고 행음하여 이 땅을 더럽혔거늘 이 모든 일이 있어도 그 패역한**[배신한] **자매 유다가 진심**[전심]**으로 내게 돌아오지 아니하고 거짓으로 할 뿐이니라. 여호와의 말이니라.**

유다의 죄도 역시 행음함이었다. 그들도 배교적이었고 배신적이었다. 남방 유다 백성들은 북방 이스라엘 백성의 죄악됨을 보았고 하나님께서 북방 이스라엘 백성에게 내리신 재앙을 보고도 두려워하지 않았고 진심으로 회개하며 하나님께로 돌아오지 않았다.

〔11-13절〕 여호와께서 내게 이르시되 배역한[배교한] **이스라엘은 패역한**[배신한] **유다보다 오히려 의로움이 나타났나니 너는 가서 북을 향하여 이 말을 선포하여 이르라. 여호와께서 가라사대 배역한**[배교한] **이스라엘아, 돌아오라. 나의 노한 얼굴을 너희에게로 향하지 아니하리라. 나는 긍휼이**

있는 자라. 노를 **한없이 품지 아니하느니라. 여호와의 말이니라. 너는 오직 네 죄를 자복하라**(데이 דְּעִי)[알라, 인정하라(KJV, NASB, NIV)]. **이는 네 하나님 여호와를 배반하고 네 길로 달려 모든 푸른 나무 아래서 이방**신**에게** 절하고 **내 목소리를 듣지 아니하였음이니라. 여호와의 말이니라.**

하나님께서는 배교한 이스라엘 백성이 배신한 유다 백성보다 오히려 의로움이 나타났다고 말씀하신다. 하나님께서는 이스라엘 백성을 향해 노를 한없이 품지 않으시고 긍휼을 베푸실 것이다. 그들은 오직 하나님께 자신들의 죄를 인정하고 고백하고 하나님께로 돌아와야 한다. 이스라엘 백성은, 하나님을 거역하고 그 목소리를 듣지 않고 우상숭배한 죄를 인정하고 회개하고 하나님께로 돌아와야 한다.

본문의 교훈을 정리해보자. 첫째로, 우리는 행음치 말아야 한다. 요한계시록 17-18장은 말세가 큰 음녀의 시대, 곧 음란의 시대라고 예언한다. 그것은 육적인, 영적인 음행을 다 포함한다. 현대인들은 과학과 돈과 쾌락을 최고 가치로 여기는 우상숭배에 빠져 있다. 또 오늘날 영상물 문화의 급속한 발전은 현대사회를 음란사회로 심각하게 병들게 하고 있다. 우리와 우리 자녀들은 음란물과 음란풍조에 노출되어 있다. TV, 인터넷, 컴퓨터, 심지어 휴대폰까지 음란물들을 전달하는 통로가 되고 있다. 우상숭배와 음행은 하나님 앞에서 큰 죄이다. 그것은 천국에 들어가지 못하고 지옥에 들어갈 죄이다. 요한계시록 21:8은 우상숭배자들과 행음자들이 지옥 불못에 던지울 것이라고 증거하고, 22:15는 우상숭배자들과 행음자들이 천국의 성 밖에 있으리라고 증거한다. 우리는 영적, 육적 음행을 멀리하고 그런 것이 있으면 철저히 회개해야 한다.

둘째로, 우리는 하나님 중심으로만 살아야 한다. 죄인들은 자신의 죄를 인정하고 하나님께로 돌아와 하나님 중심으로만 살아야 한다. 하나님 중심으로 산다는 것은 하나님의 말씀인 성경 중심으로 살고 성경의 중심이 되시는 예수 그리스도 중심으로 살고 또 성경적 교회 중심으로 사는 것을 말한다. 그것은 경건과 도덕성 있는 삶을 가리킨다.

14-25절, 배교자여, 돌아오라

〔14a절〕 나 여호와가 말하노라. 배역한(쇼바브 שׁוֹבָב)[배교한] **자식들아, 돌아오라. 나는 너희 남편임이니라.**

이스라엘 백성은 하나님의 바른 진리로부터 떠나갔고 변절하였다. 하나님께서는 자신을 그들의 남편이라고 표현하시며 그들이 회개하고 돌아오기를 원하신다. 배교자들은 하나님께로 돌아와야 한다.

〔14b-15절〕 내가 너희를 성읍에서 하나와 족속 중에서 둘을 택하여 시온으로 데려오겠고 내가 또 내 마음에 합하는 목자(로임 רֹעִים)[목자들]**를 너희에게 주리니 그들이 지식과 명철로 너희를 양육하리라.**

하나님께서는 이스라엘 백성을 회복시키실 것이다. 또 그는 그의 마음에 합한 목자들을 주셔서 지식과 명철로 양육하게 하실 것이다.

〔16절〕 나 여호와가 말하노라. 너희가 이 땅에서 번성하여 많아질 [그]**때에는 사람 사람이 여호와의 언약궤를 다시는 말하지 아니할 것이요 생각지 아니할 것이요 기억지 아니할 것이요 찾지 아니할 것이요 만들지 아니할 것이며.**

이스라엘 나라의 회복 시대에는 언약궤 중심의 구약적 종교 형식이 없어질 것이다. 그것은 언약궤의 실체 되신 메시아께서 오실 것이기 때문이다. 구약시대의 성막 제도와 제사 제도는 폐지될 것이다.

〔17-18절〕 그때에 예루살렘이 여호와의 보좌라 일컬음이 되며 열방[모든 나라들]**이 그리로 모이리니 곧 여호와의 이름으로 인하여 예루살렘에 모이고 다시는 그들의 악한 마음의 강퍅한**[완고함] **대로 행치 아니할 것이며 그때에 유다 족속이 이스라엘 족속과 동행하여**[동행하며 그들이] **북에서부터 나와서 내가 너희 열조에게 기업으로 준 땅에 함께 이르리라.**

이스라엘 나라의 회복 시대가 되면, 모든 이방나라들이 예루살렘에 모이고 다시는 악한 마음의 완고함으로 행하지 않을 것이며 분리되었던 이스라엘 나라의 남과 북도 함께 모일 것이다. 이스라엘 나라의 회복에 대한 이 예언은 신약교회에서 이루어지고 있다고 보인다.

〔19-21절〕 내가 스스로 말하기를 내가 어떻게 하든지 너를 자녀 중에

두며 허다한 나라 중에 아름다운 산업인 이 낙토[즐거운 땅](KJV, NASB)**를 네게 주리라 하였고 내가 다시 말하기를 너희가 나를 나의 아버지라 하고 나를 떠나지 말 것이니라 하였노라. 그런데 이스라엘 족속아, 마치 아내가 그 남편을 속이고**[배신하고] **떠남같이 너희가 정녕히 나를 속였느니라**[배신하였느니라]. **여호와의 말이니라. 소리가 자산(赭山)**[벌거숭이산] **위에서 들리니 곧 이스라엘 자손의 애곡하며 간구하는 것이라. 그들이 그 길을 굽게 하며 자기 하나님 여호와를 잊어버렸음이로다.**

하나님께서는 이스라엘 백성에게 젖과 꿀이 흐르는 아름다운 기업 가나안 땅을 주셨지만, 그들은 아내가 자기 남편을 배신하고 떠나감같이 하나님을 배신하고 떠나갔다. 그러나 이제 그들은 재앙을 맞아 애곡하며 회개하며 간구할 것이다. 그들이 그 길을 굽게 하고 하나님을 잊어버려 하나님의 재앙이 그들에게 임했기 때문이다.

〔22a절〕 배역한[배교한] **자식들아, 돌아오라. 내가 너희의 배역함**[배교]**을 고치리라.**

하나님께서는 배교한 이스라엘 백성에게 회개하라고 권면하신다. 회개는 사람에게 가장 요긴한 문제이다. 죄인에게 필요한 것은 다른 무엇이 아니라 바로 회개이다. 회개는, 하나님을 멀리하고 그의 계명을 저버렸던 자가 하나님께로 돌아오는 것이다. 회개는 사람이 자신의 불경건과 불의의 죄를 깨닫고 통회하며 이제는 하나님 중심으로 살고 그의 계명인 성경 교훈 중심으로 살기를 결심하는 것이다.

〔22b-23절〕 보소서, 우리가 주께 왔사오니 주는 우리 하나님 여호와이심이니이다. 작은 산들과 큰 산 위의 떠드는 무리에게 바라는 것은 **참으로 허사라. 이스라엘의 구원은 진실로 우리 하나님 여호와께 있나이다.**

예레미야는 백성을 대신해 "우리가 주께 왔나이다"라고 고백한다. 하나님을 바로 알고 그에게 돌아오는 것이 구원이다. "작은 산들과 큰 산 위의 떠드는 무리"는 우상숭배자들을 가리킨다. 그들에게 어떤 소망과 구원을 바라는 것은 참으로 헛된 일이다. 우상은 신이 아니며 우리에게 아무 도움을 줄 수 없다. 이스라엘 백성의 구원은 참으로 우리 하나님 여호와께 있다. 구원은 오직 하나님께 있다.

〔24-25절〕 [그러나] **부끄러운 그것이 우리의 어렸을 때로부터 우리 열조의 산업인 양떼와 소떼와 아들들과 딸들을 삼켰사온즉 우리는 수치 중에 눕겠고 우리는 수욕에 덮이울 것이니 이는 우리와 우리 열조가 어렸을 때로부터 오늘까지 우리 하나님 여호와께 범죄하여 우리 하나님 여호와의 목소리를 청종치 아니하였음이니이다.**

이스라엘 백성은 건국 초기부터 이제까지 많은 수치스런 일들을 당했다. 그들이 그 수치스런 일들을 당한 까닭은 한가지뿐이다. 그것은 하나님께 범죄하고 그의 목소리를 청종하지 않았기 때문이다.

본문의 교훈을 정리해보자. 첫째로, 하나님의 간곡한 권면은 회개하라는 것이다. "배교한 자식들아, 돌아오라"(14, 22절). 예수께서 전파하신 내용도 "회개하라"는 것이었다(마 4:17; 막 1:15). 사도 바울도 가는 곳마다 "하나님께 대한 회개와 우리 주 예수 그리스도께 대한 믿음"을 전했다(행 20:21). 아직도 회개하지 않은 사람들은 다 회개해야 한다.

둘째로, 우리는 진리의 지식과 명철을 얻어야 한다. 15절, "내가 또 내 마음에 합하는 목자들을 너희에게 주리니 그들이 지식과 명철로 너희를 양육하리라." 성경은 진리의 지식과 명철의 보고(寶庫)이다. 디모데후서 3:16, "모든 성경은 하나님의 감동으로 된 것으로 교훈과 책망과 바르게 함과 의로 교육하기에 유익하니." 우리는 성경을 읽고 성경적 설교를 들음으로써 진리의 지식을 넉넉히, 풍성하게 얻어야 한다.

셋째로, 우리는 하나님만 섬기고 의지하고 그의 목소리를 청종해야 한다. 이스라엘 백성은 하나님을 멀리하였고 그의 목소리를 거역했고 범죄함으로 수치를 당했었다. 하나님의 목소리는 오늘날 성경 속에 있고 성경을 통해 전달된다. 또 확고하게 성경에 근거한 성경적인 설교는 분명히 하나님의 목소리이다. 그러므로 우리는 성경말씀과 성경적인 설교를 겸손히 사모하며 달게 받고 그 말씀을 믿고 힘써 행해야 한다.

4장: 임박한 심판

1-18절, 임박한 심판

〔1-2절〕 여호와께서 가라사대 이스라엘아, 네가 돌아오려거든 내게로 돌아오라. 네가 만일 나의 목전에서 가증한 것을 버리고 마음이 **요동치**(누드 נוּד)[방황치](BDB) **아니하며 진실과 공평과 정의로 여호와의 삶을 가리켜 맹세하면 열방이 나로 인하여 스스로 복을 빌며 나로 인하여 자랑하리라**[혹은 "네가 만일 나의 앞에서 가증한 것을 버린다면 너는 방황치 않을 것이라. 또 너는 진실과 공평과 의로 여호와의 삶을 가리켜 맹세할 것이며 열방은 그로 인하여 복을 받으며 그로 인하여 기뻐하리라"(KJV은 비슷함)].

하나님께서는 임박한 심판 앞에서 유다 백성의 회개를 촉구하신다. 하나님의 심판을 직면한 이스라엘 백성의 바른 대책은 회개뿐이다. 그것만이 살 길이며 재앙을 피할 길이다. 그것은 특히 하나님 앞에서 가증한 것들, 즉 우상들을 버리는 것이다. 만일 유다 백성이 그렇게 한다면 그들은 온 세계에 흩어져 방황하는 일이 없을 것이다. 또 그들은 진실과 의로 하나님을 경외하며 그의 이름으로 맹세할 것이다. 또 이방나라들도 하나님으로 말미암아 복을 얻으며 기뻐할 것이다. 하나님께서는 우리에게 오직 죄를 버리고 바르게 살라고 명령하신다.

〔3-4절〕 나 여호와가 유다와 예루살렘 사람에게 이같이 이르노라. 너희 묵은 땅을 갈고 가시덤불 속**에 파종하지 말라. 유다인과 예루살렘 거민들아, 너희는 스스로 할례를 행하여 너희 마음 가죽을 베고 나 여호와께 속하라. 그렇지 아니하면 너희 행악을 인하여 나의 분노가 불같이 발하여 사르리니 그것을 끌 자가 없으리라.**

하나님께서는 유다 백성이 묵은 땅을 버려두거나 가시덤불에 씨를 뿌리지 말라고 말씀하신다. '묵은 땅'은 죄로 길들여진 마음을 말할 것이며, '가시덤불'은 돈과 쾌락 등에 대한 세상적인 욕심들과 세상 근심 걱정들을 가리킬 것이다. 하나님께서는 유다와 예루살렘 거민들이 죄로 길들여진 마음에 할례를 받아 죄를 버리고 하나님께 속하라고 말씀하신다. 마음의 할례는 거듭남을 가리키며 그 증거는 회개와 믿음이다. 그들은 죄를 회개하고 하나님을 믿음으로 새 삶을 시작해야 한다. 그렇지 않으면 그들의 악행 때문에 하나님의 노가 불같이 일어나 그들을 사를 것이며 아무도 그 불을 끌 수 없을 것이다.

〔5-6절〕 너희는 유다에 선포하며 예루살렘에 공포하여 이르기를 이 땅에서 나팔을 불라 하며 또 크게 외쳐 이르기를 너희는 모이라. 우리가 견고한 성으로 들어가자 하고 시온을 향하여 기호를 세우라. 도피하라. 지체하지 말라. 내가 북방에서 재앙과 큰 멸망으로 이르게 할 것임이니라.

하나님께서는 북방으로부터 재앙과 큰 멸망이 예루살렘 성에 오게 하실 것을 예언하셨다. 그것은 바벨론 제국의 군대를 가리켰다.

〔7-8a절〕 사자가 그 수풀에서 올라왔으며 열방을 멸하는 자가 나아왔으되 네 땅을 황폐케 하려고 이미 그 처소를 떠나 나왔은즉 네 성읍들이 황폐하여 거민이 없게 되리니 이를 인하여 너희는 굵은 베를 두르고 애곡하라.

유다 나라뿐 아니라 여러 나라들을 멸하는 자가 등장하였다. 그는 수풀에서 올라온 사자같이 유다 성읍들을 황폐케 하고 거민이 없게 할 것이며 이 일 때문에 그들은 굵은 베옷을 입고 애곡할 것이다.

〔8b-9절〕 대저 여호와의 맹렬한 노가 아직 너희[우리]**에게서**[우리] **돌이키지 아니하였음이니라. 나 여호와가 말하노라. 그 날에 왕과 방백들은 실심(失心)할 것이며 제사장들은 놀랄 것이며 선지자들은 깜짝 놀라리라.**

유다 백성에게 내릴 재앙은 하나님의 맹렬한 진노이었다. 그 날에 유다 왕과 방백들은 낙심하며 제사장들과 선지자들은 놀랄 것이다.

〔10절〕 내가 가로되 슬프도소이다. 주 여호와여, 주께서 진실로 이 백성과 예루살렘을 크게 속이셨나이다. 이르시기를 너희에게 평강이 있으리라 하시더니 칼이 생명(네페쉬 נֶפֶשׁ)[영혼(KJV), 목(NASB, NIV)]**에 미쳤나이다.**

거짓 선지자들은 평안을 예언했었다. 그들의 예언은 하나님의 뜻과 정반대이었다. 그들은 하나님의 마음을 전하지 못하였다. 그들은 이스라엘 땅의 평안을 예언하였으나, 이제 전쟁이 코앞에 다달았다.

〔11-13절〕 그때에 이 백성과 예루살렘에 이를 자 있어서 뜨거운 바람이 광야 자산(赭山)[벌거숭이 산]**에서 내 딸 백성에게 불어온다 하리라. 이는 키질하기 위함도 아니요 정결케 하려 함도 아니며 이보다 더 강한 바람이 나를 위하여**(리 לִי)[내 명령으로](NASB) **오리니 이제 내가 그들에게 심판을 베풀 것이라. 보라, 그가 구름같이 올라오나니 그 병거**[들]**는 회리바람 같고 그 말들은 독수리보다 빠르도다. 우리에게 화 있도다. 우리는 멸망하도다 하리라.**

하나님께서는 그 재앙의 때에 유다 백성과 예루살렘 거민들에게 선지자를 통해 말씀을 전하게 하실 것이다. 하나님께서는 뜨거운 바람, 강한 바람, 회리바람으로 묘사된 큰 재앙을 보내실 것이다. 하나님의 재앙의 바람은 날렵하고 무서운 바벨론 군대를 가리켰다.

〔14절〕 예루살렘아, 네 마음의 악을 씻어 버리라. 그리하면 구원을 얻으리라. 네 악한[혹은 '헛된'(KJV)] **생각이 네 속에 얼마나 오래 머물겠느냐?**

유다 백성과 특히 예루살렘 거민들에게 필요한 것은 마음의 악을 씻어 버리는 것이다. 즉 참된 회개가 필요한 것이다. 그래야 그들은 구원을 얻을 것이다. 사람들이 하나님의 재앙을 피하고 그 재앙에서 구원 얻는 길은 죄를 회개하는 것밖에 없고 그럴 때 하나님의 긍휼을 얻게 되고 또 하나님께서는 그런 자들을 용납하실 것이다.

〔15-18절〕 단에서 소리를 선포하며 에브라임 산에서 재앙을 공포하는도다. 너희는 열방에 고하며 또 예루살렘에 알게 하기를 에워싸고 치는 자들[감시자들](KJV)**이 먼 땅에서부터 와서 유다 성읍들을 향하여 소리를 지른다 하라. 그들이 밭을 지키는 자같이 예루살렘을 에워싸나니 이는 그가 나를 거역한 연고니라. 여호와의 말이니라. 네 길과 행사가 이 일들을 부르게 하였나니 이는 너의 악함이라. 그 고통이 네 마음에까지 미치느니라.**

이스라엘 전역에, 또 이방나라들에까지 널리, 유다 나라의 멸망의 소식이 알려질 것이다. 마침내 바벨론 군대가 예루살렘을 포위할 것이다. 그것은 유다 나라의 종말이 될 것이다. 하나님께서는 유다 나라의 멸망의 이유도 말씀하신다. 그 이유는 그들의 죄 때문이었다. 그들은 하나님을 거역했고 그들의 길과 행위들은 악했다. 그들은 불경건했고 하나님을 배반하고 대적하였고 그들의 행위와 삶은 악하였다. 오늘날도 참된 경건이 없는 세상은 이기적이고 탐욕적이고 음란하고 거짓되다. 때때로, 하나님의 교회들도 부패하여 세상처럼 되었다. 그 결과로, 그들의 고통은 그들의 마음 속에까지 미친다.

본문의 교훈을 정리해보자. 첫째로, 우리는 모든 죄를 버려야 한다. 1절, "나의 목전에서 가증한 것을 버리고." 3절, "너희 묵은 땅을 갈고 가시덤불 속에 파종하지 말라." 14절, "네 마음의 악을 씻어 버리라." 우리는 모든 불경건, 습관적 죄, 돈과 쾌락 등에 대한 욕심, 미움, 음란을 버리고, 의와 거룩과 선과 진실로 자신을 단장해야 한다. 우리가 구원을 얻었다고 생각하면서도 여전히 죄 가운데 살고 있다면, 우리는 아직도 구원을 못 얻었든지 아니면 영적으로 심히 병든 상태일 것이다.

둘째로, 구원 얻은 우리도 범죄하면 하나님께서 노하실 것이다. 4절, "너희 행악을 인하여 나의 분노가 불같이 발하여 사르리니 그것을 끌 자가 없으리라." 로마서 8:13, "너희가 육신대로 살면 반드시 죽을 것이로되." 이것은 우리를 위한 경고이며 여전히 진리이다. 히브리서 12:8, "징계는 다 받는 것이거늘 너희에게 없으면 사생자요 참 아들이 아니니라." 우리는 구원 얻은 지금도 하나님의 죄의 징벌을 두려워해야 한다.

셋째로, 구원은 오직 하나님의 긍휼로 말미암는다. 하나님의 은혜를 많이 받았던 이스라엘 백성은 우상숭배와 부도덕 가운데 살다가 마침내 멸망하였다. 그것이 구약시대의 이스라엘의 역사이었다. 이방인이었던 우리는 말할 것도 없다. 그러므로 우리의 죄 문제는 우리의 행위와 불완전한 결심으로 해결되지 않고, 오직 하나님의 긍휼로 된다. 하나님의 긍휼이 하나님의 아들 예수 그리스도의 십자가 대속으로 나타났다. 그러므로 우리는 겸손히 우리 자신의 모든 죄를 고백하고 버리고 구주 예수 그리스도만 믿어야 하고 또 그를 순종하기를 결심해야 한다.

19-31절, 다가올 멸망을 슬퍼함

〔19절〕 슬프고 아프다. 내 마음 속이 아프고 내 마음이 답답하여 잠잠할 수 없으니 이는 나의 심령 네가 나팔소리와 전쟁의 경보를 들음이로다.

'슬프고 아프다'는 원문(메아이 메아이 מֵעַי מֵעַי)은 '내 창자여, 내 창자여'라는 뜻이다. 사람들은 너무 고통스러울 때 '내 창자가 아프다'고 표현한다. 선지자 예레미야가 이렇게 마음 속으로 슬퍼하고 아파하는 까닭은 나팔소리와 전쟁의 경보를 듣기 때문이었다.

〔20-21절〕 패망에 패망이 연속하여 온 땅이 탈취를 당하니 나의 천막은 홀연히 파멸되며 나의 휘장은 잠시간에 열파되도다. **내가 저 기호를 보며 나팔소리 듣기를 어느 때까지 할꼬?**

전쟁에서 연속하여 패전함으로 마침내 멸망하고 온 땅이 탈취를 당하고 모든 집들은 파괴될 것이다. 선지자 예레미야는 예언자의 눈과 귀로 침략군들의 깃발을 보며 나팔소리를 계속 듣고 있다.

〔22절〕 [이는] **내 백성은 나를 알지 못하는 우준한 자요 지각이 없는 미련한 자식이라**[자식임이라]. **악을 행하기에는 지각이 있으나 선을 행하기에는 무지하도다.**

하나님의 백성들이 계명을 범하고 죄를 짓고 악을 행하는 것은 그들이 하나님을 알지 못하는 우준한 자이며 지각이 없는 미련한 자식이기 때문이다. 그들은 악을 행하기엔 지각이 있으나 선을 행하기엔 무지했다. 이것은 원죄의 죄성을 가진 모든 사람의 모습이다. 사람은 참으로 무지하고 미련하다. 선은 잘 행하지 못하나 악은 잘 행한다.

〔23-26절〕 내가 땅을 본즉 혼돈하고 공허하며 하늘들을 우러른즉 **거기 빛이 없으며 내가 산들을 본즉 다 진동하며 작은 산들도 요동하며 내가 본즉 사람이 없으며 공중의 새가 다 날아갔으며 내가 본즉 좋은 땅**(카르멜 כַּרְמֶל)[비옥한 땅]**이 황무지가 되었으며 그 모든 성읍이 여호와의 앞 그 맹렬한 진노 앞에 무너졌으니.**

예레미야는 땅과 하늘과 산들과 비옥한 땅과 모든 성읍을 다 보았다. 땅은 전쟁으로 인해 혼돈하고 공허하였다. 하늘들은 캄캄하고 빛이 없었다. 산들은 다 진동하고 요동하였다. 세상에 사람이 없고 공중의 새들도 다 날아가버렸다. 비옥한 논과 밭은 황무지가 되었고 모든 성읍들은 하나님의 맹렬한 진노 앞에 다 무너졌다.

〔27절〕 이는 여호와의 말씀에 이 온 땅이 황폐할 것이나 내가 진멸(殄滅)하지는[완전히 멸하지는] **아니할 것이며 이로 인하여 땅이 슬퍼할 것이며 위의 하늘이 흑암할 것이라. 내가 이미 말하였으며 작정하였고 후회하지 아니하였은즉 또한 돌이키지 아니하리라 하셨음이로다.**

이스라엘 백성의 멸망은 그들의 죄 때문에 온다. 사람의 모든 불행은 죄 때문에 온다. 온 땅은 슬퍼할 것이다. 이 재앙의 날은 주권자 하나님께서 말씀하시고 작정하신 것이며 그는 그의 작정하신 바를 후회하거나 돌이키지 않고 다 이루실 것이다. 하나님께서는 주권적 작정자이시며 섭리자이시다. 그러나 비록 온 땅이 황폐할 것이지만, 하나님께서 다 멸하지는 않으실 것이다. "내가 완전히 멸하지는 아니할 것이며." 그는 조금 남겨두실 것이다. 그것은 그의 긍휼이다.

〔29-30절〕 기병과 활 쏘는 자의 훤화[떠드는 소리]**로 인하여 모든 성읍이 도망하여 수풀에 들어가고 바위에 기어오르며 각 성읍이 버림을 당하여 거기 거하는 사람이 없나니 멸망을 당한 자여**[네가 멸망을 당할 때](KJV), **네가 어떻게 하려느냐? 네가 붉은 옷을 입고 금장식으로 단장하고 눈을 그려 꾸밀지라도 너의 화장한 것이 헛된 일이라. 연인들이 너를 멸시하여 네 생명을 찾느니라.**

침략군들은 기병과 활 쏘는 자들로 올 것이다. 성읍의 모든 사람들은 그들을 피해 수풀에 들어가고 바위에 기어오를 것이다. 각 성읍은 사람이 거주하지 않는 황폐한 곳이 될 것이다.

이스라엘 백성이 값비싼 붉은 옷을 입고 반지나 목걸이 등 장신구로 단장하고 눈을 그리고 꾸밀지라도 그들의 아름다운 단장은 헛될 것이다. 그들이 사랑하던 이방나라의 우상숭배자들은 이제 그들을 멸시하며 그들의 생명을 찾으며 죽이려 할 것이다.

〔31절〕 내가 소리를 들은즉 여인의 해산하는 소리 같고 초산(初産)하는 자의 고통하는 소리 같으니 이는 딸 시온의 소리라. 그가 헐떡이며 그 손을 펴고 이르기를 **내게 화 있도다, 살육하는 자를 인하여 나의 심령이 피곤하도다 하는도다.**

그 날에 유다 백성은 해산하는 여인, 특히 초산하는 여인같이 고통스런 소리를 지르며 헐떡이며 손을 펴고 심령으로 피곤해 할 것이다.

본문의 교훈을 정리해보자. 첫째로, 이스라엘 백성은 하나님을 알지 못하는 우준한 자들이요 지각이 없는 미련한 자식들이었다. 그들은 악을 행하기에는 지각이 있었으나 선을 행하기에는 무지하였다. 우리는 참으로 하나님을 알고 그의 기뻐하시는 선한 삶을 살고 있는지, 혹시 우리 자신이 미련한 자가 아닌지 자신을 살피고 성찰해야 한다.

둘째로, 멸망과 재앙을 피하는 길은 죄를 버리고 통회자복하는 것뿐이다. 죄인들이 멸망과 재앙을 피하는 길은 자신을 위해 또 다른 이들을 위해 마음을 찢고 우는 것뿐이다. 회개치 않는 자는 다 망할 것이다. 요엘 2:12-13, "여호와의 말씀에 너희는 이제라도 금식하며 울며 애통하고 마음을 다하여 내게로 돌아오라 하셨나니." 주께서는 "너희도 만일 회개치 아니하면 다 이와 같이 망하리라"고 말씀하셨다(눅 13:3, 5). 죄를 뉘우치고 버리는 것이 사람이 살며 대 재앙을 피하는 길이다.

셋째로, 자신의 의로운 행위로 하나님 앞에 설 사람은 아무도 없다. 우리의 행위에 근거하여 항상 기뻐할 수 있는 자는 없다. 우리는 예수 그리스도의 구속(救贖)과 완전한 의 때문에 항상 기뻐할 수 있다. 그러므로 우리는 예수 그리스도의 피로 우리의 부족을 늘 씻음 받고 주의 의 안에서 항상 기뻐해야 한다. 빌립보서 4:4, "주 안에서 항상 기뻐하라. 내가 다시 말하노니 기뻐하라." 우리는 이제 예수 그리스도의 대속의 의를 믿는 믿음으로 살고 오직 성경말씀을 순종함으로 살아야 하고, 예수 그리스도의 의(義) 안에서 의와 선을 행하며 살아야 한다.

5장: 백성들의 죄악상

1-9절, 이스라엘 백성의 패역함

〔1-2절〕 너희는 예루살렘 거리로 빨리 왕래하며 그 넓은 거리에서 찾아 보고 알라. 너희가 만일 공의를 행하며 진리(에무나 אֱמוּנָה)[신실함](BDB)**를 구하는 자를 한 사람이라도 찾으면 내가 이 성을 사하리라. 그들이 여호와의 사심으로 맹세할지라도 실상은 거짓 맹세니라.**

옛날에 소돔 고모라 성은 의인 열 명이 없어서 유황불비의 심판을 받아 멸망했다(창 18:32). 이제 예루살렘 성은 공의를 행하며 신실함을 구하는 자가 한 사람이 없어 멸망할 처지에 있다. 공의를 행하는 것은 하나님의 계명대로 사는 것이며 신실함을 구하는 것은 하나님 앞에서 신실한 것, 곧 하나님을 경외하고 그를 의지하고 따르는 것이다. 모든 사람은 하나님을 경외하고 그를 의지하고 그의 계명을 순종해야 한다. 그러나 이스라엘 백성은 그렇지 못했다. 사람이 하나님 앞에서 맹세만 바르게 해도 하나님을 경외하는 표가 될 것이다. 맹세는 하나님께서 살아계시고 공의의 심판자 되심을 인정하는 행위이다. 그러나 하나님의 이름으로 하는 그들의 맹세에도 거짓됨이 있었다.

〔3-5절〕 여호와여, 주의 눈이 성실을 돌아보지[신실함을 찾지] **아니하시나이까? 주께서 그들을 치셨을지라도 그들이 아픈 줄을 알지 못하며**[괴로워하지 않으며] **그들을** 거진[거의] **멸하셨을지라도 그들이 징계를 받지 아니하고**[고치기를 거절하였으며] **그 얼굴을 반석보다 굳게 하여 돌아오기를 싫어하므로**[거절했도다. 그러므로] **내가 말하기를 이 무리는 비천하고 우준한 것뿐이라.** [이는] **여호와의 길, 자기 하나님의 법을 알지 못하니**[못함이니] **내가 귀인들에게 가서 그들에게 말하리라. 그들은 여호와의 길, 자기 하나님의 법을 안다 하였더니 그들도 일제히** 그 **멍에를 꺾고 결박을 끊은지라.**

하나님께서는 그들을 거의 멸하다시피 하였으나 그들은 고치기를 거절하였다. 그들은 그 얼굴을 반석보다 굳게 하여 돌아오기를 거절했다. 그들은 죄에 대한 깨달음도, 하나님의 징벌에 대한 두려움도 없었다. 그들의 마음은 완고하고 완악하고 배교적이었다. 그들은 영적으로도 도덕적으로도 비천하고 미련하였다. '여호와의 길,' '하나님의 법'은 하나님의 정해 놓으신 사람의 정로다. 십계명은 그 요약이다. 그러나 이스라엘의 귀족들조차도 하나님의 법을 자신들을 속박하는 멍에와 결박이라고 여겼다. 악인들은 성경의 교훈을 속박으로 여긴다. 그러나 실상, 하나님께서 주신 율법은 사람을 속박하기 위한 것이 아니고 사람의 행복과 영생을 위한 것이다(신 10:12-13).

〔6절〕 그러므로 수풀에서 나오는 사자가 그들을 죽이며 사막의 이리가 그들을 멸하며 표범이 성읍들을 엿보온즉 그리로 나오는 자마다 찢기오리니 이는 그들의 허물이 많고 패역(메슈보스 מְשֻׁבוֹת)[배교]**이 심함이니이다.**

사자와 이리와 표범은 하나님께서 내리시는 징벌의 한 방법이었다. 그것은 그들을 죽이시는 재앙이었다. 그 형벌의 이유는 그들이 허물이 많고 배교가 심하기 때문이었다. 이스라엘 백성은 허물이 많았다. 그것은 한두 번의 실수가 아니었다. 사람이 한두 번 실수를 하여도 하나님께서 징벌하실 것이지만, 그것이 반복된다면, 마침내 최종적인 멸망이 올 수밖에 없다. 그들은 하나님을 심히 배반하였다.

〔7-9절〕 내가 어찌 너를 사하겠느냐? 네 자녀가 나를 버리고 신이 아닌 것들로 맹세하였으며 내가 그들을 배불리 먹인즉 그들이 행음하며 창기의 집에 허다히 모이며 그들은 살찌고 두루 다니는(마쉬킴 מַשְׁכִּים)[원기왕성한] **수말같이 각기 이웃의 아내를 따라 부르짖는도다. 나 여호와가 이르노라. 내가 어찌 이 일들을 인하여 벌하지 아니하겠으며 내 마음이 이런 나라에 보수(報讐)하지 않겠느냐?**

하나님께서는 그들의 죄를 다시 서술하신다. 그들의 대표적인 죄는 우상숭배이었다. 또 그들은 행음하였다. 그들은 창녀의 집에 허다이 모이며 살찌고 원기왕성한 수말같이 이웃의 아내를 취하려 한다. 하나님께서 이런 나라에 어떻게 징벌치 않으시겠는가?

본문의 교훈을 정리해보자. 첫째로, 이스라엘 백성은 자신들의 죄를 깨닫지 못했고 그 얼굴을 반석보다 굳게 하였고 하나님의 법을 속박으로 여겼다(3, 5절). 그들의 허물과 배교는 컸다. 6절, "이는 그들의 허물이 많고 패역[배교함]이 심함이니이다." 그들은 우상숭배하였고 행음하였다(7-8절). 하나님의 말씀이 인생에게 속박인가? 신명기 10:13의 말씀대로, 하나님의 말씀이 사람의 행복을 위한 말씀이 아닌가? 하나님의 말씀은 사람에게 속박이 아니고 평안과 행복을 위한 말씀이며 영생의 길을 보이는 말씀이다. 사람은 자신의 죄를 깨닫고 회개해야 한다.

둘째로, 이스라엘 백성은 하나님의 심판을 무시하고 두려워하지 않았다. 그러나 하나님께서는 범죄하는 자들에게 반드시 벌하실 것이다. 9절, "내가 어찌 이 일들을 인하여 벌하지 아니하겠으며 내 마음이 이런 나라에 보수(報讐)하지 않겠느냐?" 하나님께서는 수풀에서 나오는 사자같이, 사막의 이리같이, 성읍들을 엿보는 표범처럼 악인들을 죽이시고 멸하실 것이다(6절). 그의 심판은 이스라엘의 역사에서 밝히 드러났고 우리의 짧은 삶에서도 확실히 체험되는 바이다. 그는 반드시 악인들을 심판하실 것이다. 사람이, 특히 성도가, 범죄하면 그에게 하나님의 징벌과 심판이 있다. 그의 심판은 참으로 두렵고 그의 징벌은 심히 무서운 것이다. 그러므로 우리는 하나님의 심판을 두려워해야 한다.

셋째로, 예루살렘 성에는 공의를 행하며 신실함을 구하는 자 한 사람이 없어서 그 성이 멸망하였다(1절). 공의는 하나님의 계명대로 행하는 것이며, 신실함은 하나님을 믿고 의지하며 그의 말씀대로 사는 것이다. 성경의 진리와 교훈이 하나님의 법이며 인생의 정로이다. 성경은 신앙과 행위의 정확무오한 유일의 규칙이다. 행위 규범의 요점은 십계명이다. 사람은 예수 그리스도를 믿어 죄사함과 의롭다 하심의 구원을 얻어야 하고 성경의 모든 교훈을 성심으로 순종해야 한다. 우리는 세상의 헛된 것들, 즉 돈이나 명예나 육신의 쾌락 등에 가치를 두지 말고, 오직 하나님과 천국에 가치를 두고 하나님의 계명을 순종하며 살아야 한다.

10-19절, 하나님의 심판

〔10절〕 **너희는 그 성벽에 올라가 훼파하되 다 훼파하지 말고 그 가지만 꺾어버리라.** [이는 그것들이] **여호와의 것이 아님이니라.**

하나님께서는 이방나라들에게 이스라엘 성읍을 파괴하되 다 파괴치 말고 그 가지만 꺾으라고 말씀하신다. 그것은 하나님의 것이 아니기 때문이다. 회개치 않는 자들은 하나님의 소유, 즉 그의 택하신 자들이 아니다. 가지만 꺾으라는 말씀은 나무 둥치를 남겨두라는 뜻이다. 그것은 이스라엘 나라를 완전히 멸절시키지는 않으실 것을 암시한다. 그것은 하나님의 긍휼이다. 본장 18절 하반절에도, "그때에도 내가 너희를 진멸치는 아니하리라"고 말씀하셨다. 이사야 6:13에도 "그 중에 십분의 일이 오히려 남아 있을지라도 이것도 삼키운 바 될 것이나 밤나무, 상수리나무가 베임을 당하여도 그 그루터기는 남아 있는 것같이 거룩한 씨가 이 땅의 그루터기니라"고 말했다.

〔11절〕 [이는] **나 여호와가 말하노라. 이스라엘 족속과 유다 족속이 내게 심히 패역**(바가드 בָּגַד)[배신, 변절](BDB)**하였느니라**[하였음이니라].

하나님께서 이스라엘을 징벌하시는 까닭은 그들이 하나님께 심히 변절했기 때문이다. 이스라엘 백성은 하나님께 매우 배신적이었다.

〔12-13절〕 **그들이 여호와를 인정치 아니하며**(키케쉬 כִּחֵשׁ)[거짓되이 행하며](BDB) **말하기를 여호와는** 계신 것이 **아닌즉 재앙이 우리에게 임하지 않을 것이요 우리가 칼과 기근을 보지 아니할 것이며 선지자들은 바람이라. 말씀이 그들의 속에 있지 아니한즉 그같이 그들이 당하리라 하느니라.**

이스라엘 백성은 겉으로는 하나님을 섬기는 것 같으나 실제로는 그렇지 않았다. 그들은 하나님의 존재를 부정하고 하나님께서 선지자들을 통해 선언하신 재앙, 곧 칼과 기근을 무시했다. 그들은 선지자들이 바람 곧 허무한 존재이며 그들이 전하는 말씀이 하나님의 말씀이 아니라고 말했고 또 그들의 선언하는 재앙이 선지자들 자신에게 임하리라는 저주의 말까지 했다. 예레미야 시대의 구약교회는 매우 혼란스러웠다. 바른 말씀과 거짓말이 뒤섞여 전해지고 있었다.

〔14절〕 **그러므로 만군의 하나님 여호와가 이같이 말하노라. 그들이 이 말을 하였은즉 볼지어다, 내가 네 입에 있는 나의 말로 불이 되게 하고 이 백성으로 나무가 되게 하리니** 그 불이 **그들을 사르리라.**

이스라엘 백성이 하나님의 선지자들의 말을 무시하고 그들을 저주하기까지 하므로 하나님께서는 선지자들의 입에 있는 그의 말씀이 불이 되고 이스라엘 백성이 나무가 되어 불타게 하실 것이라고 말씀하셨다. 선지자들의 말은 곧 하나님의 말씀이며 그들의 말씀대로 불같은 하나님의 진노가 그대로 그들에게 임할 것이다.

〔15절〕 **나 여호와가 말하노라. 이스라엘 족속아, 보라, 내가 한 나라를 원방에서 너희에게로 오게 하리니 곧 강하고 오랜 나라이라. 그 방언을 네가 알지 못하며 그 말을 네가 깨닫지 못하느니라.**

하나님께서는 먼 곳에 있는 한 나라의 군대를 불러오게 하실 것이다. 그 나라는 강하고 오래된 나라일 것이며 이스라엘 사람들이 그 언어를 알아듣지 못하는 나라일 것이다.

〔16-17절〕 **그 전통(箭筒)**[화살통]**은 열린 묘실이요 그 사람들은 다 용사라. 그들이 네 자녀들의 먹을 추수 곡물과 양식을 먹으며 네 양떼와 소떼를 먹으며 네 포도나무와 무화과나무** 열매**를 먹으며 네가 의뢰하는 견고한 성들을 칼로 파멸하리라.**

이스라엘 백성은 그 군대로 인해 많이 죽게 될 것이다. 그들의 화살통은 열린 무덤처럼 사람들을 죽음으로 이끌 것이며, 그들은 이스라엘 백성이 먹을 양식들, 고기들, 과일들을 빼앗아가고, 유다의 견고한 성들을 파괴시킬 것이다. 그 전쟁은 참혹한 불행이 될 것이다.

〔18절〕 **나 여호와가 말하노라. 그때에도 내가 너희를 진멸치는**[완전히 멸하지는] **아니하리라.**

10절에서 '가지만 꺾어버리라'고 말씀하신 것과 같이, 하나님께서는 진노 중에서도 긍휼을 베푸셨다. 그는 이스라엘 백성을 징벌하시지만, 완전하게 멸망시키지는 않으실 것이다. 이스라엘 백성 중에는 남은 자들이 있을 것이다. 그들은 하나님의 은혜로 택함 받은 자들이며 남겨진 자들이다. 그것은 하나님의 긍휼과 자비이었다.

〔19절〕 그들이 만일 이르기를 우리 하나님 여호와께서 어찌하여 이 모든 일을 우리에게 행하셨느뇨 하거든 너는 그들에게 이르기를 너희가 여호와를 버리고 너희 땅에서 이방신들을 섬겼은즉 이와 같이 너희 것이 아닌 땅에서 이방인들을 섬기리라 하라.

하나님께서는 다시 이스라엘의 멸망의 이유를 말씀하신다. 그들의 멸망의 이유는 그들이 여호와를 버리고 이방신들을 섬겼기 때문이다. 우상숭배는 죄악들 중에 가장 크고 근본적인 죄악이다.

본문의 교훈을 정리해보자. 첫째로, 죄는 하나님의 심판을 가져온다. 이스라엘 백성은 하나님을 버리고 심히 배신적이게, 거짓되이 행하고 우상숭배를 하고 하나님의 선지자들을 무시하고 저주하였다. 사람이 하나님을 떠난 것이 가장 크고 근본적인 죄악이다. 또 그럴 때 사람이 그의 계명을 무시하고 떠난다. 그 결과는 하나님의 심판과 멸망이다.

둘째로, 구원은 오직 하나님의 긍휼로만 온다. 이스라엘 백성은 죄와 멸망 가운데 빠져 있었다. 하나님께서 그의 긍휼로 남겨두시고 회복시키지 않으셨다면, 그들은 다 멸망했을 것이다. 우리의 구원도 오직 하나님의 긍휼과 은혜로 되었다. 하나님께서는 은혜로 택하신 자들을 하나도 잃어버리지 않으시고 다 구원하시고 마침내 온전케 하신다.

셋째로, 우리는 하나님의 말씀을 붙잡고 평생 하나님을 떠나지 말아야 한다. 이스라엘 백성은 하나님을 저버리고 그의 말씀을 거부하였기 때문에 멸망했다. 그러므로 우리는 성경말씀을 겸손히 받고 그 말씀을 붙잡아야 한다. 성경말씀을 떠나는 것이 죄이다. 오늘날은 거짓된 교훈들이 많이 전해지는 배교와 타협과 혼돈의 시대이다. 이런 때일수록 우리는 인간 목사들의 말보다 오직 성경말씀에 귀를 기울여야 한다.

20-31절, 이스라엘 백성의 죄악

〔20-21절〕 너는 이를 야곱 집에 선포하며 유다에 공포하여 이르기를 우준하여 지각이 없으며(에인 레브 אֵין לֵב)[(바른) 마음이 없으며] **눈이 있어도 보지 못하며 귀가 있어도 듣지 못하는 백성이여, 이를 들을지어다.**

예레미야는 이스라엘 백성의 죄를 지적해야 했다. 죄를 지적하는 일은 힘든 일이지만 반드시 필요한 일이다. 이스라엘 백성은 우준하고 지각이 없었다. 사람이 죄를 짓는 것은 바른 마음, 바른 생각이 없기 때문이다. 그들은 깨닫는 마음의 눈과 마음의 귀가 없었다.

〔22-23절〕 여호와께서 말씀하시되 너희가 나를 두려워 아니하느냐? 내 앞에서 떨지 아니하겠느냐? 내가 모래를 두어 바다의 계한[경계]**을 삼되 그것으로 영원한 계한**[경계]**을 삼고 지나치지 못하게 하였으므로 파도가 흉용하나 그것을 이기지 못하며 뛰노나 그것을 넘지 못하느니라. 그러나 너희 백성은 배반하며 패역하는**(소레르 우모레 סוֹרֵר וּמוֹרֶה)[배반(혹은 완고)하고 반항적인](BDB) **마음이 있어서 이미 배반하고 갔으며**

바닷가에는 보통 해안선을 따라 모래밭이 있어서 아무리 큰 파도가 몰려와도 그것을 넘지 못한다. 물론 지진과 해일이 일어날 때 그것을 일시적으로 넘어오기도 하지만 그 현상은 예외적이다. 그러나 이스라엘 백성은 하나님을 두려워하지 않고 하나님 앞에서 떨지 않고 하나님께서 정하신 경계를 넘어갔다. 그들은 완고하고 반항적이며 하나님의 말씀을 순종치 않고 대적했다. 자연은 자연법칙에 순응하지만, 사람은 하나님께서 정하신 도덕법칙을 거역한다.

〔24-25절〕 또 너희 마음으로 우리에게 이른 비와 늦은 비를 때를 따라 주시며 우리를 위하여 추수 기한을 정하시는 우리 하나님 여호와를 경외하자 말하지도 아니하니 너희 허물이 이러한 일들을 물리쳤고 너희 죄가 너희에게 오는 **좋은 것을 막았느니라.**

하나님께서는 이른 비, 곧 가을에 파종에 꼭 필요한 비를 주시고 늦은 비, 곧 봄에 결실을 위해 꼭 필요한 비를 주셨다. 이런 일들은 자연히 또는 우연히 되는 것이 아니고 또는 사람의 힘으로 되는 것이 아니었고 하나님의 은혜로 주신 것들이었다. 그러나 이스라엘 백성은 하나님께서 주신 이러한 자연 은택들도 알지 못하고 있었다. 그들의 허물과 죄는 하나님께서 주시는 자연 은택들을 물리쳤고, 하나님께서 주시는 좋은 것들을 물리치고 막았다. 죄를 짓는 자는 스스로 불행을 가져온다. 악인들에게는 평안이 없다(사 48:22; 57:21).

〔26-29절〕 내 백성 너희 **중에 악인이 있어서 새 사냥군의 매복함같이 지키며 덫을 놓아 사람을 잡으며 조롱에 새들이 가득함같이 너희 집들에 속임이 가득하도다. 그러므로 너희가 창대하고 거부(巨富)가 되어 살찌고 윤택하며 또 행위가 심히 악하여**[악인들의 행위들보다 능가하여] **자기 이익을 얻으려고 송사 곧 고아의 송사를 공정히 하지 아니하며 빈민의 송사를 공평히 판결치 아니하니 내가 이 일들을 인하여 벌하지 아니하겠으며 내 마음이 이 같은 나라에 보수(報讐)**[보응]**하지 않겠느냐? 여호와의 말이니라.**

이스라엘 백성 중에 악인들은 새 사냥꾼의 매복함같이 지키며 덫을 놓아 사람을 잡았고, 새장에 새들이 가득함같이 그들의 집들에는 속임이 가득했다. 그들은 창대하고 거부(巨富)가 되어 살찌고 윤택하였다. 그들의 행위는 심히 악했다. 그들의 행위들은 세상의 악인들의 행위들을 능가했다. 남방 유다 백성은 멸망이 가까웠을 때 하나님의 율법을 듣지 않았고 가나안 원주민들보다 더 악을 행했다(왕하 21:9). 그들은 자기들의 이익만 구했다. 그들은 고아들의 송사를 공정히 하지 않았고 가난한 자들의 송사를 공평히 판결치 않았다. 이런 이스라엘 백성이 어떻게 하나님의 심판과 징벌을 피할 수 있겠는가?

〔30-31절〕 이 땅에 기괴하고 놀라운[놀랍고 두려운] **일이 있도다. 선지자들은 거짓을 예언하며 제사장들은 자기 권력**[권위]**으로 다스리며 내 백성은 그것을 좋게 여기니 그 결국에는 너희가 어찌 하려느냐?**

이스라엘 땅에는 놀랍고 두려운 일이 있었다. 나라의 부패는 지도자들이 앞서서 행하였다. 선지자들은 하나님께서 주신 대로, 성경대로 예언하지 않았고 사람의 비위나 맞추는 거짓을 예언했다. 제사장들은 성경의 권위로가 아니고 자신의 권위로 다스렸고, 또 백성들은 그런 일들을 좋게 여겼다. 이스라엘 사회는 총체적 부패와 혼란 속에 있었다. 그러므로 그들에게는 희망이 없었다. 하나님께서는 마침내 징벌의 채찍을 드실 것이며 그들은 결국 멸망하고 말 것이다.

본문의 교훈을 정리해보자. 첫째로, 이스라엘 백성은 바른 마음이 없었고 우준하였다. 우리는 하나님의 은혜로 지혜와 깨달음을 얻어야 하고, 우리는 우준하지 말아야 한다. 우리는 영적인 눈과 귀가 열려야 한다. 어떻게 그것들이 열릴 수 있는가? 그것은 하나님의 은혜로, 말씀과 기도로 가능하다. 우리가 하나님의 은혜를 간구하며 성경을 힘써 읽고 묵상한다면, 우리는 무지하고 미련한 자가 되지 않고 지혜와 깨달음을 가진 자가 될 것이다. 우리는 결코 우준한 자가 되지 않을 것이다.

둘째로, 이스라엘 백성은 마음이 완고하고 반항적이었다. 마음이 완고하고 반항적이라는 말은 마음이 교만하고 굳어서 하나님의 말씀을 들으려 하지 않고 믿고 순종하려 하지 않는 것이다. 선지자들은 거짓된 것을 예언하였고, 제사장들은 자기 권위로 다스렸고, 백성은 그것을 좋게 여겼다. 그들은 하나님을 알지 못했고 두려워하지 않았고 땅에 속한 헛된 것들만 구했다. 우리는 마음이 완고하고 반항적이지 말아야 한다.

셋째로, 이스라엘 백성은 하나님께서 그들의 삶을 위해 정하신 경계선을 지키지 않았다. 하나님께서 그들의 삶을 위해 주신 경계선이 십계명이다. 그들은 하나님의 계명을 저버렸다. 오늘날 우리에게도 성경과 십계명은 생활의 기준이 된다. 하나님의 법을 넘어가는 것이 죄요 죄의 결과는 평안의 상실이다. 죄는 하나님께서 주실 복들을 물리치고 가로막는다. 그러나 의와 순종의 길에는 하나님의 평안과 복이 있다. 우리는 하나님의 말씀에 교훈하신 대로 경건하게 살고 의와 선을 행해야 한다. 우리는 하나님께서 정하신 경건과 도덕성의 경계선을 지켜야 한다.

6장: 북방에서 파멸이 닥침

1-8절, 재앙이 북방에서 옴

〔1절〕 베냐민 자손들아, 예루살렘 중에서[부터] **피난하라. 드고아**(예루살렘 남쪽 15킬로미터쯤)**에서 나팔을 불고 벧학게렘**(예루살렘 남쪽 4킬로미터쯤)**에서 기호를 들라. 재앙과 큰 파멸이 북방에서 엿보아 옴이니라.**

예루살렘 성은 베냐민 자손들의 거주지이었다(수 18:28; 삿 1:21). 하나님께서는 베냐민 자손들에게 예루살렘 성중으로부터 피난하라고 말씀하신다. 또 하나님께서는 드고아에서 나팔을 불고 벧학게렘에서 기를 세우라고 말씀하신다. 예루살렘 성 주위 거주민들에게 다 알리라고 말씀하신 것이다. 왜냐하면 예루살렘 성을 멸망시킬 재앙과 큰 파멸이 북방에서 엿보아 오기 때문이다. '엿보아 온다'는 표현은 '나타나기 시작한다'는 뜻이다. 북방에서 오는 재앙은 역사적으로 바벨론 제국의 군대의 예루살렘 성 침공을 가리켰다.

〔2절〕 아름답고 묘한(나와 נָוָה)[우아한] **딸 시온을 내가 멸절하리니.**

시온 성 곧 예루살렘 성은 큰 고생 없이 예쁘게 자란 딸처럼, 큰 고난 없이 평화로이 지내왔던 성으로 묘사된다. 그러나 그 성을 하나님께서는 멸망시키실 것이다. "멸절하리라"는 원문은 "멸절하였다"는 뜻인데, 이것은 확실한 미래의 사건을 나타낸다. 하나님께서는 "내가 멸절하리라"고 말씀하신다. 그는 예루살렘을 확실히 멸망시키실 것이다. 그는 온 세상의 심판주이시다. 복(福)이 하나님의 섭리의 손에 있듯이, 심판과 재앙도 하나님의 손에 있다.

〔3절〕 목자들이 그 무리 양을 몰고 와서 그 사면에 자기 장막을 치고 각기 처소에서 먹이리로다.

이것은 예루살렘 성에 들어온 바벨론 군대를 묘사한 것이든지, 혹은 예루살렘 성의 멸망 후 황폐함을 예견하며 묘사한 것일 것이다.

〔4-5절〕 너희는 그를 치기를 준비하라. 일어나라. 우리가 정오에 올라가자. 아하 아깝다. 날이 기울어 저녁볕 그늘이 길었구나. 일어나라. 우리가 밤으로[밤에] **올라가서 그 전각**[궁궐]**들을 헐자 하도다.**

하나님께서는 인류 역사의 대주재자이시다. 열방을 불러 예루살렘 성을 치라고 명하시는 이는 하나님이시다. 그는 바벨론 군대를 불러 예루살렘 성을 치게 하실 수도 있고 또 치지 못하게 하실 수도 있다. '정오에 올라가자'는 말은 날이 밝을 때 성을 침공하자는 뜻이며, '밤에 올라가자'는 말은 밤에도 쉬지 말고 공격하자는 뜻이다.

〔6-7절〕 나 만군의 여호와가 이같이 말하노라. 너희는 나무를 베어서 예루살렘을 향하여 흉벽을 쌓으라. 이는 벌받을 성이라. 그 중에는 오직 포학한 것뿐이니라. 샘이 그 물을 솟쳐냄같이 그가 그 악을 발하니 강포와 탈취가 거기서 들리며 질병[아픔]**과 창상이 내 앞에 계속하느니라.**

하나님께서는 말씀을 하시고 또 그 말씀대로 일들을 이루시는 자이시다. 그는 주권적 섭리자이시다. 그는 우리의 주님, 곧 우리의 삶의 주인과 주관자와 왕이시다. 이제 예루살렘 성은 주권자 하나님의 벌을 받을 것이다. 예루살렘 성의 멸망의 원인은 그들의 포학함 때문이었다. 사람이 하나님을 알지 못하고 하나님을 경외치 않으면 거칠어지고 포학해지기 쉽다. 그들은 마치 샘이 그 물을 솟쳐냄과 같이 자기들 속에 숨어 있는 악을 노출시켰다. 그들 가운데는 강포와 탈취가 있었고 아픔과 창상도 그 앞에 계속되었다. '아픔'은 아마 구타로 인한 상해(傷害)를 가리킨 듯하다. 하나님을 경외함이 없는 결과는 온갖 부도덕한 죄악들이다. 그런 죄악 때문에 하나님의 심판이 오고 재앙과 멸망이 오는 것이다. 이제 그 성의 멸망이 임박하였다.

〔8절〕 예루살렘아, 너는 훈계[혹은 '경고']**를 받으라. 그리하지 아니하면 내 마음이 너를 싫어하고**[떠나](KJV, NASB, NIV) **너로 황무케 하여 거민이 없는 땅을 만들리라.**

하나님께서는 예루살렘 거민들에게 훈계와 경고를 주신다. 하나님의 말씀은 훈계와 경고를 포함하였다. 만일 그들이 그 경고를 무시하고 거절하면, 하나님께서는 그들을 떠나시고 그 성을 황무케 하시고 거민이 없는 땅을 만드실 것이다. 그러므로 예루살렘 거민들은 하나님의 훈계와 경고를 겸손하게, 진지하게 받아야 한다. 잠언 23:12는 "훈계에 착심하며 지식의 말씀에 귀를 기울이라"고 교훈하였다. 시편 119:11은 "내가 주께 범죄치 아니하려 하여 주의 말씀을 내 마음에 두었나이다"라고 말했다. 예루살렘 거민들에게 소망이 있다면, 이제라도 회개하고 하나님의 교훈을 겸손히 받고 실천하는 것뿐이다.

본문의 교훈을 정리해보자. 첫째로, 하나님께서는 시온 성을 멸절하실 것이다. 하나님께서는 온 세상의 주권자이시다. 우리의 생명과 죽음, 건강과 연약, 복과 화는 하나님께 달려 있다. 하나님께서는 홀로 사람의 생사화복(生死禍福)을 주장하시고 국가의 흥망성쇠를 주장하시고 인류의 역사를 주관하신다. 그는 온 우주의 주권적 섭리자이시다.

둘째로, 예루살렘 성의 멸망의 원인은 그 거민들의 죄악 때문이다. 특히 그들에게는 포학함이 있었다. 6-7절, "이는 벌 받을 성이라. 그 중에는 오직 포학한 것뿐이니라. 샘이 그 물을 솟쳐냄같이 그가 그 악을 발하니." 그러나 하나님의 뜻은 우리가 모든 악을 버리고 이웃을 사랑하고 서로 사랑하고 남을 향해 온유하고 선한 마음을 가지는 것이다.

셋째로, 예루살렘은 하나님의 훈계와 경고를 잘 받아야 한다. 8절, "예루살렘아, 너는 훈계[혹은 '경고']를 받으라." 우리는 하나님 말씀의 훈계와 경고를 잘 받아야 한다. 사람이 하나님의 훈계와 경고를 거절하면 희망이 없다. 하나님의 말씀의 요지는 모든 죄악을 회개하고 믿고 순종하라는 것이다. 그러므로 우리는 모든 죄악을 버리고 하나님과 주 예수 그리스도를 믿고 하나님의 계명을 따라 경건하고 정직하고 의롭게 살고 형제들과 이웃을 사랑하고 선하고 진실하게 행해야 한다.

9-15절, 이스라엘 백성의 죄와 멸망

〔9절〕 만군의 여호와께서 이같이 말씀하시되 포도를 땀같이 그들이 이스라엘의 남은 자를 말갛게[남김 없이, 철저하게(KJV, NASB, NIV)] **주우리라. 너는 포도 따는 자처럼 네 손을 광주리**(살실로스 סַלְסִלּוֹת)['가지'(BDB, KB, NASB, NIV), 혹은 '광주리'(LXX, Vg, KJV)]**에 자주자주 놀리라 하시나니.**

하나님께서는 이스라엘 백성의 죄와 그 멸망에 대해 말씀하신다. 본문에서 말하는 '그들'은 이스라엘 백성 곧 유다 백성의 남은 자들을 멸망시킬 이방나라의 군대를 가리켰다. 포도를 따는 자들이 남은 것 없이 줍듯이, 그들은 이스라엘의 남은 자들을 멸할 것이다.

〔10절〕 내가 누구에게 말하며 누구에게 경책하여 듣게 할꼬? 보라, 그 귀가 할례를 받지 못하였으므로 듣지 못하는도다. 보라, 여호와의 말씀을 그들이 자기에게 욕으로 여기고 이를 즐겨 아니하니.

유다 백성의 죄악은 그들이 하나님의 말씀과 경책을 듣기를 거절하는 것이었다. 그들은 귀의 할례를 받지 못한 자들이라고 표현된다. 그들의 귀는 닫혀 있었고, 하나님의 말씀을 깨닫지 못하였다. 그들은 하나님의 책망을 자기들에게 욕하는 말로 여겼고 즐거워하지 않았다.

〔11-12절〕 그러므로 여호와의 분노가 내게 가득하여 참기 어렵도다. 그것을 거리에 있는 아이들과 모인 청년들에게 부으리니 지아비[남편]**와 지어미**[아내]**와 노인과 늙은이가 다 잡히리로다. 여호와께서 말씀하시되 내가 그 땅 거민에게 내 손을 펼 것인즉 그들의 집과 전지(田地)**[토지]**와 아내가 타인의 소유로 이전되리니.**

예레미야는 하나님의 분노가 그에게 가득하여 참을 수가 없었다고 말한다. 그는 하나님의 분노를 선언한다. 그는 하나님의 분노가 거리에 있는 아이들과 모인 청년들에게 부어질 것이며 남편들과 아내들과 노인들이 다 사로잡힐 것이라고 말한다. 그는 유다 백성이 어른들이나 젊은이들이나 아이들이나 다 재앙을 당할 것이라고 말한 것이다. 또 그들의 집들과 밭들과 아내들도 다른 사람들에게 빼앗길 것이다. 이것은 하나님의 무서운 심판과 징벌의 선언이다.

〔13-15절〕 이는 그들이 가장 작은 자로부터 큰 자까지 다 탐람하며 선지자로부터 제사장까지 다 거짓을 행함이라. 그들이 내 백성의 상처를 심상히[대수롭지 않게] **고쳐주며 말하기를 평강하다 평강하다 하나 평강이 없도다. 그들이 가증한 일을 행할 때에 부끄러워하였느냐? 아니라. 조금도 부끄러워 아니할 뿐 아니라 얼굴도 붉어지지 않았느니라**[얼굴을 붉힐 줄도 알지 못하였느니라]. **그러므로 그들이 엎드러지는 자와 함께 엎드러질 것이라. 내가 그들을 벌하리니 그때에 그들이 거꾸러지리라. 여호와의 말이니라.**

하나님께서 이스라엘 백성에게 진노하시는 이유는 무엇인가? 본문은 그들의 세 가지의 죄악을 언급한다. 첫째는 탐람(貪婪)이다. 이것은 돈을 사랑하고 물질적 이익을 탐하는 것이다. 이것은 어느 시대에나 사람들의 시험거리이다. 그러나 탐람하는 자는 하나님의 나라를 유업으로 받지 못한다. 고린도전서 6:10, “도적이나 탐람하는 자나 술취하는 자나 후욕하는 자나 토색하는 자들은 하나님의 나라를 유업으로 받지 못하리라.” 그러므로 사도 바울은 “부하려 하는 자들은 시험과 올무와 여러 가지 어리석고 해로운 정욕에 떨어지나니 곧 사람으로 침륜과 멸망에 빠지게 하는 것이라. 돈을 사랑함이 일만 악의 뿌리가 되나니 이것을 사모하는 자들이 미혹을 받아 믿음에서 떠나 많은 근심으로써 자기를 찔렀도다”고 말하였다(딤전 6:9-10).

둘째는 거짓을 행함이다. 이것은 특히 선지자들과 제사장들 곧 그 당시의 종교인들의 죄악이었다. 그들은 사람들의 상처를 대수롭지 않게, 피상적으로 고쳐주었다. 그들은 사람들의 죄를 책망하고 철저한 회개를 촉구하지 않고 대충 고쳐주며 너무 가볍고 빈번하게 평안을 기원하였다. 그러나 그것은 이루어지지 않는 헛된 축원이었다.

셋째는 가증한 일들을 행함이다. 그들은 가증한 일들을 부끄럼 없이 행했고 얼굴을 붉힐 줄도 알지 못했다. 그들의 양심은 무디어졌다. 죄는 처음 짓기가 어렵지 두 번째부터는 쉽고 반복될 수록 더 쉬워진다. 죄는 습관성이 생기며 악한 습관은 고치기가 어렵다. 모든 성도는 죄 짓지 않기를 위해 하나님의 은혜를 간구해야 한다.

하나님께서는 그들의 탐람과 거짓 행함과 가증한 일 행함 등의 죄 때문에 그들에게 징벌을 선언하신다. 하나님께서는 "그러므로 그들이 엎드러지는 자와 함께 엎드러질 것이라. 내가 그들을 벌하리니 그 때에 그들이 거꾸러지리라"고 말씀하셨다.

본문의 교훈을 정리해보자. 첫째로, 우리는 하나님의 말씀을 들어야 한다. 우리는 하나님의 말씀을 들을 때 들을 귀(신 29:4; 마 13:9)가 필요하고 할례 받은 마음(신 30:6) 곧 깨닫는 마음이 필요하다. 그것은 하나님께서 은혜로 주시는 것이다. 하나님의 말씀을 거절하는 것은 곧 죽음이다. 사람이 영생을 얻고 복을 얻으려면 하나님의 말씀을 들어야 한다.

둘째로, 우리는 죄를 멀리해야 한다. 우선, 무엇보다 탐심을 버려야 한다. 탐심은 하나님 대신 세상 것을 사랑하는 것이다. 탐심은 지옥 갈 죄이며 천국 못 갈 죄이다(고전 6:10). 골로새서 3:5-6, "땅에 있는 지체를 죽이라. 곧 음란과 부정과 사욕과 악한 정욕과 탐심이니 탐심은 우상숭배니라. 이것들을 인하여 하나님의 진노가 임하느니라." 또 거짓을 버려야 한다. 거짓말을 하는 것도 지옥 갈 죄이며 천국 못 갈 죄이다(계 21:8, 27; 22:15). 에베소서 4:25, "거짓을 버리고 각각 그 이웃으로 더불어 참된 것을 말하라. 이는 우리가 서로 지체가 됨이니라." 또 가증한 일들을 버려야 한다. 우상숭배는 물론, 하나님의 계명을 어기는 모든 것이 가증한 일이다. 특히 부모에 대한 불효나 서로 미워함이나 사람의 순결성과 복된 결혼을 저버리는 모든 음란한 언행이 가증한 일이다.

셋째로, 우리는 세상의 것을 자랑하지 말아야 한다. 우리는 자녀도, 부모도, 남편도, 아내도, 집도, 땅도 자랑하지 말아야 한다. 하나님께서 그것들을 복되게 하시면 복이 되지만, 재앙으로 그것을 가져가시면 복이 되지 못한다. 우리는 오직 하나님만 의지하며 감사해야 한다.

16-30절, 옛길을 거절함

〔16-17절〕 여호와께서 이같이 말씀하시되 너희는 길에 서서 보며 옛적 길 곧 선한 길이 어디인지 알아보고 그리로 행하라. 너희 심령이 평강[평안]**을 얻으리라 하나 그들의 대답이 우리는** 그리로 **행치 않겠노라 하였으며 내가 또 너희 위에 파숫군**[파수꾼]**을 세웠으니 나팔소리를 들으라 하나 그들의 대답이 우리는 듣지 않겠노라 하였도다.**

하나님께서는 이스라엘 백성이 바쁜 일상생활을 잠시 멈추고 자신과 주변을 살피며 반성하며 옛적 길 곧 선한 길이 어디인지 알아보고 그리로 행하라고 말씀하신다. '옛적 길'은 하나님께서 옛날부터 모세를 통해 밝히 명하신 경건하고 의로운 삶을 가리킨다. 하나님께서는 그 옛길이 선한 길이며 심령의 평안을 얻는 길이라고 말씀하셨다. 그러나 그들은 그 길로 행하지 않겠다고 대답하였다. 이스라엘의 죄는 하나님께서 명하신 교훈의 옛길, 곧 선한 길을 거절한 것이었다.

하나님께서는 또 그들 위에 파수꾼들 곧 하나님의 종들과 선지자들을 세우셨고 이스라엘 백성이 그들의 나팔소리 곧 그들의 경계와 경고와 책망을 들으라고 말씀하셨으나 그들은 그것도 거절하였다. 이스라엘 백성은 하나님의 참된 종들을 통해 선언된 하나님의 교훈과 경고를 듣지 않았다. 그들은 하나님의 말씀 듣기를 거절하였다.

〔18-19절〕 그러므로 너희 열방아, 들으라. 회중아, 그들의 당할 일을 알라. 땅이여, 들으라. 내가 이 백성에게 재앙을 내리리니 이것이 그들의 생각의 결과라. 그들이 내 말을 듣지 아니하며 내 법을 버렸음이니라.

하나님께서는 이스라엘 백성에게 재앙을 내리시겠다고 말씀하신다. 바벨론 군대의 침공과 예루살렘 멸망이 그것이다. 그것은 그들의 죄악된 생각의 결과이었다. 그들의 생각은 하나님을 향해 패역했고 불순종적이었다. 그 결과, 그들은 하나님의 재앙을 당할 것이다.

〔20-21절〕 시바에서 유향과 원방에서 향품을 내게로 가져옴은 어찜이뇨? 나는 그들의[너희의](KJV, NASB, NIV) **번제를 받지 아니하며 그들의**[너희

의] **희생을 달게 여기지 않노라. 그러므로 나 여호와가 이같이 말하노라. 보라, 내가 이 백성 앞에 거침**[걸림돌]**을 두리니 아비와 아들들이 한가지로 거기 거치며 이웃과 그 친구가 함께 멸망하리라.**

이스라엘 백성은 하나님의 경고를 무시하면서도 먼 곳에서 유향과 향품을 가져와서 하나님 앞에 그럴듯한 번제를 드렸다. 그러나 그것은 가인의 제사같이 형식적이고 위선적인 제사에 불과했다. 하나님께서는 참 회개가 없고 말씀 순종함이 없는 제사와 예배를 받지 않으신다. 그러므로 하나님께서는 그들 앞에 걸림돌을 두시겠다고 말씀하신다. 그것은 바벨론 군대를 가리켰다고 본다. 그때 아비와 아들들이, 이웃과 그 친구들이 함께 넘어지며 멸망할 것이다.

〔22-23절〕 **여호와께서 이같이 말씀하시되 보라, 한 민족이 북방에서 오며 큰 나라가 땅끝에서부터 떨쳐 일어나나니 그들은 활과 창을 잡았고 잔인하여 자비가 없으며 그 목소리는 바다가 흉용함 같은 자라. 그들이 말을 타고 전사같이 다 항오를 벌이고 딸 시온 너를 치려하느니라 하시도다.**

하나님께서는 북방에서 한 군대 곧 바벨론 군대가 내려올 것인데, 그들은 활과 창을 잡았고 잔인하여 자비가 없을 것이고 말을 탄 전사같이 예루살렘 성을 치려고 올 것이라고 말씀하셨다.

〔24-26절〕 **우리가 그 소문을 들었으므로 손이 약하여졌고 고통이 우리를 잡았으므로 아픔이 해산하는 여인 같도다. 너희는 밭에도 나가지 말라. 길로도 행치 말라. 대적의 칼이 있고 사방에 두려움이 있음이니라. 딸 내 백성이 굵은 베를 두르고 재에서 굴며 독자를 잃음같이 슬퍼하며 통곡할지어다. 멸망시킬 자가 홀연히 우리에게 올 것임이니라.**

침략자들이 온 땅을 덮칠 것이다. 사람들은 침략자의 소문을 듣고 손이 약해지며 해산하는 여인처럼 고통을 당할 것이다. 침략자들은 밭에도, 길에도, 즉 온 땅의 사방에 있을 것이다. 백성들은 외아들을 잃음같이 슬퍼하며 통곡할 것이다.

〔27-30절〕 주께서 가라사대 **내가 이미 너로 내 백성 중에 살피는 자와 요새를 삼아 그들의 길을 알고 살피게 하였노라. 그들은 다 심히 패역한 자**(사

레 소레림 סָרֵי סוֹרְרִים)[심히 완고한, 반항적인 자들]**며 다니며 비방하는 자며 그들은 놋과 철이며 다 사악한 자**(마쉬키심 מַשְׁחִיתִם)[부패시키는, 멸망케 하는 자들]**라. 풀무를 맹렬히 불면 그 불에 납이 살라져서 단련하는 자의 일이 헛되게 되느니라.** 이와 같이 **악한 자가 제하여지지 아니하나니 사람들이 그들을 내어버린 은이라 칭하게 될 것은 나 여호와가 그들을 버렸음이니라.**

하나님께서는 예레미야를 '살피는 자'와 '요새'를 삼으셨다. 하나님의 종들은 하나님의 백성을 살피는 자이며 하나님의 진리의 요새이다. 그러나 이스라엘 백성은 선지자를 통해 전해진 하나님의 말씀을 받지 않는 심히 반항적인 자들이었다. 또 그들은 다니며 남을 비방하는 자들이었다. 그들은 놋과 철같이 완고하고 완악하였다. 또 그들은 남을 부패시키는 자들이었다. 그러므로 하나님께서는 그들을 버리실 것이며 사람들은 그들을 '내어버린 은'이라고 부를 것이다.

본문의 교훈을 정리해보자. 첫째로, 우리는 이스라엘 백성의 죄악을 본받지 말아야 한다. 이스라엘 백성은 심히 반항적이고 다니면서 비방하며 놋과 철같이 완고하고 남을 부패시키는 자들이었다. 우리는 모든 악을 버리고 멀리해야 한다. 그렇지 않으면, 이스라엘 백성처럼 우리도 하나님의 멸망을 피할 수 없을 것이다. 우리는 회개하고 회개에 합당한 열매를 맺어야 한다(마 3:8). 우리가 하나님의 구원의 은혜를 입은 자들이라면 그러해야 한다. 회개의 열매는 구원에 필수적 동반물이다.

둘째로, 우리는 옛적 길로 행해야 한다. 하나님께서는 "너희는 길에 서서 보며 옛적 길 곧 선한 길이 어디인지 알아보고 그리로 행하라. 너희 심령이 평강을 얻으리라"고 말씀하셨다(16절). 옛적 길은 하나님께서 옛날부터 명하신 선한 길, 성경에 증거된 역사적 기독교 신앙이다. 오늘날 그 길은 자유주의 신학의 배교와 복음주의의 타협과 은사주의의 혼란을 분별하고 배격하는 길이다. 그 길은 선한 길, 평안의 길이다. 우리는 이스라엘 백성의 실패를 본받지 말고 오직 성경의 교훈을 분별하고 확인하고 확신하며 그 교훈을 가감하지 말고 그 길로만 가야 한다.

7장: 이스라엘 백성의 죄와 불순종

1-20절, 이스라엘 백성의 죄악

〔1-3절〕 여호와께로서 예레미야에게 말씀이 임하니라. 가라사대 너는 여호와의 집 문에 서서 이 말을 선포하여 이르기를 여호와께 경배하러 이 문으로 들어가는 유다인아, 다 여호와의 말씀을 들으라. 만군의 여호와 이스라엘의 하나님이[께서] **이같이 말씀하시되 너희 길과 행위를 바르게 하라** [고치라](KJV, NASB). **그리하면 내가 너희로 이 곳에 거하게 하리라.**

하나님께서는 이스라엘 백성에게 "너희 길과 행위를 바르게 하라"고 말씀하셨다. 이 단어(헤티부 הֵיטִיבוּ)는 예레미야서에서 '바르게 하라'(7:3, 5), '선하게 하라'(18:11), '고치라'(26:13; 35:15) 등으로 번역되었다. 하나님께서는 그들이 그들의 길과 행위를 고치고 바르고 선하게 하면 그들로 예루살렘 성에 계속 거하게 하겠다고 약속하셨다.

〔4절〕 너희는 이것이 여호와의 전이라, 여호와의 전이라, 여호와의 전이라 하는 거짓말을 믿지 말라.

"[이것이] 하나님의 전이라"는 말을 세 번이나 반복하신 것은 거짓 선지자들이 얼마나 헛된 말을 사람들에게 강조하였는지를 보인다. 그러나 하나님의 전이라도 예배하는 자들이 범죄하면 하나님께 버림을 당할 것이다. 하나님의 전은 거기에서 예배드리는 자들이 하나님께 바른 예배를 드리고 그의 말씀에 순종할 때만 보존될 수 있다.

〔5-7절〕 너희가 만일 [너희] **길과** [너희] **행위를 참으로 바르게 하여**[고치며] **이웃들 사이에 공의를 행하며 이방인과 고아와 과부를 압제하지 말며 무죄한 자의 피를 이 곳에서 흘리지 아니하며 다른 신들을 좇아 스스로 해하지 아니하면 내가 너희를 이 곳에 거하게 하리니 곧 너희 조상에게 영원 무궁히 준 이 땅에니라.**

하나님께서는 이스라엘 백성이 이웃들과의 관계에서 공의를 행하라고 말씀하신다. 또 그는 그들이 이방인과 고아와 과부를 압제하지 말라고 말씀하신다. 이런 자를 압제하지 않는 자는 모든 이웃을 압제하지 않을 것이다. 그것은 이웃 사랑의 증거가 될 것이다. 하나님께서는 또 이 곳에서 무죄한 피를 흘리지 말라고 하신다. 악행의 절정은 무죄한 자를 정죄하고 죽이는 것이다. 하나님께서는 또 다른 신들을 좇아 스스로 해하지 말라고 말씀하신다. 우상숭배는 가장 큰 죄악이며 그것은 결국 자신을 해롭게 하고 멸망케 하는 죄악이다. 이스라엘 백성이 이런 죄악들로부터 떠날 때 하나님께서는 그들의 조상들에게 주신 가나안 땅에서 그들이 영원히 살게 하겠다고 약속하신다.

〔8-11절〕 너희가 무익한 거짓말을 의뢰하는도다. 너희가 도적질하며 살인하며 간음하며 거짓 맹세하며 바알에게 분향하며 너희의 알지 못하는 다른 신들을 좇으면서 내 이름으로 일컬음을 받는 이 집에 들어와서 내 앞에 서서 말하기를 우리가 구원을 얻었나이다 하느냐? 이는 이 모든 가증한 일을 행하려 함이로다. 내 이름으로 일컬음을 받는 이 집이 너희 눈에는 도적(파리침 פָּרִצִים)[강도들](BDB, KJV, NASB, NIV)**의 굴혈**[소굴]**로 보이느냐? 보라, 나 곧 내가 그것을 보았노라. 여호와의 말이니라.**

이스라엘 백성의 현실은 하나님의 요구하시는 바와 너무 거리가 멀었다. 그들은 무익한 거짓말, 즉 '이것이 여호와의 전이라'는 거짓말을 의뢰하였다. 그들은 거짓된 소망, 거짓된 평안을 가지고 있었다. 그들은 여전히 도적질하며 살인하며 간음하며 거짓 맹세하며 바알에게 분향하며 그들의 알지 못하는 다른 신들을 좇으면서도 하나님의 이름으로 일컬음을 받는 이 집, 곧 하나님의 성전에 들어와서 하나님 앞에 서서 "우리가 구원을 얻었나이다"라고 말하였다. 그들의 마음속에는 죄에 대한 깨달음이나 뉘우침이 없었고 헛된 소망뿐이었다. 하나님께서는 유다 백성들이 그에게 예배하러 성전에 모이면서 강도의 소굴처럼 온갖 악을 행하고 난폭하고 강포했음을 다 보셨다.

〔12-15절〕 너희는 내가 처음으로 내 이름을 둔 처소 실로에 가서 내 백

성 이스라엘의 악을 인하여 내가 어떻게 행한 것을 보라. 나 여호와가 말하노라. 이제 너희가 그 모든 일을 행하였으며 내가 너희에게 말하되 새벽부터 부지런히 말하여도 듣지 아니하였고 너희를 불러도 대답지 아니하였느니라. 그러므로 내가 실로에 행함같이 너희가 의뢰하는 바 내 이름으로 일컬음을 받는 이 집 곧 너희와 너희 열조에게 준 이 곳에 행하겠고 내가 너희 모든 형제 곧 에브라임 온 자손을 쫓아냄같이 내 앞에서 너희를 쫓아내리라 하셨다 할지니라.

실로는 여호수아가 가나안 땅을 정복한 후 맨 처음 성막을 세운 곳이었다(수 18:1). 사사 시대 말에도 사람들은 실로에 올라가 하나님께 경배했다(삼상 1:3). 그러나 엘리와 그 아들들의 범죄로 법궤가 블레셋에 빼앗기고 엘리의 두 아들은 죽었다. 그 후, 실로는 더 이상 성지(聖地)가 되지 못하였다. 하나님께서는 그의 이름을 두셨던 실로라도 그들의 죄 때문에 버리셨고 황폐케 하셨다. 북방 이스라엘은 멸망하였다. 하나님께서는 유다 백성에게도 같은 징벌을 내리실 것이다. 왜냐하면 그들은 그가 그들에게 새벽부터 부지런히 말씀하셔도 듣지 않았고 부르셔도 대답지 않았기 때문이다. 그는, 그가 실로에 행하심같이, 유다 백성도 자기 앞에서 쫓아내실 것이라고 선언하신다.

〔16절〕 그런즉 너는 이 백성을 위하여 기도하지 말라. 그들을 위하여 부르짖어 구하지 말라. 내게 간구하지 말라. 내가 너를 듣지 아니하리라.

그들을 위해 기도하지 말라, 그 기도를 듣지 않겠다고 말씀하시는 것만큼 불행한 일은 없다. 그것은 그의 긍휼을 거두심이기 때문이다.

〔17-18절〕 너는 그들이 유다 성읍들과 예루살렘 거리에서 행하는 일을 보지 못하느냐? 자식들은 나무를 줍고 아비들은 불을 피우며 부녀들은 가루를 반죽하여 하늘 황후를 위하여 과자를 만들며 그들이 또 다른 신들에게 전제(奠祭)를 부음으로 나의 노를 격동하느니라.

유다 백성들은 유다 성읍들과 예루살렘 거리에서 우상을 섬겼다. 자녀들은 나무를 줍고 아비들은 불을 피우고 부녀들은 가루를 반죽하여 하늘 황후를 위해 과자를 만들며 이방 신들에게 전제를 부었다.

'하늘 황후'는 달을 가리켰다. 바알은 해, 아스다롯은 달을 가리켰다.

〔19-20절〕 나 여호와가 말하노라. 그들이 나를 격노케 함이냐? 어찌 자기 얼굴에 수욕을 자취함이 아니냐? 그러므로 주 여호와 내가 이같이 말하노라. 보라, 나의 진노와 분한을 이 곳에 붓되 사람과 짐승과 들나무와 땅의 소산에 부으리니 **불같이 살라지고 꺼지지 아니하리라 하시니라.**

하나님께서는 그들의 우상숭배 때문에 노하셨다. 그것은 그들이 자취한 일이었다. 그는 불같은 재앙을 그들에게 내리실 것이다.

본문의 교훈을 정리해보자. 첫째로, 사람은 참으로 악하다. 이스라엘 백성은 그 예이다. 그들은 하나님의 많은 은혜를 받았음에도 불구하고 하나님을 바로 섬기지 않았고 하나님의 계명을 저버렸고 바알과 아스다롯과 여러 이방신들을 섬겼고 도적질하고 살인하고 간음하고 거짓 맹세하였다. 구약교회는 강도의 소굴로 변질되고 타락하였다. 우리는 이스라엘 백성의 배교와 부패를 통해 사람이 얼마나 악한지 깨닫는다. 사람은 심히 죄악되고 의와 선을 행하기에 너무 무능하고 무력하다.

둘째로, 구원은 오직 하나님의 은혜와 긍휼로 온다. 이것은 성경의 중요한 진리이다. 이스라엘 백성은 자신들의 행위로는 하나님 앞에서 구원을 얻거나 나라의 회복을 얻을 수 없었다. 사람의 행위는 더러운 누더기 옷과 같다. 사람은 자신의 행위로 하나님 앞에 구원을 얻을 수 없다. 구원은 오직 하나님의 긍휼과 예수 그리스도의 대속 사역으로만 가능하다. 그것이 성경이 증거하는 구원의 이치이며 대속의 원리이다. 하나님의 아들 예수 그리스도께서는 하나님의 택하신 죄인들을 구원하시러 이 세상에 오셨고 십자가 위에서 대속의 죽음을 죽으셨다.

셋째로, 구원 얻은 우리는 우리의 길과 행위를 바르고 선하게 해야 한다. 우리는 하나님을 경외하고 섬기며 선과 진실을 행해야 한다. 만일 우리가 끝까지 악을 버리지 않으면, 우리는 실로같이, 이스라엘같이, 또 유다같이 멸망할 것이다. 하나님께서는 우리라 할지라도 완전히 버리시고 수치를 당하게 하실 것이다. 그러므로 우리는 바르게 살아야 한다.

21-34절, 살육의 골짜기

〔21절〕 만군의 여호와 이스라엘의 하나님이[께서] **이같이 말씀하시되 너희 희생에 번제물을 아울러 그 고기를 먹으라.**

이 말씀은, 이스라엘 백성이 하나님께 드린다고 하는 번제물들과 화목제물들이 하나님을 위한 제물이 아니니 그들의 배나 채우라는 뜻이라고 보인다. 하나님께서는 그러한 형식적 제사를 요구한 적이 없으시다. 그는 선지자 이사야를 통해서도, "너희의 무수한 제물이 내게 무엇이 유익하뇨? . . . 너희가 내 앞에 보이러 오니 그것을 누가 너희에게 요구하였느뇨? 내 마당만 밟을 뿐이니라"고 말씀하셨었다(사 1:11-12). 믿음과 순종으로 드리지 않는 제물은 받지 않으신다.

〔22-26절〕 대저 내가 너희 열조를 애굽 땅에서 인도하여 낸 날에 번제나 희생에 대하여 말하지 아니하며 명하지 아니하고 오직 내가 이것으로 그들에게 명하여 이르기를 너희는 내 목소리를 들으라. 그리하면 나는 너희 하나님이 되겠고 너희는 내 백성이 되리라. 너희는 나의 명한 모든 길로 행하라. 그리하면 복을 받으리라 하였으나 그들이 청종치 아니하며 귀를 기울이지도 아니하고 자기의 악한 마음의 꾀와 강퍅한[완고한] **대로 행하여 그 등을 내게로 향하고 그 얼굴을 향치 아니하였으며 너희 열조가 애굽 땅에서 나온 날부터 오늘까지 내가 내 종 선지자들을 너희에게 보내었으되 부지런히 보내었으나 너희가 나를 청종치 아니하며 귀를 기울이지 아니하고 목을 굳게 하여 너희 열조보다 악을 더 행하였느니라.**

하나님께서는 이스라엘 백성의 조상들을 종살이하던 애굽 땅에서 인도하여 내실 때에 번제나 다른 제사들을 요구하지 않으시고 먼저 하나님의 목소리 듣기를 요구하셨다. 출애굽기 19:5-6, "세계가 다 내게 속하였나니 너희가 내 말을 잘 듣고 내 언약을 지키면 너희는 열국 중에서 내 소유가 되겠고 너희가 내게 대하여 제사장 나라가 되며 거룩한 백성이 되리라." 신명기 10:12-13, "이스라엘아, 네 하나님 여호와께서 네게 요구하시는 것이 무엇이냐? 곧 네 하나님 여호와를 경외하여 그 모든 도를 행하고 그를 사랑하며 마음을 다하고 성품을 다하여 네 하나님 여호와를 섬기고 내가 오늘날 네 행복을 위하여 네게 명하는 여호와의 명령과 규례를 지킬 것이 아니냐?" 그러나 이스라엘 백성은 하나님의 음성을 듣지 않았다. 그들은 그의 음성을 듣지 않고 자기들의 악한 마음의 꾀와 완고한 마음으로 행하였다. 그들은 목을 굳게 하였고 그 얼굴을 하나님께로 향하지 않고 그 등을 향하였고 그들의 열조보다 더 많이 악을 행하였다.

〔27-28절〕 **네가 그들에게 이 모든 말을 할지라도 그들이 너를 청종치 아니할 것이요 네가 그들을 불러도 그들이 네게 대답지 아니하리니 너는 그들에게 말하기를 너희는 너희 하나님 여호와의 목소리를 청종치 아니하며 교훈**(무사르 מוּסָר)[훈계]**을 받지 아니하는 국민이라. 진실**(에무나 אֱמוּנָה)[신실함, 진실]**이 없어져 너희 입에서 끊어졌다 할지니라.**

이스라엘 백성은 선지자 예레미야를 통해 주신 하나님의 말씀을 듣지 않는 자들이며 또 그들의 입에는 신실함과 진실이 없었다.

〔29-34절〕 예루살렘아, **너의 머리털을 베어 버리고 자산(赭山)**[벌거숭이 산] **위에서 호곡할지어다. 여호와께서 그 노하신 바 이 세대를 끊어버리셨음이니라**[거부하셨고 버리셨음이니라](KJV, NASB, NIV). **여호와께서 말씀하시되 유다 자손이 나의 목전에 악을 행하여 내 이름으로 일컬음을 받는 집에 그들의 가증한 것을 두어 집을 더럽혔으며 힌놈의 아들 골짜기에 도벳 사당**[산당들]**을 건축하고 그 자녀를 불에 살랐나니 내가 명하지 아니하였고 내 마음에 생각지도 아니한 일이니라. 그러므로 나 여호와가 말하노라. 날이 이르면 이 곳을 도벳이라 하거나 힌놈의 아들의 골짜기라 칭하지 아니하고 살육의 골짜기라 칭하리니** 매장할 **자리가 없도록 도벳에 장사함을 인함이니라. 이 백성의 시체가 공중의 새와 땅 짐승의 밥이 될 것이나 그것을 쫓을 자가 없을 것이라. 그때에 내가 유다 성읍들과 예루살렘 거리에 기뻐하는 소리, 즐기는 소리, 신랑의 소리, 신부의 소리가 끊쳐지게**[끊어지게] **하리니 땅이 황폐하리라.**

하나님께서는 이스라엘 백성을 노하셨고 그들을 거부하셨고 버리셨다. 그 까닭은 그들이 가증한 우상숭배를 했기 때문이다. 우상숭배로 성전을 더럽힌 죄는 큰 죄악이다. 그것은 오늘날 교회들의 예배, 즉 설교와 찬송의 변질과 부패에 비교될 수 있다. 또 그들은 힌놈의 아들 골짜기의 도벳 사당에서 그 자녀들을 불태워 제물로 드렸다. 이것은 하나님께서 명하지 않으신 바요 그 마음에 생각지도 않으신 바이었다. 우상에게 자녀를 불태워 제물로 드렸던 도벳 곧 힌놈의 아들의 골짜기 장차 살육의 골짜기로 불릴 것이다. 거기서 예루살렘 거민들과 유다 백성이 많이 죽임을 당할 것이다. 이 백성의 시체가 공중의 새와 땅 짐승의 밥이 될 것이나 그것들을 쫓을 자가 없을 것이다. 범죄한 사람들의 가치는 매우 낮아서 그들이 짐승의 밥이 될 것이다. 그때 유다 성읍들에는 기쁨과 즐거움의 소리가 없어질 것이다.

본문의 교훈을 정리해보자. 첫째로, 이스라엘 백성은 하나님의 말씀을 청종치 않다가 결국 멸망하고 말았다. 하나님께서 오늘날 신약교회에게 요구하시는 바도 성경을 읽고 그 말씀들을 마음에 두고 믿고 소망하며 그 교훈을 힘써 행하는 것이다. 그것이 의(義)이다. 하나님의 명령은 우리 행복을 위한 것이다. 우리는 그 계명을 순종할 때 기쁨과 평안, 형통과 복을 누릴 수 있다. 우리는 하나님의 말씀을 청종해야 한다.

둘째로, 이스라엘 백성은 자기의 악한 마음의 꾀와 완고함으로 행하였다. 사람의 본성은 죄악되며 본성대로의 삶은 하나님을 기쁘시게 할 수 없다. 사람의 자기 중심적 사고는 악하다. 로마서 7:8, “육신에 있는 자들은 하나님을 기쁘시게 할 수 없느니라.” 우리가 하나님을 섬기려면 우선 자신을 부정하고 자기 꾀와 악한 마음의 완고함을 버려야 한다.

셋째로, 이스라엘 백성은 하나님의 집을 더럽혔다. 우리는 하나님의 집을 더럽히지 말아야 한다. 신약교회는 하나님의 집이며 진리의 기둥과 터이다(딤전 3:15). 그러므로 우리는 교회를 더럽히지 말고 교회를 교회답게 만들고 교회 안에 들어온 세상적인 풍조들을 배격하고 하나님께 드리는 예배가 경건하고 거룩한 예배가 되도록 힘써야 한다.

8장: 이스라엘의 완고함

1-12절, 유다 백성의 죄와 멸망

〔1-2절〕 나 여호와가 말하노라. 그때에 사람들이 유다 왕들의 뼈와 그 방백들의 뼈와 제사장들의 뼈와 선지자들의 뼈와 예루살렘 거민의 뼈를 그 묘실에서 끌어내어 그들의 사랑하며 섬기며 순복하며 구하며 경배하던 해와 달과 하늘의 뭇 별 아래 쬐리니 그 뼈가 거두이거나 묻히지 못하여 지면에서 분토[배설물, 똥] **같을 것이며**

1절의 '사람들'은 바벨론 군대를 가리킬 것이다. 그들은 유다 땅을 정복하고 유다 왕들의 뼈들과 그 방백들의 뼈들과 제사장들의 뼈들과 선지자들의 뼈들과 예루살렘 거민의 뼈들을 그 무덤들에서 끌어내어 모욕할 것이다. 사람들의 시신들을 매장하는 것은 사람의 기본적 도리이며 예의인데, 바벨론 군인들은 그들의 뼈들을 그 묘실에서 끌어내어 해와 달과 별들 아래 쪼일 것이다. 그들이 사랑하며 섬기며 순복하며 복을 구하며 경배하던 해와 달과 별들이지만 그것들은 그들을 보호해주지 못할 것이다. 그 뼈들은 거두이거나 묻히지 못하여 땅 위에서 쓰레기와 같이 될 것이다.

〔3절〕 이 악한 족속의 남아 있는 자, 무릇 내게 쫓겨나서 각처에 남아 있는 자가 사는 것보다 죽는 것을 원하리라[택하리라](KJV, NASB). **만군의 여호와의 말이니라.**

우상숭배에 대한 하나님의 보복이 이루어질 때, 하나님의 심판이 참으로 무섭게 이루어질 때, 유다 땅이나 주위에서 그 전쟁과 재앙에서 남아 있는 자들은 사는 것보다 죽음을 택할 것이다.

〔4-5절〕 너는 또 그들에게 말하기를 여호와의 말씀에 사람이 엎드러지면 어찌 일어나지 아니하겠으며 사람이 떠나갔으면 어찌 돌아오지 아니하겠느냐? 이 예루살렘 백성이 항상 나를 떠나 물러감(메슈바 מְשֻׁבָה)[배교,

변절]**은 어찜이뇨? 그들이 거짓을 고집하고 돌아오기를 거절하도다.**

이스라엘 백성은 일시적으로 범죄한 것이 아니고 항상 하나님을 떠나 배교하였다. 또 그들은 거짓을 고집하였고 죄를 회개하며 하나님께로 돌아오기를 거절하였다. 그들에게는 진심의 회개가 없었다.

〔6절〕 내가 귀를 기울여 들은즉 그들이 정직을 말하지 아니하며 그 악을 뉘우쳐서 나의 행한 것이 무엇인고 말하는 자가 없고 전장(戰場)[전쟁터]**을 향하여 달리는 말같이 각각 그 길로 행하도다.**

하나님께서는 이스라엘 백성에게서 바른 말을 들으실 수 없었고 또 자기들의 악을 뉘우치는 말을 들으실 수 없었다. 그들은 전쟁터의 말들처럼 자기들의 길로만 정신 없이 달려갔다.

〔7절〕 공중의 학(카시다 חֲסִידָה)[황새](BDB)**은 그 정한 시기를 알고 반구**[산비둘기]**와 제비**(수스 סוּס)['제비'(swallow)(KJV), '칼새'(swift)(NASB, NIV)]**와 두루미**(아구르 עָגוּר)[아마, '두루미나 학'(crane)(KJV), '개똥지빠귀'(thrush)(NASB, NIV)](BDB, KB)**는 그 올 때를 지키거늘 내 백성은 여호와의 규례를 알지 못하도다 하셨다 하라.**

황새나 산비둘기나 제비나 학은 그 정한 시기를 알고 그 올 때를 지키지만, 이스라엘 백성은 하나님의 규례를 알지 못하고 하나님께로 돌아오지 않았다. 그들은 새들보다도 못하였다.

〔8-9절〕 너희가 어찌 우리는 지혜가 있고 우리에게는 여호와의 율법이 있다 말하겠느뇨? 참으로 서기관의 거짓 붓이 거짓되게 하였나니 지혜롭다 하는 자들은 수욕을 받으며 경황 중에[당황하며, 놀라며] **잡히리라. 보라, 그들이 나 여호와의 말을 버렸으니 그들에게 무슨 지혜가 있으랴.**

"참으로 서기관의 거짓 붓이 거짓되게 하였다"는 원문은 "보라, 참으로 그가 거짓되이 하였도다. 서기관들의 붓이 거짓되도다"라는 뜻이라고 본다(MT, KJV). 하나님의 율법책을 필사(筆寫)하고 연구하는 서기관들은 하나님의 말씀을 저버렸으므로 지혜가 없었다.

〔10-11절〕 그러므로 내가 그들의 아내를 타인에게 주겠고 그들의 전지(田地)[토지]**를 그 차지할 자들에게 주리니 그들은 가장 작은 자로부터 큰**

자까지 다 탐람하며[탐하며] **선지자로부터 제사장까지 다 거짓을 행함이라. 그들이 딸 내 백성의 상처를 심상히**(알 네칼라 עַל־נְקַלָּה)[대수롭지 않게](BDB) **고쳐주며 말하기를 평강**[평안]**하다, 평강하다 하나 평강이 없도다.**

하나님께서는 이스라엘 백성의 아내들을 다른 사람들에게 주고 그들의 밭들을 그 차지할 자들에게 줄 것이라고 말씀하신다. 그 까닭은 그들이 어른이나 아이나 다 탐욕적이고 선지자나 제사장까지도 다 거짓을 행하기 때문이었다. 탐욕과 거짓은 이스라엘 사회의 주요한 죄악이었다. 선지자들과 제사장들은 하나님의 백성의 상처를 대수롭지 않게 고쳐주며 말하기를 '평안하다, 평안하다'고 하였지만, 실상 평안이 없었다. 평안은 단지 사람의 축원으로 오는 것이 아니다. 평안은 하나님께서 주셔야 얻을 수 있고 받을 만해야 받는다.

〔12절〕 그들이 가증한 일을 행할 때에 부끄러워하였느냐? 아니라. 조금도 부끄러워 아니할 뿐 아니라 얼굴도 붉어지지 아니하였느니라. 그러므로 그들이 엎드러질 자와 함께 엎드러질 것이라. 내가 그들을 벌할 때에[그들의 심판 날에] **그들이 거꾸러지리라. 여호와의 말이니라.**

그들의 양심이 매우 무디어졌고 가증한 악을 행할 때 부끄러워하거나 얼굴이 붉어지지 않았으므로, 그들은 다 엎드러질 것이다.

본문의 교훈을 정리해보자. 첫째로, 사람들의 죄들에 대해 하나님의 보응이 있다. 하나님께서는 사람들의 모든 행위에 대해 선악간에 보응하신다. 그는 공의의 심판자이시며 사람은 그가 심은 대로 거둔다.

둘째로, 우리는 하나님의 규례를 지켜야 한다. 7절, "공중의 학은 그 정한 시기를 알고 반구와 제비와 두루미는 그 올 때를 지키거늘 내 백성은 여호와의 규례를 알지 못하도다." 우리는 새보다 나아야 한다.

셋째로, 우리는 특히 탐욕과 거짓을 추방해야 한다. 세상 것은 허무하며 세상의 헛된 종교와 철학에는 참 평안이 없다. 우리는 헛된 욕심을 버려야 하고 거짓된 종교와 철학도 버려야 한다. 하나님의 말씀만 진리이며 그 진리를 믿고 순종하는 자들에게만 영생과 평안이 있다.

13-22절, 유다 나라의 멸망을 예고함

〔13-14a절〕 여호와께서 말씀하시되 내가 그들을 진멸하리니 포도나무에 포도가 없을 것이며 무화과나무에 무화과가 없을 것이며 그 잎사귀가 마를 것이라. 내가 그들에게 준 것이 없어지리라 하셨나니 우리가 어찌 가만히 앉았으랴.

하나님께서는 유다 나라의 멸망을 예고하시며 "내가 그들을 진멸하리라"고 말씀하신다. 하나님께서는 심판자이시다. 심판의 결과는 무엇인가? 포도나무에 포도가 없을 것이며 무화과나무에 무화과가 없을 것이며 그 잎사귀가 마를 것이다. 하나님께서는 유다 백성에게 먹을 것을 제거하실 것이다. 그는 "내가 그들에게 준 것이 없어지리라"고 말씀하신다. 포도나무의 과실인 포도나 무화과나무의 과실인 무화과는 다 하나님께서 주신 복이었고 이제 하나님께서는 그것들을 제거하실 것이다. 하나님께서는 그럴 권한을 가지고 계신다.

〔14b절〕 모일지어다. 우리가 견고한 성읍들로나 들어가서 거기서 멸망하자(닛데마 נִדְּמָה)[조용히 있자](KJV, BDB). **우리가 여호와께 범죄하였으므로 우리 하나님 여호와께서 우리를 멸하시며**(하딤마누 הֲדִמָּנוּ)['잠잠케 하시며'(KJV), 또는 '멸하시며'(NASB, NIV)] **우리에게 독한 물을 마시우심이니라.**

유다 성읍들에 내리신 하나님의 재앙의 원인은 그들이 여호와께 범죄했기 때문이다. 죄가 근본적 문제이다. 죄 때문에 하나님의 심판과 멸망이 온다. 하나님께서는 그들을 다 없애실 것이다. 그는 그들에게 독한 물, 사약(死藥) 같은 물을 마시우실 것이다. 그들은 사약을 마시며 잠잠케 되며 죽게 될 것이다.

〔15절〕 우리가 평강[평안]**을 바라나 좋은 것이 없으며 고치심을 입을 때를 바라나 놀라움**(베아사 בְעָתָה)[당황함, 낭패, 공포]**뿐이로다.**

이스라엘 백성은 평안과 회복을 원하지만, 회개치 않고 죄만 짓는 자들의 길에는 좋은 것이 없고 당황한 일과 낭패와 두려움뿐이다.

〔16절〕 그 말의 부르짖음이 단에서부터 들리고 그 준마들의 우는 소리에

온 땅이 진동하며 그들이 이르러 이 땅과 그 소유와 성읍과 그 중의 거민을 삼켰도다.

단은 이스라엘 땅의 북방 국경 지역에 있다. 바벨론 왕 느부갓네살 군대의 말들의 소리가 북방 국경에서 들려온다. 오늘날 말로 표현하면, 요란한 탱크들과 장갑차들과 전투기들의 소리이다. 바벨론 군대들은 쳐들어와 이스라엘 나라의 온 땅을 황폐하게 만들 것이다.

〔17절〕 [이는] **여호와께서 말씀하시되** [보라] **내가 술법으로도 제어할 수 없는 뱀과 독사를 너희 중에 보내리니 그것들이 너희를 물리라 하시도다.**

하나님의 심판과 재앙은 사람들의 수단과 방법으로 막을 수 없고 피할 수 없을 것이다. 사람들은 하나님을 피하려 해서는 안 된다. 그들은 오직 철저히 죄를 회개하고 하나님을 믿고 순종해야 한다.

〔18절〕 슬프다, 나의 근심이여, 어떻게 위로를 얻을 수 있을까? 나의 중심이 번뇌하도다[내 마음이 심히 피곤하도다].

원문은 옛날 영어성경(KJV)과 비슷하다. "내가 슬픔 대신 기쁨을 바랐으나 내 마음이 심히 피곤하도다(혹은 '기절할 것 같도다')."

〔19절〕 딸 내 백성의 심히 먼 땅에서 부르짖는 소리로다. 이르기를 **여호와께서 시온에 계시지 아니한가, 그 왕이 그 중에 계시지 아니한가?** 그러나 여호와께서는 이르시기를 **그들이 어찌하여 그 조각한 신상과 이방의 헛된 것들로 나를 격노케 하였는고 하시니.**

'심히 먼 땅'은 포로로 잡혀간 땅을 가리킨다. 여호와 하나님, 이스라엘의 왕이시요 온 우주의 통치자이신 하나님께서 시온에 계심에도 불구하고, 그들은 하나님의 도우심을 받지 못하였다. 왜 그러하였는가? 그것은 하나님의 무능력 때문이 아니고, 그들의 우상숭배의 죄악 때문이었다. 이사야 59:1-2도 말한다. "여호와의 손이 짧아 구원치 못하심도 아니요 귀가 둔하여 듣지 못하심도 아니라. 오직 너희 죄악이 너희와 너희 하나님 사이를 내었고 너희 죄가 그 얼굴을 가리워서 너희를 듣지 않으시게 함이니." 유다 백성의 죄 때문에 하나님께서는 그들을 구원하지 않으시고 기도 응답을 주거나 회복시키지 않으시고 원수를 물리치지 않으실 것이다.

〔20-22절〕 추수할 때가 지나고 여름이 다하였으나 우리는 구원을 얻지 못한다 하는도다. 딸 내 백성이 상하였으므로 나도 상하여 슬퍼하며 놀라움에 잡혔도다. 길르앗에는 유향이 있지 아니한가? 그 곳에는 의사가 있지 아니한가? 딸 내 백성이 치료를 받지 못함은 어찜인고?

이스라엘 백성은 추수의 복 대신 화와 재앙을 당할 것이다. 그들은 구원을 얻지 못할 것이다. 유향은 치료약 재료로 쓰였다. 길르앗에는 유향이 많았고 자연히 의사들도 있었을 것이다. 그러나 하나님께서 그들을 치실 때에는 치료할 약이 없을 것이다. 좋은 병원이 소용없고 좋은 약이 소용없을 것이다. 하나님께서 그들을 돕지 않으시면, 죄로 인해 멸망케 된 그들은 고침 받을 수 없고 회복될 수 없을 것이다.

본문의 교훈을 정리해보자. 첫째로, 이스라엘 백성은 우상숭배의 죄 때문에 하나님을 격노하시게 만들었다. 우리의 죄는 하나님을 격노하시게 만들며 불행한 일들과 재앙을 가져온다. 우리는 하나님의 재앙과 인생의 모든 불행의 원인이 죄임을 알고 죄를 철저히 회개해야 한다.

둘째로, 하나님께서는 친히 이스라엘 백성을 진멸하시며 죽이는 약을 주시며 친히 술법으로도 제어할 수 없는 뱀과 독사를 그들에게 보내실 것이다. 복과 재앙은 다 섭리자 하나님께서 주시는 것이다. 그것들은 그것들을 주신 하나님께서만 거두실 수 있고 제하실 수 있다. 우리는 하나님께서 주권자이심을 알고 오직 하나님만 의지하고 순복해야 한다.

셋째로, 이스라엘 백성은 하나님께 돌아감으로써만 회복될 수 있다. 예레미야 3:22, "배교한 자식들아, 돌아오라. 내가 너희의 배교를 고치리라." 사람의 불행과 세상의 재앙은 사람의 수단 방법으로 막을 수 없고 피할 수 없음을 알아야 한다. 우리는 오늘날 우리에게 닥친 불행한 현실과 여러 가지 어려운 문제들을 인간적 방법으로 막거나 피하려만 하지 말고 먼저 철저히 회개하며 하나님의 긍휼을 의지해야 한다.

9장: 이스라엘의 멸망을 슬퍼함

1-11절, 선지자의 눈물

〔1절〕 어찌하면 내 머리는 물이 되고 내 눈은 눈물 근원[눈물샘]**이 될꼬?** 그렇게 되면 **살륙 당한 딸 내 백성을 위하여 주야로 곡읍하리로다.**

예레미야는 자기 백성 이스라엘이 살육 당함을 인해 주야로 눈물로 통곡하기를 원한다. 사람의 죽음은 사람의 삶에서 가장 슬픈 일이며, 민족의 살육 당함이라는 비극적 죽음은 더욱 그러하다.

〔2절〕 어찌하면 내가 광야에서 나그네의 유할 곳을 얻을꼬? 그렇게 되면 **내 백성을 떠나가리니 그들은 다 행음하는 자요 패역한 자**(보게딤 בֹּגְדִים) [배신자들]**의 무리가 됨이로다.**

예레미야는 행음자들 즉 우상숭배자들과 배신자들과 함께 있는 것이 싫어서 그들을 멀리 떠나 광야에서 나그네처럼 한 곳에서 조용히 쉬기를 원한다. 그는 악인들과 함께 거하기를 원치 않는다.

〔3절〕 여호와께서 말씀하시되 그들이 활을 당김같이 그 혀를 놀려 거짓을 말하며 그들이 이 땅에서 강성하나 진실하지 아니하고[진리를 위해 용감하지 않으며](MT, KJV) **악에서 악으로 진행하며 또 나를 알지 아니하느니라.**

하나님께서는 이스라엘 백성의 두 가지 악을 지적하신다. 하나는 거짓을 말하는 것이고, 다른 하나는 악을 행하는 것이었다. 이스라엘 백성은 활을 당김같이 그 혀를 놀려 거짓을 말했다. '활을 당김같이'라는 표현은 거짓말을 쏘아대고 뱉어댄다는 뜻일 것이다. 또 그들은 진리를 위해 용감하지 않았다. 사람들의 거짓말을 책망하고 거절하고 혼자라도 진실한 길을 가려면 용기가 필요한데 그들은 진리를 위해 용감하지 않았고 비겁하고 비굴하게 거짓말을 용납하였다.

또 그들은 악에서 악으로 진행하였다. 즉 그들은 악에서 시작하여 악으로 진행하는 자들, 곧 악을 행하는 자들이었다. 또 그들은 하나님을 알지 못하는 자들이다. 모든 죄악의 뿌리는 하나님을 알지 못하는 데 있다. 하나님을 아는 자는 거짓말할 수 없고 이웃에게 악을 행할 수 없다. 왜냐하면 하나님께서는 진리와 진실의 하나님이시며 거짓말을 정죄하시고, 또 하나님의 뜻은 우리가 이웃을 사랑하고 선하게 사는 것이며 사랑은 이웃에게 해를 끼치지 않은 것이기 때문이다.

〔4-6절〕 너희는 각기 이웃을 삼가며 아무 형제든지 믿지 말라. 형제마다 온전히 속이며 이웃마다 다니며 비방함이니라. 그들은 각기 이웃을 속이며 진실을 말하지 아니하며 그 혀로 거짓말하기를 가르치며 악을 행하기에 수고하거늘 네 처소는 궤휼[거짓] **가운데 있도다. 그들은 궤휼**[거짓]**로 인하여 나 알기를 싫어하느니라. 나 여호와의 말이니라 하시니라.**

이스라엘 백성은 거짓이 가득했고 또 남을 비방했다. 바른 말이라도 남을 비판하는 말은 조심해야 한다. 우리는 하나님의 법을 지켜야 하는 위치에 있기 때문이다(약 4:11). 주의 종들이 진리와 교회를 위해 부득이 이단사설을 비평해야 할 때가 있다. 그러나 우리가 거짓말로 이웃을 비방하는 행위야말로 하나님 앞에서 참으로 악한 일이다.

〔7-9절〕 만군의 여호와께서 이같이 말씀하시되 보라, 내가 내 딸 백성을 어떻게 처치할꼬? 그들을 녹이고 연단하리라. 그들의 혀는 죽이는[2] 살이라. 거짓을 말하며 입으로는 그 이웃에게 평화를 말하나 중심에는 해(害)를 도모하는도다. 내가 이 일들을 인하여 그들에게 벌하지 아니하겠으며 내 마음이 이런 나라에 보수(報讐)하지 않겠느냐? 여호와의 말이니라.

하나님께서는 거짓과 악이 가득한 이스라엘 백성을 가만히 버려두지 않으실 것이다. 그는 그들을 고난과 환난의 시련으로 녹이고 연단하실 것이다. 하나님께서 친히 그렇게 하실 것이다. 그들의 혀는 죽이는 살과 같았다. 그들은 거짓을 행하며 입으로는 화목을 말하나 중심에는 해를 도모하였다. 그들은 말로 사람을 죽이는 자들이었다. 사람

---

2) '죽이는'이라는 원어(쇼케트 שׁוֹחֵט)는 히브리어 본문에 본래 쓰여진(케팁) 단어이며 유력한 고대 역본들(LXX, It Vg)의 본문이다.

이 거짓말로 악을 행하고 이웃을 해치는 것은 세상적 욕심 즉 물욕과 명예욕 때문이다(약 4:1-2). 그러므로 하나님께서는 이 일을 인해 그들에게 벌하시며 보수(報讐)하시겠다고 말씀하신다.

〔10-11절〕 내가 산들을 위하여 곡하며 부르짖으며 광야 목장을 위하여 슬퍼하나니 이는 그것들이 불에 탔으므로 지나는 자가 없으며 거기서 가축의 소리가 들리지 아니하며 공중의 새도 짐승도 다 도망하여 없어졌음이니라. 내가 예루살렘으로 무더기를 만들며 시랑의 굴혈이 되게 하겠고 유다 성읍들로 황폐케 하여 거민이 없게 하리라.

유다 땅은 전쟁으로 불타고 황폐케 되고 지나는 자들이 없고 가축도 다 빼앗기고 공중의 새나 들짐승도 놀라 도망칠 것이다. 예루살렘은 쓰레기 더미처럼 될 것이며 사나운 들짐승들의 소굴로 버려질 것이다. 유다 성읍들은 황폐케 되고 거기 거하는 사람들이 없을 것이다.

본문의 교훈을 정리해보자. 첫째로, 죄의 결과는 하나님의 징벌이다. 하나님께서는 "내가 이 일들을 인하여 그들에게 벌하지 아니하겠으며 내 마음이 이런 나라에 보수(報讐)하지 않겠느냐?"고 말씀하신다(9절). 그는 사랑과 용서의 하나님인 동시에 진노하시는 하나님이시다. 그는 오늘날에도 죄를 회개하지 않는 자들에게 엄하게 벌하실 것이다.

둘째로, 이스라엘 백성은 행음과 배신, 거짓과 이웃 비방, 악행, 하나님을 알지 못함 등을 회개해야 하였다. 오늘날 우리도 불경건과 배신, 우상숭배, 돈 사랑, 세상 사랑을 회개하고 육신적 음행도 멀리하고 거짓말을 버리고 남을 비방하는 죄도 짓지 말아야 한다. 또 그래야 생명과 평안과 형통함을 기대할 수 있다. 우리는 모든 죄를 회개해야 한다.

셋째로, 예레미야는 하나님께서 유다 나라에 곧 내리실 두렵고 불행한 멸망을 바라보면서 통곡했다. 오늘날 우리는 온 세상의 종말이 가까이 오고 있음을 깨닫고, 믿음 없는 우리 자녀들을 위해, 멸망하는 우리 나라와 온 세상을 위해, 배교한 교회들과 타협적인 교회들을 위해 기도해야 한다. 우리는 회개치 않는 자들을 위해 울며 기도해야 한다.

12-26절, 애곡하라

〔12절〕 지혜가 있어서 이 일을 깨달을 만한 자가 누구며 여호와의 입의 말씀을 받아서 광포할 자가 누구인고? 이 땅이 어찌하여 멸망하여 광야같이 타서 지나는 자가 없게 되었느뇨?

예레미야는 유다 땅이 멸망하여 광야같이 되며 지나는 자가 없게 되는 것이 하나님의 입의 말씀임을 말한다. 그러나 지혜가 있어서 이 일을 깨달을 만한 자가 없고 그 말씀을 받아 전파할 자도 없었다.

〔13-14절〕 여호와께서 말씀하시되 이는 그들이 내가 그들의 앞에 세운 나의 법을 버리고 내 목소리를 청종치 아니하며 그대로 행치 아니하고 그 마음의 강퍅함(쉐리루스 שְׁרִירוּת)[완고함]**을 따라 그 열조가 자기에게 가르친 바알들을 좇았음이라.**

유다 나라의 멸망의 이유는 그들이 하나님께서 그들 앞에 세우신 하나님의 법을 버리고 그의 목소리를 듣지 않고 그 말씀대로 행치 않고 그 마음의 완고함을 따라 이방신들을 섬겼기 때문이다. 바알들이 그 이방신들이었다. 이방신을 섬기는 것은 하나님께서 주신 십계명의 1, 2계명을 범하는 죄이었다. 우상숭배는 모든 죄의 뿌리이다.

〔15-16절〕 그러므로 만군의 여호와 이스라엘의 하나님 내가 말하노라. 보라, 내가 그들 곧 이 백성에게 쑥을 먹이며 독한 물(메-로쉬 מֵי־רֹאשׁ)[독 있는 물]**을 마시우고 그들과 그들의 조상이 알지 못하던 열국 중에 그들을 헤치고**[흩으시고] **진멸되기까지 그 뒤로 칼을 보내리라 하셨느니라.**

하나님께서는 이스라엘 백성에게 독 있는 물을 마시게 하시고 그들을 열국 중에 흩으시고 칼을 보내어 완전히 멸망시키실 것이다.

〔17-18절〕 만군의 여호와께서 이같이 말씀하시되 너희는 잘 생각하고 곡하는 부녀를 불러오며 또 보내어 지혜로운[능숙한] **부녀를 불러오되 그들로 빨리 와서 우리를 위하여 애곡하게 하여 우리의 눈에서 눈물이 떨어지게 하며 우리 눈꺼풀에서 물이 쏟아지게 하라.**

하나님께서는 곡하는 부녀들을 불러와 곡하게 함으로 유다 백성으로 애곡하게 하라고 말씀하신다. 왜냐하면 유다 나라의 멸망이 단지 말로만 하는 위협이 아니고 비극적 현실이 될 것이기 때문이다.

〔19절〕 이는 시온에서 호곡하는 소리가 들려 이르기를 **우리가 아주 망하였구나. 우리가 크게 수욕을 당하였구나. 우리가 그 땅을 떠난 것은 그들이 우리 주택**[우리의 거처하는 곳들]**을 헐었음이로다 함이로다.**

예루살렘 성의 거민들은 애곡하며 우리가 아주 망하였다, 우리가 크게 수욕을 당하였다고 말할 것이다. 또 그들은 침략자들이 그들의 거처하는 곳들을 다 헐었기 때문에 그 땅을 떠났다고 말할 것이다. 유다 나라는 멸망하고 그 백성은 산지사방에 뿔뿔이 흩어질 것이다.

〔20절〕 부녀들이여, 여호와의 말씀을 들으라. 너희 귀에 그 입의 말씀을 받으라. 너희 딸들에게 애곡을 가르치며 **각기 이웃에게 애가를 가르치라.**

하나님께서는 유다의 여인들이 그의 말씀을 듣고 받고 그들의 딸들에게 애곡을 가르치고 이웃 사람들에게도 애가를 가르치라고 말씀하신다. 그것은 예루살렘 성의 멸망이 확실히 있을 것임을 보인다.

〔21-22절〕 대저 사망이 우리 창문에 올라오며 우리 궁실에 들어오며 밖에서는 자녀와 거리에서는 청년들을 멸절하려 하느니라. 너는 이같이 이르라. 여호와의 말씀에 사람의 시체가 분토[배설물]**같이 들에 떨어질 것이며 추수하는 자의 뒤에** 떨어지고 **거두지 못한 뭇**[다발]**같이 되리라 하셨느니라.**

유대 땅에 사망이 가득할 것이다. 집집마다 죽는 자들이 생길 것이다. 집밖에서와 거리에서 자녀들과 청년들이 많이 죽을 것이다. 사람들의 시체들이 배설물같이, 추수하는 자들의 뒤에 떨어지고 거두지 못한 곡식단들같이 들에 떨어져 있고 널려져 있을 것이다.

〔23-24절〕 여호와께서 이같이 말씀하시되 지혜로운 자는 그 지혜를 자랑치 말라. 용사는 그 용맹을 자랑치 말라. 부자는 그 부함을 자랑치 말라. 자랑하는 자는 이것으로 자랑할지니 곧 명철하여 나를 아는 것과 나 여호와는 인애와 공평과 정직[의]**을 땅에 행하는 자인 줄 깨닫는 것이라. 나는 이 일을 기뻐하노라. 여호와의 말이니라.**

사람들은 자신들의 지혜나 용기나 물질적 부요를 자랑하지 말아야 한다. 그것들은 전쟁 때에 헛되다. 우리는 오직 하나님을 자랑하고 또 하나님을 안다는 사실을 자랑하고 또 하나님께서 인애와 공평과 의를 땅에 행하는 자이신 줄 깨달은 것을 자랑해야 한다. 하나님께서는 우리가 하나님을 알고 인애와 의를 행하는 것을 기뻐하신다.

[25-26절] 여호와께서 말씀하시되 날이 이르면 할례 받은 자와 할례 받지 못한 자를 내가 다 벌하리니 곧 애굽과 유다와 에돔과 암몬 자손과 모압과 및 광야에 거하여 그 머리털을 **모지게 깎은 자들**[관자놀이 위의 머리털을 깎은 자들(아랍인들, BDB, NASB)]**에게라. 대저 열방은 할례를 받지 못하였고 이스라엘은 마음에 할례를 받지 못하였느니라 하셨느니라.**

본문의 교훈을 정리해보자. 첫째로, 이스라엘 백성은 하나님께서 그들 앞에 세운 하나님의 법을 버리고 그의 목소리를 청종치 아니하며 그대로 행치 아니하고 그 마음의 완고함을 따라 그 열조가 그들에게 가르친 바알들을 섬겼다(13-14절). 그러므로 그 나라는 하나님의 심판을 받아 멸망하고 수치와 욕을 당할 것이다. 죄악된 나라는 망할 것이다.

둘째로, 이스라엘 백성은 죄의 값이 멸망인 것을 깨닫고 우상숭배와 음란을 버리고 기타 모든 죄악들을 다 버리고 하나님께로 나와야 했다. 죄인들은 자신들의 죄를 회개하고 애곡해야 한다. 하나님께서 요구하시는 제사는 어느 시대에나 상한 심령 즉 눈물의 회개이다(시 51:17).

셋째로, 우리는 세상 것들을 자랑하지 말고 하나님만 자랑해야 한다. 23-24절, "여호와께서 이같이 말씀하시되 지혜로운 자는 그 지혜를 자랑치 말라. 용사는 그 용맹을 자랑치 말라. 부자는 그 부함을 자랑치 말라. 자랑하는 자는 이것으로 자랑할지니 곧 명철하여 나를 아는 것과 나 여호와는 인애와 공평과 정직을 땅에 행하는 자인 줄 깨닫는 것이라." 이 세상의 것들은 아무것도 아니다. 하나님의 심판의 날에 그것들은 그 심판을 모면하는 데 아무 도움이 되지 못하고 아무 소용이 없을 것이다. 그러므로 우리는 오직 하나님만 자랑하고 의지해야 한다.

10장: 열방의 길을 배우지 말라

1-16절, 우상 대신 참 하나님을 섬기라

〔1-3a절〕 이스라엘 집이여, 여호와께서 너희에게 이르시는 말씀을 들을지어다. 여호와께서 이같이 말씀하시되 열방의 길을 배우지 말라. 열방인은 하늘의 징조를 두려워하거니와 너희는 그것을 두려워 말라. [이는] **열방의 규례**[풍습들](KJV, NASB, NIV)**는 헛된 것이라**[것임이라].

여호와께서는 이스라엘 백성에게 열방의 길을 배우지 말라고 말씀하셨다. '열방의 길'은 이방나라 사람들의 종교적 행위, 즉 우상숭배의 행위를 가리킨다. 또 그는 그들에게 이방나라 사람들이 두려워하는 하늘의 징조를 두려워 말라고 말씀하셨다. '하늘의 징조'는 이방인들이 세상의 어떤 기쁜 일이나 슬픈 일에 미신적으로 결부시키는 해와 달과 별들의 어떤 징조들을 가리킬 것이다. 이방인들은 그 징조들을 두려워하겠지만, 우리는 그것들을 두려워할 것이 없다. 왜냐하면 '열방의 규례' 즉 우상숭배의 풍습들은 헛된 것이기 때문이다.

〔3b-5절〕 그 위하는 것은 **삼림에서 벤 나무요 공장**[기술자들]**의 손이 도끼로 만든 것이라. 그들이 은과 금으로 그것에 꾸미고 못과 장도리**[마치, 망치]**로 그것을 든든히 하여 요동치 않게 하나니 그것이 갈린**[깎은] **기둥**[오이밭의 기둥, 허수아비] **같아서 말도 못하며 걸어다니지도 못하므로 사람에게 메임을 입느니라. 그것이 화를 주거나 복을 주지 못하나니 너희는 두려워 말라 하셨느니라.**

이방인들이 섬기는 우상들은 삼림에서 벤 나무들이며 기술자들이 도끼로 찍고 칼로 다듬고 거기에 은과 금으로 꾸미고 못과 망치로 단단히 고정하여 흔들리지 않게 한 것이다. 그것은 마치 오이밭의 깎은 기둥이나 허수아비 같아서(BDB, KB, NASB, NIV) 말도 못하고 걸어다니지도 못하므로 사람들이 메고 옮긴다. 그것들은 화를 주거나 복을 주지 못한다. 그러므로 우리는 그것들을 두려워할 것이 없다.

〔6-7절〕 여호와여, 주와 같은 자 없나이다. 주[께서]**는 크시니 주의 이름이 그 권능으로 인하여 크시니이다. 열방의 왕이시여, 주를 경외치 아니할 자가 누구리이까? 이는 주께 당연한 일이라. 열방의 지혜로운 자들과 왕족 중에 주와 같은 자 없음이니이다.**

세상에는 하나님과 비교할 자가 아무도 없다. 하나님께서는 크시며 그 권능이 크시다. 하나님께서는 '열방의 왕' 곧 온 세상의 왕이시다. 그는 온 세상을 홀로 통치하신다. 이 사실을 아는 자는 그를 경외치 않을 수 없다. 사람이 하나님을 두려워하는 것은 당연한 일이다. 열방의 지혜로운 자들과 왕족들 중에 하나님과 같은 자는 없다.

〔8-9절〕 그들은 다 무지하고 어리석은 것이니 우상의 도(道)는 나무뿐이라. 다시스에서 가져온 은박과 우바스에서 가져온 금으로 꾸미되 공장(工匠)[장인들]**과 장색**[금세공인]**의 손으로 만들었고 청색**(테켈렛 תְּכֵלֶת)[보라색] **자색** 감**으로 그 옷을 삼았나니 이는 공교한 사람의 만든 것이어니와.**

예레미야는 우상숭배의 어리석음을 증거한다. 우상숭배는 다 무지하고 어리석은 일이며 우상숭배자들도 그러하다. 왜냐하면 우상은 나무뿐이기 때문이다. 그것은 나무에다 다시스에서 가져온 은박과 우바스에서 가져온 금으로 꾸미되 장인들의 손으로 만들었고, 보라색 자색 천으로 옷을 만드는 기술자들이 만든 것이다.

〔10절〕 오직 여호와[께서]**는 참 하나님이시요 사시는 하나님이시요 영원한 왕이시라. 그 진노하심에 땅이 진동하며 그 분노하심을 열방이 능히 당치 못하느니라.**

우상들은 가짜 신들이지만, 여호와께서는 살아계신 참 하나님이시다. 그는 영원한 왕이시며 실제로 온 우주를 통치하시는 능력자이시다. 그 진노하심에 땅이 진동하고 그 분노하심을 열방이 능히 당할 수 없다. 그는 공의로 세상을 다스리시고 악인들의 악을 징벌하신다.

〔11절〕 너희는 이같이 그들에게 이르기를 천지를 짓지 아니한 신들은 땅

위에서, 이 하늘 아래서 망하리라 하라.

본절은 원문에서 아람어로 되어 있다. 이것은 특히 이방나라 사람들이 듣고 깨달으라고 기록한 것 같다. 천지를 짓지 않은 신들은 온 세상에서 멸망할 것이다. 모든 우상들은 결국 다 망할 것이다. 천지와 그 가운데 있는 만물을 창조하신 자는 여호와 하나님 한 분뿐이시다. 창조자 하나님 외의 모든 신들은 사람들의 고안물에 불과하다. 창조자 하나님께서는 자신을 아브라함에게 계시하셨고 또 모세를 통해 이스라엘 백성에게 계시하셨다. 또 그 계시들을 책에 기록케 하셨다.

[12-13절] 여호와께서 그 권능으로 땅을 지으셨고 그 지혜로 세계를 세우셨고 그 명철로 하늘들을 펴셨으며 그가 목소리를 발하신즉 하늘에 많은 물이 생기나니 그는 땅끝에서 구름[수증기]**이 오르게 하시며 비를 위하여**(람마타르 לַמָּטָר)[혹은 '비올 때'(KJV, NIV)] **번개하게 하시며 그 곳간에서 바람을 내시거늘.**

여호와 하나님, 곧 영원자존하신 하나님께서는 천지만물을 그의 지혜와 명철, 그의 권능으로 창조하셨다. 또 천지만물을 창조하신 그는 친히 물과 구름, 비와 번개와 바람을 주관하신다. 창조자 하나님께서는 그가 창조하신 세상을 친히 보존하시고 다스리시는 것이다.

[14-16절] 사람마다 우준하고 무식하도다. 금장색마다 자기의 조각한 신상으로 인하여 수치를 당하나니 이는 그 부어만든 우상은 거짓것이요 그 속에 생기가 없음이라. 그것들은 헛것이요 망령되이 만든 것[조롱받을 작품](NASB, NIV)**인즉 징벌하실 때에 멸망할 것이나 야곱의 분깃은 이같지 아니하시니 그는 만물의 조성자요 이스라엘은 그 산업의 지파라. 그 이름은 만군의 여호와시니라.**

우상은 금장색이 부어만든 것이며 신이 아니다. 그것은 거짓것이요 그 속에 생기가 없고 헛것이며 조롱받을 작품이며 결국 다 망할 것이다. 그러나 하나님께서는 우상과 다르시다. 그는 만물의 조성자이시며 이스라엘 백성을 자기의 특별한 소유로 삼으신 자이시다. 그의 이름은 만군의 여호와이시다. 그는 하늘의 천군천사들을 소유하시고 사용하시고 동원하시고 능력으로 행하시는 하나님이시다.

본문의 교훈을 정리해보자. 첫째로, 우리는 우상의 헛됨을 알아야 한다. 우상은 나무일 뿐이다. 8절, "우상의 도는 나무뿐이라." 우상은 나무에다 금이나 은을 입힌 것이다. 그것은 거짓것이며 생기가 없으며 헛것이며 조롱을 받을 만한 것이다. 14-15절, "그 부어만든 우상은 거짓것이요 그 속에 생기가 없음이라. 그것들은 헛것이요 망령되이 만든 것인즉." 우상은 가짜 신이며 생명이 없는 죽은 물건에 불과하다. 그것들은 결국 다 멸망할 것이다. 그러므로 하나님께서는 이스라엘 백성에게 "열방의 길을 배우지 말라"고 말씀하셨다. 우리는 이방 종교들과 그들의 우상숭배들을 배우지 말고 이방 종교들에게서 통찰력을 얻으려 하지 말고 또 이방신들이나 미신적 행위들을 두려워하지 말아야 한다.

둘째로, 우리는 하나님의 살아계심을 알고 하나님만 바로 섬기며 그의 뜻과 계명만 힘써 순종해야 한다. 하나님께서는 전능하신 하나님이시며 온 세계의 왕이시다. 6-7절, "여호와여, 주와 같은 자 없나이다. 주는 크시니 주의 이름이 그 권능으로 인하여 크시니이다. 열방의 왕이시여, 주를 경외치 아니할 자가 누구리이까?" 하나님께서는 살아계신 참 하나님이시며 천지만물을 창조하신 자이시요 홀로 섭리하시는 자이시다. 10-12절, "오직 여호와는 참 하나님이시요 사시는 하나님이시요 영원한 왕이시라. 그 진노하심에 땅이 진동하며 그 분노하심을 열방이 능히 당치 못하느니라. 너희는 이같이 그들에게 이르기를 천지를 짓지 아니한 신들은 땅 위에서, 이 하늘 아래서 망하리라 하라. 여호와께서 그 권능으로 땅을 지으셨고 그 지혜로 세계를 세우셨고 그 명철로 하늘들을 펴셨으며." 16절, "그는 만물의 조성자요." 하나님께서는 온 세상의 창조주이시며 왕 곧 섭리자, 통치자이시다. 그러므로 우리는 유일하신 참 하나님 곧 창조자와 섭리자이신 여호와 하나님을 알고 그를 경외하고 그를 사랑하고 높이고 그를 섬기고 그의 뜻과 계명만 순종해야 한다.

17-25절, 다가오는 하나님의 진노

〔17절〕 에워싸인 가운데 앉은 자여, 네 꾸러미[짐꾸러미]**를 이 땅에서 수습하라**(이스피 אִסְפִּי)[모으라].

'에워싸인 가운데 앉은 자'는 장차 포위될 유다의 성읍들과 예루살렘 성의 거민들을 가리킨다. 본문은 그들이 포로로 잡혀갈 것이므로 짐을 싸서 이주하기 위해 떠날 준비를 하라는 것이다.

〔18절〕 여호와께서 이같이 말씀하시되 보라, 내가 이 땅에 거하는 자를 이번에는 내어던질 것이라. 그들을 괴롭게 하여 깨닫게 하리라 하셨느니라.

하나님께서 '내어던지신다'는 것은 그가 유다의 성읍들과 예루살렘 성의 거민들을 내버리신다는 뜻이다. 하나님께서는 그들을 내버리실 것이다. 그들은 고난을 당하며 멸망할 것이다. 그러나 그 고난을 통해 그들은 하나님의 뜻과 인생의 바른 길을 깨닫게 될 것이다.

〔19-20절〕 슬프다, 내 상처여, 내가 중상(重傷)을 당하였도다. 그러나 내가 말하노라. 이는 참으로 나의 **고난이라. 내가 참아야 하리로다. 내 장막이 훼파되고 나의 모든 줄이 끊어졌으며 내 자녀가 나를 떠나가고 있지 아니하니 내 장막을 세울 자와 내 장(帳)**[휘장]**을 칠 자가 다시 없도다.**

예레미야는 유다 백성이 중상(重傷)을 당할 것이기 때문에 슬프다고 말한다. 그러나 그는 그것이 그 자신과 유다 백성이 당해야 하고 겪어야 할 고난이라고 말한다. 그들의 장막들은 파괴되고 그 모든 줄들은 끊어질 것이며 그들의 자녀들은 떠나가 버려서 있지 않을 것이므로 그들의 장막들을 세우고 그들의 휘장들을 칠 자가 없을 것이다. 그러나 그들은 이러한 고난을 받아야 하였다. 그것은 그들이 그 죄로 인해 하나님 앞에서 받아야 할 당연한 징벌이었다.

〔21-22절〕 [이는] **목자들은 우준하여 여호와를 찾지 아니하므로**[아니함이로다. 그러므로 그들이] **형통치 못하며 그 모든 양떼는 흩어졌도다. 들을지어다. 북방에서부터 크게 떠드는 풍성이 오니 유다 성읍들로 황폐케 하여 시랑의 거처가 되게 하리로다.**

예레미야는 유다 나라의 멸망의 이유를 말한다. 그것은 유다 나라의 목자들, 곧 왕들과 방백들과 제사장들과 선지자들 등 유다 나라 지도자들의 어리석음과 불경건 때문이었다. 그들은 어리석어서 하나님을 찾지 않았다. 또 유다 나라 지도자들의 죄 때문에 유다 백성들도 부패했다. 그러므로 유다 나라 지도자들의 죄 때문에 유다 나라는 형통치 못했고 그 모든 양떼 곧 모든 백성은 흩어졌다. 북방에서부터 크게 떠드는 소문이 오고 있었다. 그것은 바벨론 군대의 침공의 소문이었다. 바벨론 군대는 유다 나라의 온 땅을 황폐케 할 것이다.

오늘날 교회에서 범죄한 교인이 회개치 않고 교회를 떠나는 것은 양들이 흩어지는 것은 아니다. 믿음 없는 자나 위선자나 악한 자는 교회에서 책망과 징계의 대상이며 예수님 때도, 초대교회 때도 그러했다. 또 어떤 교인이 하나님 앞에서 정당한 이유를 가지고 한 교회를 떠나 다른 교회에 출석하는 것도 큰 문제는 아닐 것이다. 그러나 그런 것이 아니고, 교회의 직분자나 교인의 실수와 위선과 부도덕함 때문에 교인들이 방황하고 교회를 떠나는 일이 있다면 그 직분자와 교인은 하나님 앞에서 크게 책망을 받아야 할 것이다.

〔23절〕 여호와여, 내가 알거니와 인생의 길이 자기에게 있지 아니하니 걸음을 지도함이 걷는 자에게 있지 아니하니이다.

이것은 선지자 예레미야의 신앙 지식과 고백이며 성경의 진리이다. 인생의 길은 자기 자신에게 있지 않고 오직 창조주이시며 섭리자이신 하나님께 있다. 그러므로 잠언 16:9는 "사람이 마음으로 자기의 길을 계획할지라도 그 걸음을 인도하는 자는 여호와시니라"고 말했고, 잠언 20:24는 "사람의 걸음은 여호와께로서 말미암나니 사람이 어찌 자기의 길을 알 수 있으랴"라고 말했다. 사람의 길은 자신의 계획대로 되지 않는다. 하나님께서는 특히 사람의 악한 계획을 헛되게 만드신다. 오직 하나님의 뜻만 이 땅 위에서 다 이루어질 것이다.

〔24절〕 **여호와여, 나를 징계하옵시되 너그러이**(베미쉬파트 בְּמִשְׁפָּט)[법도대로, 공의대로](KJV, NASB, NIV) **하시고 진노로 하지 마옵소서. 주께서 나로 없어지게 하실까 두려워하나이다.**

하나님께서는 그의 백성들이라도 범죄할 때는 그의 공의대로 징계하신다. 그러나 그를 죽여 없어지게 하지는 않으실 것이다. 그는 그의 긍휼로 그들의 죄를 용서하시고 다시 회복케 하실 것이다. 그러므로 예레미야 애가 3:22는, "여호와의 자비와 긍휼이 무궁하시므로 우리가 진멸되지[다 죽지] 아니함이니이다"라고 말하였다.

〔25절〕 **주를 알지 못하는 열방과 주의 이름으로 기도하지 아니하는**[주의 이름을 부르지 아니하는] **족속들에게 주의 분노를 부으소서. 그들은 야곱을 씹어**[먹었고] **삼켜**[삼켰고] **멸하고**[멸했고] **그 거처를 황폐케 하였나이다.**

예레미야는 이방인들에 대한 하나님의 심판을 호소한다. 하나님께서는 악인들을 완전히 멸망시키실 것이다. 그는 악인들의 악행에 대해 그의 공의의 영원한 형벌로 벌하실 것이다. 그것은 특히 그들이 하나님의 백성들을 먹었고 삼켰고 멸하였고 황폐케 하였기 때문이다.

본문의 교훈을 정리해보자. 첫째로, 우리는 하나님 앞에서 범죄치 말고 하나님을 찾지 않는 불경건과 그의 계명들을 어기는 부도덕의 죄를 멀리해야 한다. 죄가 이방인들의 멸망의 이유이며 하나님의 백성들의 징계의 이유이다. 우리가 복되게 살려면 우리는 범죄치 말아야 한다.

둘째로, 우리는 범죄한 것이 있으면 회개해야 한다. 물론, 사람은 행위로 하나님 앞에 설 수 없다. 우리의 의는 구주 예수님의 대속의 의뿐이다. 그러나 우리는 그의 십자가를 붙들고 철저히 회개해야 한다.

셋째로, 우리는 하나님만 의지하며 그 뜻에 순종해야 한다. 인생의 걸음은 자기에게 있지 않고 온 세상을 창조하신 하나님께 있다(22절). 세상을 창조하신 하나님께서는 또한 세상을 다스리시는 주권적 섭리자이시다. 우리는 하나님만 의지하고 그의 모든 계명들에 순종해야 한다.

11장: 하나님의 언약을 깨뜨렸음

〔1-5절〕 여호와께로부터 예레미야에게 임한 말씀이라. 가라사대 너희는 이 언약의 말을 듣고 유다인과 예루살렘 거민에게 고하라. 그들에게 이르기를 이스라엘의 하나님 여호와께서 이같이 말씀하시되 이 언약의 말을 좇지[듣지] **않는 자는 저주를 받을 것이니라. 이 언약은 내가 너희 열조를 쇠풀무 애굽 땅에서 이끌어 내던 날에 그들에게 명한 것이라. 곧 내가 이르기를 너희는 나의 목소리를 청종하고**[듣고] **나의 모든 명령을 좇아 행하라. 그리하면 너희는 내 백성이 되겠고 나는 너희 하나님이 되리라. 내가 또 너희 열조에게 한 맹세 곧 그들에게 젖과 꿀이 흐르는 땅을 주리라 한 언약을 이루리라 한 것인데 오늘날이 그것을 증거하느니라 하라 하시기로 내가 대답하여 가로되 아멘 여호와여 하였노라.**

하나님께서는 이스라엘 백성을 쇠풀무불 같은 고난을 받던 애굽에서 이끌어 내시던 때에 시내산에서 그들에게 언약의 말씀을 주셨다. 그 주요 내용이 십계명이었다. 하나님께서는 그들에게 그의 명령을 듣고 행하라고 명하셨다. 그 언약에는 약속과 경고가 들어 있었다(레 26장; 신명기 28장에서 다시 교훈됨). 그들이 하나님의 명령을 지키면 젖과 꿀이 흐르는 가나안 땅에 들어가 복을 누릴 것이지만, 그들이 하나님의 명령을 지키지 않으면 저주를 받아 멸망할 것이다.

〔6-8절〕 여호와께서 내게 이르시되 너는 이 모든 말로 유다 성읍들과 예루살렘 거리에서 선포하여 이르기를 너희는 이 언약의 말을 듣고 준행하라[행하라]**. 내가 너희 열조를 애굽 땅에서 인도하여 낸 날부터 오늘까지 간절히 경계하며 부지런히 경계하기를 너희는 내 목소리를 청종하라**[들으라] **하였으나 그들이 청종치 아니하며 귀를 기울이지도 아니하고 각각 그 악한 마음의 강팍한**[완고한] **대로 행하였으므로 내가 그들에게 행하라 명하였어도 그들이 행치 아니한 이 언약의 모든 말로 그들에게 응하게 하였느니라 하라.**

하나님께서는 이스라엘 백성에게 그 언약의 말을 듣고 준행하라고 부지런히 명하셨다. 그러나 그들은 자기들의 악한 마음의 완고함을 따라 행하고 하나님의 명령을 지키지 않았다. 그러므로 하나님께서는 그 언약에서 경고하신 모든 재앙을 그들에게 내리실 것이다.

〔9-10절〕 여호와께서 또 내게 이르시되 유다인과 예루살렘 거민 중에 반역이 있도다. 그들이 내 말 듣기를 거절한 자기들의 선조의 죄악에 돌아가서 다른 신들을 좇아 섬겼은즉 이스라엘 집과 유다 집이 내가 그 열조와 맺은 언약을 파하였도다.

이스라엘 백성과 유다 백성은 하나님을 반역하였고 하나님의 언약을 파기하였다. 그들은 하나님을 배반하고 다른 신들을 좇아 섬겼다. 그러므로 그 언약의 파기는 그 언약에 규정된 벌칙을 가져올 것이다.

〔11-12절〕 그러므로 나 여호와가 이같이 말하노라. 보라, 내가 재앙을 그들에게 내리리니 그들이 피할 수 없을 것이라. 그들이 내게 부르짖을지라도 내가 듣지 아니할 것인즉 유다 성읍들과 예루살렘 거민이 그 분향하는 신들에게 가서 부르짖을지라도 그 신들이 그 곤액 중에서[그들의 재난의 때에] **절대로 그들을 구원치 못하리라.**

하나님께서는 유다 백성에게 재앙을 내리겠다고 말씀하셨다. 그들은 하나님의 재앙을 피할 수 없을 것이다. 그들은 자기들이 섬기던 신들에게 가서 구해도 아무런 도움을 얻지 못할 것이다.

〔13절〕 유다야, 네 신들이 네 성읍의 수효와 같도다. 너희가 예루살렘 거리의 수효대로 그 수치되는 물건의 단 곧 바알에게 분향하는 단을 쌓았도다.

유다 백성은 멸망한 북방 이스라엘 사람들처럼 우상숭배에 깊이 빠져 있었다. 그것은 십계명의 제1계명을 범한 죄악이었다. 사람이 제1계명을 범하면 다른 계명들을 바르게 지키는 것도 자연히 무너질 것이다. 그들이 섬기던 신들의 수는 그들의 성읍 수만큼이나 많았다. 그들은 많은 바알들에게 분향하는 단들을 이곳저곳에 쌓았다.

〔14절〕 그러므로 너는 이 백성을 위하여 기도하지 말라. 그들을 위하여 부르짖거나 구하지 말라. 그들이 그 곤액[재난]**을 인하여 내게 부르짖을 때에 내가 그들을 듣지 아니하리라.**

이스라엘 백성이 마음의 완고함으로 하나님의 언약을 어기고 다른 신들을 섬겼을 때, 하나님께서는 그들을 향한 긍휼을 거두셨고 예레미야에게 "너는 이 백성을 위하여 기도하지 말라"고 말씀하셨다.

〔15절〕 나의 사랑하는 자가 많이 행음하였으므로 거룩한 제육[제물]**이 그에게서 떠났거늘 나의 집에서 무엇을 하는고? 그가 악을 행하며 기뻐하도다.**

원문의 뜻은 분명치 않아서 영어번역들도 서로 다르다. 한글개역성경의 난외주에는 고대 헬라어 70인역의 본문이 소개되어 있다: "내 사랑하는 자가 가증한 일을 행하였거늘 내 집에 있음은 어찜이뇨? 서원이나 거룩한 고기가 죄악을 없게 하겠으며 혹 이것을 피하겠느냐?"(NASB와 비슷함).

〔16절〕 나 여호와가 그 이름을 일컬어 좋은 행실[열매] **맺는 아름다운 푸른 감람나무라 하였었으나 큰 소동 중에 그 위에 불을 피웠고 그 가지는 꺾였도다. 바알에게 분향함으로 나의 노를 격동한 이스라엘 집과 유다 집의 악을 인하여 그를 심은 만군의 여호와 내가 그에게 재앙을 선언하였느니라.**

하나님의 진노와 재앙은 특히 그들의 우상숭배에 대한 징벌이었다.

〔18-19절〕 여호와께서 내게 알게 하셨으므로 내가 그것을 알았나이다. 그때에 주께서 그들의 행위를 내게 보이셨나이다. 나는 끌려서 잡히러[죽으러] **가는 순한 어린양과 같으므로 그들이 나를 해하려고 꾀하기를 우리가 그 나무와 과실**(라크모 לַחְמוֹ)[그것의 양식, 그것의 열매]**을 함께 박멸하자. 그를 산 자의 땅에서 끊어서 그 이름으로 다시 기억되지 못하게 하자 함을 내가 알지 못하였나이다.**

악한 유다 사람들은 심지어 하나님의 말씀을 전한 선지자를 은밀히 해하려고 하였다. '그 나무와 그 양식'은 선지자 예레미야와 그의 설교 사역을 가리킨 것 같다.

〔20절〕 공의로 판단하시며 사람의 심장을 감찰하시는 만군의 여호와여, 나의 원정(冤情)[원통한 사정]**을 주께 아뢰었사오니 그들에게 대한 주의 보수(報讐)**[보복]**를 내가 보리이다**[나로 보게 하소서] **하였더니.**

예레미야는 뒤늦게 그들의 음모를 알고 하나님께 보복을 호소한다.

〔21-23절〕 여호와께서 아나돗 사람들에 대하여 이같이 말씀하시되 그들이 네 생명을 취하려고 찾아 이르기를 너는 여호와의 이름으로 예언하지 말라. 두렵건대 우리 손에 죽을까 하노라 하도다. 그러므로 만군의 여호와가 이같이 말하노라. 보라, 내가 그들을 벌하리니 청년들은 칼에 죽으며 자녀들은 기근에 죽고 남는 자가 없으리라. 내가 아나돗 사람에게 재앙을 내리리니 곧 그들을 벌할 해에니라.

예레미야의 고향인 아나돗의 사람들은 예레미야에게 예언을 하지 말라고 그를 위협하였다. 공공연히 하나님의 말씀을 대적하는 것은 참으로 악한 일이다. 그러므로 하나님께서는 그들에게 재앙을 내리실 것이다. 그들을 벌하시는 해에 청년들은 전쟁에서 칼에 죽을 것이며 자녀들은 전쟁으로 인해 굶어 죽고 남은 자가 없을 것이다.

본장의 교훈을 정리해보자. 첫째로, 이스라엘 백성은 하나님의 많은 은혜를 입었지만, 그를 거역했고 그와 맺은 언약을 파기했고 영적 행음자 즉 우상숭배자가 되었다. 그들의 신들은 성읍들의 수효같이 많았다. 또 그들은 하나님께서 보내신 선지자를 배척하였다. 그것은 하나님을 배척한 것이었다. 우리는 사람의 심히 죄악됨을 깨달아야 한다.

둘째로, 하나님께서는 유다 백성의 배교와 우상숭배에 대해 재앙을 선언하셨다. 죄는 재앙을 가져온다. 유다 백성은 칼과 기근으로 죽임을 당할 것이다. 하나님께서는 그들에게서 긍휼을 거두시고 그들을 재앙 가운데 버려두실 것이다. 그들은 하나님의 재앙을 피할 수 없을 것이다. 또 사람이 그들을 위해 기도할지라도 그 기도는 소용이 없을 것이다.

셋째로, 이스라엘 백성을 향하신 하나님의 뜻은 그의 음성을 듣고 그의 계명을 순종하는 것이다. 계명 순종은 율법의 핵심적 요구이다. 우리는 행위로가 아니라 예수 그리스도를 믿음으로 구원을 받았다. 그러나 선한 행위는 구원의 조건은 아니나 구원의 증거가 된다. 참된 믿음은 순종을 수반한다. 하나님의 뜻은 하나님의 계명을 순종하는 것이다.

12장: 악한 자의 형통을 보고 피곤치 말라

〔1-2절〕 **여호와여, 내가 주와 쟁변할 때에는 주는 의로우시니이다. 그러나 내가 주께 질문하옵나니**[내가 (주의) 공의에 대해 주께 말하리이다](KJV, NASB, NIV) **악한 자의 길이 형통하며 패역한 자가 다 안락함은 무슨 연고니이까? 주께서 그들을 심으시므로 그들이 뿌리가 박히고 장성하여 열매를 맺었거늘 그들의 입은 주께 가까우나 그 마음은 머니이다.**

예레미야의 질문은 왜 악한 자들이 형통하며 패역한 자들이 평안한가 하는 것이었다. 욥이나 시편 73편 저자도 비슷한 질문을 했었다(욥 21:7-15; 시 73:3-12). 그러나 성도는 하나님의 살아계심과 그의 공의의 섭리, 공의의 보응을 의심하지 말아야 한다. 하나님께서는 그의 뜻 가운데 그들을 버려두시는 듯하지만, 마침내 하나님의 공의의 보응이 시행될 것이다. 하나님의 공의의 보응과 섭리는 죽지 않았다.

〔3-4절〕 **여호와여, 주께서 나를 아시고 나를 보시며 내 마음이 주를 향하여 어떠함을 감찰하시오니 양을 잡으려고**[죽이려고] **끌어냄과 같이 그들을 끌어내시되 죽일 날을 위하여 그들을 예비하옵소서. 언제까지 이 땅이 슬퍼하며 온 지방의 채소가 마르리이까? 짐승과 새들도 멸절하게 되었사오니 이는 이 땅 거민이 악하여** 스스로 **말하기를 그가 우리의 결국을 보지 못하리라 함이니이다.**

예레미야는 하나님께서 자신을 감찰하심을 믿으며 그가, 하나님을 무시하고 악을 행하는 자들을 공의로 징벌하시기를 호소한다. 그는 하나님 앞에 양심의 거리낌 없이 살며 담대히 호소하였다.

〔5절〕 **네가 보행자**[마부]**와 함께 달려도 피곤하면 어찌 능히 말과 경주하겠느냐? 네가 평안한 땅에서는 무사하려니와**[안심하려니와] **요단의 창일한**(가온 גָּאוֹן)[위엄] **중에서는 어찌하겠느냐?**

하나님께서는 선지자의 질문에 응답하셨다. 요단의 위엄은 '모맥 거두는 시기에 요단강의 넘침'(KJV)이나, '사자들이 숨어 있는 요단강

변의 위험한 울창한 숲'(NASB, NIV, BDB)을 가리킬 것이다. 여하튼, 그것은 큰 환난의 때를 상징한다. 사람이 평안한 때나 작은 고난의 때에 피곤하고 낙심하면, 어떻게 큰 고난의 때에 잘 견딜 수 있겠는가? 주께서는 "세상에서는 너희가 환난을 당하나 담대하라"고 말씀하셨고(요 16:33), 사도 바울도 "너희가 주 안에서와 그 힘의 능력으로 강건하여지라" "전신갑주를 입으라"고 말하였다(엡 6:10-11).

〔6절〕 네 형제와 아비의 집이라도 너를 속이며 네 뒤에서 크게 외치나니 그들이 네게 좋은 말을 할지라도 너는 믿지 말지니라.

형제들과 친척들이라도 우리를 속이고, 때때로 우리로 믿음에서 떠나게 하며 불신앙으로 유인하거나 낙심케 만드는 경우가 있다. 그러므로 우리는 사람들을 너무 신뢰하지 말아야 한다. 주께서는 "사람의 원수가 자기 집안 식구이리라"고 말씀하셨다(마 10:36).

〔7-9절〕 내가 내 집을 버리며 내 산업을 내어던져 내 마음의 사랑하는 것을 그 대적의 손에 붙였노니 내 산업이 삼림 중의 사자같이 되어서 나를 향하여 그 소리를 발하는 고로 내가 그를 미워하였음이로라. 내 산업이 내게 대하여는 무늬 있는 매가 아니냐? 매들이 그를 에워싸지 아니하느냐? 너희는 가서 들짐승들을 모아다가 그것을 삼키게 하라.

하나님께서는 이스라엘 백성을 '내 집'(7절), '내 산업'(7, 8, 9절), '내 마음의 사랑하는 것'(7절)이라고 부르신다. 하나님께서는 이스라엘 백성이 하나님의 말씀을 잘 듣고 그의 언약을 지키면 열국 중에서 그의 소유가 되리라고 말씀하셨었다(출 19:5-6). 또 모세는 하나님께서 이스라엘 백성을 지상 만민 중에서 자기 기업의 백성으로 택하셨다고 말했었다(신 7:6). 그러나 하나님께서는 예레미야에게 그 백성을 버리시겠다고 선언하신다. 하나님께서 그들을 버리시는 까닭은 그들이 삼림 중의 사자같이 하나님을 향해 불평하고 원망하고 대적했기 때문이다. 그러므로 하나님께서는 그들을 미워하셨다.

〔10-11절〕 많은 목자가 내 포도원을 훼파하며 내 분깃을 유린하여 나의

낙토로 황무지를 만들었도다. 그들이 이를 황무케 하였으므로 그 황무지가 나를 향하여 슬퍼하는도다. 온 땅이 황무함은 이를 개의하는 자가 없음이로다.

'많은 목자'는 바벨론 왕 느부갓네살과 그와 동맹한 왕들과 지도자들을 가리킬 것이다. 그들로 인해 이스라엘 땅이 황폐케 될 것이다.

〔12-13절〕 훼멸하는 자들이 광야 모든 자산(赭山) 위에 이르렀고 여호와의 칼이 땅 이 끝에서 저 끝까지 삼키니 무릇 혈육 있는 자가 평안치 못하도다. 무리가 밀을 심어도 가시를 거두며 수고하여도 소득이 없은즉 그 소산으로 인하여 스스로 수치를 당하리니 이는 여호와의 분노를 인함이니라.

바벨론 군대는 '훼멸하는 자'와 '여호와의 칼'로 올 것이다. 이스라엘 나라는 하나님의 칼과 분노로 멸망할 것이다. 하나님께서는 왜 그들에게 진노하시는가? 그것은 그들의 불경건, 우상숭배, 불평, 원망, 하나님 대항, 부도덕, 음란, 거짓, 미움, 사악함 등의 죄악 때문이다.

〔14절〕 내가 내 백성 이스라엘에게 산업으로 준 산업을 다치는 나의 모든 악한 이웃에게 대하여 나 여호와가 이같이 말하노라. 보라, 내가 그들을 그 땅에서 뽑아버리겠고 유다 집은 그들 중에서 뽑아내리라.

하나님께서는 그의 백성 이스라엘을 해쳤던 '그의 모든 악한 이웃'인 앗수르와 바벨론 같은 강대국들을 그 땅에서 뽑아버리실 것이다. 역사상, 앗수르는 바벨론에 의해, 바벨론은 메대 파사에 의해 멸망되었다. 이방나라들의 멸망은 유다 나라의 구원과 회복이 될 것이다. 하나님께서는 유다 집을 그들 가운데서 뽑아내실 것이다. 이 예언은 파사 왕 고레스 때에 유다 백성들의 포로 귀환으로 성취되었다.

〔15-17절〕 내가 그들을 뽑아낸 후에 내가 돌이켜 그들을 긍휼히 여겨서 각 사람을 그 산업으로, 각 사람을 그 땅으로 다시 인도하리니 그들이 내 백성의 도(道)를 부지런히 배우며 사는 여호와[살아계신 여호와라고 말하며] **내 이름으로 맹세하기를 자기들이 내 백성을 가리켜 바알로 맹세하게 한 것 같이 하면 그들이 내 백성 중에 세움을 입으려니와 그들이 그리하지 아니하면 내가 반드시 그 나라를 뽑으리라. 뽑아 멸하리라. 여호와의 말이니라.**

본문은 하나님께서 이방나라들을 멸망시킨 후 그 나라들도 긍휼히 여기시고 회복시키실 것을 예언한 것이라고 본다. 하나님께서는 이방인들에게도 긍휼의 구원과 회복을 베푸실 것이다. 만일 그들이 하나님의 백성의 도(道)를 부지런히 배우며 살아계신 하나님의 이름으로 맹세하면, 그들은 하나님의 백성 중에 세움을 입을 것이다. 여호와 하나님의 이름으로 맹세하는 것은 여호와 하나님을 살아계신 참되신 하나님으로 인정하는 것이다. 이와 같이, 이방인들도 구원을 얻을 것이다. 이 말씀은 신약시대에 성취되었다.

본장의 교훈을 정리해보자. 첫째로, 우리는 악인들의 형통을 인하여 불평하지 말고 낙심치도 말아야 한다. 우리는 하나님의 살아계심과 그의 공의의 섭리와 보응을 의심치 말아야 한다. 5절, "네가 마부와 함께 달려도 피곤하면 어찌 능히 말과 경주하겠느냐? 네가 평안한 땅에서는 안심하려니와 요단의 위엄 중에서는 어찌하겠느냐?" 우리는 하나님의 지식과 굳건한 믿음을 평소에 가짐으로 환난 날을 대비해야 한다.

둘째로, 하나님께서는 자기의 택하신 백성이라도 그들이 하나님을 대적할 때 그들을 버리셨다. 그는 그들의 불경건, 우상숭배, 불평, 원망, 하나님을 대적함, 부도덕, 음란, 거짓, 미움, 사악함 등의 죄악들을 결코 용납하지 않으셨다. 그는 그들을 징벌하셨다. 우리는 하나님의 공의의 심판을 믿고 두려워하고 모든 죄를 미워하고 버리고 멀리해야 한다.

셋째로, 하나님께서는 자기 백성을 긍휼로 구원하실 것이며 또 이방인들도 긍휼로 구원하실 것이다. 15-16절, "내가 돌이켜 그들을 긍휼히 여겨서 각 사람을 그 산업으로, 각 사람을 그 땅으로 다시 인도하리니." 또 그들은 하나님의 도를 부지런히 배우며 하나님의 이름으로 맹세하는 자들이 될 것이다. 하나님께서는 그의 긍휼로 이방인들도 구원하실 것이다. 이것은 신약교회에서, 우리에게서 이루어졌다. 우리는 긍휼의 구주 하나님께 감사 드리며 성경을 열심히 배우고 믿고 실천해야 한다.

13장: 유다 백성의 교만을 낮추실 것

〔1-7절〕 여호와께서 이같이 내게 이르시되 너는 가서 베띠를 사서 네 허리에 띠고 물에 두지 말라 하시기로 내가 여호와의 말씀대로 띠를 사서 내 허리에 띠니라. 여호와의 말씀이 다시 내게 임하니라. 가라사대 너는 사서 네 허리에 띤 띠를 가지고 일어나 유브라데로 가서 거기서 그것을 바위틈에 감추라 하시기로 내가 여호와께서 내게 명하신 대로 가서 그것을 유브라데 물가에 감추니라. 여러 날 후에 여호와께서 내게 이르시되 일어나 유브라데로 가서 내가 네게 명하여 거기 감추게 한 띠를 취하라 하시기로 내가 유브라데로 가서 그 감추었던 곳을 파고 띠를 취하니 띠가 썩어서 쓸데없이 되었더라.

베띠는 교만한 유다 백성을 가리키고 그 베띠를 유브라데 물가에 감춘 것은 그 백성이 장차 바벨론에 포로로 잡혀갈 것을 암시했다.

〔8-10절〕 여호와의 말씀이 내게 임하니라. 가라사대 나 여호와가 말하노라. 내가 유다의 교만과 예루살렘의 큰 교만을 이같이 썩게 하리라. 이 악한 백성이 내 말 듣기를 거절하고 그 마음의 강퍅한 대로 행하며 다른 신들을 좇아 그를[그들을] **섬기며 그에게**[그들에게] **절하니 그들이 이 띠의 쓸데없음같이 되리라.**

유다 백성의 교만은 하나님의 말씀 듣기를 거절하고 자기들의 생각대로 행하며 우상숭배로 나아갔지만, 하나님께서는 그들이 포로로 잡혀가게 하심으로 그들의 교만한 마음을 낮추실 것이다.

〔11절〕 나 여호와가 말하노라. 띠가 사람의 허리에 속함[붙음]**같이 내가 이스라엘 온 집과 유다 온 집으로 내게 속하게**[붙게] **하여 그들로 내 백성이 되게 하며 내 이름과 칭예**(테힐라 תְּהִלָּה)[찬송]**와 영광이 되게 하려 하였으나 그들이 듣지 아니하였느니라.**

이스라엘 백성을 향한 하나님의 기대는 컸었다. 그것은 이스라엘 백성이 하나님께 붙어 하나님의 백성이 되고 그의 영광을 누리게 하려는 것이었다. 그러나 그들은 범죄함으로 하나님의 기대를 저버렸고 하나님의 복을 물리쳤다. 구약교회인 이스라엘의 역사가 이러하였다. 사람은 심히 부패하고 무지하고 죄악된 존재이다.

〔12-14절〕 그러므로 너는 이 말로 그들에게 이르기를 이스라엘의 하나님 여호와의 말씀에 모든 병이 포도주로 차리라 하셨다 하라. 그리하면 **그들이 네게 이르기를 모든 병이 포도주로 찰 줄을 우리가 어찌 알지 못하리요 하리니 너는 다시 그들에게 이르기를 여호와의 말씀에 보라, 내가 이 땅의 모든 거민과 다윗의 위(位)에 앉은 왕들과 제사장들과 선지자들과 예루살렘 모든 거민으로 잔뜩 취하게 하고 또 그들로 피차 충돌하여 상하게 하되 부자간에도 그러하게 할 것이라. 내가 그들을 불쌍히 여기지 아니하며 관용치 아니하며 아끼지 아니하고 멸하리라 하셨다 하라. 여호와의 말이니라.**

이 비유에서 언급된 포도주는 기쁨과 즐거움의 포도주가 아니고 죄악과 혼란과 진노의 포도주를 가리켰다. 유다 백성은 죄악이 충만하여 마치 술 취한 사람이 제 정신을 잃고 거칠고 혼란스러운 말을 하고 행동을 하듯 하며 서로 다투고 스스로 멸망할 것이다. 그것은 하나님께서 내리시는 진노의 징벌이다. 사람이 바른 정신을 가지면 서로 사랑하고 서로 위하고 어느 정도 건설적일 것이지만, 술 취한 자들은 서로 다투고 파괴적일 뿐이다.

〔15-16절〕 너희는 들을지어다, 귀를 기울일지어다, 교만하지 말지어다. 여호와께서 이같이 말씀하시느니라. 그가 흑암을 일으키시기 전, 너희 발이 흑암한 산에 거치기 전, 너희 바라는 빛이 사망의 그늘로 변하여 침침한 흑암이 되게 하시기 전에 너희 하나님 여호와께 영광을 돌리라.

교만이 근본적 죄악이다. 죄인은 교만을 버리지 않고는 하나님께로 돌아올 수 없다. 하나님께서 심판하셔서 슬픔과 불행의 어두움이 오기 전에, 사람은 하나님을 인정하고 그에게로 돌아와야 한다.

〔17절〕 너희가 이를 듣지 아니하면 나의 심령이 너희 **교만을 인하여 은근히**(베미스타림 בְּמִסְתָּרִים)[은밀한 곳들에서](KJV, NASB, NIV) **곡할 것이며 여호와의 양무리가 사로잡힘을 인하여 눈물을 흘려 통곡하리라.**

예레미야는 그들의 불순종과 교만 때문에, 또 그 결과로 이방인들에게 사로잡힘 때문에 은밀하게 통곡할 것이라고 말한다.

〔18-19절〕 너는 왕과 왕후에게 고하기를 스스로 낮추어 앉으라. 관 곧 [너의] **영광의 면류관이** [너의 머리로부터](NASB, NIV) **내려졌다 하라. 남방의 성읍들이 봉쇄되고 열 자가 없고 유다가 다 잡혀가되 온전히 잡혀가도다.**

유다 왕과 왕후는 부끄러움을 당하고 포로로 잡혀갈 것이다.

〔20-23절〕 너는(왕을 가리킨다고 봄) **눈을 들어 북방에서 오는 자들을 보라. 네가 받았던 떼, 네 아름다운 양떼는 어디 있느뇨? 너의 친구 삼았던 자를 그가 네 위에 수령으로 세우실 때에 네가 무슨 말을 하겠느냐?**[하나님께서 너를 징벌하실 때 네가 무슨 말을 하겠느냐? 이는 네가 그들을 가르쳐 네 위에 대장으로 삼았음이니라](원문, KJV) **너의 고통에 잡힘이 구로(劬勞)하는 여인 같지 않겠느냐? 네가 심중에 이르기를 어찌하여 이런 일이 내게 임하였는고 하겠으나 네 죄악이 크므로 네 치마가 들리고 네 발뒤꿈치가 상함이니라. 구스인이 그 피부를, 표범이 그 반점(斑點)**[얼룩점]**을 변할 수 있느뇨? 할 수 있을진대 악에 익숙한 너희도 선을 행할 수 있으리라.**

북방에서 오는 자들은 바벨론 군대이다. 그들은 유다의 아름다운 양떼 곧 그 백성을 다 사로잡아 갈 것이다. 유다 왕의 고통은 해산하는 여인의 고통 같을 것이다. 그의 고난은 그의 죄악이 크기 때문에 온 것이다. 그는 큰 수치와 고통을 당할 것이다. 이스라엘의 역사는 사람의 전적 부패성과 무능력을 증거한다. 사람은 악에 익숙하고 선을 행할 수 없는 자이다. 성경과 역사와 사람의 경험은 사람의 전적 부패와 무능력의 진리를 확증한다. 사람은 자신을 구원할 수 없다.

〔24-27절〕 그러므로 내가 그들을 사막 바람에 불려가는 초개[지푸라기] **같이 흩으리로다. 여호와께서 가라사대 이는 네 응득(應得)**[몫]**이요 내가 헤아려 정하여 네게 준 분깃이니 네가 나를 잊어버리고 거짓을 신뢰하는 연고라. 그러므로 내가 네 치마를 네 얼굴에까지 들춰서 네 수치를 드러내리라. 내가 너의 간음과 사특한 소리와 들의 작은 산 위에서 행한 네 음행의 비루하고 가증한 것을 보았노라. 화 있을진저 예루살렘이여, 네가 얼마나 오랜 후에야 정결하게 되겠느뇨?**[네가 얼마나 오랫동안 부정(不淨)하겠느냐?](NASB)

유다 백성의 근본적인 죄악은 여호와 하나님을 잊어버리고 거짓 신들, 즉 헛된 우상들을 신뢰한 것이다. 경건은 도덕의 기초요 불경건과 우상숭배는 부도덕의 원인이다. 우상숭배자들은 영적인 간음자들이며 그들은 육적으로도 음행에 떨어지기 쉽다. 사람은 오직 하나님을 경외함으로 악을 떠나게 된다(잠 16:6). 이스라엘 백성은 불경건과 부도덕의 죄악 때문에 그 보응을 얻게 될 것이다. 그들이 당할 보응은 이방나라에 포로로 잡혀가고 수치와 고통을 당하는 것이다.

본장의 교훈을 정리해보자. 첫째로, 하나님께서는 유다 백성들의 큰 교만을 썩게 하실 것이다. 교만은 하나님 대신 자신을 섬기는 것이며 죄악성의 핵심이다. 교만한 자는 하나님의 말씀 듣기를 거절하고 거역하고 우상숭배에 떨어지고 서로 미워하고 다툰다. 그러나 온유와 겸손은 하나님을 경외하는 자들의 기본적 마음가짐이며 그런 자는 하나님의 뜻과 계명에 순종하려 할 것이다. 우리는 교만하지 말아야 한다.

둘째로, 이스라엘 백성은 하나님의 기대를 저버렸고 하나님을 잊어버렸고 거짓을 신뢰했다. 그 결과, 하나님께서는 그들로 서로 충돌하며 상하게 하실 것이며 긍휼히 여기지 않고 멸하실 것이다. 그들은 이방나라에 사로잡혀가며 수치와 고통을 당할 것이다. 우리는 헛된 이방신들과 우상들을 섬기지 말고 세상의 창조자와 섭리자와 구주이신 하나님만 섬기고 순종해야 한다. 그것이 영생과 평안의 길이다.

셋째로, 하나님의 뜻은 우리의 거룩함, 곧 우리가 모든 죄악을 버리고 깨끗하게 되는 것이다. 27절, “화 있을진저, 예루살렘이여. 네가 얼마나 오랫동안 부정하겠느냐?” 죄는 불결함이요 의는 거룩함이다. 하나님께서는 거룩하신 분이시요 우리에게 거룩한 자가 되라고 명하신다. 우리는 모든 죄를 철저히 회개하고 하나님의 계명들을 지켜야 한다. 온 세상이 불로 태워질 심판날이 올 것이다. 우리는 거룩한 행실과 경건함으로 그 날을 대비하고 천국을 간절히 사모해야 한다(벧후 3:9-12).

14장: 가뭄 재앙을 예언함

[1-6절] 가뭄에 대하여 예레미야에게 임한 여호와의 말씀이라. 유다가 슬퍼하며 성문의 무리가 곤비하여 땅에 앉아 **애통하니 예루살렘의 부르짖음이 위에 오르도다. 귀인들은 자기 사환들을 보내어 물을** 길으라 하나 **그들이 우물에 갔어도 물을 얻지 못하여** 빈 **그릇으로 돌아오니 부끄럽고 근심하여 그 머리를 가리우며 땅에 비가 없어 지면이 갈라지니 밭 가는 자가 부끄러워서 그 머리를 가리는도다. 들의 암사슴은 새끼를 낳아도 풀이 없으므로 내어버리며 들 나귀들은 자산(赭山)**[벌거숭이 산] **위에 서서 시랑같이 헐떡이며 풀이 없으므로 눈이 아득하여 하는도다.**

가뭄이 올 것이다. 사람들은 성문에 모여 애통할 것이다. 부자들은 종들을 보내어 물을 길어오게 우물에 보내지만 그들은 물이 없어 빈 그릇으로 돌아올 것이다. 농부들은 땅이 메말라 부끄러워할 것이다. 들짐승들도 물이 없어 헐떡이며 힘이 쇠해갈 것이다.

[7-9절] 여호와여, 우리의 죄악이 우리에게 대하여 증거할지라도 주는 주의 이름을 위하여 일하소서. 우리의 타락함(메슈보세누 מְשׁוּבֹתֵינוּ)[우리의 변절함]**이 많으니이다. 우리가 주께 범죄하였나이다. 이스라엘의 소망이시요 곤란한 때의 구원자시여, 어찌하여 이 땅에서 거류하는 자같이, 하룻밤을 유숙하는 행인같이 하시나이까? 어찌하여 놀라 벙벙하는 자 같으시며 구원치 못하는 용사 같으시니이까? 여호와여, 주는 오히려 우리 중에 계시고 우리는 주의 이름으로 일컬음을 받는 자이오니 우리를 버리지 마옵소서.**

예레미야는 이스라엘 백성의 죄를 인정한다. 그는 백성들이 심히 변절하였고 하나님의 계명을 범했음을 인정한다. 그러나 그는 그들에게 하나님의 이름이 있기 때문에, 그의 이름을 위해 그들을 버리지 마시고 구원해 주시기를 간구한다. 그는 하나님을 "이스라엘의 소망이시요 곤란한 때의 구원자"라고 부른다. 그것은 바른 신앙고백이다. 그는 유다 나라에 닥친 정치적, 외교적 문제뿐 아니라, 당면한 경제적 문제 즉 가뭄의 문제를 하나님께서 돌아보시고 도우시기를 간구한다.

〔10절〕 여호와께서 이 백성에 대하여 말씀하시되 그들이 어그러진 길을 사랑하여 그 발을 금하지 아니하므로 나 여호와가 그들을 받지 아니하고 이제 그들의 죄를 기억하고 그 죄를 벌하리라 하시고.

하나님께서는 구원의 응답 대신 재앙을 선언하셨다. 구원과 심판은 다 하나님의 주권에 달려 있고, 물론 사람의 선악간의 행위와도 관계된다. 이스라엘 백성은 죄악된 길을 떠나지 않고 그 길에서 방황하였고, 하나님께서는 그들의 죄에 대해 그들을 벌하실 것이다.

〔11-12절〕 여호와께서 또 내게 이르시되 너는 이 백성을 위하여 복을 구하지 말라. 그들이 금식할지라도 내가 그 부르짖음을 듣지 아니하겠고 번제와 소제를 드릴지라도 내가 그것을 받지 아니할 뿐 아니라 칼과 기근과 염병[전염병]**으로 그들을 멸하리라.**

예레미야는 이 백성을 위해 복을 구하지 말아야 했다. 그들이 너무 완고한 마음으로 죄에 빠져 있으므로 하나님께서 버리셨기 때문이다. 어떤 종교 형식도 그 상태를 변화시킬 수 없을 것이다. 그들은 하나님께서 내리시는 전쟁과 기근과 전염병으로 멸망을 당할 것이다.

〔13절〕 이에 내가 가로되 슬프도소이다. 주 여호와여, 보시옵소서. 선지자들이 그들에게 이르기를 너희가 칼을 보지 아니하겠고 기근은 너희에게 이르지 아니할 것이라. 여호와께서 이 곳에서 너희에게 확실한 평강을 주시리라 하나이다.

유다 멸망의 시기에는 거짓 선지자들이 많았다. 예레미야는 유다 땅에 임할 하나님의 재앙 때문에 슬플 뿐 아니라, 또한 거짓 선지자들의 거짓말 때문에 슬펐다. 거짓 선지자들은 전쟁과 기근이 없을 것이며 하나님께서 주시는 확실한 평안이 약속되어 있다고 말했다.

〔14절〕 여호와께서 내게 이르시되 선지자들이 내 이름으로 거짓 예언을 하도다. 나는 그들을 보내지 아니하였고 그들에게 명하거나 이르지 아니하였거늘 그들이 거짓 계시와 복술과 허탄한 것과 자기 마음의 속임으로 너희에게 예언하도다.

세상에는 거짓 선지자들의 거짓말이 많다. 그들은 하나님께서 주지 않으신 말들과 계시들을 전한다. 그것들은 하나님의 뜻과 정반대다. 하나님께서는 심판을 선언하시는데, 그들은 평안을 선포했다.

〔15-16절〕 그러므로 내가 보내지 아니하였어도 내 이름으로 예언하여 이르기를 칼과 기근이 이 땅에 이르지 아니하리라 하는 선지자들에 대하여 나 여호와가 이같이 이르노라. 그 선지자들은 칼과 기근에 멸망할 것이요 그들의 예언을 받은 백성은 기근과 칼로 인하여 예루살렘 거리에 던짐을 입을 것인즉 그들을 장사할 자가 없을 것이요 그 아내와 그 아들과 그 딸도 그렇게 되리니 이는 내가 그들의 악을 그 위에 부음이니라.

그 거짓 선지자들이나 그들의 예언을 받았던 백성은 다 칼과 기근으로 멸망당할 것이다. 하나님의 재앙은 그대로 임할 것이다.

〔17-18절〕 너는 이 말로 그들에게 이르라. 내 눈이 밤낮으로 끊치지 아니하고 눈물을 흘리리니 이는 처녀 딸 내 백성이 큰 파멸, 중한 창상을 인하여 망함이라. 내가 들에 나간즉 칼에 죽은 자요 내가 성에 들어간즉 기근으로 병든 자며 선지자나 제사장이나 다 땅에 두루 다니며 어찌할 바를 **알지 못하는도다**[그들이 알지 못하던 땅으로 갔도다](KJV).

거짓 선지자들의 예언과 반대로, 그 땅은 칼과 기근으로 멸망할 것이며 이 일을 내다본 예레미야는 밤낮으로 많은 눈물을 흘릴 것이다.

〔19-20절〕 주께서 유다를 온전히 버리시나이까?[거절하시나이까](KJV, NASB) **주의 심령이 시온을 싫어하시나이까? 어찌하여 우리를 치시고 치료하지 아니하시나이까? 우리가 평강을 바라도 좋은 것이 없고 치료받기를 기다려도 놀람**(베아사 בְּעָתָה) [두려운 일]**을 보나이다. 여호와여, 우리가 우리의 악과 우리 조상의 죄악을 인정하나이다. 우리가 주께 범죄하였나이다.**

예레미야는 유다 백성의 멸망으로 고통 중 그들의 죄를 인정한다.

〔21-22절〕 주의 이름을 위하여 우리를 **미워하지 마옵소서. 주의 영광의 위(位)를 욕되게 마옵소서. 우리와 세우신 주의 언약을 기억하시고 폐하지 마옵소서. 열방의 허무한 것 중에 능히 비를 내리게 할 자가 있나이까? 하늘이 능히 소나기를 내릴 수 있으리이까? 우리 하나님 여호와여, 그리하는 자가 주가 아니시니이까? 그러므로 우리가 주를 앙망하옵는 것은 주께서 이 모든 것을 만드셨음이니이다.**

예레미야는 하나님께 이스라엘 백성에게 주신 그의 이름과 언약을 기억하시고 폐하지 마시기를 간구하며 가물어 메마른 땅에 단비를 내릴 자가 여호와 하나님밖에 없음을 고백한다.

본장의 교훈을 정리해보자. 첫째로, 유다 땅에는 그들의 죄 때문에 가뭄의 재앙이 왔다. 하나님께서는 "내가 그들의 죄를 기억하고 그 죄를 벌하리라"고 말씀하셨다(10절). 하나님께서는 그들의 기도를 듣지 않으실 것이다. 하나님께서는 죄인들과 그 거처를 전쟁과 기근과 무서운 전염병으로 벌하실 것이다. 하나님의 공의의 심판은 어느 시대에나 동일하다. 마지막 심판 때도 세상의 모든 사람은 하나님의 공의의 심판을 받을 것이다. 하나님께서는 사람의 죄를 반드시 벌하신다. 죄의 값은 사망이다(롬 6:23). 이것은 하나님께서 세상에 주신 불변적 법칙이다.

둘째로, 재앙을 피하는 길은 죄를 회개하고 하나님의 긍휼을 구하여 얻는 길밖에 없다. 하나님께서는 이스라엘의 소망이시며 곤란한 때의 구원자이시다. 메마른 땅에 비를 내릴 자는 창조주 하나님뿐이시다. 그러므로 사람은 모든 죄를 버리고 하나님께로 돌아와야 하고 하나님만 앙망해야 하고 그를 의지하고 그의 계명들을 힘써 지켜야 한다. 그는 인생의 모든 문제들의 해결자이시다. 유다 백성이 가뭄의 재앙을 피하는 길은 죄를 회개하고 하나님의 긍휼을 구하여 얻는 길밖에 없다.

셋째로, 많은 거짓 선지자가 일어나 유다 백성이 하나님의 바른 말씀을 듣고 바른 길 가는 것을 방해하였다. 하나님께서는 재앙을 선언하시며 회개를 명하셨지만, 거짓 선지자들은 평안을 선언하며 회개를 방해하였다. 예수께서는 주의 재림 직전에도 거짓 선지자들 곧 거짓 목사들이 많이 일어나 많은 사람을 미혹하게 하겠다고 예언하셨다(마 24:11). 사도 시대 말에 이미 많은 적그리스도들과 이단자들이 나타났었다(요일 2:18; 유 3-4). 말세인 오늘날에는 더욱 그러하다. 그러므로 우리는 목사의 사상과 행위를 성경에 비추어 분별하고 판단함으로써(사 8:20; 마 7:16, 20), 거짓 목사들을 분별하고 조심하고 경계해야 한다.

15장: 돌이킬 수 없는 재앙

1-14절, 절망적인 재앙

〔1-4절〕 여호와께서 내게 이르시되 모세와 사무엘이 내 앞에 섰다 할지라도 내 마음은 이 백성을 향할 수 없나니 그들을 내 앞에서 쫓아내치라. 그들이 만일 네게 말하기를 우리가 어디로 나아가리요 하거든 너는 그들에게 이르기를 여호와의 말씀에 사망할 자는 사망으로 나아가고 칼을 받을 자는 칼로 나아가고 기근을 당할 자는 기근으로 나아가고 포로 될 자는 포로 됨으로 나아갈지니라 하셨다 하라. 나 여호와가 말하노라. 내가 그들을 네 가지로 벌**하리니 곧 죽이는 칼과 찢는 개와 삼켜 멸하는 공중의 새와 땅의 짐승으로 할 것이며 유다 왕 히스기야의 아들 므낫세가 예루살렘에 행한 바를 인하여 내가 그들을 세계 열방 중에 흩으리라**(리즈와아 לְזַוְעָה)[세계 열방에게 두려움이 되게 하리라](BDB, NASB, NIV).

하나님께서는 유다 백성을 용서치 않으시겠다고 말씀하신다. 그것은 히스기야의 아들 므낫세의 죄악 때문이었다. 므낫세는 심한 우상숭배의 죄와 많은 의인들의 피를 흘리는 죄를 범했다(왕하 21장). 그러므로 모세와 사무엘이 하나님 앞에 섰다 할지라도 하나님의 마음은 그들을 향할 수 없었고 그들을 내쫓으실 것이다. 절망적인 재앙의 선언이었다. 그 재앙의 내용은 사망과 칼과 기근과 포로 됨이며, 또 사망의 재앙은 죽이는 칼, 찢는 개, 삼켜 멸하는 공중의 새, 땅의 짐승이었다. 또 그 멸망은 세계의 여러 나라들에게 두려움이 될 것이다.

〔5-7절〕 예루살렘아, 너를 불쌍히 여길 자 누구며 너를 곡할 자 누구며 돌이켜 네 평안을 물을 자 누구뇨? 여호와께서 가라사대 네가 나를 버렸고 내게서 물러갔으므로 네게로 내 손을 펴서 너를 멸하였노니 이는 내가 뜻을 돌이키기에 염증이 났음[지쳤음]**이로다. 내가 그들을 그 땅의 여러 성문에서 키로 까불러 그 자식을 끊어서 내 백성을 멸하였나니 이는 그들이 그 길에서 돌이키지 아니하였음이라.**

유다 백성은 하나님을 버렸고 그에게서 물러갔다. 그들은 배교자요 변절자이었다. 그들은 그 죄악된 길에서 회개하며 돌이키지 않았다. 그러므로 하나님께서는 손을 펴서서 그들을 멸하시며 그 자녀들을 끊으실 것이다. 하나님께서 그들을 용서하신 적이 많았으나 이제는 그가 그의 뜻을 돌이키기에 지쳤다고 말씀하신다.

〔8-9절〕 그들의 과부가 내 앞에 바다 모래보다 더 많아졌느니라. 내가 대낮에 훼멸할[파괴할] **자를 그들에게로 데려다가 그들과 청년들의 어미를 쳐서 놀람과 두려움을 그들에게 졸지에**[갑자기] **임하게 하였으며 일곱** 자식 **을 생산한 여인으로는 쇠약하여 기절하게 하며 오히려 백주에**[대낮에] **그의 해로 떨어져서 그로 수치와 근심을 당케 하였느니라. 그 남은 자는 그 대적의 칼에 붙이리라. 여호와의 말이니라.**

남편들이 전장(戰場)에서 죽을 것이기 때문에 과부들이 바다 모래보다 더 많아질 것이다. 하나님께서는 대낮에 갑자기 바벨론 군대를 불러오심으로 그들로 놀라며 두려워하게 하실 것이다. 일곱 자식을 낳은 여인이라도 기절할 것이며 대낮에 그의 태양이 지듯이 수치와 근심을 당할 것이다. 그 남은 자들은 그 대적의 칼에 죽을 것이다.

〔10-11절〕 내게 재앙이로다, 나의 모친이여. 모친이 나를 온 세계에게 다툼과 침을 당할 자로 낳으셨도다. 내가 뀌어[꾸어]**주지도 아니하였고 사람이 내게 뀌이지도**[빌리지도] **아니하였건마는 다 나를 저주하는도다. 여호와께서 가라사대 내가 진실로 너를 강하게 할 것이요 너로 복을 얻게 할 것이며**[3] **내가 진실로 네 대적으로 재앙과 환난의 때에 네게 간구하게 하리라.**

예레미야는 마음의 큰 고통 가운데 있었다. 그는 "내게 재앙이로다, 나의 모친이여. 모친이 나를 온 세계에게 다툼과 침을 당할 자로 낳으셨도다"라고 말하였다. 그가 하나님의 재앙을 선언한 이유 때문에 사람들은 그를 때리고 저주하였다. 그러나 여호와께서는 고통하는

---

3) 11절 상반절의 원문은 한글개역본문(RV, ASV) 외에, "진실로 너의 남은 자들은 잘 되리라"(KJV, Aquila, Targum, Vg), 또는 "진실로 내가 너를 놓아 유익케 하리라"(NASB, NIV) 등으로 다양하게 번역되었다.

예레미야에게 위로의 말씀을 주신다. "내가 진실로 너를 강하게 할 것이요 너로 복을 얻게 할 것이며 내가 진실로 네 대적으로 재앙과 환난의 때에 네게 간구하게 하리라."

〔12-14절〕 누가 능히 철 곧 북방의 철과 놋을 꺾으리요? 그러나 [네 사방에서] **네 모든 죄로 인하여 (네 사경의) 모든 재산과 보물로 값없이 탈취를 당하게 할 것이며** 너로 **네 대적과 함께 네가 알지 못하는 땅에 이르게 하리니 이는 나의 진노의 맹렬한 불이 너희를 사르려 함이니라.**

하나님께서는 회개치 않는 이스라엘 백성 곧 유다 백성이 북방의 철과 놋으로 비유된 바벨론 군대에 의해 멸망할 것을 암시하신다. 또 그는 그들의 모든 죄 때문에 그들의 사방에서 모든 재산과 보물이 값없이 탈취를 당할 것이며 그들은 바벨론 땅에 포로로 잡혀갈 것이라고 말씀하신다. 그것은 하나님의 진노의 맹렬한 불의 심판이다.

본문의 교훈을 정리해보자. 첫째로, 우리는 심판과 구원이 다 하나님의 손 안에 있음을 알아야 한다. 세상의 모든 일들은 주권적 작정자와 섭리자 하나님의 손 안에 있다. 심판도 구원도 하나님 안에 있다. 하나님께서는 심판도 행하시고 구원도 행하시는 주권적 섭리자이시다.

둘째로, 우리는 이스라엘 백성처럼 패역하지 말아야 한다. 사람은 죄를 회개치 않으면 그 심령이 무디어지고 완악해진다. 그러므로 히브리서 3:13은, "오직 오늘이라 일컫는 동안에 매일 피차 권면하여 너희 중에 누구든지 죄의 유혹으로 강퍅케 됨을 면하라"고 말하였다. 우리는 범죄치 말아야 하고 범죄했을 때 즉시 회개하고 패역하지 말아야 한다.

셋째로, 우리는 오직 하나님만 붙잡고 의지하며 그 말씀대로 순종하며 살아야 한다. 하나님의 뜻은 옛날이나 지금이나 동일하시다. 그것은 우리가 하나님을 경외하고 그의 계명에 순종하는 것이다. 전도서 12:13은, "일의 결국을 다 들었으니 하나님을 경외하고 그 명령을 지킬지어다. 이것이 사람의 본분이니라"고 말했다. 우리는 창조자, 섭리자 하나님만 경외하고 의지하고 사랑하고 소망하고 순종해야 한다.

15-21절, 하나님의 교훈과 위로

[15절] 여호와여, 주께서 아시오니 원컨대 주[께서]**는 나를 기억하시며 권고(眷顧)하사**[돌아보사] **나를 박해하는 자에게 보복하시고 주의 오래 참으심을 인하여 나로 멸망치 말게 하옵시며 주를 위하여 내가 치욕 당하는 줄을 아시옵소서.**

예레미야는 악한 자들에게 박해를 당하는 고난 중에서 하나님께서 그를 기억하시고 돌아보시고 그를 박해하는 자에게 공의의 보복해주시기를 호소하고 또 자신을 멸망으로부터와 치욕 당함으로부터 구원해 주시기를 하나님께 간구한다.

[16-17절] 만군의 하나님 여호와시여, 나는 주의 이름으로 일컬음을 받는 자라. 내가 주의 말씀을 얻어 먹었사오니 주의 말씀은 내게 기쁨과 내 마음의 즐거움이오나 내가 기뻐하는 자(메사카킴 מְשַׂחֲקִים)[떠드는 자들](BDB, NASB, NIV)**의 회에 앉지 아니하며 즐거워하지도 아니하고 주의 손을 인하여 홀로 앉았사오니 이는 주께서 분노로 내게 채우셨음이니이다.**

예레미야는 악한 자들과 달리 하나님의 말씀을 기뻐하고 즐거워했다. 참 성도는 하나님의 말씀을 즐거워한다. 시편 1:2는, 복 있는 자는 오직 여호와의 율법을 즐거워하며 그 율법을 주야로 묵상하는 자라고 말했고, 다윗은 시편 19:10에서 하나님의 말씀이 "금 곧 많은 정금보다 더 사모할 것이며 꿀과 송이꿀보다 더 달도다"라고 말했고, 시편 119편 저자도 "주의 말씀의 맛이 내게 어찌 그리 단지요. 내 입에 꿀보다 더하니이다"(103절)라고 말하였다. 예레미야는 또 악인들과 교제하지 않았다. 그는 술이나 마시고 떠드는 자들의 모임에 참석하지 않았고 그런 모임을 즐거워하지도 않았고 늘 홀로 있었다. 왜냐하면 하나님께서는 그의 마음에 분노로 가득하게 하셨기 때문이다.

[18절] 나의 고통이 계속하며 상처가 중하여 낫지 아니함은 어찜이니이까? 주께서는 내게 대하여 물이 말라서 속이는 시내 **같으시리이까?**

하나님께서는 예레미야의 기도에 응답하지 않으셨고 그의 고통과 그의 중한 상처가 낫지 않게 하셨다. 하나님께서는 그에게 물이 말라서 속이는 시내 같으셨다. 그것은 그에게 낙심할 만한 일이었다.

〔19-21절〕 [그러므로] **여호와께서 이같이 말씀하시되 네가 만일 돌아오면 내가 너를 다시 이끌어서**[회복시켜서](NASB) **내 앞에 세울 것이며 네가 만일 천한 것에서 귀한 것을 취할 것 같으면 너는 내 입같이 될 것이라. 그들은 네게로 돌아오려니와 너는 그들에게로 돌아가지 말지니라. 내가 너로 이 백성 앞에 견고한 놋성벽이 되게 하리니 그들이 너를 칠지라도 이기지 못할 것은 내가 너와 함께하여 너를 구하여 건짐이니라. 여호와의 말이니라. 내가 너를 악한 자의 손에서 건지며 무서운 자의 손에서 구속(救贖)하리라.**

하나님께서는 예레미야에게 "내게 돌아오라"고 말씀하신다. 그것은 불신앙과 의심을 버리고 믿는 자가 되라는 뜻이라고 보인다. 그는 또 "하나님의 말씀만 붙들라"고 말씀하신다. 천한 것에서 귀한 것을 취한다는 표현은 악인들의 생각과 말, 심지어 선지자의 인간적 생각과 말을 버리고 하나님의 생각과 뜻과 말씀을 붙들라는 뜻이다.

하나님께서는 또 "그들에게로 돌아가지 말라"고 말씀하신다. 인간 선지자는 백성의 박해와 비난 때문에 그들과 타협할 수 있을 것이다. 그러나 그는 그렇게 하지 말아야 했다. 선지자는 백성을 구원해야지 백성의 잘못된 사상이나 삶으로 돌아가서는 안 된다. 오늘날 설교자는 회중을 인도하는 자이어야지 회중의 비위를 맞추는 자이어서는 안 된다. 만일 설교자가 회중의 생각으로 돌아간다면 그는 그들에게 끌려다니는 자가 될 것이다. 그는 사람들의 생각에 타협하는 자가 될 것이다. 그는 하나님의 종이 아니며 사람들의 종이 될 것이다. 그러므로 사도 바울은 "이제 내가 사람들에게 좋게 하랴, 하나님께 좋게 하랴? 사람들에게 기쁨을 구하랴? 내가 지금까지 사람의 기쁨을 구하는 것이었더면 그리스도의 종이 아니니라"고 말하였다(갈 1:10).

하나님께서는 친히 한 가지 약속을 주신다. 그것은 그가 그를 이 백성 앞에 견고한 놋성벽이 되게 하실 것이라는 것이다. 하나님께서는 그를 치는 원수들이 그를 이기지 못할 것은 그가 친히 함께하시고 그를 도우시고 그를 구원하실 것이기 때문이라고 약속하신다. "내가 너를 악한 자의 손에서 건져내리라." 주의 종들에게 고난은 항상 있는 법이다. 그러나 하나님의 함께하심과 지키심과 구원하심으로 그에게 승리도 항상 있을 것이다.

본문의 교훈을 정리해보자. 첫째로, 예레미야는 하나님께로 돌아와야 했다. 19절, "네가 만일 돌아오면 내가 너를 다시 이끌어서 내 앞에 세울 것이며." 우리는 고난 중에서 불신앙에 떨어지지 말고 하나님을 의지해야 하고, 하나님의 말씀으로 진행하고 끝까지 그 말씀을 붙들어야 한다. 시편 56:3-4, "내가 두려워하는 날에는 주를 의지하리이다. 내가 하나님을 의지하고 그 말씀을 찬송하올지라. 내가 하나님을 의지하였은즉 두려워 아니하리니 혈육 있는 사람이 내게 어찌하리이까?"

둘째로, 예레미야는 악한 자들에게로 돌아가지 말아야 하였다. 19절, "그들은 네게로 돌아오려니와 너는 그들에게로 돌아가지 말지니라." 우리는 고난 중에 마음이 약해질 수 있으나, 그런 때에 악한 자들에게로 돌아가서는 안 된다. 그것은 하나님 앞에서 불충성이며 악과의 타협이며 신앙의 변절이다. 그러므로 주의 종들과 성도들은 교제를 항상 조심해야 하며 악한 자들과 교제하지 말아야 한다. 잠언 28:4, "율법을 버린 자는 악인을 칭찬하나 율법을 지키는 자는 악인을 대적하느니라."

셋째로, 하나님께서는 예레미야를 견고한 놋성벽이 되게 하실 것이다. 20절, "내가 너로 이 백성 앞에 견고한 놋성벽이 되게 하리니." 고난이 있으나 승리도 있다! 하나님께서는 주의 종들과 자녀들과 함께하시고 악인들에게서 그들을 건져내시고 그들로 세상에서 견고한 놋성벽이 되게 하실 것이다. 많은 고난을 경험했던 사도 바울은, "항상 우리를 그리스도 안에서 이기게 하시고 우리로 말미암아 각처에서 그리스도를 아는 향기를 나타내시는 하나님께 감사하노라"고 고백했다(고후 2:14).

16장: 회복의 날이 있음

1-13절, 슬픔의 시대

〔1-4절〕 여호와의 말씀이 또 내게 임하니라. 가라사대 너는 이 땅에서 아내를 취하지 말며 자녀를 두지 말지니라. [이는](원문) **이 곳에서 생산**[출산]**한 자녀와 이 땅에서 그들을 해산한 어미와 그들을 낳은 아비에 대하여 나 여호와가 이같이 말하노라**[말함이니라]**. 그들은 독한 병**[병들]**으로 죽고 슬퍼함을 입지 못하며 매장함을 얻지 못하여 지면의 분토**(도멘 דֹּמֶן)[똥]**와 같을 것이며 칼과 기근에 망하고 그 시체는 공중의 새와 땅 짐승의 밥이 되리라.**

하나님께서는 예레미야에게 몇 가지 특이한 명령을 하셨다. 하나는 "너는 이 땅에서 아내를 취하지 말며 자녀를 두지 말라"는 것이었다. 그 까닭은, 이 땅에서 부모와 자녀들이 질병과 전쟁과 기근으로 죽고 슬퍼함이나 매장함을 얻지 못하고 땅 위의 똥과 같이 되고 그 시체는 새와 짐승의 밥이 될 것이기 때문이다. 심판과 재앙의 날이 올 것이며 그때에는 결혼과 자녀 출산이 무가치하게 될 것이다.

〔5-7절〕 여호와께서 이같이 말씀하시되 상가(喪家)에 들어가지 말라. 가서 통곡하지 말며 그들을 위하여 애곡하지 말라. [이는] **내가 이 백성에게서 나의 평강**[평안]**을 빼앗으며 인자와 긍휼을 제함이니라. 여호와의 말이니라. 큰 자든지 작은 자든지 이 땅에서 죽으리니 그들이 매장되지 못할 것이며 그들을 위하여 애곡하는 자도 없겠고 자기 몸을 베거나 대머리 되게 하는 자도 없을 것이며 슬플 때에** 떡을 **떼며 그 죽은 자를 인하여 그들을 위로하는 자가 없을 것이며 그들의 아비나 어미의** 상사(喪事)를 **위하여 위로의 잔을 그들에게 마시울 자가 없으리라.**

하나님께서는 또 "상가에 들어가지 말고 거기서 통곡하지 말라"는 특이한 명령도 선지자에게 하셨다. 그것은 그가 그들에게서 평안을 빼앗으시고 인자(仁慈)와 긍휼을 제하실 것이기 때문이다. 하나님께서 내리신 재앙이기 때문에 너무 슬퍼하지 말고 통곡하지 말라는 뜻이다. 그 날에는 어른이나 아이나 이 땅에서 죽을 것이며 매장되지 못할 것이며 애곡하는 자나 위로하는 자도 없을 것이다. 그들의 장례식은 쓸쓸할 것이다. 6절에 '자기 몸을 베거나 대머리 되게 하는 것'은 하나님께서 금하신 이방인들의 풍습을 가리킨다(레 19:28; 신 14:1).

〔8-9절〕 너는 잔치집에 들어가서 그들과 함께 앉아 먹거나 마시지 말라. 만군의 여호와 이스라엘의 하나님이 이같이 말하노라. 보라, 기뻐하는 소리와 즐거워하는 소리와 신랑의 소리와 신부의 소리를 내가 네 목전, 네 시대에 이 곳에서 끊어지게 하리라.

하나님께서는 "잔칫집에 들어가 먹고 마시며 기뻐하지도 말라"는 특이한 명령도 선지자에게 하셨다. 그 까닭은, 그가 그 땅을 심판하실 때 기쁨과 즐거움이 사라지고 기뻐하고 즐거워할 일들이 없어질 것이기 때문이다. 기쁨과 즐거움 대신에 슬픔과 고통이 있을 것이다.

〔10-13절〕 네가 이 모든 말로 백성에게 고할 때에 그들이 네게 묻기를 여호와께서 우리에게 이 모든 큰 재앙을 광포하심은 어찜이며 우리의 죄악은 무엇이며 우리가 우리 하나님 여호와께 범한 죄는 무엇이뇨 하거든 너는 그들에게 대답하기를 여호와께서 말씀하시되 너희 열조가 나를 버리고 다른 신들을 좇아서 그들을 섬기며 그들에게 절하고 나를 버려 내 법을 지키지 아니하였음이라. [그런데] **너희가 너희 열조보다 더욱 악을 행하였도다. 보라, 너희가 각기 악한 마음의 강퍅함**(쉐리루스 שְׁרִרוּת)[완고함]**을 따라 행하고 나를 청종치 아니하였으므로 내가 너희를 이 땅에서 쫓아내어 너희와 너희 열조의 알지 못하던 땅에 이르게 할 것이라. 너희가 거기서 주야로 다른 신들을 섬기리니 이는 내가 너희에게 은혜를 베풀지 아니함이라 하셨다 하라.**

본문은 하나님께서 이스라엘 백성에게 심판을 내리는 이유를 증거한다. 그것은 그들의 열조와 그들의 죄 때문이다. 그들의 열조의 죄는 하나님을 버리고 다른 신들을 섬기며 하나님의 법을 지키지 않은 죄이었다. 그런데 그들의 죄는 그 열조보다 더욱 악을 행한 것이었다. 그들은 각기 악한 마음의 완고함을 따라 행하고 하나님의 말씀을 듣지 않았다. 하나님께서 이제 그들에게서 그의 평안을 빼앗으시며 그의 인자와 긍휼을 제하시며 은혜를 거두심으로 그들은 이방나라들에 포로로 잡혀갈 것이며 그 곳에서 주야로 다른 신들을 섬길 것이다.

본문의 교훈을 정리해보자. 첫째로, 하나님께서는 심판의 날에 예레미야에게 아내를 취하지 말고 자녀를 두지 말라, 상가(喪家)에 들어가지 말라, 잔칫집에 들어가지 말라는 등의 특이한 명령을 하셨다. 예레미야는 결혼이나 출산, 잔치나 장례식, 기쁜 일이나 슬픈 일에 너무 큰 의미와 가치를 두지 말아야 했다. 우리는 세상일로 너무 기뻐하거나 너무 슬퍼하지 말아야 한다(고전 7:29-31). 우리는 이런 것들을 약간만 기뻐하고 약간만 슬퍼하는 훈련을 할 필요가 있다. 왜냐하면 우리는 천국의 백성이며 내세를 사모하며 소망하는 자들이기 때문이다. 우리는 마지막 날이 가까울수록 세상의 것에 너무 마음을 두지 말아야 한다.

둘째로, 유다 나라의 멸망의 이유는 그들이 하나님을 버리고 다른 신들을 섬기며 하나님의 음성을 듣지 않았기 때문이다. 불의와 죄 때문에 하나님의 재앙과 멸망이 온다. 그러므로 우리는 오직 하나님을 경외하고 하나님만 섬기고 그의 계명만 순종해야 한다. 그것이 의의 길이며 평안의 길이다. 전도서는 세상의 허무함을 증거한 후, 결론적으로 12:13에서, "일의 결국을 다 들었으니 하나님을 경외하고 그 명령을 지킬지어다. 이것이 사람의 본분[모든 것]이니라"고 말하였다. 우리는 하나님을 경외하고 주 예수 그리스도만 믿고 계명대로 바르게만 살아야 한다.

셋째로, 하나님께서는 유다 백성에게서 그의 평안을 빼앗고 인자와 긍휼을 제하신다고 말씀하셨다. 5절, "내가 이 백성에게서 나의 평강을 빼앗으며 인자와 긍휼을 제함이니라." 하나님께서 인자와 긍휼을 거두시면, 세상에서 구원 얻을 자와 평안과 영생을 누릴 자는 아무도 없다. 죄인들의 구원은 오직 하나님의 긍휼로 말미암는다. 우리의 구원, 우리의 죄사함과 의롭다 하심은 오직 하나님의 인자와 긍휼로 말미암았다. 또 우리의 평안도, 행복도, 영생 복락도 하나님의 인자와 긍휼로 말미암는다. 그러므로 우리는 하나님의 인자와 긍휼만 구하며 사모해야 한다.

14-21절, 회복의 날이 있음

〔14-15절〕 여호와께서 가라사대 그러나(라켄 לָכֵן)[그러므로] **보라, 날이 이르리니 다시는 이스라엘 자손을 애굽 땅에서 인도하여 내신 여호와의 사심으로 맹세하지 아니하고 이스라엘 자손을 북방 땅과 그 모든 쫓겨났던 나라에서 인도하여 내신 여호와의 사심으로 맹세하리라. 내가 그들을 그 열조에게 준 그들의 땅으로 인도하여 들이리라.**

14절 초두에 '그러나'(NIV)는 문맥적으로 맞는 것 같으나 원문에는 '그러므로'(BDB, KJV, NASB)라고 되어 있고 그것은 본장이 북방에 포로 됨을 강조하기 때문에 문맥에도 부합하다. 즉 유다 백성이 북방으로 포로로 잡혀가고 사방에 흩어질 것이기 때문에 장차 사람들은 다시는 이스라엘 자손을 애굽 땅에서 인도하여 내신 여호와의 사심으로 맹세하지 않고 그들을 북방 땅과 그 모든 쫓겨났던 나라들에서 인도하여 내신 여호와의 살아계심으로 맹세할 것이다. 하나님께서는 그들을 그 열조에게 주신 그들의 땅으로 인도하여 들이실 것이다. 그것은 이스라엘 나라의 회복을 예언하신 것이며 바벨론 포로생활로부터의 돌아옴을 의미한다. 선지자 예레미야는 이 회복의 일, 곧 북방으로부터 돌아올 일에 대해 본문 외에도 반복해서 예언하였다. 예레미야 3:18, "그때에 유다 족속이 이스라엘 족속과 동행하여 북에서부터 나와서 내가 너희 열조에게 기업으로 준 땅에 함께 이르리라." 23:8, "이스라엘 집 자손을 북방 땅, 그 모든 쫓겨났던 나라에서 인도하여 내신 여호와의 사심으로 맹세할 것이며 그들이 자기 땅에 거하리라 하시니라." 31:8, "보라, 내가 그들을 북편 땅에서 인도하며 땅끝에서부터 모으리니 그들 중에는 소경과 절뚝발이와 잉태한 여인과 해산하는 여인이 함께하여 큰 무리를 이루어 이 곳으로 돌아오되."

〔16절〕 여호와께서 가라사대 보라, 내가 많은 어부를 불러다가 그들을 낚게 하며 그 후에 많은 포수를 불러다가 그들을 모든 산과 모든 작은 산과 암혈[동굴]**에서 사냥하게 하리니.**

본절에 대한 해석은 두 가지 견해가 있다. 하나는 다음절에 비추어 하나님께서 이스라엘 백성의 죄에 대한 징벌로 많은 어부와 포수를 불러 그들을 포로로 잡아 북방 땅에 데려가실 것이라는 뜻으로 본다. 성경에 어부를 그런 뜻으로 사용한 예들도 있다(암 4:2; 합 1:15).

그러나 다른 하나는 앞절에 이어지는 내용으로 보아 하나님께서 많은 어부와 포수를 불러 이스라엘 백성을 그 흩어진 땅에서 구원하여 내어 고국으로 돌아오게 하실 것이라는 뜻으로 본다. 14절과 16절 초두에 나오는 '보라'라는 말은 하나님의 심판에 대한 뜻보다는 그의 회복에 대한 뜻에 더 적합해 보인다.[4] '어부'라는 말은 주 예수께서 베드로와 안드레를 제자로 부르실 때 사용하신 비유이다. 주께서는 베드로와 안드레를 제자로 부르시면서 "나를 따라오너라. 내가 너희로 사람을 낚는 어부가 되게 하리라"고 말씀하셨다(마 4:19). 사람을 낚는 어부는 전도자를 의미하였고, 고기잡이는 전도를 의미했다.

〔17절〕 이는 내 눈이 그들의 행위를 감찰하므로 그들이 내 얼굴 앞에서 숨김을 얻지 못하며 그들의 죄악이 내 목전에서 은폐되지 못함이라.

하나님께서는 구원 얻을 이스라엘 백성이 온 세계에 흩어져 모든 산과 모든 작은 산과 동굴들에 있게 될 이유를 보이신다. 하나님께서는 이스라엘 백성의 죄 때문에 그들을 바벨론에 포로 되게 하실 것이고 온 세계에 흩어지게 하실 것이다.

〔18절〕 내가 위선[우선] **그들의 악과 죄를 배나 갚을 것은 그들이 그 미운 물건의 시체로 내 땅을 더럽히며 그들의 가증한 것으로 내 산업에 가득하게 하였음이니라.**

하나님께서는 또 이스라엘 백성의 회복이 먼저 그들의 죄에 대해 내릴 그의 엄위한 징벌을 전제한 것임을 말씀하신다. '그 미운 물건의

---

4) 비록 예레미야서에서 '보라'라는 말이 하나님의 심판의 선언에도 쓰였고(5:15; 6:22; 7:20; 11:22; 25:9; 30:23 등 48회 이상), 또 이스라엘의 회복의 선언에도 쓰였지만(16:14; 23:5; 30:18; 31:31; 33:6; 46:27 등 22회 이상).

시체'란 우상들에게 바쳐진 더러운 제물들이나 무고하게 피를 흘린 사람들의 시체들을 가리킬 것이다. 이스라엘 백성은 자기들의 땅을 우상숭배로 심히 더럽혔었다. 그러므로 하나님께서는 그들의 죄와 악을 엄하게 배나 갚으시며 징벌하실 것이다.

〔19-20절〕 여호와 나의 힘, 나의 보장(保障)[요새], **환난날의 피난처시여, 열방이 땅끝에서 주께 이르러 말하기를 우리 열조의 계승한 바는 허무하고**(쉐케르 שֶׁקֶר)[속이는 것](BDB, NASB, NIV) **망탄하고**(헤벨 הֶבֶל)[헛된 것](KJV, NASB) **무익한 것뿐이라. 인생이 어찌 신 아닌 것을 자기의 신으로 삼겠나이까 하리이다.**

예레미야는 하나님을 "여호와 나의 힘, 나의 요새, 환난날의 피난처"라고 고백한다. 참 경건은 하나님을 아는 것, 곧 그를 우리의 힘과 피난처로 아는 것이다. 세상에는 죄의 유혹과 마귀의 시험과 환난과 재앙이 많지만, 하나님을 아는 자는 죄의 유혹에 빠지지도 않고 환난 중에 낙심치도 않고 오직 모든 일에 있어서 하나님을 의지한다.

예레미야는 장차 세상 나라 사람들이 자신들의 삶이 허무했음을 고백할 것이라고 말한다. 그들은 조상들에게 물려받은 헛된 풍습을 따랐다. 그것은 속이는 우상이며 헛되고 무가치한 것이며 무익한 것뿐이었다. 이방인들은 하나님이 아닌 그런 것을 신으로 삼았다.

오늘날도 크게 다르지 않다. 사람들은 여전히 하나님 아닌 것을 신처럼 가치 있게 여기며 살고 있다. 세상에는 아직도 우상들이나 가짜 신들이 많다. 모든 비진리들이 그런 종류의 것들이다. 또 많은 사람들은 돈과 물질을 최고의 가치로 알고 살고 있다. 또 다른 이들은 육신의 쾌락에 삶의 의미를 두고 사는 것 같다. 또 어떤 지식인들은 사람의 이성과 과학을 최고로 여긴다. 그러나 그것들이 참 하나님이 아니며 참으로 허무한 것들이라는 것은 너무 자명하다.

〔21절〕 여호와께서 가라사대 **보라, 이번에 그들에게 내 손과 내 능을 알려서 그들로 내 이름이 여호와인 줄 알게 하리라.**

이 말씀은 본장의 전체적 방향, 즉 유다 나라의 심판과 회복이라는 방향에 관한 것이다. 성경은 하나님의 심판과 택자들의 회복을 말한다. 죄인들은 하나님의 심판을 받을 것이다. 그러나 그들 중의 일부는 하나님의 긍휼로 구원 얻을 것이다. 사람들은 하나님의 심판과 회복을 통해 영원자존하신 주권자 하나님을 알게 될 것이다.

본문의 교훈을 정리해보자. 첫째로, 우리는 이 세상의 것들이 허무함을 알아야 한다. 우리는 세상의 모든 우상들이 허무함을 알아야 한다. 우리는 성경에 계시된 하나님의 진리 외에 모든 종교, 모든 철학, 모든 사상, 모든 인생관, 모든 가치관이 허무함을 알아야 한다. 우리는 영원하신 하나님, 온 세상을 창조하시고 섭리하시는 그 하나님과 그가 계시하신 진리들이 아닌 세상의 모든 것들이 다 허무함을 알아야 한다.

둘째로, 하나님께서는 유다 백성의 죄악에 대해 징벌하실 것이다. 17-18절, "이는 내 눈이 그들의 행위를 감찰하므로 그들이 내 얼굴 앞에서 숨김을 얻지 못하며 그들의 죄악이 내 목전에서 은폐되지 못함이라. 내가 우선 그들의 악과 죄를 배나 갚을 것은 그들이 그 미운 물건의 시체로 내 땅을 더럽히며 그들의 가증한 것으로 내 산업에 가득하게 하였음이니라." 로마서 2:6, "하나님께서 각 사람에게 그 행한 대로 보응하시되." 하나님께서는 사람들의 죄에 대해 철저히 징벌하실 것이다.

셋째로, 하나님께서는 친히 이스라엘 백성을 북방에서 이끌어내어 고국으로 돌아오게 하실 것이다(15, 16절). 그것은 전적으로 하나님의 긍휼과 은혜이다. 우리도 하나님의 긍휼과 은혜로 구원을 얻었다. 디모데후서 1:9, "하나님께서 우리를 구원하사 거룩하신 부르심으로 부르심은 우리의 행위대로 하심이 아니요 오직 자기 뜻과 영원한 때 전부터 그리스도 예수 안에서 우리에게 주신 은혜대로 하심이라." 우리는 죄와 지옥 형벌에서 우리를 구원해 주신 하나님의 긍휼과 천국 소망과 위로를 감사해야 한다. 우리는 하나님의 긍휼의 구원을 감사해야 한다.

17장: 하나님이여, 우리를 구원하소서

1-8절, 여호와를 의지하는 자

〔1-2절〕 유다의 죄는 금강석 끝 철필로 기록되되 그들의 마음판과 그들의 단 뿔에 새겨졌거늘 그들의 자녀가 높은 메 위 푸른 나무 곁에 있는 그 단들과 아세라들을 생각하도다[그들의 자녀들이 높은 언덕들 위 푸른 나무들 곁에 있는 그 제단들과 아세라들을 생각할 때, 유다의 죄는 금강석(솨미르 שָׁמִיר)(KJV, NASB)[부싯돌](BDB, NIV) 끝 철필로 기록되되 그들의 마음판과 그들의 단 뿔에 새겨졌도다].

유다 백성은 높은 언덕들 위 푸른 나무들 곁에 있는 제단들에서 또 아세라들을 통해 우상을 섬겼다. 그들의 죄 곧 우상숭배의 죄는 너무 확실했다. 그것은 그들의 마음판들과 그들의 우상숭배하는 제단 뿔들에 금강석(다이아몬드) 끝 철필로 확실하고 분명하게 새겨져 있다.

〔3-4절〕 들에 있는 나의 산아, 네 온 지경의 죄로 인하여 내가 네 재산과 네 모든 보물과 산당들로 노략을 당하게 하리니 내가 네게 준 네 기업에서 네 손을 뗄 것이며 또 내가 너로 너의 알지 못하는 땅에서 네 대적을 섬기게 하리니 이는 너희가 내 노로 맹렬케 하여 영영히 타는 불을 일으켰음이니라.

'들에 있는 나의 산'은 시온산 곧 예루살렘 성을 가리킨다고 본다. 유다 땅은 어느 한 지역만 부패한 것이 아니고 온 지역이 부패하였다. 그러므로 하나님께서는 그들의 재산과 모든 보물이 노략을 당하게 하실 것이며 산당들도 다 파괴될 것이다. 그들은 하나님께서 그들에게 주신 기업을 잃어버릴 것이다. 또 그들은 그들이 알지 못하였던 이방나라로 잡혀가 그들을 섬길 것이다. 그것은 그들이 하나님의 불같은 노를 일으켰기 때문에 하나님께서 내리신 징벌이다.

〔5-6절〕 나 여호와가 이같이 말하노라. 무릇 사람을 믿으며 혈육으로 그 권력[힘]**을 삼고 마음이 여호와에게서 떠난 그 사람은 저주를 받을 것이라. 그는 사막의 떨기나무 같아서 좋은 일의 오는 것을 보지 못하고 광야 간조한**

[바싹 마른] **곳, 건건한**[소금기 있는] **땅, 사람이 거하지 않는 땅에 거하리라.**

'떨기나무'는 관목(bush, shrub)이라고 하는데, 키가 작고 줄기와 가지의 구별이 불분명한 나무를 가리킨다(이것과 달리, 큰키나무는 교목이라고 함). 그 마음이 하나님을 떠나고 사람을 믿고 의지하는 사람은 저주를 받을 것이다. 왜냐하면 그것은 불경건과 불신앙이며 인본주의이기 때문이다. 인본주의(humanism) 즉 사람 중심 사상은 무신론 사상이며 저주받을 사상이다. 그런 사람은 좋은 일의 오는 것을 보지 못하고 사막의 떨기나무같이 메마를 것이다.

〔7-8절〕 그러나 무릇 여호와를 의지하며 여호와를 의뢰하는 그 사람은 복을 받을 것이라. 그는 물가에 심기운 나무가 그 뿌리를 강변에 뻗치고 더위가 올지라도 두려워 아니하며 그 잎이 청청하며 가무는 해에도 걱정이 없고 결실이 그치지 아니함 같으리라.

여호와를 의지하며 의뢰하는 자는 복을 얻을 것이다. 하나님께서는 복의 근원이시다. 그는 물가에 심기운 나무가 그 뿌리를 강변에 뻗치고 더위가 올지라도 두려워 않고 그 잎이 늘 푸르고 가뭄이 들 때에도 걱정이 없고 항상 열매를 맺는 것과 같을 것이다. 그런 사람은 더위와 가뭄, 곧 환난과 박해 같은 것을 걱정하지 않을 것이다. 그것은 시편 1편의 말씀과 같다. 거기에 보면, "복 있는 사람은 악인의 꾀를 좇지 아니하며 죄인의 길에 서지 아니하며 오만한 자의 자리에 앉지 아니하고 오직 여호와의 율법을 즐거워하여 그 율법을 주야로 묵상하는 자로다. 저는 시냇가에 심은 나무가 시절을 좇아 과실을 맺으며 그 잎사귀가 마르지 아니함 같으니 그 행사가 다 형통하리로다" 라고 말하였다(시 1:1-3). 참된 믿음은 순종을 가져오고 순종은 의와 선을 낳고 의와 선은 기쁨과 평안과 형통의 복을 가져온다.

본문의 교훈을 정리해보자. 첫째로, 사람의 죄들은 하나님 앞에서 다 기억된다. 그것들은 철필로 마음판에 기록되듯이 기록될 것이다. 사람은 예수 그리스도의 피로 죄씻음을 받지 않으면 자기가 지은 죄들에 대해 하나님의 공의의 심판과 형벌을 받을 것이다. 비록 그가 자신의 행한 죄들을 잊어버렸다고 할지라도, 그 죄들은 하나님의 기억 속에서는 그대로 남아 있다. 하나님께서는 마지막 심판 날, 심판대 앞에서 사람들을 그 행위대로 공의롭고 공정하게, 그리고 철저하게 심판하시고 보응하실 것이다. 그러므로 우리는 우리의 죄를 철저히 회개해야 한다.

둘째로, 헛된 우상숭배와 인본주의는 하나님 앞에서 저주받을 죄악이다. 이스라엘 백성은 하나님을 버리고 우상들을 섬겼고 하나님 대신 사람을 의지하였기 때문에 하나님의 진노를 일으켰고 저주를 받았고 멸망하여 온 세상에 흩어졌고 포로로 잡혀가서 오랫동안 고생스런 삶을 살았다. 우리는 우상숭배를 버리고 사람을 의지하고 자랑하는 것, 즉 인본주의를 버려야 한다. 이사야 2:22는, "너희는 인생을 의지하지 말라. 그의 호흡은 코에 있나니 수에 칠 가치가 어디 있느뇨?"라고 말한다. 시편 146:3-4도, "방백들을 의지하지 말며 도울 힘이 없는 인생도 의지하지 말지니 그 호흡이 끊어지면 흙으로 돌아가서 당일에 그 도모가 소멸하리로다"라고 말한다. 우리는 우상숭배와 인본주의를 버려야 한다.

셋째로, 우리는 오직 하나님만 경외하고 의지하며 그의 계명을 순종해야 한다. 7-8절, "무릇 여호와를 의지하며 여호와를 의뢰하는 그 사람은 복을 받을 것이라. 그는 물가에 심기운 나무가 그 뿌리를 강변에 뻗치고 더위가 올지라도 두려워 아니하며 그 잎이 청청하며 가무는 해에도 걱정이 없고 결실이 그치지 아니함 같으리라." 우리는 오직 삼위일체 하나님만 믿고 의지하며 성경책을 주야로 읽고 묵상하며 기도하며 가족들과 함께 그렇게 하며 성경말씀에 순종하며 살아야 한다. 이렇게 믿음으로 살고 순종으로 사는 자들은 복된 삶과 승리적 삶을 살 수 있고 선한 열매를 많이 맺을 것이다. 그들은 더위와 가뭄을 이길 것이다. 그들은 세상에서 모든 환난과 박해를 이길 것이다. 그들은 행복자이다. 또 그들은 성령의 열매 즉 인격과 삶의 선한 열매를 맺을 것이다.

9-11절, 심히 부패한 마음

예레미야서의 특징적 진리는 사람의 전적인 부패성에 관한 것이다. 예레미야는 유다 백성의 심히 악하고 부패된 상황을 보고 깊이 느끼면서 이 진리를 깨닫고 하나님께 받아 그것을 책에 기록하였다.

〔9-11절〕 만물보다 거짓되고 심히 부패한 것은 마음이라. 누가 능히 이를 알리요마는 나 여호와는 심장을 살피며 폐부를 시험하고 각각 그 행위와 그 행실대로 보응하나니 불의로 치부하는[부를 얻는] **자는 자고새**(메추라기 종류)**가 낳지 아니한** 알을 **품음 같아서 그 중년에 그것이 떠나겠고 필경은 어리석은 자가 되리라.**

본문은 사람의 마음이 심히 부패하였다고 증거한다. 사람의 마음은 영혼의 활동이며 지식과 감정과 의지의 세 요소를 가진다. 죄악된 말과 행위들은 마음의 부패에 기인한다. 사람은 지식과 감정과 의지가 다 부패되었다. 사람은 지식이 부패하였다. 사람은 하나님을 알지 못하고 그의 계명과 뜻에 대한 지식과 깨달음이 없고 도리어 헛된 것을 섬기며 거기에 가치를 두고 산다. 사람은 감정도 부패하였다. 사람은 자기 감정을 다스리지 못할 때가 많고, 난폭하고 격한 감정, 미움, 염려, 불안 등 감정의 장애를 가진 자도 많다. 또 사람은 의지도 부패하였다. 사람은 바르고 선한 일을 알아도 그것을 행할 힘이 부족하고 우유부단하고 때로는 완고하고, 또 죄악된 습관에 굴복한다.

본문은 사람의 마음이 치료 불가능하게 부패했다고 말한다. 본문에 '심히 부패한'이라는 원어(아누쉬 אָנֻשׁ)는 '병든, 연약한, 치료할 수 없는'이라는 뜻이다(BDB, KB). 사람의 마음은 전적으로 부패하였다. 이것은 성경에 계시된 한 중요한 진리이다. 이스라엘 역사가 그것을 증거하고 성경이 전체적으로 이 진리를 확증한다. 예레미야 13:23도, "구스인이 그 피부를, 표범이 그 반점을 변할 수 있느뇨? 할 수 있을진대 악에 익숙한 너희도 선을 행할 수 있으리라"고 말하였다. 로마서 8:7-8도 말하기를, "육신의 생각은 하나님과 원수가 되나니 이는 하나님의 법에 굴복치 아니할 뿐 아니라 할 수도 없음이라. 육신에 있는 자들은 하나님을 기쁘시게 할 수 없느니라"고 하였다.

본문은 하나님의 감찰에 대해 증거한다. "누가 능히 이를 알리요마는 나 여호와는 심장을 살피며 폐부를 시험하고 각각 그 행위와 그 행실대로 보응하나니." '심장'이라는 원어(레브 לֵב)는 '마음'이라고도 번역하는 말이고, '폐부'라는 원어(켈라요스 כְּלָיוֹת)는 '신장(콩팥)'이라는 말인데 '영혼의 작용들, 심리적 작용들, 생각과 감정 등'을 가리킨다. 사람의 마음을 알 수 있는 자는 사람 중에는 없으나 하나님께서는 사람의 마음을 감찰하신다. 성경은 그것을 증거한다.

시편 7:9, "악인의 악을 끊고 의인을 세우소서. 의로우신 하나님께서 사람의 심장을 감찰하시나이다." 시편 44:21, "하나님께서 이를 더듬어 내지 아니하셨으리이까? 대저 주께서는 마음의 비밀을 아시나이다." 시편 139:1-3, "여호와여, 주께서 나를 감찰하시고 아셨나이다. 주께서 나의 앉고 일어섬을 아시며 멀리서도 나의 생각을 통촉하시오며 나의 길과 눕는 것을 감찰하시며 나의 모든 행위를 익히 아시오니." 히브리서 4:12-13, "하나님의 말씀은 살았고 운동력이 있어 좌우에 날선 어떤 검보다도 예리하여 혼과 영과 및 관절과 골수를 찔러 쪼개기까지 하며 또 마음의 생각과 뜻을 감찰하나니 지으신 것이 하나라도 그 앞에 나타나지 않음이 없고 오직 만물이 우리를 상관하시는 자의 눈앞에 벌거벗은 것같이 드러나느니라." 하나님께서는 나의 마음을 감찰하신다. 그는 나의 생각과 감정을 다 살피시고 아신다.

본문은 하나님의 보응에 대해서도 증거한다. 하나님께서는 사람의 생각과 감정과 행위를 살피시고 그 옳고 그름과 선하고 악함을 시험하시고 그 행한 대로 보응하신다. 그는 사람의 선한 마음과 그 행위들을 장려하시고 복주시며, 악한 마음과 그 행위들에 대해서는 거기에 합당한 벌을 내리신다. 요한계시록 2:23, "또 내가 사망으로 그의 자녀를 죽이리니 모든 교회가 나는 사람의 뜻과 마음을 살피는 자인 줄 알지라. 내가 너희 각 사람의 행위대로 갚아주리라."

본문은 불의로 치부하는 자는 메추라기가 낳지 아니한 알을 품음 같아서 그 중년에 그것이 떠나겠고 필경 어리석은 자가 될 것이라고 말한다. 사람의 죄들 중에 한 대표적인 죄는 불의로 재물을 취하는 것이다. 거짓과 사악과 탐욕은 죄악된 사람의 모습이지만, 그 반면, 진실과 선과 의, 절제와 검소와 자족함은 참된 성도의 모습이다. 불의의 소득은 결코 복이 되지 못한다. 부도덕하게, 거짓되게, 또 탐심으로 버는 돈은 복이 되지 못한다. 잠언 16:8은, "적은 소득이 의를 겸하면 많은 소득이 불의를 겸한 것보다 나으니라"고 말하고, 잠언 20:17은, "속이고 취한 식물은 맛이 좋은 듯하나 후에는 그 입에 모래[자갈]가 가득하게 되리라"고 말한다. 불의의 소득은 복이 되지 못한다.

본문의 교훈을 정리해보자. 첫째로, 우리는 사람의 마음의 전적 부패성을 알아야 한다. 9절, "만물보다 거짓되고 심히 부패한 것은 마음이라." 사람의 마음은 심히 부패되어 있고 의와 선을 행하기에 무능하다.

둘째로, 우리는 하나님의 감찰하심과 공의로 보응하심을 알고 두려워해야 한다. 불의함으로 얻는 소득은 결코 복이 되지 않는다. 죄를 짓는 자는 하나님의 복과 평안을 누릴 수 없고 그의 엄한 징계와 징벌을 피할 수 없다. 우리는 하나님의 심판을 두려워하며 죄를 멀리해야 한다.

셋째로, 우리는 몸의 죄성을 따라 살지 말고 성경말씀과 성령의 감동과 인도하심을 따라 의롭고 선하게 살아야 한다. 로마서 8:13, "너희가 육신대로 살면 반드시 죽을 것이로되 영[성령]으로써 몸의 행실을 죽이면 살리니." 갈라디아서 5:16, "너희는 성령을 좇아 행하라. 그리하면 육체의 욕심을 이루지 아니하리라." 우리는 하나님께서 주신 의(義) 안에서 성경말씀의 교훈과 성령의 도우심으로 의롭고 선하게 살아야 한다.

12-18절, 선지자의 기도

〔12절〕 영화로우신 보좌여, 원시부터 높이 계시며 우리의 성소이시며[태초부터 있는 영화로운 높은 보좌는 우리의 성소이시니이다](KJV, NASB, NIV).

태초에 천지를 창조하신 하나님께서는 영원하시다(창 1:1; 시 90:1-2). 창조 이전의 세계는 사람의 이해의 한계를 넘어선 영원한 세계이다. 하나님의 보좌는 태초부터 계신 영화로운 높은 보좌이시다. 그는 높은 보좌에 앉아 계신다. 보좌는 통치권을 뜻한다. 하늘에 계신 하나님께서는 온 천하만물을 친히 다스리신다. 시편 93:1-2는, "여호와께서 통치하시니 스스로 권위를 입으셨도다," "주의 보좌는 예로부터 견고히 섰으며 주는 영원부터 계셨나이다"라고 말한다.

하나님께서는 영화로운 분이시다. 그의 보좌는 영광의 보좌이시다. 세상의 그 어떤 영광도 하나님의 영광에 비교할 수 없다. 그러므로 모든 피조물은 가장 최선의 방식, 가장 최상의 방식으로, 가장 정성을 다하여 하나님을 찬송하고 섬기며 순종해야 한다(시 96:8-9).

하나님의 하늘 보좌는 우리의 성소이시다. 천국은 하나님의 영광이 나타나는 곳이며 장차 하나님과 교제하며 섬길 수 있는 곳이며 그의 충만한 복을 받을 수 있는 곳이다. 지상의 성전이나 교회는 천국의 한 모형에 불과하다. 우리는 장차 그의 영광을 누릴 자들이다.

〔13절〕 이스라엘의 소망이신 여호와여, 무릇 주를 버리는 자는 다 수치를 당할 것이라. 무릇 여호와를 떠나는 자는 흙에 기록이 되오리니 이는 생수의 근원이신 여호와를 버림이니이다.

하나님께서는 이스라엘의 소망이시며 또 우리 모두의 소망이시다. 죄와 불행과 죽음 문제의 해결은 오직 하나님께 있다. 사람의 참된 위로와 소망은 오직 하나님께로서 나온다. 슬픔과 절망의 세상 속에서 하나님께서는 우리의 소망과 위로, 우리의 기쁨과 힘이 되신다.

하나님을 버리고 떠나는 자는 허무하고 불행케 될 것이다. 본문은 주를 버리는 자는 다 수치를 당할 것이라고 말한다. 또 무릇 여호와를 떠나는 자는 흙에 기록이 될 것이라고 말한다. 원문에는 "나를 떠나는 자는 흙에 기록이 되리라"고 말하였는데(KJV), 그것은 선지자가 갑자기 하나님의 입장에서 하나님의 말씀을 대언한 것이며, 선지자의 독특한 영감성을 보인다. 흙에 기록된다는 표현은, 돌에 새기는 것과 달리, 지워져 버리는 것을 뜻하며, 허무하고 무가치하고 불행한 삶을 의미할 것이다. 악인의 삶은 허무하고 불행할 것이다.

하나님을 떠나는 자가 그렇게 되는 까닭은 생수의 근원이신 하나님을 버렸기 때문이다. 하나님께서는 생수의 근원이시다. 몸의 생명도 하나님께서 주신 것이며 따라서 사람의 건강과 연약이 하나님의 손 안에 있지만, 특히 영생은 하나님께 있다. 그는 영생을 주시는 분이시다. 하나님과 연합하는 자는 영생을 누릴 것이다. 그러나 누구든지 하나님을 떠나고 그와 분리되면 영생을 잃을 것이다.

그러므로 모든 사람은 하나님을 알아야 한다. 성도들은 하나님을 알아야 하고 더욱 힘써 알아야 한다. 호세아 6:3은, "그러므로 우리가 여호와를 알자. 힘써 여호와를 알자"고 말한다. 또 우리는 하나님을 떠나지 말고 꼭 붙잡고 따라야 한다. 그러므로 신명기 10:20은, "하나님을 경외하고 그에게 친근히 하라[그를 꼭 붙잡으라]"고 말했다.

〔14절〕 여호와여, 주[께서]는 나의 찬송이시오니 나를 고치소서. 그리하시면 내가 낫겠나이다. 나를 구원하소서. 그리하시면 내가 구원을 얻으리이다.

예레미야는 사람의 구원이 오직 하나님께 있음을 믿고 고백한다. 그는 "나를 고치소서," "나를 구원하소서"라고 아뢴다. 하나님께서는 육신의 병도 고쳐주실 수 있지만, 그보다 더 근원적인 병인 영혼의 병, 즉 죄 문제의 해결, 죄책의 해결과 죄성의 극복은 하나님 외에는 아무도 할 수 없는 일이다. 하나님께서 하시면 모든 사람은 구원을 얻고 고침을 받을 수 있다. 사람은 다 죄인이며 심히 부패된 죄성을 가지고 있는 존재이지만, 하나님께서 하시면 죄인이 의인이 되고 죄성을 가진 자가 변하여 거룩하고 선한 인격자가 될 것이다. 그것이 신약성도들이 예수 그리스도의 대속(代贖), 곧 십자가의 보혈 공로와 성령의 내주(內住)하심으로 얻은 중생(重生)과 성화(聖化)의 은혜이다. 예레미야는 이 하나님의 은혜를 찬송한다. 그는 하나님을 "나의 찬송"이라고 말한다.

〔15-16절〕 **그들이 내게 이르기를 여호와의 말씀이 어디 있느뇨? 이제 임하게 할지어다 하나이다. 나는 목자의 직분에서 물러가지 아니하고 주를 좇았사오며 재앙의 날도 내가 원치 아니하였음을 주께서 아시는 바라. 내 입술에서 나온 것이 주의 목전에 있나이다**[있었나이다].

악한 자들은 예레미야에게 하나님의 말씀의 성취를 보게 하라고 재촉한다. 그러나 그는 낙심치 않았다. 그는 목자의 직분, 곧 선지자의 직분에서 물러나지 않았다. 그는 그 직분에 충성하였다. 그는 재앙의 날을 원하지 않았다. 그는 다른 이들과 같이 그 날을 원치 않지만, 하나님의 명령이므로 선포하지 않을 수 없었다. 그의 입술에서 나온 설교들은 다 그가 하나님께서 주시고 명하신 바들을 선포한 것이었다. 그는 선지자의 사역이 어렵다고 포기하지 않았다. 그는 침묵하지 않았고, 또 회중의 귀를 즐겁게 하려 하지 않았다.

〔17-18절〕 **주**[께서]**는 내게 두려움이 되지 마옵소서. 재앙의 날에 주**[께서]**는 나의 피난처시니이다. 나를 박해하는 자로 수욕을 당케 하시고 나로 수욕을 당케 마옵소서. 그들로 놀라게 하시고 나로 놀라게 마시옵소서. 재앙의 날을 그들에게 임하게 하시며 배나 되는 멸망으로 그들을 멸하소서.**

예레미야는 다른 사람들과 똑같이 하나님의 재앙을 두려워했다. 그러나 그는 하나님께서 그에게 두려움이 되지 않게 해달라고 기도했다. 그는 재앙의 날에도 하나님께서 그의 피난처이심을 고백했다. 그는 자기를 박해하는 자들이 수치와 해를 당할지언정 자기가 수치와 해를 당하지 않게 하기를 구했다. 그는 악인들로 놀라게 하시기를 구했고 그러나 자신은 놀라지 않게 해달라고 말했다. 또 그는 재앙의 날에 악인들이 철저하게 멸망을 당하게 해달라고 간구했다.

본문의 교훈을 정리해보자. 첫째로, 태초에 천지만물을 창조하신 하나님께서는 영원하시다. 그는 영원자존하신 여호와이시다. 그는 영원전부터 영원 후까지 계신 하나님이시다. 신명기 33:27, "영원하신 하나님께서 너의 처소가 되시니 그 영원하신 팔이 네 아래 있도다." 영원하신 하나님께서는 우리의 영원하고 평안한 처소가 되신다. 그는 태초에 온 세상을 창조하셨고 그 후 지금까지 영광의 보좌에서 이 세상을 통치하고 계신 자이시다. 또 그에게는 영원한 생명이 있다. 우리는 여호와 하나님께서 영원한 왕이시며 생명의 근원이심을 알아야 하고 여호와 하나님을 믿고 의지하며 사랑하고 그의 모든 계명들을 지켜야 한다.

둘째로, 우리의 모든 문제의 해결은 하나님께 있고 그에게 기도하는 것밖에 없다. 14절, "여호와여, 주는 나의 찬송이시오니 나를 고치소서. 그리하시면 내가 낫겠나이다. 나를 구원하소서. 그리하시면 내가 구원을 얻으리이다." 하나님께서는 우리의 영혼과 몸의 모든 문제들을 고치시고 회복시키시고 해결하실 수 있다. 그러므로 우리는 어려운 문제가 있을 때 하나님께 구하며 아뢰어야 한다. 시편 50:15,, "환난 날에 나를 부르라. 내가 너를 건지리니 네가 나를 영화롭게 하리로다." 빌립보서 4:6, "아무것도 염려하지 말고 오직 모든 일에 기도와 간구로, 너희 구할 것을 감사함으로 하나님께 아뢰라." 우리는 고난 중에 하나님께 기도하며 간구해야 한다. 참 믿음은 쉬지 않는 기도와 순종으로 나타난다.

셋째로, 예레미야는 고난 중에도 목자의 직분에서 물러나지 않았다. 사도 바울은 고린도전서에서 죽은 자들의 부활에 대해 증거한 후, "그러므로 내 사랑하는 자들아, 견고하며 흔들리지 말며 항상 주의 일에 더욱 힘쓰는 자들이 되라"고 권면하였다(고전 15:58). 우리는 평소에 우리의 직무를 다해야 하지만 고난 중에서도 우리의 직무를 다해야 한다. 요한계시록 2:10에 보면, 주 예수 그리스도께서는 "네가 죽도록 충성하라. 그리하면 내가 생명의 면류관을 네게 주리라"고 말씀하셨다.

19-27절, 안식일을 지킬 것

〔19-27절〕 여호와께서 내게 이같이 말씀하시되 너는 가서 유다 왕들의 출입하는 평민의 문과 예루살렘 모든 문에 서서 무리에게 이르기를 이 문으로 들어오는 유다 왕들과 유다 모든 백성과 예루살렘 모든 거민 너희는 여호와의 말씀을 들을지어다. 여호와께서 이같이 말씀하시되 너희는 스스로 삼가서 안식일에 짐을 지고 예루살렘 문으로 들어오지 말며 안식일에 너희 집에서 짐을 내지 말며 아무 일이든지 하지 말아서 내가 너희 열조에게 명함같이 안식일을 거룩히 할지어다. 그들은 청종치 아니하며 귀를 기울이지 아니하며 그 목을 곧게 하여 듣지 아니하며 교훈을 받지 아니하였느니라. 나 여호와가 말하노라. 너희가 만일 삼가 나를 청종하여 안식일에 짐을 지고 이 성문으로 들어오지 아니하며 안식일을 거룩히 하여 아무 일이든지 하지 아니하면 다윗의 위(位)에 앉는 왕들과 방백들이 병거와 말을 타고 이 성문으로 들어오되 그들과 유다 모든 백성과 예루살렘 거민들이 함께 그리할 것이요 이 성은 영영히 있을 것이며 사람들이 유다 성읍들과 예루살렘에 둘린 곳들과 베냐민 땅과 평지와 산지와 남방에서 이르러서 번제와 희생과 소제와 유향과 감사의 희생을 가지고 여호와의 집으로 오려니와 너희가 나를 청종치 아니하고 안식일을 거룩케 아니하여 안식일에 짐을 지고 예루살렘 문으로 들어오면 내가 성문에 불을 놓아 예루살렘 궁전을 삼키게 하리니 그 불이 꺼지지 아니하리라 하셨다 할지니라.

하나님께서는 유다 백성과 예루살렘 거민들에게 친히 말씀하셨다. 19절, "여호와께서 내게 이같이 말씀하시되." 20절, "너희는 여호와의 말씀을 들을지어다." 21절, "여호와께서 이같이 말씀하시되." 24절, "나 여호와가 말하노라." 성경은 하나님의 말씀의 저장소이다. 하나님의 말씀은 세상에서 가장 가치 있고 귀한 것이며 절대적 권위를 가진 것이다. 성경은 하나님의 말씀의 저장소일 뿐 아니라, 성경을 바르게 해석하면 그것은 지금도 살아 역사하는 하나님의 말씀이다. 오늘날 하나님께서는 성경을 통해 우리에게 말씀하신다.

하나님께서는 유대 백성과 예루살렘 거민들에게 안식일을 거룩히 지키라고 말씀하셨다. 그들은 안식일에 짐을 지고 예루살렘 문으로 들어오지 말고 안식일에 집에서 짐을 내지도 말고 아무 일도 하지 말아서 안식일을 거룩히 해야 하였다. 하나님께서는 그들의 열조들이 하나님의 명령을 청종치 않고 귀를 기울이지 않고 그 목을 곧게 하여 듣지 않고 교훈을 받지 않았음을 상기시키셨다. 또 그는 만일 그들이 안식일을 거룩히 지키면 왕들과 방백들이 유다 백성과 함께 예루살렘에 드나들며 이 성이 영영히 있을 것이며 사람들은 제물을 가지고 이 곳에 와 하나님께 여러 가지 제사를 드릴 것이지만, 만일 그들이 안식일을 거룩하게 지키지 않는다면 그는 친히 예루살렘 성문에 불을 놓고 예루살렘 궁궐들을 삼키게 할 것이라고 말씀하셨다.

안식일을 지키는 것이 중요한 까닭은, 그것이 하나님의 언약의 표이었기 때문이다. 그것은 시내산 언약의 내용인 십계명 안에 제4계명으로 명시되어 있다. 출애굽기 31:13, 16은, "너는 이스라엘 자손에게 고하여 이르기를 너희는 나의 안식일을 지키라. 이는 나와 너희 사이에 너희 대대의 표징이니 나는 너희를 거룩하게 하는 여호와인 줄 너희로 알게 함이라," "이같이 이스라엘 자손이 안식일을 지켜서 그것으로 대대로 영원한 언약을 삼을 것이니"라고 말한다.

안식일 계명은 제7일에 휴식하고 아무 일도 하지 말라는 하나님의 명령이다. 출애굽기 20:8-10, "안식일을 기억하여 거룩히 지키라. 엿새 동안은 힘써 네 모든 일을 행할 것이나 제7일은 너의 하나님 여호와의 안식일인즉 너나 네 아들이나 네 딸이나 네 남종이나 네 여종이나 네 육축이나 네 문안에 유하는 객이라도 아무 일도 하지 말라." 출애굽기 23:12, "너는 6일 동안에 네 일을 하고 제7일에는 쉬라. 네 소와 나귀가 쉴 것이며 네 계집종의 자식과 나그네가 숨을 돌리리라." 이와 같이, 안식일은 집안의 종들과 집에서 기르는 가축들까지 쉬는 날이다. 출애굽기 34:21, "너는 엿새 동안 일하고 제7일에는 쉴

지니 밭 갈 때에나 거둘 때에도 쉴지니라.” 그들은 1년 중 가장 바쁜 때인 밭 갈 때나 거둘 때에도 쉬어야 했다. 출애굽기 35:3은 안식일에는 모든 처소에 불도 피우지 말라고 명하였다.

안식일은 또한 공적 예배회로 모이는 날이다. 레위기 23:3, “일곱째 날은 쉴 안식일이니 성회(聖會)라.” 성회는 공적 예배의 모임을 가리킨다. 모든 백성은 그 날 모여 하나님께 예배를 드려야 했다.

구약시대에 안식일을 지키는 일은 매우 필수적인 일이어서 그것을 범하는 것은 하나님의 진노를 가져오며 사형에 해당하는 큰 죄이었다. 출애굽기 31:14-15는, “무릇 그 날을 더럽히는 자는 죽일지며 무릇 그 날에 일하는 자는 그 백성 중에서 그 생명이 끊쳐지리라. 엿새 동안은 일할 것이나 제7일은 큰 안식일이니 여호와께 거룩한 것이라. 무릇 안식일에 일하는 자를 반드시 죽일지니라”고 말한다.

느헤미야는 유다에서 어떤 사람들이 안식일에 술틀을 밟고 곡식단을 나귀에 실어 운반하며 포도주와 포도와 무화과와 여러 가지 짐을 지고 안식일에 예루살렘에 들어와서 식물을 파는 것을 보고 유다의 모든 귀인들을 크게 꾸짖었다(느 13:17-18).

구약시대의 안식일은 예표적이었다. 율법이 명한 모든 절기들은 성막과 제사 제도와 함께 예수 그리스도와 그의 속죄사역을 예표했다. 그것들은 예수 그리스도께서 오셔서 십자가에 죽으심으로 속죄사역을 이루셨을 때 성취되었다. 구약시대의 안식일은 예수 그리스도의 죽으심과 부활로 성취되었다. 그는 믿는 우리들에게 참 안식을 주셨다(마 11:28). 골로새서 2:16-17은, “그러므로 먹고 마시는 것과 절기나 월삭이나 안식일을 인하여 누구든지 너희를 폄론[판단]하지 못하게 하라. 이것들은 장래 일의 그림자이나 몸은 그리스도의 것이니라”고 말했다. 안식일은 예수 그리스도를 예표하는 그림자이었다.

그러나 안식일 계명의 도덕적 요소는 오늘날에도 지켜져야 한다.

그것은 7일 중 하루의 구별과 육신의 휴식과 하나님께 드리는 공적 예배이다. 특히 신약성경은 교회의 공적인 모임의 필요성을 강조한다. 히브리서 10:25, "모이기를 폐하는 어떤 사람들의 습관과 같이 하지 말고 오직 권하여 그 날이 가까움을 볼수록 더욱 그리하자."

더욱이, 예수 그리스도 안에서 구약 율법의 성취는 축소된 방식으로가 아니고 풍성한 방식으로 이루어졌다. 그러므로 신약성도는 온몸을 하나님께 바치며 모든 시간과 모든 물질을 하나님의 영광을 위해 사용한다. 하나님의 섭리 가운데 토요 안식일이 주일로 변경되었으므로, 신약성도는 주일을 그리스도인들의 안식일과 공적 예배의 날로 구별하여 지킨다. 그것이 안식일 계명 속에 담긴 도덕적 요소이다. 주일을 거룩히 지키는 것은 신약 성도들에게 복된 의무이다. 우리는 주일을 구별하여 지킴으로써 하나님의 큰 은혜와 복을 얻는다.

본문의 교훈을 정리해보자. 구약시대의 안식일 계명은 제7일 토요일을 구별하여 휴식하며 성회로 모이는 규례로서 의식적 요소와 도덕적 요소를 가지고 있었다. 그것은 이스라엘 백성의 종교생활에 매우 필수적이며 매우 엄격한 규례이었다. 그것을 어기는 자는 사형으로 징벌되었다. 안식일 계명의 도덕적 요소는 일주일에 하루를 휴식과 예배의 날로 구별하는 것이다. 신약교회는 하나님의 섭리 가운데 토요일 대신에 주일, 곧 주께서 부활하신 날을 휴식과 예배의 날로 지키게 되었다. 이것은 모든 그리스도인의 복된 의무이다. 주일 성수는 많은 영적 유익과 복이 된다. 오늘 우리는 주일을 내 날로 사용하거나 세속적 날로 사용해서는 안 된다고 본다. 물론, 우리는 오늘날 주일을 구약시대의 안식일처럼 엄격한 법에 따라 지키지는 않는다. 그러나 우리는 하나님의 영광을 위하여 또 우리 자신의 영적 성장과 유익을 위해 구약시대보다 더 풍성하게 그러나 자유함과 자원함으로 한 날을 온전하게 거룩히 구별하여 휴식하며 하나님께 예배드리는 날로 지켜야 할 것이다.

18장: 백성들이 선지자의 말을 거절함

1-17절, 백성들의 부정적 반응

〔1-4절〕 여호와께로부터 예레미야에게 임한 말씀에 가라사대 너는 일어나 토기장이의 집으로 내려가라. 내가 거기서 내 말을 네게 들리리라 하시기로 내가 토기장이의 집으로 내려가서 본즉 그가 녹로(轆轤)(wheel)로 일을 하는데 진흙으로 만든 그릇이 토기장이의 손에서 파상하매[부서지므로] **그가 그것으로 자기 의견에 선한 대로 다른 그릇을 만들더라.**

하나님께서는 예레미야에게 "너는 일어나 토기장이의 집으로 내려가라"고 말씀하셨다. 예레미야는 하나님의 말씀대로 토기장이의 집으로 내려가서 보았다. 토기장이는 녹로(轆轤)로 일을 하고 있었다. '녹로'(轆轤, wheel)는 질그릇을 만드는 데 쓰는 물레(돌리는 틀)이다. 토기장이는 진흙으로 만든 그릇을 손으로 부서뜨려서 그것으로 자기 생각에 좋은 대로 다른 그릇을 만들고 있었다. 하나님께서는 녹로로 일하는 토기장이를 통해 예레미야에게 하나님의 말씀을 깨우쳐 주셨다. 오늘날에는 우리가 하나님의 말씀을 깨닫기 위해 성경책을 펼쳐서 그 책을 읽어야 한다. 신구약성경은 하나님께서 주시는 말씀이다.

〔5-10절〕 때에 여호와의 말씀이 내게 임하니라. 가라사대 나 여호와가 이르노라. 이스라엘 족속아, 이 토기장이의 하는 것같이 내가 능히 너희에게 행하지 못하겠느냐? 이스라엘 족속아, 진흙이 토기장이의 손에 있음같이 너희가 내 손에 있느니라. 내가 언제든지 어느 민족이나 국가를 뽑거나 파하거나 멸하리라 한다고 하자. 만일 나의 말한 그 민족이 그 악에서 돌이키면 내가 그에게 내리기로 생각하였던 재앙에 대하여 뜻을 돌이키겠고 내가 언제든지 어느 민족이나 국가를 건설하거나 심으리라 한다고 하자. 만일 그들이 나 보기에 악한 것을 행하여 내 목소리를 청종치 아니하면 내가 그에게 유익케 하리라 한 선에 대하여 뜻을 돌이키리라.

그때에 하나님의 말씀이 예레미야에게 임하였다. 하나님께서 주신 첫 번째 말씀의 요점은 하나님의 주권자 되심이다. “이스라엘 족속아, 이 토기장의 하는 것같이 내가 능히 너희에게 행하지 못하겠느냐? 이스라엘 족속아, 진흙이 토기장이의 손에 있음같이 너희가 내 손에 있느니라.” 하나님께서는 온 세상의 주권자이시다. 모든 사람은 하나님의 손 안에 있다. 이스라엘뿐 아니라, 온 세계가 다 그의 손 안에 있다. 두 번째 말씀의 요점은 하나님의 공의와 사람의 책임이다. 하나님께서는 악을 회개하고 하나님께 순종하는 자들에게 재앙 대신 평안을 주실 것이지만, 하나님께 순종하지 않고 악을 행하면 평안 대신 재앙을 내리실 것이다. 사람은 자기의 행위에 책임을 져야 한다.

〔11-12절〕 **그러므로 이제 너는 유다 사람들과 예루살렘 거민들에게 말하여 이르기를 여호와의 말씀에 보라, 내가 너희에게 재앙을 내리며 계책을 베풀어 너희를 치려 하노니 너희는 각기 악한 길에서 돌이키며 너희 길과 행위를 선하게 하라 하셨다 하라. 그러나 그들이 말하기를 이는 헛된** 말이라(노아쉬 נוֹאָשׁ)[소용이 없다]. **우리는 우리의 도모**[계획]**대로 행하며 우리는 각기 악한 마음의 강퍅한 대로 행하리라 하느니라**[하리라](NASB, NIV).

하나님께서 주신 세 번째 말씀의 요점은 악한 길에서 돌이켜 선을 행하라는 것이다. 하나님의 뜻은 언제나 동일하시다. 하나님께서는 범죄한 유다 백성에게 회개하라고 명하신다. 그러나 그들은 하나님의 말씀을 거절하였다. 그들은 하나님의 말씀이 헛된 말이며 소용이 없다고 말했다. 그것은 하나님께 대한 불신앙이며 모욕이고 매우 큰 죄악이다. 그들은 하나님과 그의 계명들을 버리고 자기들의 계획과 생각대로, 자기들의 굳은 마음대로 악한 길로 나가려 하였다.

〔13-17절〕 **그러므로 나 여호와가 이같이 말하노라. 너희는 누가 이러한 일을 들었는가 열방 중에 물어보라. 처녀 이스라엘이 심히 가증한 일을 행하였도다. 레바논의 눈이 어찌 들의 반석을 떠나겠으며 원방에서 흘러내리는 찬물이 어찌 마르겠느냐? 대저 내 백성은 나를 잊고 허무한 것에게 분향하거니와 이러한 것들은 그들로 그 길 곧 그 옛길에서 넘어지게 하며 곁길 곧 닦지 아니한 길로 행케 하여 그들의 땅으로 놀랍고**(솸마 שַׁמָּה)[황폐케 하

고](KJV, NASB) **영영한 치소(嗤笑)**[비웃음거리]**가 되게 하리니 그리로 지나는 자마다 놀라서 그 머리를 흔들리라. 내가 그들을 그 원수 앞에서 흩기를 동풍으로 함같이 할 것이며 그들의 재난의 날에는 내가 그들에게 등을 보이고 얼굴을 보이지 아니하리라.**

이스라엘 백성은 하나님의 음성을 듣지 않고 그의 계명을 저버리고 심히 가증한 일을 행하였다. 그들은 하나님을 잊어버렸고 허무한 우상에게 분향했다. 그러나 이것은, 하나님과 동행했던 에녹과 의인 노아가 걸었던 길, 하나님의 벗 아브라함이 걸었던 길, 하나님의 사람 모세와 성령의 사람 여호수아가 걸었던 길, 하나님의 종 다윗이 걸었던 그 옛길, 우리가 가야 할 그 옛길에서 떠난 것이었다.

범죄한 이스라엘 땅은 마침내 황폐케 되며 이방인들의 비웃음거리가 되며 다 흩어질 것이다. 하나님께서는 그들에게 그의 등만 보이시고 그의 긍휼의 얼굴을 감추시고 그들을 구원치 않으실 것이다.

본문의 교훈을 정리해보자. 첫째로, 하나님께서는 토기장이이시며 우리는 그의 손 안에 있는 진흙과 같다. 우리는 하나님의 주권을 알아야 한다. 주권자 하나님을 아는 것은 이 세상에서 가장 중요한 일이다.

둘째로, 하나님의 뜻은 사람이 악을 버리고 거룩과 의와 선을 행하는 것이다. 11절, “너희는 각기 악한 길에서 돌이키며 너희 길과 행위를 선하게 하라.” 우리는 겸손히 하나님의 뜻에 순종해야 한다. 우리는 모든 악을 버리고 오직 거룩과 의와 선을 행해야 한다. 아모스 5:14, “너희는 살기 위하여 선을 구하고 악을 구하지 말지어다.” 미가 6:4, “여호와께서 네게 구하시는 것이 오직 공의를 행하며 인자(仁慈)를 사랑하며 겸손히 네 하나님과 함께 행하는 것이 아니냐?” 하나님을 경외하고 그의 계명들에 순종하는 것이 생명의 길이며 평안과 형통의 길이다.

셋째로, 하나님을 거역하고 악을 행하는 자들은 황폐케 되고 사람들의 비웃음거리가 되고 온 세상에 흩어지며 하나님의 은총의 얼굴을 보지 못할 것이다. 하나님을 거스르며 악을 행하는 자는 망할 것이다.

18-23절, 예레미야의 고난

〔18절〕 그들이 말하기를 오라, 우리가 꾀를 내어 예레미야를 치자[예레미야를 대항하여 꾀를 내자]. **제사장에게서 율법이, 지혜로운 자에게서 모략이, 선지자에게서 말씀이 끊어지지 아니할 것이니 오라, 우리가 혀로 그를 치고 그의 아무 말에도 주의치 말자 하나이다.**

이스라엘 백성은 꾀를 내어 선지자 예레미야를 치려 하였다. 그들은 악하고 거짓되었다. 악은 숨어서나 할 수 있는 일이며 정정당당하지 못하다. 그러므로 그들은 은밀하고 악한 계획을 세웠다. 또 그들은 선지자에게서 말씀이 끊어지지 아니할 것이라고 말했다. 그러나 참 선지자 예레미야의 설교와 다른 거짓 선지자들의 설교는 근본적으로 달랐다. 그것은 하나님의 말씀과 사람의 말의 차이이었다.

또 그들은 예레미야를 말로 비방했다. 하나님의 종들은 때때로 말로 비난을 받았다. 고라 일당은 모세에게 분수에 지나치다고 말했고 모세가 그들 위에 왕이 되려 한다고 비방했었다(민 16:3, 13). 고린도후서 6:8에 보면, 사도 바울은 자신이 영광도 받으나 욕도 받고 악한 이름도 가지며 아름다운 이름도 가진다고 말하였다. 또 디모데후서 4:14-15에 보면, 구리 장색 알렉산더는 바울에게 해를 많이 보였고 그의 말을 심히 대적했다. 이처럼 주의 종들은 때때로 비난을 받았다.

이스라엘 백성은 또 선지자 예레미야의 설교를 무시하였다. 그들은 그의 설교를 소용이 없는 헛된 말로 여기며 들으려 하지 않았다. 사도 바울은 말하기를, "때가 이르리니 사람이 바른 교훈을 받지 아니하며 귀가 가려워서 자기의 사욕을 좇을 스승을 많이 두고 또 그 귀를 진리에서 돌이켜 허탄한 이야기를 좇으리라"고 말하였다(딤후 4:3-4). 오늘 시대는 하나님의 진리가 무시당하는 시대라고 보인다.

〔19-20절〕 여호와여, 나를 돌아보사 나로 더불어 다투는 그들의 목소리를 들어보옵소서. 어찌 악으로 선을 갚으리이까마는 그들이 나의 생명을 해하려고 구덩이를 팠나이다. 내가 주의 분노를 그들에게서 돌이키려 하고 주

의 앞에 서서 그들을 위하여 선한 말씀한 것을 기억하옵소서.

이스라엘 백성은 예레미야를 해치려고 구덩이를 팠다. 예레미야는 그들의 이런 꾀와 비방과 무시, 그리고 구덩이와 올무 때문에 마음의 고통이 컸었다. 성경 시대에나 그 후 교회의 역사에서나 하나님의 종들은 때때로 이런 고난을 당했다. 그러나 하나님의 말씀을 전하면서 당하는 고난은 결코 수치가 아니고 오히려 영광이다.

이스라엘 백성이 예레미야를 대항하고 비방하고 무시하고 구덩이를 파고 올무를 놓은 것은 정당하지 못하였다. 그러므로 예레미야는 이런 상황에서 하나님께서 자신을 돌아보시기를 호소하였다. 그들은 예레미야의 선포한 말씀을 자기들에게 욕하는 것이라고 잘못 생각하였으나, 실상 그 말씀들은 하나님 앞에서 전한 하나님의 말씀이며, 그들의 유익을 위한 선한 말씀이며, 그들로 하나님의 진노를 피하게 하는 말씀이었다. 율법은 본래부터 사람의 행복을 위한 것이다. 모세는 신명기 10:12-13에서 말하기를, "이스라엘아, 네 하나님 여호와께서 네게 요구하시는 것이 무엇이냐? 곧 네 하나님 여호와를 경외하여 그 모든 도를 행하고 그를 사랑하며 마음을 다하고 성품을 다하여 네 하나님 여호와를 섬기고 내가 오늘날 네 행복을 위하여 네게 명하는 여호와의 명령과 규례를 지킬 것이 아니냐?"라고 하였다.

〔21-23절〕 그러하온즉 그들의 자녀를 기근에 내어주시며 그들을 칼의 세력에 붙이시며 그들의 아내들은 자녀를 잃고 과부가 되며 그 장정은 사망을 당하며 그 청년은 전장(戰場)[전쟁터]**에서 칼을 맞게 하시며 주께서 군대로 졸지에**[갑자기] **그들에게 임하게 하사 그들의 집에서 부르짖음이 들리게 하옵소서. 이는 그들이 나를 취하려고 구덩이를 팠고 내 발을 빠치려고 올무를 베풀었음이니이다. 여호와여, 그들이 나를 죽이려 하는 계략을 주께서 다 아시오니 그 악을 사하지 마시며 그 죄를 주의 목전에서 도말치 마시고 그들로 주의 앞에 넘어지게**[엎어지게] **하시되 주의 노하시는 때에 이같이 그들에게 행하옵소서.**

예레미야는 이스라엘 백성에 대한 하나님의 징벌을 호소한다. 그는 하나님께서 그들의 자녀를 기근에 내어주시며 그들을 칼의 세력에 붙이시며 그들의 아내들이 자녀를 잃고 과부가 되며 그 장정들이 사망을 당하며 그 청년들이 전쟁터에서 칼을 맞게 하실 것을 호소한다. 이것은 선지자의 개인적 감정의 표현이 아니고 하나님의 공의가 드러나기를 간구한 것, 즉 하나님의 공의의 징벌을 구한 것이다.

본문의 교훈을 정리해보자. 첫째로, 우리는 하나님의 말씀을 부담으로 생각하지 말고 복으로 바로 깨달아야 한다. 참된 선지자들은 책망하는 설교를 많이 하였다. 반면에, 거짓 선지자들은 평안을 기원하고 축복하는 설교를 많이 하였다. 하나님의 모든 계명은 우리의 행복을 위한 것이다. 신명기 10:13, "내가 오늘날 네 행복을 위하여 네게 명하는 여호와의 명령과 규례를 지킬 것이 아니냐?" 우리는 성경에 계시된 하나님의 말씀을 부담으로 여기지 말고, 우리의 행복의 길임을 알아야 한다.

둘째로, 우리는 하나님의 바른 말씀을 전하는 자들을 함부로 비방치 말아야 한다. 그들은 주께서 보내신 종들이다. 그들을 영접하는 것은 주를 영접하는 것이며 그들을 거절하는 것은 주님을 거절하는 것이다. 그들을 비방하면 그들이 전하는 하나님의 말씀들의 권위가 땅에 떨어질 것이다. 그러므로 사도 바울은, 데살로니가전서 5:12-13에서, "형제들아, 우리가 너희에게 구하노니 너희 가운데서 수고하고 주 안에서 너희를 다스리며 권하는 자들을 너희가 알고 저의 역사로 말미암아[일 때문에] 사랑 안에서 가장 귀히 여기며 너희끼리 화목하라"고 말하였다.

셋째로, 우리는 하나님의 참된 종들을 통해 전해지는 하나님의 말씀들을 귀히 여기고 달게 받고 믿고 힘써 지켜야 한다. 그 말씀들은 우리와 우리 자녀들에게 행복이 되는 말씀이며 우리로 영생에 이르게 하는 정상적 과정이며 방편이다. 하나님께서 요구하시는 것은 우리가 하나님을 경외하고 그를 사랑하고 섬기며 그가 우리의 행복을 위해 주신 그의 모든 계명들과 교훈들을 믿고 힘써 행하는 것이다(신 10:12-13).

19장: 오지병처럼 깨뜨리실 것

〔1-5절〕 여호와께서 이같이 말씀하시되 가서 토기장이의 오지병을 사고 백성의 어른들과 제사장의 어른 몇 사람을 데리고 **하시드 문**(쇄아르 하카르시스 שַׁעַר הַחַרְסוּת)[질그릇 조각의 문](BDB, NASB, NIV) **어귀 곁에 있는 힌놈의 아들의 골짜기로 가서 거기서 내가 네게 이른**[이를] **말을 선포하여 이르기를 너희 유다 왕들과 예루살렘 거민아, 여호와의 말씀을 들으라. 만군의 여호와 이스라엘의 하나님이**[께서] **이같이 말씀하시되 보라, 내가 이 곳에 재앙을 내릴 것이라. 무릇 그것을 듣는 자의 귀가 진동하리니 이는 그들이 나를 버리고 이 곳을 불결케 하며 이 곳에서 자기와 자기 열조와 유다 왕들의 알지 못하던 다른 신들에게 분향하며 무죄한 자의 피로 이 곳에 채웠음이며 또 그들이 바알을 위하여 산당을 건축하고 자기 아들들을 바알에게 번제로 불살라 드렸나니 이는 내가 명하거나 말하거나 뜻한 바가 아니니라.**

오지병은 잿물을 입힌 질그릇을 가리킨다. 예레미야는 하나님의 명령을 따라 하시드 문 어귀 곁의 힌놈의 아들의 골짜기에서 하나님의 재앙을 선언하여야 했다. 하나님께서 이스라엘 백성에게 재앙을 내리시는 이유는 그들이 하나님을 버리고 그 곳을 불결하게 하여 거기서 그들과 그들 열조와 유다 왕들의 알지 못하던 다른 신들에게 분향하였고 무죄한 자들의 피를 많이 흘렸고 바알을 위해 산당을 건축하였고 심지어 자기 아들들을 바알에게 번제로 불살라 드렸기 때문이다. 그런 죄악된 행위들은 하나님께서 명하셨거나 말씀하셨거나 뜻하신 바가 아니었다.

〔6-9절〕 그러므로 나 여호와가 말하노라. 보라, 다시는 이 곳을 도벳이나 힌놈의 아들의 골짜기라 칭하지 아니하고 살륙의 골짜기라 칭하는 날이 이를 것이라. 내가 이 곳에서 유다와 예루살렘의 모계(謀計)[계획]**를 무효케 하여 그들로 그 대적 앞과 생명을 찾는 자의 손의 칼에 엎드러지게 하고 그 시체를 공중의 새와 땅 짐승의 밥이 되게 하며 이 성으로 놀람과 모욕거리가 되게 하리니 그 모든 재앙을 인하여 지나는 자마다 놀라며 모욕할 것**

이며 그들이 그 대적과 그들의 생명을 찾는 자에게 둘러싸여 곤핍을 당할 때에 내가 그들로 그 아들의 고기, 딸의 고기를 먹게 하고 또 각기 친구의 고기를 먹게 하리라 하셨다 하고.

하나님께서는, 그들이 우상숭배하며 무죄한 자들의 피를 흘리며 그 아들들을 바알에게 불살라 드렸던 그 골짜기가 살육의 골짜기가 될 것이며 많은 사람들이 전쟁에서 죽어 공중의 새와 들짐승의 밥이 되고 그 성을 지나는 자들이 놀랄 것이며, 또 예루살렘 성 안에 있는 자들은 침략자들에게 오랫동안 포위되어 너무 굶주린 나머지 자기 자녀들의 고기를 먹고 친구의 고기를 먹으리라고 말씀하셨다. 이것은 레위기 26:29와 신명기 28:53-55에 이미 경고된 불행이었다.

〔10-13절〕 너는 함께 가는 자의 목전에서 그 오지병을 깨뜨리고 그들에게 이르기를 만군의 여호와께서 이같이 말씀하시되 사람이 토기장이의 그릇을 한번 깨뜨리면 다시 완전하게 할 수 없나니 이와 같이 내가 이 백성과 이 성을 파하리니 그들을 매장할 자리가 없도록 도벳에 장사하리라. 나 여호와가 말하노라. 내가 이 곳과 그 중 거민에게 이같이 행하여 이 성으로 도벳 같게 할 것이라. 예루살렘 집들과 유다 왕들의 집들 곧 그 집들이 그 집 위에서 하늘의 만상(萬象)에 분향하고 다른 신들에게 전제(奠祭)를 부음으로 더러워졌은즉 도벳 땅처럼 되리라 하셨다 하라.

하나님께서는 오지병을 깨뜨림같이 예루살렘 성을 깨뜨리실 것이다. 그 시체들은 도벳에 매장할 자리가 없도록 매장될 것이다. 그것은 그들이 자기 집들 위에서 해와 달과 별들을 섬기며 분향하고 그것들을 위해 피의 제사를 드리고 기름과 포도주를 부었기 때문이다.

〔14-15절〕 예레미야가 여호와께서 자기를 보내사 예언하게 하신 도벳에서 돌아와 여호와의 집 뜰에 서서 모든 백성에게 말하되 만군의 여호와 이스라엘의 하나님이[께서] **말씀하시되 보라, 내가 이 성에 대하여 선언한 모든 재앙을 이 성과 그 모든 촌락에 내리리니 이는 그 목을 곧게 하여 내 말을 듣지 아니함이니라 하셨다 하라.**

하나님의 재앙이 예루살렘 성과 그 주위의 마을들에 임할 것이다.

그것은 선지자로 하여금 오지병을 깨뜨리게 하는 행위로 상징되었다. 하나님께서 그 재앙을 그 성에 내리시는 까닭은 그들이 목을 곧게 하여 하나님의 말씀을 듣지 않았기 때문이다. 사람의 죄들 중에 하나님의 말씀을 듣지 않는 것보다 더 큰 죄는 없다. 사람은 교만하여 하나님의 말씀을 듣지 않으므로 온갖 죄를 범하게 되는 것이다.

본장은 두 가지 교훈을 준다. 첫째로, 사람은 범죄하면 망한다. 이것은 하나님의 진리들 중에 가장 기본적인 것 중 하나이다. 이것은 하나님의 공의의 보응이라는 진리이다. 사람은 누구든지 죄를 지으면 오지병처럼 깨뜨림을 받을 것이다. 이것은 구약시대뿐 아니라 신약시대에도 폐지되지 않았고 마지막 대심판에서 밝히 이루어질 변함없는 진리이다. 사도시대에 아나니아와 삽비라는 사도 베드로 앞에서 거짓말을 하다가 즉사하였다(행 5장). 은혜의 복음을 밝히 해설한 로마서 8:13에서 사도 바울은 “너희가 육신대로 살면 반드시 죽을 것이로되 영[성령]으로써 몸의 행실을 죽이면 살리라”고 말했다. 사람은 범죄하면 망한다. 이것은 오늘날도 변함 없는 엄숙한 진리이며 하나님의 경고이다.

둘째로, 성도는 오직 하나님을 경외하고 그의 계명을 순종해야 한다. 주께서는 “너희가 나를 사랑하면 나의 계명을 지키리라”고 말씀하셨다(요 14:15). 우리가 하나님을 사랑한다면 하나님의 계명 곧 십계명을 지킬 것이며, 우리가 예수 그리스도를 사랑한다면 그의 새 계명 곧 서로 사랑하라는 계명을 지킬 것이다. 하나님을 사랑하는 것과 이웃을 사랑하는 것은 신앙의 필수적 내용이다. 소돔 고모라 성은 의인 10명이 없어서 멸망을 당했다. 오늘날도 비슷하다. 성도들이 바로 살면, 서울이나 우리나라는 망하지 않을 것이다. 우리는 다른 사람들이 바르게 사는지 어떤지 잘 모른다. 실상 그것은 우리가 판단할 일이 아니고 오직 하나님께서 판단하시고 징벌 혹은 보상하실 일이다. 오직 우리는, 우리만이라도 하나님을 경외하고 그의 모든 계명과 교훈에 순종해야 한다.

20장: 예레미야의 고통

본장은 선지자 예레미야가 당한 심적인 큰 고통을 증거한다.

〔1-6절〕 제사장 임멜의 아들 바스훌은 여호와의 집 유사장[총감독]**이라. 그가 예레미야의 이 일 예언함을 들은지라. 이에 바스훌이 선지자 예레미야를 때리고 여호와의 집 베냐민의 윗문에 있는 착고에 채웠더니**[차꼬대 안에 두었더니] **다음날 바스훌이 예레미야를 착고**[차꼬대]**에서 놓아주매 예레미야가 그에게 이르되 여호와께서 네 이름을 바스훌이라 아니하시고 마골밋사빕**('사방으로 두려움')**이라 하시느니라. 대저 여호와께서 이같이 말씀하시되 보라, 내가 너로 너와**[네 자신과] **네 모든 친구에게 두려움이 되게 하리니 그들이 그 원수의 칼에 엎드러질 것이요 네 눈은 그것을 볼 것이며 내가 온 유다를 바벨론 왕의 손에 붙이리니 그가 그들을 사로잡아 바벨론으로 옮겨 칼로 죽이리라. 내가 또 이 성의 모든 부(富)와 그 모든 소득과 그 모든 귀물(貴物)과 유다 왕들의 모든 보물을 그 원수의 손에 붙이리니 그들이 그것을 탈취하여 바벨론으로 가져가리라. 바스훌아, 너와 네 집에 거하는 모든 자가 포로되어 옮기우리니 네가 바벨론에 이르러 거기서 죽어 거기 묻힐 것이라. 너와 네가 거짓 예언을 하여 들린 네 모든 친구도 일반이리라 하셨느니라.**

제사장이며 여호와의 집 총감독이었던 바스훌은 예레미야가 유다 백성과 예루살렘 성이 오지병처럼 깨뜨려질 것이라고 예언함을 듣고 그를 때리고 차꼬에 채웠다. 다음날 그가 예레미야를 차꼬에서 놓아주자 예레미야는 그에게 하나님께서 유다 백성을 그 원수의 칼에 엎드러지게 하시고 사로잡아 바벨론으로 옮겨 칼에 죽게 하실 것이며 원수들이 이 성의 모든 부(富)와 그 모든 소득과 그 모든 귀한 물건들과 유다 왕들의 모든 보물을 탈취해 바벨론으로 가게 하실 것이라고 말했다. 또 그는 바스훌과 그의 모든 친구들도 바벨론에 포로로 잡혀갈 것이며 거기서 죽을 것이라고 예언했다.

예레미야가 박해와 고통을 당하게 된 원인은 하나님께서 그에게 주신 사명 곧 그의 선지자 사역, 그의 설교 사역 때문이었다. 예레미야는 그런 고난을 예측하였을 것이지만, 그것을 두려워하지 않았고 오히려 그것을 각오하고 하나님의 말씀을 담대히 전하였다. 그것이 하나님의 종들이 하나님 앞에서 가지는 참된 충성이다.

〔7-8절〕 여호와여, 주께서 나를 권유(勸誘)하시므로(파사 פָּתָה의 피엘형)[설득하시므로, 속이시므로(KJV, NASB)] **내가 그 권유**[설득함, 속임]**를 받았사오며 주께서 나보다 강하사 이기셨으므로 내가 조롱거리가 되니 사람마다 종일토록**(콜-하이욤 כָּל־הַיּוֹם)[항상] **나를 조롱하나이다. 대저 내가 말할 때마다 외치며 강포와 멸망을 부르짖으오니 여호와의 말씀으로 하여 내가 종일토록**[항상] **치욕과 모욕거리가 됨이니이다.**

예레미야는 자기가 원해서 선지자가 된 것이 아니었다. 그는 오직 하나님의 설득하심 때문에 선지자가 되었다. '권유(勸誘)한다'는 원어는 예레미야가 선지자의 그 고생스런 길을 미리 알았더라면 피했을지도 모르나 하나님께서 그를 속이셨다는 맛을 가지는 말이다. 그는 지금 그가 전한 하나님의 말씀 곧 유다 백성이 당할 강포와 멸망을 전하기 때문에 항상 치욕과 모욕거리가 되었다.

〔9-10절〕 내가 다시는 여호와를 선포하지 아니하며 그 이름으로 말하지 아니하리라 하면 나의 중심이 불붙는 것 같아서 골수에 사무치니 답답하여 견딜 수 없나이다. 나는 무리의 비방과 사방의 두려움을 들었나이다. 그들이 이르기를 고소하라[알리라]. **우리도 고소하리라**[알리리라] **하오며 나의 친한 벗도 다 나의 타락하기**[넘어짐]**를 기다리며** 피차 이르기를 **그가 혹시 유혹을 받으리니 우리가 그를 이기어 우리 원수를 갚자 하나이다.**

예레미야는 고난 중에서도 하나님께서 주신 사명에 충실하였다. 그는 간혹 하나님의 말씀을 선포하지 않겠다고 생각하면 그의 중심이 불붙는 것 같고 말씀을 전하지 않고는 답답하여 견딜 수 없었다. 사람들은 그를 비방하였고 위협하였으며 또 알리려면 알리라고 말하며 자기들도 알리겠다고 말하였고 그의 친한 벗들도 그가 넘어지고 범죄하기를 기다렸다. 그는 심신의 고통을 겪고 있었다.

〔11-13절〕 그러하오나 여호와는[께서는] **두려운 용사 같으시며 나와 함**

께하시는 고로 나를 박해하는 자가 넘어지고 이기지 못할 것이오며 그들은 지혜롭게 행치[형통치](BDB, KJV) **못하므로 큰 수욕을 당하오리니 그 수욕은 영영히 잊지 못할 것이니이다. 의인을 시험하사 그 폐부와 심장을 보시는 만군의 여호와여, 나의 사정을 주께 아뢰었사온즉 주께서 그들에게 보수(報讐)**[보복]**하심을 나로 보게 하옵소서. 여호와께 노래하라. 너희는 여호와를 찬양하라. 가난한 자의 생명을 행악자의 손에서 구원하셨음이니라.**

성도는 고난 중에 하나님께 기도할 것밖에 없다. 예레미야는 고난 중에 하나님께 아뢰었다. 그는, 두려운 용사 같으신 하나님께서 그와 함께하시므로 그를 박해하는 자가 넘어지고 이기지 못하고 큰 수욕을 당할 것을 확신하였고, 또 의인을 시험하셔서 그 폐부와 심장을 보시는 만군의 여호와 하나님께서 자기의 사정을 아심으로 그들에게 갚아주실 것을 믿었다. 그는 하나님께서 그의 생명을 행악자의 손에서 구원하실 것을 확신하며 하나님께 노래하며 그를 찬양하였다.

〔14-18절〕 내 생일이 저주를 받았더면, 나의 어미가 나를 생산[출산]**하던 날이 복이 없었더면, 나의 아비에게 소식을 전하여 이르기를 네가 생남하였다**[아들을 낳았다] **하여 아비를 즐겁게 하던 자가 저주를 받았더면, 그 사람은 여호와께서 훼파**[파괴]**하시고 후회치 아니하신 성읍같이 되었더면, 그로 아침에는 부르짖는 소리, 낮에는 떠드는 소리를 듣게 하였더면. 이는 그가 나를 태에서 죽이지 아니하셨으며 나의 어미로 내 무덤이 되게 하지 아니하셨으며 그 배로 항상 부르게 하지 아니하신 연고로다. 어찌하여 내가 태에서 나와서 고생과 슬픔을 보며 나의 날을 수욕으로 보내는고?**

예레미야는 자신이 당하는 고통이 크므로 자신의 출생을 저주하였다. 그는 자신이 어머니 태에서 차라리 죽은 자로 태어났으면 좋았겠다고 말하였다. 그는 탄식하며 "어찌하여 내가 태에서 나와서 고생과 슬픔을 보며 나의 날을 수욕으로 보내는고?"라고 말했다.

본장의 교훈을 정리해보자. 첫째로, 우리는 악인들의 박해를 두려워하지 말아야 한다. 모세와 선지자들은 많은 박해와 고난을 당했다. 시편 34:19는 "의인은 고난이 많다"고 말했다. 주께서는 "나를 인하여 너희를 욕하고 핍박하고 거짓으로 너희를 거슬러 모든 악한 말을 할 때에는 너희에게 복이 있나니 기뻐하고 즐거워하라. 하늘에서 너희의 상이 큼이라. 너희 전에 있던 선지자들을 이같이 핍박하였느니라"고 말씀하셨고(마 5:11-12), 또 "아무든지 나를 따라 오려거든 자기를 부인하고 자기 십자가를 지고 나를 좇을 것이니라"고 말씀하셨다(마 16:24). 또 그 자신도 많은 고난을 받으시고 마침내 십자가에 못박혀 죽으셨다. 사도 바울을 포함하여 사도들도 많은 고난을 받았다. 사도행전 5:41은 "사도들은 그 이름을 위해 능욕 받는 일에 합당한 자로 여기심을 기뻐하면서 공회 앞을 떠나니라"고 기록하였다. 사도 바울은 "우리가 하나님의 나라에 들어가려면 많은 환난을 겪어야 할 것이라"고 말했고(행 14:22), 또 "무릇 그리스도 예수 안에서 경건하게 살고자 하는 자는 핍박을 받으리라"고 했다(딤후 3:12). 세상에서는 악인들의 박해가 있으나, 우리는 그것을 두려워하지 말아야 한다. 하나님께서 우리와 함께하시기 때문이다.

둘째로, 우리는 고난 중에 오직 하나님을 믿고 의지하며 기도해야 한다. 예레미야는 하나님의 기도 응답과 구원과 도움을 확신했다. 하나님께서는 하고자 하시면 어떤 악한 상황 가운데서도 우리를 건져내실 수 있다. 시편 34:19는, "의인은 고난이 많으나 여호와께서 그 모든 고난에서 건지시는도다"라고 말했다. 또 시편 50:15는, "환난 날에 나를 부르라. 내가 너를 건지리니 네가 나를 영화롭게 하리로다"라고 말했다. 이것은 하나님의 약속의 말씀이다. 사도 바울은 아시아에서 사형 선고를 받은 것 같은 고난을 받았으나 오히려 하나님만 의지하는 법을 배웠고 또 성도들에게 자신들을 위해 기도함으로 도우라고 담대히 권하였다(고후 1:8-11). 요한계시록 13장은 마지막 대환난의 때에 적그리스도의 출현으로 성도들이 큰 박해를 당하게 될 것이나 이때 성도들의 인내와 믿음이 요구된다고 말했다(계 13:7, 10). 우리는 어떠한 고난 중에서도 전지전능하신 주권자 하나님만 믿고 의지하며 기도해야 한다. 하나님께서는 그의 뜻 가운데 우리를 가장 선한 길로 인도하실 것이다.

21장: 바벨론에게 망할 것임

[1-7절] 시드기야 왕이 말기야의 아들 바스훌과 제사장 마아세야의 아들 스바냐를 보내어 예레미야에게 말하기를 **바벨론 왕 느부갓네살이 우리를 치니 청컨대 너는 우리를 위하여 여호와께 간구하라. 여호와께서 혹시 그 모든 기사(奇事)로 우리를 도와 행하시면 그가 우리를 떠나리라 하던 그때에 여호와께로부터 예레미야에게 말씀이 임하니라. 예레미야가 그들에게 대답하되 너희는 시드기야에게 이같이 말하라. 이스라엘의 하나님 여호와께서 이같이 말씀하시되 보라, 너희가 성밖에서 바벨론 왕과 또 너희를 에운 갈대아인과 싸우는 바 너희 손에 가진 병기를 내가 돌이킬 것이요 그들을 이 성중에 모아 들이리라. 내가 든 손**[편 손]**과 강한 팔 곧 노와 분과 대노(大怒)로 친히 너희를 칠 것이며 내가 또 이 성에 거주하는 자를 사람이나 짐승이나 다 치리니 그들이 큰 염병에 죽으리라 하셨다 하라. 여호와께서 또 말씀하시되 그 후에 내가 유다 왕 시드기야와 그 신하들과 백성과 및 이 성읍에서 염병과 칼과 기근에서 남은 자를 바벨론 왕 느부갓네살의 손과 그 대적의 손과 그 생명을 찾는 자들의 손에 붙이리니 그가 칼날로 그들을 치되 아끼지 아니하며 긍휼히 여기지 아니하며 불쌍히 여기지 아니하리라 하셨느니라.**

유다 왕 시드기야는 사람을 보내어 예레미야에게, "바벨론 왕 느부갓네살이 우리를 치니 청컨대 너는 우리를 위하여 여호와께 간구하라. 여호와께서 혹시 그 모든 기사(奇事)로 우리를 도와 행하시면 그가 우리를 떠나리라"고 말했다. 그러나 그때 하나님께서는 예레미야에게 그들이 바벨론 군대를 이기지 못하고 도리어 하나님께서 크게 노하심으로 그들을 치실 것이며 예루살렘 성에 거주하는 사람들과 짐승들이 다 전염병과 기근으로 죽고 유다 왕과 그 신하들과 남은 자들은 바벨론 군대의 칼에 죽을 것이라고 말씀하셨다. 바벨론 군대의 침공과 유다의 멸망은 그들의 죄악에 대한 하나님의 진노로 인함이었다. 유다 나라의 군대와 무기는 아무 소용이 없게 될 것이다.

[8-10절] 여호와께서 가라사대 **너는 또 이 백성에게 여호와께서 이같이**

말씀하신다 하라. 보라, 내가 너희 앞에 생명의 길과 사망의 길을 두었노니 이 성에 거주하는 자는 칼과 기근과 염병에 죽으려니와 너희를 에운 갈대아인에게 나가서 항복하는 자는 살리니 그의 생명은 노략한 것같이 얻으리라. 나 여호와가 말하노라. 내가 나의 얼굴을 이 성으로 향함은 복을 위함이 아니요 화를 위함이라. 이 성이 바벨론 왕의 손에 붙임이 될 것이요 그는 그것을 불로 사르리라.

하나님께서는 예루살렘 성을 향해 복 대신에 화를 내리시고 예루살렘 성을 바벨론 왕의 손에 붙이시고 그가 그것을 불사를 것을 말씀하신다. 그러므로 유다 백성 앞에는 두 길밖에 없었다. 하나는 그 성 안에 살다가 칼과 기근과 전염병에 죽는 것이고, 다른 하나는 그들을 포위한 갈대아인들에게 나가서 항복하여 겨우 목숨만 사는 것이었다. 예레미야는 바벨론 군대의 침공으로 포위된 예루살렘 성 거민에게 참으로 하기 어려운 말을 했다. 그러나 그것이 하나님께서 주신 말씀이며 곧 이루어질 내용이기 때문에 그는 말하지 않을 수 없었다.

〔11-14절〕 유다 왕의 집에 대한 여호와의 말을 들으라. 나 여호와가 이같이 말하노라. 다윗의 집이여, 너는 아침마다 공평히 판결하여 탈취 당한 자를 압박자의 손에서 건지라. 그리하지 아니하면 너희의 악행을 인하여 내 노가 불같이 일어나서 사르리니 능히 끌 자가 없으리라. 나 여호와가 이르노라. 골짜기와 평원 반석의 거민아, 보라. 너희가 말하기를 누가 내려와서 우리를 치리요? 누가 우리의 거처에 들어오리요 하거니와 나는 네 대적이라. 내가 너희 행위대로 벌할 것이요 내가 또 수풀에 불을 놓아 그 사경을 사르리라. 여호와의 말이니라.

하나님께서는 유다 왕의 집, 다윗의 집에게 아침마다 공평히 판결하여 탈취당한 자를 압박자의 손에서 건지라고 말씀하셨고 그리하지 아니하면 그들의 악행을 인해 그들에게 노할 것이라고 말씀하셨었다. 하나님께서는 자신의 노함을 불에다 비유하셨다. 그의 노가 불같이 일어날 것이며 그는 유다 땅에 불을 놓아 사방을 사르게 하실 것이며 그 불을 능히 끌 자가 없을 것이다.

하나님께서 그들에게 노하시는 까닭은 그들의 악한 행위 때문이다. 하나님께서 마지막 날에 인류를 심판하시는 까닭도 사람들의 악행 때문이다. 그러므로 로마서 1:18은, "하나님의 진노가 불의로 진리를 막는 사람들의 모든 경건치 않음과 불의에 대하여 하늘로 좇아 나타나나니"라고 말했다. 우리는 하나님의 진노를 두려워해야 한다.

하나님의 진노를 피하는 길은 회개하고 주 예수 그리스도를 믿고 의와 선을 행하는 것뿐이다. 그러나 회개는 자기 마음대로 쉽게 되는 것이 아니다. 그러므로 평소에 마음을 완고하고 강퍅하게 하지 말아야 한다. 우리는 평소에 회개하기를 힘써야 한다. 우리는 하나님께서 은혜 주시고 우리 마음을 감동하실 때 회개해야 한다. 하나님께서 그 은혜를 거두시면, 사람은 아무도 회개할 수 없다.

본장의 교훈을 정리해보자. 첫째로, 하나님께서는 자기의 사랑하는 이스라엘 백성이라도 그들이 악을 행할 때 그의 편 손과 강한 팔로, 그의 노와 분과 대노(大怒)로 그들을 치실 것이다. 그는 원수들의 칼로 그들을 치실 것이며 기근과 큰 전염병으로 치실 것이다. 그들은 그 재앙을 피할 수 없을 것이다. 우리는 하나님의 진노를 두려워해야 한다.

둘째로, 우리는 주 예수 그리스도의 속죄사역으로 하나님의 진노와 저주에서 구원을 얻었다. 로마서 5:9, "이제 우리가 그 피를 인하여 의롭다 하심을 얻었은즉 더욱 그로 말미암아 진노하심에서 구원을 얻을 것이니." 우리는 주 예수 그리스도의 대속으로 말미암은 하나님의 구원의 은혜를 감사해야 한다. 사람의 구원은 오직 하나님의 은혜로 된다.

셋째로, 예수님 믿는 자는 모든 죄를 회개하고 하나님의 계명에 순종해야 한다. 로마서 6:22, "이제는 너희가 죄에게서 해방되고 하나님께 종이 되어 거룩함에 이르는 열매를 얻었으니 이 마지막은 영생이라." 구원 얻은 성도의 삶은 죄를 버리고 거룩하게 살며 모든 악을 버리고 의와 선을 행하는 것이다. 우리는 모든 악을 버리고 선만 행해야 한다.

22장: 예루살렘이 황폐케 될 것임

1-12절, 유다 왕에 대한 경고

〔1-3절〕 여호와께서 이같이 말씀하시되 너는 유다 왕의 집에 내려가서 거기서 이를 선언하여 이르기를 다윗의 위(位)[왕위]**에 앉은 유다 왕이여, 너와 네 신하와 이 문들로 들어오는 네 백성은 여호와의 말씀을 들을지니라. 여호와께서 이같이 말씀하시되 너희가 공평과 정의를 행하여 탈취 당한 자를 압박하는 자의 손에서 건지고 이방인과 고아와 과부를 압제**(국한문, '압박')**하거나 학대하지 말며 이 곳에서 무죄한 피를 흘리지 말라.**

하나님께서는 유다 왕의 가족들과 신하들과 백성들에게 명하셨다. 첫째는 "공평과 정의를 행하라"는 것이다. 공평과 정의는 하나님의 계명대로 치우침 없이, 편벽됨 없이 행하는 것이다. 둘째는 "탈취 당한 자를 압박하는 자의 손에서 건지고 이방인과 고아와 과부를 압제하거나 학대하지 말라"는 것이다. 그들은 이웃에게 악을 행치 말고 선을 베풀어야 한다. 셋째는 "무죄한 자들의 피를 흘리지 말라"는 것이다. 무죄한 자들을 정죄하고 죽이는 행위는 참으로 악한 행위이다. 하나님의 명하시는 바는 한마디로 의를 행하고 이웃을 사랑하라는 것이다. 그것은 하나님의 계명이 강조하는 바요 인생의 정로이다.

〔4-5절〕 너희가 참으로 이 말을 준행하면 다윗의 위(位)[왕위]**에 앉을 왕들과 신하들과 백성이 병거와 말을 타고 이 집 문으로 들어오게 되리라마는 너희가 이 말을 듣지 아니하면 내가 나로 맹세하노니 이 집이 황무하리라. 나 여호와의 말이니라.**

하나님께서는 유다 왕과 그 백성들이 하나님의 계명대로 공의와 선을 행하면 그 왕위와 궁궐이 계속 보존되고 유지되게 하실 것이라고 말씀하신다. 하나님의 복은 조건적이다. 그것은 하나님의 계명을 순종하는 조건 위에 약속된 복이다. 그러나 만일 계명대로 순종하지 않으면, 하나님의 징벌을 받을 것이며 그 집이 황폐하게 될 것이다. 오늘날도 이치는 같다. 죄를 짓는 사람은 복 받기를 기대할 수 없다. 사람이 의를 행할 때에만 하나님의 복을 기대할 수 있다.

〔6-9절〕 나 여호와가 유다 왕의 집에 대하여 이같이 말하노라. 네가 내게 길르앗 같고 레바논의 꼭대기 같으**나 내가 정녕히 너로 광야와 거민이 없는 성을 만들 것이라. 내가 너 파멸할 자를 준비하리니 그들이 각기 손에 병기를 가지고 네 아름다운 백향목을 찍어 불에 던지리라. 여러 나라** 사람**이 이 성으로 지나며 피차 말하기를 여호와가 이 큰 성에 이같이 행함은 어찜인고 하겠고. 대답하기는 이는 그들이 자기 하나님 여호와의 언약을 버리고 다른 신들에게 절하고 그를 섬긴 연고라 하리라 하셨다 할지니라.**

하나님께서는 유다 왕의 집이 지금 길르앗 같고 레바논의 꼭대기 같다고 말씀하신다. 길르앗은 요단 동쪽의 비옥한 초원이고 레바논은 요단 서북쪽의 나무들이 울창한 산이다. 이것은 그 당시 유다 땅이 경제적으로 유여함을 누리고 있었다는 뜻이다. 그러나 하나님께서는 그들을 참으로 광야와 거민 없는 성을 만들 것이다. 하나님께서는 그들을 파멸할 자를 준비하실 것이며 그들이 예루살렘 성을 멸망시킬 것이며 그러면 유다 땅은 황폐한 곳이 될 것이다.

하나님께서 준비하실 '파멸할 자'는 바벨론 군대이다. 하나님께서는 세계 역사를 주관하시고 세계의 모든 나라들을 주장하신다. 유다 왕국이 멸망하는 이유는 그들이 하나님의 말씀을 듣지 않았고 그의 언약을 어겼고 다른 신들에게 절했고 그들을 섬긴 까닭이다. 십계명은 하나님의 언약의 내용이다. 하나님을 경외하고 그를 섬기고 그의 명하신 대로 이웃을 사랑하는 것은 사람의 기본적 의무이다. 그 기본적 의무를 저버릴 때 사람은 하나님의 진노를 당하게 될 것이다.

〔10-12절〕 너희는 죽은 자를 위하여 울지 말며 그를 위하여 애통하지 말고 잡혀**간 자를 위하여 슬피 울라. 그는 다시 돌아와서 그 고국을 보지 못할 것임이니라. 나 여호와가 유다 왕 요시야의 아들 곧 그 아비 요시야를 이어 왕이 되었다가 이 곳에서 나간 살룸에 대하여 말하노라. 그가 이 곳으**

로 다시 돌아오지 못하고 잡혀간 곳에서 죽으리니 이 땅을 다시 보지 못하리라.

하나님께서는 죽은 자를 위해 울지 말고 잡혀간 자를 위해 울라고 말씀하신다. 왜냐하면 이방나라들에 포로로 잡혀간 자들은 돌아와서 고국을 다시 보지 못할 것이기 때문이다. 하나님께서는 또 요시야의 아들 살룸에 대해 예언하셨다. 살룸은 여호아하스이다(왕하 23:30; 대상 3:15). 하나님의 예언대로 살룸 곧 여호아하스는 고국으로 돌아오지 못하고 애굽에서 죽었다. 열왕기하 23:34, "여호아하스는 애굽으로 잡아갔더니 저가 거기서 죽으니라."

본문의 교훈을 정리해보자. 첫째로, 하나님의 명령과 요구는 우리가 모든 악을 버리고 의롭고 선하게 살라는 것이다. 미가 6:8, "사람아, 주께서 선한 것이 무엇임을 네게 보이셨나니 여호와께서 네게 구하시는 것이 오직 공의를 행하며 인자[자비]를 사랑하며 겸손히 네 하나님과 함께 행하는 것이 아니냐?" 우리는 하나님의 명령과 요구를 유념해야 하며 오직 하나님을 경외하며 계명대로 의롭고 선하게 살아야 한다.

둘째로, 하나님의 경고는 죄 지으면 망한다는 것이다. 우리는 하나님의 경고도 유념해야 한다. 그러므로 우리는 입술로만 주님을 믿는다고 고백하는 형식적인 신앙생활을 하지 말고 죄를 버리고 의와 선을 실천을 해야 한다. 마태복음 7:21, "나더러 주여 주여 하는 자마다 천국에 다 들어갈 것이 아니요 다만 하늘에 계신 내 아버지의 뜻대로 행하는 자라야 들어가리라." 마태복음 7:24-27, "[그러므로 누구든지] 나의 이 말을 듣고 행치 아니하는 자는 그 집을 모래 위에 지은 어리석은 사람 같으리니 비가 내리고 창수가 나고 바람이 불어 그 집에 부딪히매 무너져 그 무너짐이 심하니라." 로마서 8:13, "너희가 육신대로 살면 반드시 죽을 것이로되 영[성령]으로써 몸의 행실을 죽이면 살리니." 은혜로 구원 얻은 성도도 죄를 지으면 반드시 죽을 줄 알고 늘 조심해야 한다.

13-30절, 유다 왕의 죄

본장 앞부분은 유다 왕 여호아하스에 대해 말했고 본문은 유다 왕 여호야김과 그의 아들여호야긴에 대해 말한다. 그들은 다 악했다.

〔13-15a절〕 불의로 그 집을 세우며 불공평[불법]**으로 그 다락방을 지으며 그 이웃을 고용하고 그 고가(雇價)를 주지 아니하는 자에게 화 있을진저. 그가 이르기를 내가 나를 위하여 광대한 집과 광활한 다락방을 지으리라 하고 자기를 위하여 창을 만들고 그것에 백향목으로 입히고 붉은 빛으로 칠하도다. 네가 백향목으로** 집 짓기를 **경쟁하므로 왕이 될 수 있겠느냐?**

본문은 문맥으로 볼 때(18절) 유다 왕 여호야김의 죄를 증거하는 것 같다. 그는 불의와 불법으로 궁궐과 그 다락방을 지으며 사람을 고용하고 그 임금을 주지 않았다. 또 그는 사치스럽게 살았다. 그는 자신을 위해 넓은 집과 큰 다락방을 지었고 창을 만들고 백향목으로 입히고 붉은 빛을 칠하였다. 왕은 백성을 살피고 공의로 통치하는 일에 힘써야 하는데 호화로운 왕궁이나 짓는데 열심을 내었던 것이다. 우리는 자신을 위해서는 검소하고 절약하며 하나님의 일, 선한 일을 위해서는 열심을 내고 돈도 쓸 줄 아는 자가 되어야 한다.

〔15b-17절〕 네 아비가 먹으며 마시지 아니하였으며 공평과 의리[의]**를 행치 아니하였느냐? 그때에 그가 형통하였었느니라. 그는 가난한 자와 궁핍한 자를 신원(伸寃)하고**[억울한 사정을 들어주고] **형통하였나니 이것이 나를 앎이 아니냐? 여호와의 말이니라. 그러나 네 눈과 마음은 탐남**[탐람]**과 무죄한 피를 흘림과 압박과 강포**[강탈](NASB, NIV)**를 행하려 할 뿐이니라.**

여호야김의 아버지 요시야는 경건한 왕이었다. 그는 먹고 마시는 일에 힘쓰지 않고 공평과 의를 행하고 법대로 공의롭게 행하였으며, 또 가난한 자들과 궁핍한 자들의 억울한 사정을 들어주었다. 또 그때 그는 형통하였다. 그것은 그가 하나님을 안다는 증거이었다. 하나님을 아는 자, 하나님을 참으로 경외하는 자라면 하나님의 뜻대로 공의와 사랑을 실천할 것이다. 그러나 그의 아들인 여호야김은 눈과 마음이 탐욕으로 가득하였고 무죄한 피를 흘렸고 압박과 강탈을 행하려 할 뿐이었다. 그는 경건과 도덕성이 없는 왕이었다.

〔18-19절〕 그러므로 나 여호와가 유다 왕 요시야의 아들 여호야김에게 대하여 이같이 말하노라. 무리가 그를 위하여 슬프다 내 형제여, 슬프다 내 자매여 하며 통곡하지 아니할 것이며 그를 위하여 슬프다 주여, 슬프다 그 영광이여 하며 통곡하지도 아니할 것이라. 그가 끌려 예루살렘 문밖에 던지우고 나귀같이 매장함을 당하리라.

백성들은 왕의 죽음을 슬퍼하지 않을 것이다. 왕은 예루살렘 성문 밖에 끌려 내던지우고 나귀같이 매장될 것이다. 사람의 가치가 무엇인가? 외모와 재산과 사회적 신분이라는 것이 무슨 가치가 있는가? 하나님께서 심판하실 때 악인의 가치는 나귀의 가치같이 될 것이다.

〔20절〕 너는 레바논에 올라 외치며 바산에서 네 소리를 높이며 아바림에서 외치라. 이는 너를 사랑하는 자[너의 사랑하는 자들](KJV, NASB)**가 다 멸망하였음이니라.**

레바논은 이스라엘 북방 지역이며 바산은 요단 동쪽 땅이다. 아바림은 이스라엘 남쪽, 사해 동북쪽의 산악지역이다. 유다 나라의 멸망을 온 사방에서 외치라는 뜻이다. '너의 사랑하는 자들'이라는 말은 애굽 나라나 앗수르 나라 같은 동맹국들을 가리키는 것 같다.

〔21절〕 네가 평안할 때에 내가 네게 말하였으나 네 말이 나는 듣지 아니하리라 하였나니 네가 어려서부터 내 목소리를 청종치 아니함이 네 습관이라.

이스라엘 백성은 평안할 때에 하나님의 말씀을 듣지 아니하였다. 그들은 어려서부터, 즉 애굽에서 나오던 건국 초기 때부터 하나님의 말씀을 듣지 않는 것이 습관이었다. 우리는 어려서부터 성경을 읽고 듣고 행하는 습관을 길러야 한다. 규칙적으로 하루 세 끼 밥을 먹듯이, 또 자기 나름대로의 좋은 생활 규칙이나 습관을 가지듯이, 우리는 성경 읽고 기도하는 습관을 가져야 한다. 그럴 때 우리는 경건하고 도덕적인 사람이 되어 실제로 하나님의 형상을 회복하게 될 것이다. 좋은 습관은 좋은 인격을 형성하는데 도움이 될 것이다.

〔22-23절〕 네 목자들은 다 바람에 삼키울 것이요 너를 사랑하는 자들 [네가 사랑하는 자들]**은 사로잡혀가리니 그때에 네가 반드시 네 모든 악을 인하여 수치와 욕을 당하리라. 레바논에 거하여 백향목에 깃들이는 자여, 여인의 해산하는 고통 같은 고통이 네게 임할 때에 너의 가련함이 얼마나 심하랴.**

이스라엘 백성의 목자들, 즉 왕과 방백들은 다 환난의 바람에 삼키울 것이며 동맹국들도 다 사로잡혀갈 것이다. 그들은 그들의 모든 악을 인하여 수치와 욕을 당할 것이다. 유다의 왕과 방백들은 레바논 백향목으로 집을 꾸몄으나 하나님께서 그들을 심판하실 때 그들은 해산하는 여인의 고통 같은 고통을 당할 것이며 심히 가련한 자가 될 것이다.

〔24-27절〕 나 여호와가 말하노라. 나의 삶으로 맹세하노니 유다 왕 여호야김의 아들 너 고니야가 나의 오른손의 인장반지(印章斑指)라 할지라도 내가 빼어 네 생명을 찾는 자의 손과 너의 두려워하는 자의 손 곧 바벨론 왕 느부갓네살의 손과 갈대아인의 손에 줄 것이라. 내가 너와 너를 낳은 어미를 너희가 나지 아니한 다른 지방에 쫓아내리니 너희가 거기서 죽고 너희 마음에 돌아오기를 사모하는 땅에 돌아오지 못하리라.

유다 왕 여호야김의 아들 고니야 곧 여호야긴은 하나님의 오른손의 인장반지(印章斑指)같이 귀중할지라도 바벨론 왕 느부갓네살의 손에 내어준 바 될 것이다. 하나님께서는 버리실 때에는 아무리 귀한 사람이라도 엄하게 쳐서 버리실 것이다. 유다 백성도 그와 함께 타국에 포로로 잡혀갈 것이다. 그들은 고국으로 돌아오기를 사모하지만 돌아오지 못하고 타국에서 죽을 것이다.

〔28-30절〕 이 사람 고니야는 천한 파기(破器)냐? 좋아하지 아니하는 그릇이냐? 어찌하여 그와 그 자손이 쫓겨나서 알지 못하는 땅에 들어갔는고? 땅이여, 땅이여, 땅이여, 여호와의 말을 들을지니라. 나 여호와가 이같

이 말하노라. 너희는 이 사람이 무자(無子)하겠고 그 평생에 형통치 못할 자라 기록하라. 이는 그 자손 중 형통하여 다윗의 위(位)[왕위]**에 앉아 유다를 다스릴 사람이 다시는 없을 것임이니라.**

하나님께서는 유다 왕 여호야긴을 깨뜨려진 천한 그릇처럼 취급하실 것이다. 여호야긴과 그 자손들은 쫓겨나서 알지 못하는 이방 땅에 들어갈 것이다. "땅이여, 땅이여, 땅이여, 여호와의 말을 들을지니라"는 말씀은 유다 땅, 곧 유다 거민들이 하나님의 이 심판 선언을 가볍게 듣지 말고 마음에 새겨들으라는 뜻이다. 하나님께서는 "땅이여"라는 말을 세 번이나 반복하시면서 강조하신다. 여호야긴의 자손 중에는 왕위를 계승할 자가 없을 것이다. 과연 여호야긴은 아들이 일곱 명 있었으나(대상 3:17) 아무도 왕위를 계승치 못하였다.

본문의 교훈을 정리해보자. 첫째로, 여호야김은 불의와 불법, 사치와 탐욕, 의인 핍박, 강포와 강탈 등의 죄를 지었다. 그는 마침내 예루살렘 문밖에 던지워 나귀같이 매장될 것이며 유다 땅은 수치와 곤욕을 당할 것이다. 죄의 값은 죽음이다. 그것은 세상에서의 불행들과 육신의 죽음과 지옥 형벌을 포함한다. 우리는 여호야김같이 범죄치 말아야 한다.

둘째로, 여호야김은 예루살렘 문밖에 던지워 나귀같이 매장함을 당할 것이며, 그의 아들 여호야긴은 하나님의 오른손의 인장반지라 할지라도 빼어져 원수들의 손에 주어질 것이며, 깨진 그릇처럼 천하게 버려질 것이다. 아무리 존귀한 사람이라도 범죄하면 천해진다. 사람의 가치는 무엇인가? 그것은 외모나 재산이나 사회적 신분에 있지 않다. 경건과 도덕성이 없는 사람은 가치가 없다. 그는 결국 천해질 것이다.

셋째로, 여호야김의 부친 요시야는 경건했고 공의를 행했고 가난한 자들을 돌아보는 선한 정치를 했었다. 하나님의 뜻은 사람이 의를 행하고 선한 마음을 가지고 사는 것이다. 범죄하는 자는 망할 것이나, 의와 선을 행하는 자는 평안하고 형통하며 영생에 이를 것이다. 우리는 여호야김의 부친 요시야처럼 하나님을 경외하고 의와 선을 행해야 한다.

23장: 거짓 선지자들에게 화가 있을 것

1-22절, 악한 목자들과 선지자들

〔1-2절〕 나 여호와가 말하노라. 내 목장의 양 무리를 멸하며 흩는 목자에게 화 있으리라. 그러므로 이스라엘 하나님 나 여호와가 내 백성을 기르는 목자에게 이같이 말하노라. 너희가 내 양 무리를 흩으며 그것을 몰아내고 돌아보지 아니하였도다. 보라, 내가 너희의 악행을 인하여 너희에게 보응하리라. 여호와의 말이니라.

자신의 명예와 이익만 구하는 유다의 왕과 방백들은 불법과 폭력으로 양들을 멸하며 흩었다. 양들은 방황하여 뿔뿔이 흩어졌다. 그러니 하나님께서 어찌 노하시며 보응하지 않으시겠는가?

〔3-4절〕 내가 내 양 무리의 남은 자를 그 몰려갔던 모든 지방에서 모아내어 다시 그 우리로 돌아오게 하리니 그들의 생육이 번성할 것이며 내가 그들을 기르는 목자들을 그들 위에 세우리니 그들이 다시는 두려워하거나 놀라거나 축이 나지[아무도 잃지] **아니하리라. 여호와의 말이니라.**

하나님께서는 훗날에 친히 이스라엘 백성의 양 무리의 남은 자들을 고국으로 돌아오게 하시며 그들로 번성하게 하실 것이다.

〔5-6절〕 나 여호와가 말하노라. 보라, 때가 이르리니 내가 다윗에게 한 의로운 가지를 일으킬 것이라. 그가 왕이 되어 지혜롭게 행사하며(사칼 שָׂכַל)[혹은 '형통하며'(BDB, KJV)] **세상에서 공평과 정의를 행할 것이며 그의 날에 유다는 구원을 얻겠고 이스라엘은 평안히 거할 것이며 그 이름은 여호와 우리의 의라 일컬음을 받으리라.**

본문은 메시아에 대한 예언이다. 하나님의 정하신 때에 메시아께서 오실 것이다. 그는 다윗에게서 나는 '한 의로운 가지'라고 불리신다. 그것은 그가 육신의 족보로는 다윗의 자손이시며 의로운 왕이심을 뜻한다. 그의 날에 유다 백성은 구원을 얻을 것이다. 그의 이름은 '여호와 우리의 의'라고 불릴 것이다. 아브라함과 다윗의 자손(마 1:1)

예수 그리스도께서는 모든 믿는 자들을 위해 의를 이루셨다. 로마서 10:4, "그리스도는 모든 믿는 자에게 의를 이루기 위하여 율법의 마침이 되시니라." 고린도전서 1:30, "예수께서는 하나님께로서 나와서 우리에게 지혜와 의로움과 거룩함과 구속(救贖)함이 되셨으니." 구주 예수 그리스도께서는 우리의 의가 되셨다.

〔7-8절〕 그러므로 나 여호와가 말하노라. 보라, 날이 이르리니 그들이 다시는 이스라엘 자손을 애굽 땅에서 인도하여 내신 여호와의 사심으로 맹세하지 아니하고 이스라엘 집 자손을 북방 땅[땅과](KJV, NASB, NIV), **그 모든 쫓겨났던 나라**[나라들]**에서 인도하여 내신 여호와의 사심으로 맹세할 것이며 그들이 자기 땅에 거하리라 하시니라.**

이스라엘과 유다 백성은 다 멸망하여 북방 땅, 곧 앗수르 나라와 바벨론 나라에서 포로로 오랫동안 살다가 거기로부터 고국으로 돌아오게 될 것이다. 그때 그들은 애굽 땅에서 인도하여 내신 여호와의 이름으로 맹세하기보다 북방 땅에서 인도하여 내신 여호와의 이름으로 맹세하게 될 것이다. 이스라엘 백성이 북방 땅으로부터 고국으로 돌아오는 것은 메시아로 말미암아 구원 얻는 일을 예표하였다.

〔9-12절〕 선지자들에 대한 말씀이라. 내 중심이 상하며 내 모든 뼈가 떨리며 내가 취한 사람 같으며 포도주에 잡힌 사람 같으니 이는 여호와와 그 거룩한 말씀을 인함이라. 이 땅에 행음하는 자가 가득하도다. 저주로 인하여 땅이 슬퍼하며 광야의 초장들이 마르나니 그들의 행위가 악하고 힘쓰는 것이 정직하지 못함이로다. 여호와께서 말씀하시되 선지자와 제사장이 다 사특한지라(카네프 חָנֵף)[불경건한지라](BDB, KJV, NIV). **내가 내 집에서도 그들의 악을 발견하였노라. 그러므로 그들의 길이 그들에게 흑암 중에 미끄러운 곳과 같이 되고 그들이 밀침을 받아 그 길에 엎드러질 것이라. 그들을 벌하는 해에 내가 그들에게 재앙을 내리리라. 여호와의 말이니라.**

하나님께서는 예레미야에게 선지자들에 대해서도 선포하게 하셨다. 예레미야는 그의 마음이 상하며 그의 모든 뼈가 떨리며 포도주에 취한 사람과 같이 되었다. 왜냐하면 하나님의 거룩한 말씀 때문이었다. 하나님께서는 그 땅에 행음자들이 가득하고 선지자들과 제사장들이 다 불경건하다고 말씀하셨다. 선지자들과 제사장들이 경건하고 도덕적이면 나라가 어느 정도 경건과 도덕성을 유지하고 너무 악하게 되지는 않을 것이다. 그러나 그들은 그렇지 못했다. 또 그 결과, 그들은 마침내 하나님의 징벌과 재앙을 받을 것이다.

〔13-15절〕 내가 사마리아 선지자들 중에 우매함이 있음을 **보았나니 그들은 바알을 의탁하고 예언하여 내 백성 이스라엘을 그릇되게 하였고 내가 예루살렘 선지자들 중에도 가증한 일**(쇄아로라 שַׁעֲרוּרָה)[두려운 일](BDB, KJV, NASB, NIV)**이** 있음을 **보았나니 그들은 간음을 행하며** [거짓되이 행하며](원문; KJV, NASB, NIV) **행악자의 손을 굳게 하여 사람으로 그 악에서 돌이킴이 없게 하였은즉 그들은 다 내 앞에서 소돔** 사람**과 다름이 없고 그 거민은 고모라** 사람**과 다름이 없느니라. 그러므로 만군의 여호와 내가 선지자에 대하여 이같이 말하노라. 보라, 내가 그들에게 쑥을 먹이며 독한 물**[독물]**을 마시우리니 이는 사악**(카눕파 חֲנֻפָּה)[불경건](NASB, NIV)**이 예루살렘 선지자들에게로서 나와서 온 땅에 퍼짐이라 하시니라.**

사마리아의 선지자들 중에 우매함이 있었다. 그들은 바알을 의지하며 예언하고 백성을 잘못 인도했다. 또 예루살렘의 선지자들 중에는 간음을 행하며 거짓말하는 자들도 있었다. 그들은 다 소돔과 고모라 사람들과 다름이 없었다. 그러므로 하나님께서는 그들에게 벌을 선언하신다. 그 불경건한 선지자들은 독물을 마시게 될 것이다.

〔16-18절〕 만군의 여호와께서 이같이 말씀하시되 너희에게 예언하는 선지자들의 말을 듣지 말라. 그들은 너희에게 헛된 것을 가르치나니 그들의 말한 묵시는 자기 마음으로 말미암은 것이요 여호와의 입에서 나온 것이 아니니라. 항상 그들이 나를 멸시하는 자에게 이르기를 너희가 평안하리라. 여호와의 말씀이니라 하며 또 자기 마음의 강퍅한 대로 행하는 모든 사람에게 이르기를 재앙이 너희에게 임하지 아니하리라 하였느니라. 누가 여호와의 회의에 참여하여 그 말을 알아들었으며 누가 귀를 기울여 그 말을 들었느뇨?

하나님께서는 악한 거짓 선지자들의 말을 듣지 말라고 말씀하신다.

그들은 하나님의 말씀을 전하지 않고 자기의 마음에서 나온 생각을 전했기 때문이다. 그들은 재앙의 경고 대신 거짓된 평안을 전하였다.

〔19-22절〕 보라, 나 여호와의 노가 발하여 폭풍과 회리바람처럼 악인의 머리를 칠 것이라. 나 여호와의 노는 내 마음의 뜻하는 바를 행하여 이루기까지는 쉬지 아니하나니 너희가 말일에 그것을 완전히 깨달으리라. 이 선지자들은 내가 보내지 아니하였어도 달음질하며 내가 그들에게 이르지 아니하였어도 예언하였은즉 그들이 만일 나의 회의에 참여하였더면 내 백성에게 내 말을 들려서 그들로 악한 길과 악한 행위에서 돌이키게 하였으리라.

거짓 선지자들은 하나님께서 보내지 않으셨어도 달음질했고 말씀하지 않으셨어도 예언하였다. 그들이 하나님의 회의에 참여하였더라면 악인들에게 회개를 전하여 그 악한 길에서 돌이키게 했을 것이다. 그러나 그들은 자기 중심적으로 말했고 참된 회개를 전하지 않았다.

본문의 교훈을 정리해보자. 첫째로, 거짓 선지자들은 귀에 듣기 좋은 헛된 평안을 전했다. 유다 백성은 그들을 분별하고 그들의 말을 듣지 말아야 한다. 오늘날에도 거짓 목사의 설교는 헛된 평안과 축복과 위로가 많다. 그들의 설교에는 하나님의 뜻인 죄의 지적과 책망이 없다. 우리는 이러한 거짓 목사들을 분별하고 그들의 말을 거절해야 한다.

둘째로, 하나님의 뜻은 죄를 버리는 것이다. 우리는 악행과 음란과 거짓을 버려야 한다. 이런 죄 때문에 하나님의 화가 있고 보응이 있고 징벌과 재앙이 있고 진노가 있다. 우리는 하나님의 책망을 싫어하지 말고 잘 받고 악을 버려야 한다. 죄의 지적과 책망을 잘 받아 회개하는 자는 지혜를 얻고 참된 평안을 얻는다. 그들은 영생에 이를 자들이다.

셋째로, 예수 그리스도께서는 다윗에게서 나신 한 의로운 가지이시며 우리의 의이시다. 5절, "내가 다윗에게 한 의로운 가지를 일으킬 것이라." 그가 예수 그리스도이시다. 그를 믿는 자는 의롭다 하심을 얻었다. 세상은 악하고 교회들도 해이해지고 어지러울지라도, 우리는 예수 그리스도만 의지하고 그 의와 평안 안에서 의와 선을 행해야 한다.

23-40절, 거짓 선지자들

〔23-27절〕 나 여호와가 말하노라. 나는 가까운 데 하나님이요 먼데 하나님은 아니냐? 나 여호와가 말하노라. 사람이 내게 보이지 아니하려고 누가 자기를 은밀한 곳에 숨길 수 있겠느냐? 나 여호와가 말하노라. 나는 천지에 충만하지 아니하냐? 내 이름으로 거짓을 예언하는 선지자들의 말에 내가 몽사[꿈]**를 얻었다, 몽사**[꿈]**를 얻었다 함을 내가 들었노라. 거짓을 예언하는 선지자들이 언제까지 이 마음을 품겠느냐? 그들은 그 마음의 간교한 것을 예언하느니라. 그들이 서로 몽사**[꿈]**를 말하니 그 생각인즉 그들의 열조가 바알로 인하여 내 이름을 잊어버린 것같이 내 백성으로 내 이름을 잊게 하려 함이로다.**

하나님께서는 가까운 데만 보시고 먼데는 보지 못하시는 분이 아니다. 그는 은밀한 곳에 있는 것을 보지 못하시는 분이 아니다. 그는 사람의 은밀한 일까지도 다 아시는 하나님이시다. 사람은 하나님을 피하여 어느 곳에도 숨을 수 없다. 그는 천지에 충만하시다.

거짓 선지자들은 하나님의 이름으로 거짓된 것을 예언할 때 꿈으로 계시를 받았다고 거짓말을 하였다. 그들은 그 마음의 간교함 혹은 속임을 가진 선지자들이었다. 그들의 행위는 그들의 선조가 거짓된 신 바알로 인해 하나님의 이름을 잊어버린 것같이 하나님의 백성으로 하나님의 이름을 잊어버리게 하는 행위이었다.

〔28-32절〕 나 여호와가 말하노라. 몽사[꿈]**를 얻은 선지자는 몽사**[꿈]**를 말할 것이요 내 말을 받은 자는 성실함으로**[충성되이] **내 말을 말할 것이라. 겨와 밀을 어찌** 비교**하겠느냐? 나 여호와가 말하노라. 내 말이 불 같지 아니하냐? 반석을 쳐서 부스러뜨리는 방망이**[망치] **같지 아니하냐? 나 여호와가 말하노라. 그러므로 보라, 서로 내 말을 도적질하는 선지자들을 내가 치리라**[대적하리라]**. 나 여호와가 말하노라. 보라, 그들이 혀를 놀려 그가 말씀하셨다 하는 선지자들을 내가 치리라**[대적하리라]**. 나 여호와가 말하노라. 보라, 거짓 몽사**[꿈]**를 예언하여 이르며 거짓과 헛된 자만**(파카주스 פַּחֲזוּת) [경박한 자랑(NASB), 경박함(BDB, KJV)]**으로 내 백성을 미혹하게 하는 자를 내**

가 치리라[대적하리라]. **내가 그들을 보내지 아니하였으며 명하지 아니하였나니 그들이 이 백성에게 아무 유익이 없느니라. 여호와의 말이니라.**

사람이 꾸는 꿈과 하나님께서 주신 계시적 꿈은 다르다. 하나님의 말씀을 받은 자는 진실되이 하나님의 말씀을 말할 것이다. 하나님께서는 그의 말씀과 사람의 말을 밀과 겨에 비교하셨다. 밀은 사람에게 양식이 되지만, 겨는 그렇지 않다. 또 그는 그 말씀을 불이나 망치에 비유하셨다. 그의 말씀은 불같이 사람의 마음을 뜨겁게 만들고 바위를 쳐서 부스러뜨리는 쇠망치같이 굳은 마음을 부스러뜨린다.

하나님께서는 거짓 선지자들이 하나님의 말씀을 도적질하였다고 말씀하신다. 실상, 그들은 하나님의 이름을 도적질하였고 그 내용은 하나님과 상관없는 것이었다. 그들은 거짓된 꿈을 예언하며 거짓과 경박한 자랑으로 하나님의 백성을 미혹하게 하였다. 그들은 하나님께서 보내지 않으셨고 명하지 않으셨음에도 불구하고 하나님의 이름으로 예언했다. 그들은 아무 유익이 없는 자들이다. 그러므로 하나님께서는 "내가 대적하리라"고 세 번이나 반복하여 말씀하셨다.

〔33-40절〕 이 백성이나 선지자나 제사장이 네게 물어 이르기를 여호와의 엄중한 말씀(맛사 מַשָּׂא)[무거운 짐(KJV), 말씀(BDB, NASB, NIV)]**이 무엇이뇨 하거든 너는 그들에게 대답하기를 엄중한 말씀이 무엇이냐 하느냐? 여호와의 말씀에 내가 너희를 버리리라 하셨고 또 여호와의 엄중한 말씀이라 하는 선지자에게나 제사장에게나 백성에게는 내가 그 사람과 그 집에 벌하리라 하셨다 하고** 너는 또 말하기를 **너희는 서로 이웃과 형제에게 묻기를 여호와께서 무엇이라 응답하셨으며 무엇이라 말씀하셨느뇨 하고 다시는 여호와의 엄중한 말씀이라 말하지 말라. 각 사람의 말이 자기에게 중벌**(맛사 מַשָּׂא)[말씀](NASB, NIV)**이 되리니 이는 너희가 사시는 하나님, 만군의 여호와 우리 하나님의 말씀을 망령되이 씀**(하파크 הָפַךְ)[왜곡시킴](KJV, NASB)**이니라 하고 너는 또 선지자에게 말하기를 여호와께서 네게 무엇이라 대답하셨으며 여호와께서 무엇이라 말씀하셨느뇨? 너희는 여호와의 엄중한 말씀이라 말하도다. 그러므로 여호와께서 가라사대 내가 너희에게 보내어 여호와**

의 엄중한 말씀이라 하지 말라 하였어도 너희가 여호와의 엄중한 말씀이라 하였은즉 내가 너희를 온전히 잊어버리며 내가 너희와 너희 열조에게 준 이 성읍을 내 앞에서 내어버려 너희로 영원한 치욕과 잊지 못할 영구한 수치를 당케 하리라 하셨다 할지니라.

33-40절에서 원문에 '엄중한 말씀'이라는 말(맛사 מַשָּׂא)이 여덟 번 나온다(36절의 '중벌'이라는 말을 포함해서). 그것은 '무거운 짐'이라는 뜻인데, 마음에 큰 부담을 가지고 전하는 하나님의 말씀을 가리켰다고 본다. 하나님께서는 거짓 선지자들이 거짓말을 하면서 '하나님의 엄중한 말씀'이라고 말하는 것을 지적하셨다. 그들은 말쟁이들이었다. 그들은 자기들의 설교가 대단한 내용인 것처럼 떠벌리며 마치 하나님의 간절한 마음을 전하는 것처럼 위장하였다. 그러나 실상 그들의 설교는 경박했다(32절). 그러므로 하나님께서는 그들이 그 말을 쓰지 말라고 금하셨다. 또 하나님께서는, 그들이 하나님의 뜻을 왜곡시켰기 때문에(36절), 그들을 내어버려 '영원한 치욕과 잊어버리지 못할 영구한 수치'를 당하게 하실 것이라고 말씀하셨다.

본문은 교훈을 정리해보자. 첫째로, 거짓 선지자들은 거짓되고 경박한 말을 하고 하나님의 뜻을 왜곡시키는 자들이었다. 주께서는 "거짓 선지자들을 삼가라. 양의 옷을 입고 너희에게 나아오나 속에는 노략질하는 이리라"고 말씀하셨고(마 7:15), 사도 요한도, "사랑하는 자들아, 영을 다 믿지 말고 오직 영들이 하나님께 속하였나 시험하라"고 말했다(요일 4:1). 우리는 거짓되고 경박한 말을 하는 목사들을 조심해야 한다.

둘째로, 밀 같은 하나님의 말씀은 겨 같은 사람의 말이나 꿈과 다르다. 밀이 사람에게 양식이 되듯이, 하나님의 말씀은 모든 사람들에게 영의 양식이 된다. 하나님의 말씀은 불같이 마음을 뜨겁게 하며 망치같이 완고한 마음 쳐서 부스러뜨린다. 성경말씀은 모든 사람에게 영생이 되고 유익이 된다. 그러므로 우리는 하나님의 바른 말씀, 밀과 같이 영의 양식이 되고 유익한 성경말씀을 간절히 사모하며 듣고 받아야 한다.

24장: 무화과 두 광주리의 이상

〔1-3절〕 바벨론 왕 느부갓네살이 유다 왕 여호야김의 아들 여고냐와 유다 방백들과 목공들과 철공들을 예루살렘에서 바벨론으로 옮긴 후에 여호와께서 여호와의 전 앞에 놓인 무화과 두 광주리로 내게 보이셨는데 한 광주리에는 처음 익은 듯한 극히 좋은 무화과가 있고 한 광주리에는 악하여[나빠서] **먹을 수 없는 극히 악한**[나쁜] **무화과가 있더라. 여호와께서 내게 이르시되 예레미야야, 네가 무엇을 보느냐? 내가 대답하되 무화과이온데 그 좋은 무화과는 극히 좋고 그 악한**[나쁜] **것은 극히 악하여**[나빠서] **먹을 수 없게 악하니이다**[나쁘니이다].

바벨론 왕 느부갓네살이 유다 왕 여호야김의 아들 여고냐 곧 여호야긴과 유다 방백들과 목공들과 철공들을 예루살렘에서 바벨론으로 옮긴 때 즉 두 번째 포로로 잡혀간 사건은 주전 597년경이었다(왕하 24:14-16). 바벨론 왕은 모든 방백과 모든 용사 7천명과 기술자들 1천명 등 모두 1만명을 사로잡아 갔다. 하나님의 뜻은 그들이 바벨론 왕에게 항복하고 바벨론으로 포로로 잡혀가는 것이었다(렘 27:17).

〔4-7절〕 여호와의 말씀이 또 내게 임하니라. 가라사대 이스라엘의 하나님 여호와가 이같이 말하노라. 내가 이 곳에서 옮겨 갈대아인의 땅에 이르게 한 유다 포로를 이 좋은 무화과같이 보아 좋게 할 것이라. 내가 그들을 돌아보아 좋게 하여 다시 이 땅으로 인도하고 세우고 헐지 아니하며 심고 뽑지 아니하겠고 내가 여호와인 줄 아는 마음을 그들에게 주어서[줄 것이며] **그들로**[그들이] **전심으로 내게 돌아오게 하리니**[돌아올 것이므로](MT, KJV, NASB, NIV) **그들은 내 백성이 되겠고 나는 그들의 하나님이 되리라.**

예레미야가 본 좋은 무화과들은 바벨론 땅에 포로로 잡혀간 여호야긴과 유다인들을 가리켰다. 사람의 생각에는 포로로 잡혀간 자들이 더 불행해 보였을 것이지만, 그들을 포로로 잡혀가게 하신 자가 바로 하나님이셨고 또 그들을 좋은 무화과같이 좋게 하실 자도 바로 하나님이셨다. 5-7절에는 '내가'라는 말이 여러 번 나온다. 이 모든 일을 하나님께서 행하실 것이다. 하나님께서는 주권적 섭리자이시다.

하나님께서는 그들을 다시 유다 땅으로 돌아오게 하실 것이며 그들을 다시 세우시고 심으실 것이다. 유다 백성은 바벨론 포로 생활에서 고국으로 돌아오는 날, 곧 회복의 날이 있을 것이나 그 날은 단순히 육신적 회복만이 아니고, 내면적 회복을 동반할 것이다. 하나님께서는 그들에게 하나님을 아는 마음을 주실 것이며 전심으로 그에게 돌아오게 하실 것이다. 즉 믿음과 회개를 주실 것이라는 뜻이다. 하나님을 아는 자는 하나님의 뜻을 알고 불경건과 부도덕의 죄를 버리고 하나님을 믿고 그의 계명에 순종하게 될 것이다.

열왕기하 25:27-30에 보면, 유다 왕 여호야긴에 대해 그가 사로잡혀간 지 37년 곧 바벨론 왕 에윌므로닥 즉위 원년 12월 27일에 (주전 560년경, 여호야긴이 55세쯤 되었을 때) 바벨론 왕은 그를 옥에서 내어놓아 그 머리를 들게 하였고 선하게 말하였고 그 직위를 바벨론에 그와 함께 있는 모든 왕들의 직위보다 높였고 그 죄수의 의복을 바꾸게 하였고 그 일평생에 항상 왕의 앞에서 먹게 했고 그의 쓸 것은 날마다 왕에게서 받는 정수가 있어서 종신토록 끊이지 않았다. 이것은 유다 나라의 회복에 대한 징조이었다. 그 후 23년 뒤, 파사 왕 고레스 때에 유다 백성은 고국의 땅으로 돌아오게 되었다.

〔8-10절〕 나 여호와가 이같이 말하노라. 내가 유다 왕 시드기야와 그 방백들과 예루살렘의 남은 자로서 이 땅에 남아 있는 자와 애굽 땅에 거하는 자들을 이 악하여[나빠서] **먹을 수 없는 악한**[나쁜] **무화과같이 버리되 세상 모든 나라 중에 흩어서**(자아라 וּזְעֲוָה)[모든 나라에게 두려움이 되게 하고](BDB, NASB, NIV) **그들로 환난을 당하게 할 것이며 또 그들로 내가 쫓아보낼 모든 곳에서 치욕을 당하게 하며 말거리가 되게 하며 조롱과 저주를 받게 할 것이며 내가 칼과 기근과 염병을 그들 중에 보내어 그들로 내가 그들과 그 열조에게 준 땅에서 멸절하기까지 이르게 하리라 하시니라.**

유다 왕국의 마지막 왕인 시드기야와 그 방백들과 예루살렘 성에 남은 자들과 애굽 땅에 거하는 자들은 극히 나쁜 무화과 같을 것이다. 그들은 땅의 모든 나라들에게 두려움이 되며 또 환난과 부끄러움과 조롱을 당할 것이다. 또 그들은 칼과 기근과 전염병으로 죽을 것이다. 역대하 35:11 이하에 보면, 유다 왕 시드기야와 유다 백성은 하나님 앞에서 겸비치 않았고 우상숭배를 버리고 하나님께 돌아오지 않았으므로 마침내 멸망케 되었다. 성전과 궁궐들은 다 불태워졌다.

본장의 교훈을 정리해보자. 첫째로, 사람의 구원은 하나님의 주권적 긍휼에 달려 있다. 본장에서 하나님께서는 "내가"라는 말을 반복하여 사용하셨다. 그는 주권적 섭리자이시다. 그는 유다 백성을 멸망시키기도 하시고 회복시키기도 하신다. 실상, 모든 유다 백성은 다 멸망할 자들이었다. 그러나 하나님께서는 유다를 징벌하시면서도 그의 긍휼로 회복시키실 일을 예언하셨다. 그것은 그의 주권적 긍휼이다. 그러므로 우리는 하나님의 주권적 긍휼을 알고 믿고 구하며 의지해야 한다.

둘째로, 극히 좋은 무화과들은 바벨론 포로생활로부터 돌아올 유대인들을 가리켰다. 그들은 몸만 고국으로 돌아오는 것이 아니고 하나님을 알고 전심으로 하나님께 돌아올 것이다(7절). 하나님의 구원은 심령의 회복을 동반한다. 그것은 하나님을 아는 마음으로의 회복이며 전심으로 하나님께로 돌아오는 것이다. 우리가 구원 얻은 자일진대 우리는 전심으로 하나님께 돌아오고 전심으로 그를 찾아야 하고 이제 온전한 믿음을 가지고 온전한 회개를 하고 온전한 순종을 해야 한다.

셋째로, 극히 나쁜 무화과들은 예루살렘이나 애굽 땅에 남은 유대인들을 가리켰다. 그들은 하나님의 긍휼을 받지 못하고 버림받은 자들이다. 그들은 자기들의 우상숭배와 부도덕을 회개치 않은 자들이다. 그들은 전심으로 하나님께 돌아오지 않은 자들이다. 그들은 하나님의 계명에 복종치 않았고 모든 죄악된 것들을 버리지 않았다. 우리는 그런 자들이 되지 말아야 한다. 우리는 모든 죄악된 것들을 버려야 한다.

25장: 70년 동안 황폐케 될 것

1-14절, 70년 동안 황폐케 될 것

〔1-7절〕 유다 왕 요시야의 아들 여호야김 4년 곧 바벨론 왕 느부갓네살 원년(주전 605년)**에 유다 모든 백성에 관한 말씀이 예레미야에게 임하니라. 선지자 예레미야가 유다 모든 백성과 예루살렘 모든 거민에게 고하여 가로되 유다 왕 아몬의 아들 요시야의 13년**(주전 628년)**부터 오늘까지 23년 동안에 여호와의 말씀이 내게 임하기로 내가 너희에게 이르되 부지런히 일렀으나 너희가 듣지 아니하였으며 여호와께서 그 모든 종 선지자를 너희에게 보내시되 부지런히 보내셨으나 너희가 듣지 아니하였으며 귀를 기울여 들으려고도 아니하였도다. 이르시기를 너희는 각기 악한 길과 너희 악행에서 돌이키라. 그리하면 나 여호와가 너희와 너희 열조에게 옛적에 주어 영원히 있게 한 그 땅에 거하리니 너희는 다른 신을 좇아 섬기거나 숭배하지 말며 너희 손으로 만든 것을 인하여 나의 노를 격동치 말라. 그리하면 내가 너희를 해치 아니하리라 하였으나 너희가 내 말을 듣지 아니하고 너희 손으로 만든 것으로 나의 노를 격동하여 스스로 해하였느니라. 여호와의 말이니라.**

하나님께서는 예레미야를 비롯하여 모든 선지자들을 통하여 부지런히 그의 말씀을 분명하게 전하셨으나, 이스라엘 백성은 완고하여 하나님의 말씀을 듣지 않았고 귀를 기울여 들으려고도 하지 않았다.

하나님께서는 이스라엘 백성에게 악한 길과 악행에서 돌이키라고 말씀하셨고 다른 신들 곧 그들의 손으로 만든 것들을 섬기거나 숭배하지 말라고 말씀하셨다. 하나님을 경외하는 것은 하나님의 말씀을 듣는 데서 증거된다. 성경말씀을 무시하고 자신의 생각대로 사는 것, 즉 인본주의적 삶은 자신을 하나님보다 높이는 자기 우상숭배이다.

이스라엘 백성은 하나님의 노를 일으켜 자신들에게 큰 해가 되게 하였다. 사람의 죄는 하나님의 노를 일으킨다. 하나님 앞에서 중요한 것은 우리가 죄를 짓지 않는 것이다. 하나님께서 노하시면 사람에게는 큰 해가 된다. 우리가 참으로 행복하기를 원한다면 우리는 죄를 버려야 하고 그럼으로써 하나님의 노를 피해야 한다. 믿음 안에서 의와 선을 실천하는 곳에 하나님의 충만한 평안이 있다(사 48:18).

〔8-11절〕 그러므로 나 만군의 여호와가 이같이 말하노라. 너희가 내 말을 듣지 아니하였은즉 보라, 내가 보내어 북방 모든 족속과 내 종 바벨론 왕 느부갓네살을 불러다가 이 땅과 그 거민과 사방 모든 나라를 쳐서 진멸(殄滅)하여 그들로 놀램과 치솟거리가 되게 하며 땅으로 **영영한 황무지가 되게 할 것이라. 내가 그들 중에서 기뻐하는 소리와 즐거워하는 소리와 신랑의 소리와 신부의 소리와 맷돌소리와 등불 빛이 끊쳐지게 하리니 이 온 땅이 황폐하여 놀램이 될 것이며 이 나라들은 70년 동안 바벨론 왕을 섬기리라.**

하나님께서는 이제 징벌을 선언하신다. 그는 바벨론 왕 느부갓네살을 '내 종'이라고 부르시며 친히 그를 불러와 유다 땅과 그 거민과 그 주위의 모든 나라를 치게 하실 것이라고 말씀하신다. 하나님께서는 주권적 섭리자이시다. 그는 온 세상의 심판자이시다. 바벨론 제국을 통해 유다 왕국을 멸망시키는 자는 바로 하나님이시다.

하나님께서는 유다 땅과 그 주위 나라들을 쳐서 완전히 멸망시키실 것이다. '진멸(殄滅)한다'는 말은 '완전히 멸망시킨다'는 뜻이다. 그러면 그들은 놀라게 되고 조롱거리가 될 것이며 그 땅은 영영히 황무지가 될 것이다. 또 하나님께서는 그들 중에서 기쁨과 즐거움을 제거하실 것이다. 그들 중에는 기뻐하는 소리와 즐거워하는 소리와 신랑의 소리와 신부의 소리와 맷돌소리와 등불 빛이 끊어질 것이다. 사람이 평안과 물질적 여유가 있을 때 잔치도 하고 기뻐할 것이지만, 그런 일이 없을 것이다. 그 온 땅은 황폐하여 놀램이 될 것이다.

또 하나님께서는 유대 나라와 그 주위의 나라들이 70년 동안 바벨론 왕을 섬길 것이라고 말씀하셨다. 70년 포로생활은 참으로 고통의 긴 기간이 될 것이다. 우리나라는 일제 36년간의 고통을 경험하였고 이북 동포들은 해방 후 70년이 넘게 억압된 사회에서 살고 있다.

〔12-14절〕 나 여호와가 말하노라. 70년이 마치면 내가 바벨론 왕과 그 나라와 갈대아인의 땅을 그 죄악으로 인하여 벌하여 영영히 황무케 하되 내가 그 땅에 대하여 선고한 바 곧 예레미야가 열방에 대하여 예언하고 이 책에 기록한 나의 모든 말을 그 땅에 임하게 하리니 여러 나라와 큰 왕들이 그들로 자기 역군[종들]을 삼으리라. 내가 그들의 행위와 그들의 손의 행한 대로 보응하리라 하시니라.

하나님께서는 유다 나라와 그 주위의 나라들을 심판하는 도구로 바벨론 왕과 그 나라를 사용하실 것이지만, 때가 되면 바벨론 왕과 그 나라의 죄악에 대해서도 징벌하실 것이다. 그때는 이스라엘 백성에게 회복의 때가 될 것이다. 70년 포로생활은 그 후의 해방을 암시한다. 하나님의 뜻은 모든 죄인들을 다 멸망시키는 것이 아니고 그의 택한 백성들에게 긍휼을 베푸시고 그들을 구원하는 것이다.

본문의 교훈을 정리해보자. 첫째로, 이스라엘 백성은 하나님의 말씀을 듣지 않고 자기들의 생각대로 행하다가 망하였다. 우리는 하나님의 말씀을 듣지 않는 자가 되지 말고 듣고 믿고 행하는 자가 되어야 한다. 우리는 성경 교훈대로 주 예수 그리스도를 믿고 의지하여 구원을 얻고 죄를 버리고 성화를 이루고 의와 선을 행하고 서로 사랑해야 한다.

둘째로, 하나님께서는 그의 사랑하는 백성에게라도 완전한 멸망과 70년 포로생활이라는 무서운 징벌을 내리신다. 하나님의 진노는 엄위하시다. 오늘 우리도 육신대로 살면 반드시 죽을 것이다(롬 8:13). 히브리서 12:8, "징계는 다 받는 것이거늘 너희에게 없으면 사생자요 참 아들이 아니니라." 우리는 악한 행위를 회개하고 죄를 짓지 말아야 한다.

셋째로, 바벨론 70년 포로생활의 선언은 70년 후의 하나님의 긍휼의 구원을 암시한다. 이스라엘 백성은 70년 후에 고국으로 돌아올 것이다. 그것은 하나님의 긍휼의 구원이다. 사람은 하나님의 긍휼로 구원을 얻는다. 우리는 하나님의 은혜로 예수 그리스도를 믿음으로 구원을 얻었다. 우리는 하나님의 은혜를 감사하며 항상 그 은혜 안에 거해야 한다.

15-38절, 하나님의 열국 심판

〔15-26절〕 이스라엘의 하나님 여호와께서 이같이 내게 이르시되 너는 내 손에서 이 진노의 잔을 받아 가지고 내가 너를 보내는 바 그 모든 나라로 마시게 하라. 그들이 마시고 비틀거리며 미치리니 이는 내가 그들 중에 칼을 보냄을 인함이니라 하시기로 내가 여호와의 손에서 그 잔을 받아서 여호와께서 나를 보내신 바 그 모든 나라로 마시게 하되 예루살렘과 유다 성읍들과 그 왕들과 그 방백들로 마시게 하였더니 **그들이 멸망과 놀램과 치소와 저주를 당함이 오늘날과 같으니라.** 또 **애굽 왕 바로와 그의 신하들과 그의 방백들과 그의 모든 백성과 모든 잡족과 우스 땅 모든 왕과 블레셋 사람의 땅 모든 왕과 아스글론과 가사와 에그론과 아스돗의 남은 자와 에돔과 모압과 암몬 자손과 두로의 모든 왕과 시돈의 모든 왕과 바다 저편 섬의 왕들과 드단과 데마와 부스와** 털을 **모지게 깎은**[혹은 '땅끝에 있는'(KJV, NIV)] **모든 자와 아라비아 모든 왕과 광야에 거하는 잡족의 모든 왕과 시므리의 모든 왕과 엘람의 모든 왕과 메대의 모든 왕과 북방 원근의 모든 왕과 지면에 있는 세상의 모든 나라로 마시게 하니라. 세삭 왕은 그 후에 마시리라.**

예레미야는 하나님께서 그를 보내어 유다 나라를 비롯하여, 애굽, 우스, 블레셋, 에돔, 모압, 암몬, 두로, 시돈, 드단, 데마, 부스, 아라비아, 시므리, 엘람, 메대, 북방 원근 나라들 등 세상의 모든 나라들이 다 하나님의 진노의 잔을 마시게 하셨다고 말한다. 세삭 왕은 그 후에 마실 것이다. '세삭'(שֵׁשַׁךְ)은 '바벨론'을 가리킨다(알파벳의 순서를 거꾸로 말하는 아트바쉬 표현법). 모든 나라는 하나님의 진노의 잔을 받고 비틀거리며 미칠 것이다. 그것은 세계적인 전쟁을 가리켰다.

하나님께서는 친히 온 세상의 나라들을 심판하실 것이다. 창조자 하나님께서는 온 세상의 심판자이시다. 그의 심판을 받지 않을 나라는 없다. 그는 이스라엘 나라부터 심판하신다. 신약시대에도 하나님께서는 교회들부터 잘못된 점들을 징벌하실 것이다(벧전 4:17).

〔27-29절〕 너는 그들에게 이르기를 만군의 여호와 이스라엘의 하나님의 말씀에 너희는 마시라. 취하라. 토하라. 엎드러지고 다시는 일어나지 말

라. 이는 내가 너희 중에 칼을 보냄을 인함이니라 하셨다 하라. 그들이 만일 네 손에서 잔을 받아 마시기를 거절하거든 너는 그들에게 이르기를 만군의 여호와의 말씀에 너희가 반드시 마시리라. 보라, 내가 내 이름으로 일컬음을 받는 성에서부터 재앙 내리기를 시작하였은즉 너희가 어찌 능히 형벌을 면할 수 있느냐? 면치 못하리니 이는 내가 칼을 불러 세상의 모든 거민을 칠 것임이니라 하셨다 하라. 만군의 여호와의 말이니라.

하나님의 진노는 특히 칼로 묘사되었다(16, 27, 29, 31절). 그것은 전쟁을 가리켰다. 전쟁은 하나님의 진노의 대표적인 방법이다. 우리 나라에도 혹시 전쟁이 일어나면 그것은 하나님의 진노의 심판인 줄 알아야 할 것이다. 유다 나라 멸망기에 하나님께서는 바벨론 나라와 그 군대를 그의 심판의 도구로 사용하셨다. 온 세상의 마지막 심판에도 그럴 것이다. 하나님께서는 강대한 나라들을 들어 많은 나라들을 징벌하실 것이다. 주의 재림 직전에는 세계적 전쟁이 있을 것이다. 그것은 요한계시록에 유브라데스 강 부근에서 일어날 2억명이 동원될 큰 전쟁과 아마겟돈 전쟁으로 예언되어 있다(계 9:14-16; 16:14-16).

[30-31절] 그러므로 너는 그들에게 이 모든 말로 예언하여 이르기를 여호와께서 높은 데서 부르시며[표호하시며](roar)(KJV, NASB, NIV) **그 거룩한 처소에서 소리를 발하시며 그** 양의 **우리를 향하여 크게 부르시며**[표호하시며] **세상 모든 거민을 대하여** 포도 **밟는 자같이 외치시리니 요란한 소리가 땅끝까지 이름은 여호와께서 열국과 다투시며 모든 육체를 심판하시며 악인을 칼에 붙이심을 인함이라 하라. 여호와의 말이니라.**

하나님의 심판의 이유는 언제나 하나뿐이다. 그것은 사람들의 죄 때문이다. 마지막 열국 심판도 하나님께서 악인들을 칼에 붙이시는 심판이다. 공의의 하나님께서는 죄를 미워하신다. 그는 말씀을 무시하고 죄를 회개치 않는 자들을 마침내 전쟁의 칼로 심판하실 것이다.

[32-38절] 나 만군의 여호와가 말하노라. 보라, 재앙이 나서 나라에서 나라에 미칠 것이며 대풍이 땅끝에서 일어날 것이라. 그 날에 나 여호와에게 살륙을 당한 자가 땅 이 끝에서 땅 저 끝에 미칠 것이나 그들이 슬퍼함을

받지 못하며 염습함[씻고 수의를 입힘]**을 입지 못하며 매장함을 얻지 못하고 지면에서 분토**[똥]**가 되리로다. 너희 목자들아, 외쳐 애곡하라. 너희 양떼의 인도자들아,** 재에 **굴래**[뒹굴라]**. 이는 너희 도륙을 당할 날과 흩음을 당할 기한이 찼음인즉 너희가 귀한 그릇의 떨어짐같이 될 것이라. 목자들은 도망할 수 없겠고 양떼의 인도자들은 도피할 수 없으리로다. 목자들의 부르짖음과 양떼의 인도자들의 애곡하는 소리여, 나 여호와가 그들의 초장으로 황폐케 함이로다. 평안한 목장들이 적막하니 이는 여호와의** [불붙는] **진노의 연고로다. 그가 사자같이 그 소혈**[처소]**에서 나오셨도다. 그 잔멸하는 자의 진노와 그 극렬한 분**[불붙는 진노]**으로 인하여 그들의 땅이 황량하였도다.**

하나님의 심판은 참으로 두려운 일이 될 것이다. 그 날은 재앙의 날이다. 심판자 하나님께서는 부르짖는 소리를 내는 맹수처럼 심판자의 위엄을 가지시고 나타나실 것이다. 그 날은 회리바람이나 폭풍처럼 무서운 재앙의 바람이 부는 날이다. 많은 사람이 죽임을 당할 것이나 염습함이나 매장함을 얻지 못할 것이다. 귀한 그릇 같은 자들이 땅에 떨어져 깨어질 것이다. 온 땅은 황폐하고 적막해질 것이다.

본문은 두 가지를 교훈한다. <u>첫째로, 하나님께서는 열국의 심판자이시다.</u> 성경은 하나님의 마지막 열국 심판에 대해 증거한다. 주께서는 양과 염소 비유에서 세상 끝날에, 곧 그가 재림하실 때 세상 모든 나라들에 대한 심판이 있다고 말씀하셨다(마 25:31-33). 온 세상을 위한 마지막 심판 날이 작정되어 있다(행 17:31; 롬 2:5, 16). 그 날에 산 자와 죽은 자, 의인들과 악인들이 다 심판을 받게 될 것이다(계 20:11-15).

<u>둘째로, 우리는 하나님을 경외하고 그의 명령에 순종해야 한다.</u> 우리는 하나님을 세상의 창조자와 섭리자와 심판자로 인정하고 그를 구주로, 또 복의 근원으로 알아야 한다. 우리는 하나님만 섬기고 그를 사랑하고 그를 의지하고 그에게 기도하고 하나님만 소망하고 그의 뜻과 그의 계명만 순종해야 한다. 하나님의 뜻은 거룩과 의와 선이다. 죄는 멸망의 원인이며 의는 평안의 원인이다. 우리는 의와 선만 행해야 한다.

26장: 예레미야를 죽이려 함

〔1-3절〕 유다 왕 요시야의 아들 여호야김의 즉위 초에 여호와께로서 이 말씀이 임하니라. 가라사대 나 여호와가 이같이 이르노라. 너는 여호와의 집 뜰에 서서 유다 모든 성읍에서 여호와의 집에 와서 경배하는 자에게 내가 네게 명하여 이르게 한 모든 말을 고하되 한 말도 감하지 말라. 그들이 듣고 혹시 각각 그 악한 길에서 떠나리라. 그리하면 내가 그들의 악행으로 인하여 재앙을 그들에게 내리려 하던 뜻을 돌이키리라.

하나님의 종들은 하나님의 모든 말씀들을 가감 없이 전해야 한다. 특히 악을 지적하고 책망하는 것은 어려운 일이지만 그렇게 하는 것이 하나님의 뜻이다. 악을 행하는 자들에게는 하나님의 재앙이 내릴 것이나 회개하며 악을 떠나는 자들에게는 재앙이 없을 것이다.

〔4-7절〕 너는 그들에게 이르기를 여호와의 말씀에 너희가 나를 청종치 아니하며 내가 너희 앞에 둔 내 법을 행치 아니하며 내가 너희에게 보내고 부지런히 보낸 나의 종 선지자들의 말을 이미 듣지 아니하였거니와 너희가 만일 다시 듣지 아니하면 내가 이 집을 실로같이 되게 하고 이 성으로 세계 열방의 저줏거리가 되게 하리라 하셨다 하라. 예레미야가 여호와의 집에서 이 말을 하매 제사장들과 선지자들과 모든 백성이 듣더라.

실로는 이스라엘 백성이 가나안에 정착하면서 성막을 세운 곳이었으나(수 18:1) 그 성막터는 황폐해졌던 것 같다. 자세한 내용이 성경에 기록되어 있지는 않지만, 사사시대 말 엘리 제사장에게 내린 경고에 암시되어 있고(삼상 2:31-34), 또 성경은 하나님께서 실로의 성막을 버리셨다고 몇 번 표현했다(시 78:60; 렘 7:12, 14). 하나님의 경고는 동일하다. 모든 사람은 하나님의 말씀을 청종해야 하고 그렇지 않으면 그의 징벌을 피할 수 없을 것이다. 회개하고 믿으라는 하나님의 명령을 따르는 자는 구원을 얻지만, 회개하지 않고 믿지 않는 자는 멸망을 당할 것이다. 예레미야는 여호와의 집에서 하나님의 말씀을 그대로 전했고 제사장들과 선지자들과 모든 백성은 그 말을 들었다.

〔8-15절〕 예레미야가 여호와께서 명하신 말씀을 모든 백성에게 고하기를 마치매 제사장들과 선지자들과 모든 백성이 그를 붙잡고 이르되 네가 반드시 죽으리라. 어찌하여 네가 여호와의 이름을 의탁하고 예언하여 이르기를 이 집이 실로같이 되겠고 이 성이 황무하여 거민이 없으리라 하느뇨 하며 그 모든 백성이 여호와의 집에서 예레미야에게로 모여드니라. 유다 방백들이 이 일을 듣고 왕궁에서 여호와의 집으로 올라와서 여호와의 집 새 문 어귀에 앉으매 제사장들과 선지자들이 방백들과 모든 백성에게 말하여 가로되 이 사람은 죽음이 합당하니 너희 귀로 들음같이 이 성을 쳐서 예언하였느니라. 예레미야가 모든 방백과 백성에게 일러 가로되 여호와께서 나를 보내사 너희의 들은 바 모든 말로 이 집과 이 성을 쳐서 예언하게 하셨느니라. 그런즉 너희는 너희 길과 행위를 고치고 너희 하나님 여호와의 목소리를 청종하라. 그리하면 여호와께서 너희에게 선고하신 재앙에 대하여 뜻을 돌이키시리라. 보라, 나는 너희 손에 있으니 너희 소견에 선한 대로, 옳은 대로 하려니와 너희는 분명히 알라. 너희가 나를 죽이면 정녕히 무죄한 피로 너희 몸과 이 성과 이 성 거민에게로 돌아가게 하리라. 이는 여호와께서 진실로 나를 보내사 이 모든 말을 너희 귀에 이르게 하셨음이니라.

예레미야는 예루살렘 성전이 장차 실로같이 될 것이라고 말하였다. 사람들은 그에게 "네가 반드시 죽으리라"고 위협했지만, 그는 하나님의 말씀을 가감 없이 선포하였다. 그는 사람들의 좋아함과 싫어함을 고려하지 않고 심지어 죽음의 위협을 두려워하지 않았다. 이것이 참된 선지자의 모습이다. 오늘날 참된 목사들도 하나님의 말씀 곧 성경의 모든 교훈을 충실히 선포하고 가르쳐야 하고 사람들이 좋아하는 것들에 따라 그것을 가감하려 해서는 안 된다.

〔16-24절〕 방백들과 모든 백성이 제사장들과 선지자들에게 이르되 이 사람이 우리 하나님 여호와의 이름을 의탁하고 우리에게 말하였으니 죽음이 부당하니라. 때에 그 땅 장로 중 몇 사람이 일어나 백성의 온 회중에 말하여 가로되 유다 왕 히스기야 시대에 모레셋 사람 미가(미 1:1)**가 유다 모든 백성에게 예언하여 가로되 만군의 여호와께서 이같이 말씀하시기를 시온은**

밭같이 경작함을 당하며 예루살렘은 무더기가 되며 이 전의 산은 수풀의 높은 곳들같이 되리라 하였으나(미 3:12) **유다 왕 히스기야와 모든 유다가 그를 죽였느냐? 히스기야가 여호와를 두려워하여 여호와께 간구하매 여호와께서 그들에게 선고한 재앙에 대하여 뜻을 돌이키지 아니하셨느냐? 우리가** 이같이 하면 **우리 생명을 스스로 크게 해하는 일이니라. 또 여호와의 이름을 의탁하고 예언한 사람이 있었는데 곧 기랴여아림 스마야의 아들 우리야라. 그가 예레미야의 모든 말과 같이 이 성과 이 땅을 쳐서 예언하매 여호야김 왕과 그 모든 용사와 모든 방백이 그 말을 듣고는 왕이 그를 죽이려 하매 우리야가 이를 듣고 두려워 애굽으로 도망하여 간지라. 여호야김 왕이 사람을 애굽으로 보내되 곧 악볼의 아들 엘라단과 몇 사람을 함께 애굽으로 보내었더니 그들이 우리야를 애굽에서 끌어내어 여호야김 왕께로 데려오매 왕이 칼로 그를 죽이고 그 시체를 평민의 묘실에 던지게 하였다 하니라**[던지게 하였더라]**. 사반의 아들 아히감이 예레미야를 보호하여 예레미야를 백성의 손에 내어주지 아니하여 죽이지 못하게 하니라.**

종교적으로 부패하였던 그 시대에도 하나님께서는 어느 정도 양심적인 방백들과 백성들과 장로들을 얼마큼 남겨두셨다.

우리는 하나님의 섭리를 다 알 수 없다. 우리야는 죽임을 당했고 예레미야는 보호를 받았다. 하나님께서는 그의 선하시고 기뻐하시는 뜻대로 각 사람에게 일어나는 모든 일을 작정하시고 섭리하신다.

본장의 교훈을 정리해보자. 첫째로, 하나님의 말씀은 죄를 회개하고 예수 그리스도를 믿고 구원 얻고 경건하고 바르고 선하게 살라는 내용이다. 우리는 하나님의 말씀을 전적으로, 온전하게 순종해야 한다.

둘째로, 우리는 하나님의 말씀을 바르게 전하는 종들을 존중해야 한다. 히브리서 13:17, "너희를 인도하는 자들에게 순종하고 복종하라."

셋째로, 우리야는 하나님의 바른 말씀을 전하다가 죽임을 당했으나, 예레미야는 보호함을 얻었다. 하나님의 뜻 가운데 어떤 이는 순교하고 다른 이는 생명을 보존한다. 우리는 우리의 삶에 있어서의 현재와 미래의 모든 일들을 다 하나님의 주권적 섭리의 손에 맡겨야 한다.

27장: 바벨론 왕을 섬기라

〔1절〕 유다 왕 요시야의 아들 여호야김의 즉위한 지 오래지 아니하여서 여호와께서 말씀으로 나 예레미야에게 이르시니라.

본장 3절과 12절 등을 보면, 본절의 '여호야김'은 '시드기야'를 가리킨다고 보인다.5) 히브리어 원문에 오류가 있는 경우는 극히 드물지만, 본문의 경우는 필사상의 오류인 것 같다.

〔2-8절〕 여호와께서 이같이 내게 이르시되 너는 줄[들]**과 멍에**[들]**를 만들어 네 목에 얹고 유다 왕 시드기야를 보러 예루살렘에 온 사신들의 손에도 그것을 붙여**(쉘라크탐 שִׁלַּחְתָּם)[그것들을 보내며] **에돔 왕과 모압 왕과 암몬 자손의 왕과 두로 왕과 시돈 왕에게 보내며 그들에게 명하여 그 주에게 이르게 하기를 만군의 여호와 이스라엘의 하나님이**[께서] **말씀하시되 너희는 너희 주에게 이같이 고하라. 나는 내 큰 능과 나의 든 팔로 땅과 그 위에 있는 사람과 짐승들을 만들고 나의 소견에 옳은 대로 땅을 사람에게 주었노라. 이제 내가 이 모든 땅을 내 종 바벨론 왕 느부갓네살의 손에 주고 또 들짐승들을 그에게 주어서 부리게 하였나니 열방이 그와 그 아들과 손자를 섬기리라. 그의 땅의 기한이 이르면 여러 나라와 큰 왕**[들]**이 그로 자기**[들]**를 섬기게 하리라마는**(NASB) **나 여호와가 이르노라. 바벨론 왕 느부갓네살을 섬기지 아니하는 국민이나 그 목으로 바벨론 왕의 멍에를 메지 아니하는 백성은 내가 그의 손으로 진멸시키기까지 칼과 기근과 염병으로 벌하리라.**

하나님께서는 예레미야에게 줄들과 멍에들을 만들어 그의 목에 얹고 유다 왕 시드기야를 아마 문안하러 온 주위의 나라들의 사신들, 즉 에돔과 모압과 암몬과 두로와 시돈의 왕들의 사신들에게도 그것들을 주며 말하기를, 주권자 하나님께서 이 모든 땅을 그의 종 바벨론 왕 느부갓네살에게 주었고 열방이 그를 섬기게 될 것이라고 전하라고 하셨다. 또 그는 그 땅의 기한이 이르면 여러 나라들과 큰 왕(이

---

5) 3개의 히브리어 사본, 옛 수리아어역, 아랍어역, NASB, NIV 등.

왕은 파사 제국의 초대 왕 고레스를 가리켰다고 보임)이 바벨론 왕을 굴복케 하여 섬기게 할 것이지만, 지금은 그를 섬기지 않는 자들이 다 칼과 기근과 전염병에 죽게 될 것이라고 말씀하셨다. 하나님께서는 세상의 창조자와 주인이시며 모든 일을 그의 보시기에 옳은 대로 행하시는 주권적 섭리자이시다. 세계 역사는 그의 손에 있다.

[9-11절] 너희는 너희 선지자나 너희 복술이나 너희 꿈꾸는 자나 너희 술사나 너희 요술객이 너희에게 이르기를 너희가 바벨론 왕을 섬기지 아니하리라 하여도 듣지 말라. 그들은 너희에게 거짓을 예언하여서 너희로 너희 땅에서 멀리 떠나게 하며 또 나로 너희를 몰아내게 하며 너희를 멸하게 하느니라. 오직 그 목으로 바벨론 왕의 멍에를 메고 그를 섬기는 나라는 내가 그들을 그 땅에 머물러서 밭을 갈며 거기 거하게 하리라 하셨다 하라. 여호와의 말이니라.

하나님께서는 유다 나라와 이방나라들의 열왕들이 바벨론 왕을 섬기지 않을 것이라고 예언하는 거짓 선지자들이나 복술자들이나 꿈꾸는 자들이나 마술사들이나 요술객들의 말을 듣지 말고 바벨론 왕에게 항복하여 섬김으로 자기들의 땅에서 생존하라고 말씀하셨다. 거짓 예언들은 결국 사람들로 범죄케 하여 그 땅을 멀리 떠나게 만들며 또 하나님께서 그들을 그 땅에서 몰아내시게 만든다. 그러나 그들이 하나님의 말씀대로 그 목으로 바벨론 왕의 멍에를 메고 그를 섬기면, 하나님께서는 그들을 그 땅에 거하며 밭을 갈게 하실 것이다.

[12-15절] 내가 이 모든 말씀대로 유다 왕 시드기야에게 고하여 가로되 왕과 백성은 **목으로 바벨론 왕의 멍에를 메고 그와 그 백성을 섬기소서. 그리하면 살리이다**[그리고 사소서](KJV, NASB). **어찌하여 왕과 왕의 백성이 여호와께서 바벨론 왕을 섬기지 아니하는 나라에 대하여 하신 말씀같이 칼과 기근과 염병에 죽으려 하나이까? 왕과 백성에게 바벨론 왕을 섬기지 아니하리라**[섬기지 말라] **하는 선지자의 말을 듣지 마소서. 그들은 거짓을 예언하나이다. 여호와께서 말씀하시되 내가 그들을 보내지 아니하였거늘 그들이 내 이름으로 거짓을 예언하니 내가 너희를 몰아내며 너희와 너희에게 예언**

하는 선지자들을 멸망시키기에 이르리라 하셨나이다.

예레미야는 유다 왕 시드기야에게 바벨론 왕에게 항복하고 그와 그 백성을 섬기면 죽지 않고 살 것이지만 거짓 선지자들의 말을 따라 그를 섬기지 않으면 칼과 기근과 전염병으로 죽을 것이라고 말했다. 또 그는 바벨론 왕을 섬기지 아니하리라고 말하는 거짓 선지자들의 말을 듣지 말라고 말했다. 그들은 하나님의 이름으로 거짓을 예언하는 자들이다. 하나님께서는 그가 보내지 않으셨어도 하나님의 이름으로 거짓을 예언하는 선지자들을 친히 멸망시키실 것이다.

[16-18절] 내가 또 제사장들과 그 모든 백성에게 고하여 가로되 여호와께서 이같이 말씀하시되 여호와의 집 기구를 이제 바벨론에서 속히 돌려오리라고 너희에게 예언하는 선지자들의 말을 듣지 말라. 이는 그들이 거짓을 예언함이니라 하셨나니 너희는 그들을 듣지 말고 바벨론 왕을 섬기라. 그리하면 살리라[그리고 살라](KJV, NASB). **어찌하여 이 성으로 황무지가 되게 하겠느냐? 만일 그들이 선지자이고 여호와의 말씀이 그들에게 있을진대**[있다면] **그들이 여호와의 집에와 유다 왕의 집에와 예루살렘에 남아 있는 기구가 바벨론으로 옮겨가지 않도록 만군의 여호와께 구하여야 할 것이니라.**

예레미야는 또 제사장들과 그 모든 백성에게도 하나님의 말씀을 전하기를, 바벨론으로 빼앗겼던 예루살렘 성전의 기구들이 속히 돌아올 것이라고 예언하는 선지자들의 말을 듣지 말라고 했다. 온 백성은 그 거짓 선지자들의 말을 듣지 말고 바벨론 왕을 섬겨야 죽지 않고 살고 예루살렘 성이 황폐케 되지 않을 것이다. 만일 그 선지자들이 참 선지자이며 하나님의 말씀이 그들에게 있었다면 그들은 하나님의 성전에 남아 있던 기구들이 바벨론으로 옮겨가지 않도록 하나님께 기도했어야 할 것이다. 그러나 그들은 오히려 백성들로 범죄케 하여 결국 다 멸망케 하였고 성전 기구들도 다 빼앗기게 하였다.

[19-22절] 만군의 여호와께서 기둥들과 놋바다와 받침들과 및 이 성에 남아 있는 기구에 대하여 이같이 말씀하시나니 이것은 바벨론 왕 느부갓네살이 유다 왕 여호야김의 아들 여고니야와 유다와 예루살렘 모든 귀족을 예

루살렘에서 바벨론으로 사로잡아 옮길 때에 취하지 아니하였던 것이라. 만군의 여호와 이스라엘의 하나님이[께서] 여호와의 집에와 유다 왕의 집에와 예루살렘에 남아 있는 그 기구에 대하여 이같이 말씀하시되 그것들이 바벨론으로 옮김을 입고 내가 이것을 돌아보는 날까지 거기 있을 것이니라. 그 후에 내가 그것을 옮겨 이 곳에 다시 두리라. 여호와의 말이니라.

하나님께서는 전에 여호야김의 아들 여호야긴 때에 바벨론 군대의 침공으로 빼앗기지 않았던 성전 입구의 두 개의 기둥들과 놋바다 등의 기구들도 바벨론 군대에게 빼앗길 것이며 그가 유다 땅에 긍휼을 베푸시는 날까지 그것들이 거기에 있을 것이라고 말씀하셨다.

본장의 교훈을 정리해보자. 첫째로, 하나님께서는 주권자이시다. 5-6절, "[나는] 나의 소견에 옳은 대로 땅을 사람에게 주었노라. 이제 내가 이 모든 땅을 내 종 바벨론 왕 느부갓네살의 손에 주고." 하나님께서는 온 세상을 만드셨고 다스리시며 악인들을 벌하시고 의인들에게 평안을 주시고 자기 백성을 회복시키실 것이다. 그는 이 모든 일을 행하신다.

둘째로, 우리는 하나님의 섭리에 순응해야 한다. 하나님께서는 유다 왕을 포함하여 열국 왕들에게 바벨론 왕을 섬기라고 말씀하셨다. 그것은 그의 뜻이었고 열국을 향한 그의 심판이었다. 모든 사람들은 그의 섭리에 순응해야 했다. 아무도 그의 뜻을 거스르지 말아야 했다.

셋째로, 우리는 거짓 교훈을 조심해야 한다. 거짓 선지자들은 바벨론 왕의 정복을 부정하였다. 그러나 그것은 거짓 예언이었다. 그것이 거짓이라는 것은 바벨론 군대의 침공이 있을 때 밝혀질 것이다. 오늘날에도 참 교훈과 거짓 교훈이 있다. 오늘날 참 교훈과 거짓 교훈은 오직 성경말씀으로 분별된다(사 8:20). 이단사설들이 많이 나타난 오늘날 우리는 더욱 성경말씀으로 거짓 교훈을 분별하고 배격해야 한다(요일 4:1).

넷째로, 우리는 하나님의 긍휼의 회복을 기다려야 한다. 22절, "그 후에 내가 그것을 옮겨 이 곳에 다시 두리라." 하나님께서는 택하신 자들을 구원하시고 회복시키시고 그들에게 복된 천국을 주실 것이다.

28장, 하나냐의 거짓 예언

〔1-4절〕 이 해, 유다 왕 시드기야의 즉위한지 오래지 않은 해 **곧 4년 5월에 기브온 앗술의 아들 선지자 하나냐가 여호와의 집에서 제사장들과 모든 백성 앞에서 내게 말하여 가로되 만군의 여호와 이스라엘의 하나님이**[께서] **이같이 말씀하여 가라사대 내가 바벨론 왕의 멍에를 꺾었느니라. 내가 바벨론 왕 느부갓네살의 이 곳에서 바벨론으로 옮겨간 여호와의 집 모든 기구를 두 해가 차기 전에**[두 해 안에] **다시 이 곳으로 가져오게 하겠고 내가 또 유다 왕 여호야김의 아들 여고니야와 바벨론으로 간 유다 모든 포로를 다시 이 곳으로 돌아오게 하리니 이는 내가 바벨론 왕의 멍에를 꺾을 것임이니라. 여호와의 말이니라 하셨다 하는지라.**

선지자 예레미야 당시에 두 개의 다른 예언이 있었다. 전장에 기록된 대로, 예레미야는 줄들과 멍에들의 상징물을 통해 바벨론 왕이 온 세계를 통치할 것이요 모든 나라가 그에게 굴복하고 그를 섬겨야 한다고 예언하였었다. 그러나 선지자 하나냐라는 사람은 예레미야의 예언과 정반대의 내용을 예언했다. 그는 여호와의 집에서 제사장들과 모든 백성 앞에서 "만군의 여호와 이스라엘의 하나님께서 이같이 말씀하여 가라사대"라고 말하며 세 가지 내용을 말했다. 첫째, 내가 바벨론 왕의 멍에를 꺾었다. 둘째, 내가 바벨론 왕 느부갓네살이 이 곳에서 바벨론으로 옮겨간 여호와의 집 모든 기구를 두 해가 차기 전에, 즉 2년 안에 다시 이 곳으로 가져오게 하겠다. 셋째, 내가 유다 왕 여호야김의 아들 여고니야와 바벨론으로 간 유다 모든 포로를 다시 이 곳으로 돌아오게 하겠다. 예레미야의 예언과 하나냐의 예언은 정반대의 내용이었다. 어느 내용이 하나님의 말씀인가?

〔5-9절〕 선지자 예레미야가 여호와의 집에 선 제사장들의 앞과 모든 백성 앞에서 선지자 하나냐에게 말할새 선지자 예레미야가 말하되 아멘, 여호와[께서]**는 이같이 하옵소서. 여호와께서 네 예언대로 이루사 여호와의 집**

기구와 모든 포로를 바벨론에서 이 곳으로 다시 옮겨오시기를 원하노라. 그러나 너는 이제 내가 네 귀와 모든 백성의 귀에 이르는 이 말을 들으라. 나와 너 이전 선지자들이 자고로[옛날부터] **여러 나라와 큰 국가들에 대하여 전쟁과 재앙과 염병을 예언하였느니라. 평화를 예언하는 선지자는 그 예언자의 말이 응한 후에야 그는 진실로 여호와의 보내신 선지자로 알게 되리라.**

선지자 예레미야는 성전에서 제사장들과 모든 백성 앞에서 선지자 하나냐에게 "아멘, 여호와는 이같이 하옵소서. 여호와께서 네 예언대로 이루사 여호와의 집 기구와 모든 포로를 바벨론에서 이 곳으로 다시 옮겨오시기를 원하노라"고 말한 후, 그러나 옛날부터 참 선지자들은 여러 나라와 큰 국가들에 대하여 전쟁과 재앙과 전염병을 예언하였음을 말했다. 그것은 선지자 아모스나 이사야나 스바냐 등의 글들에서 읽을 수 있는 내용이다.

예를 들어, 선지자 아모스는 아모스 1장에서 다메섹, 가사, 두로, 에돔, 암몬에 대한 하나님의 심판을 선언했고, 선지자 이사야는 이사야 34:1-2에서 "열국이여, 너희는 나아와 들을지어다. 민족들이여, 귀를 기울일지어다. 땅과 땅에 충만한 것, 세계와 세계에서 나는 모든 것이여, 들을지어다. 대저 여호와께서 만국을 향하여 진노하시며 그들의 만군을 향하여 분내사 그들을 진멸하시며 살육케 하셨도다"라고 말했고, 선지자 스바냐는 스바냐 1:2-3에서 "여호와께서 가라사대 내가 지면에서 모든 것을 진멸하리라"고 말하였다.

그러나 한편 거짓 선지자들은 백성의 비위만 맞추어 평안과 위로의 말을 전하였다. 선지자 미가는 거짓 선지자들에 대해, "내 백성을 유혹하는 선지자는 이에 물면 평강을 외치나 그 입에 무엇을 채워 주지 아니하는 자에게는 전쟁을 준비하는도다," "그 선지자는 돈을 위하여 점치면서 오히려 여호와를 의뢰하여 이르기를 여호와께서 우리 중에 계시지 아니하냐? 재앙이 우리에게 임하지 아니하리라 하는도다"라고 말했다(미 3:5, 11). 선지자 예레미야도 예레미야 6:14에서,

"그들이 내 백성의 상처를 심상히[대수롭지 않게, 피상적으로] 고쳐 주며 말하기를 평강하다 평강하다 하나 평강이 없도다"라고 말했다.

참 선지자들이 전쟁과 재앙과 전염병을 전한 것은 백성들의 회개를 위한 것이었다. 거기에 참 선지자들의 예언의 특징이 있었다. 그러나 거짓 선지자들은 평안만 전하기 때문에 백성들을 죄에서 돌이키게 하지 못하였다. 거짓 예언의 특징은 죄에 대한 지적이나 회개에 대한 권면이 없는 것이었다. 또 예레미야는, 참 선지자도 평화를 예언할 수 있지만, 평화를 예언하는 선지자는 그의 말들이 성취된 후에야 그가 진실로 하나님께서 보내신 선지자로 알게 된다고 말했다.

〔10-11절〕 선지자 하나냐가 선지자 예레미야의 목에서 멍에를 취하여 꺾고 모든 백성 앞에서 말하여 가로되 여호와께서 이같이 말씀하시되 내가 두 해가 차기 전에[2년 안에] **열방의 목에서 바벨론 왕 느부갓네살의 멍에를 이같이 꺾어버리리라 하셨느니라 하매 선지자 예레미야가 자기 길을 가니라.**

선지자 하나냐는 선지자 예레미야의 목에서 멍에를 취하여 꺾으며 여호와께서 2년 안에 열방의 목에서 바벨론 왕의 멍에를 꺾어버리리라고 말했다. 하나냐의 예언은 확신이 있어 보였다. 참 예언과 거짓 예언은 사람들이 분별하기 어렵고 매우 혼란스러워 보였을 것이다.

〔12-14절〕 선지자 하나냐가 선지자 예레미야의 목에서 멍에를 꺾어버린 후에 여호와의 말씀이 예레미야에게 임하니라. 가라사대 너는 가서 하나냐에게 말하여 이르기를 여호와의 말씀에 네가 나무 멍에를 꺾었으나 그 대신 쇠 멍에를 만들었느니라[만들지니라](KJV). **만군의 여호와 이스라엘의 하나님이**[께서] **이같이 말하노라. 내가 쇠 멍에로 이 모든 나라의 목에 메워 바벨론 왕 느부갓네살을 섬기게 하였으니 그들이 그를 섬기리라. 내가 들짐승도 그에게 주었느니라 하신다 하라.**

하나님께서는 예레미야에게 너는 가서 하나냐에게 "여호와의 말씀에 네가 나무 멍에를 꺾었으나 그 대신 쇠 멍에를 만들지니라"고 말하라고 말씀하셨다. 하나님의 말씀은 확실하였다. 모든 나라들이 바벨론 왕 느부갓네살을 섬기게 될 것은 확실한 일이었다. 참 예언과 거짓 예언은 분별하기 어려워 보였으나 분명히 달랐다. 오늘날도 참된 설교와 거짓된 설교는 분별하기 어려워 보이나 분명히 다르다.

〔15-17절〕 선지자 예레미야가 선지자 하나냐에게 이르되 하나냐여, 들으라. 여호와께서 너를 보내지 아니하셨거늘 네가 이 백성으로 거짓을 믿게 하는도다. 그러므로 여호와께서 말씀하시되 내가 너를 지면에서 제하리니 네가 여호와께 패역하는 말을 하였음이라. 금년에 죽으리라 하셨느니라 하더니 선지자 하나냐가 그 해 7월에 죽었더라.

하나냐의 예언의 거짓됨은 하나님의 개입하심으로 드러났다. 예레미야의 선언대로, 하나냐는 그 해 7월 즉 2개월 후에 죽었다. 예레미야의 예언이 이루어짐으로 하나냐가 거짓 선지자이며 예레미야가 참 선지자임이 드러났다. 참 선지자와 거짓 선지자를 분별하는 기준은 그가 전하는 예언들이 모세의 율법과 일치하는가 또 그의 예언들이 실제로 이루어졌는가 하는 것이다. 이 기준에 비추어 볼 때, 하나냐는 확실히 거짓 선지자이었고 예레미야는 참 선지자이었다.

본장의 교훈을 정리해보자. 구약시대에 선지자들의 예언들은 오늘날 목사들의 설교들이다. 옛날이나 오늘날이나 교회 안에는 두 개의 교훈들이 있다. 옛날의 성도들이 거짓 선지자들의 예언을 분별해야 했듯이, 오늘날 우리는 거짓된 목사들의 설교를 분별해야 한다. 거짓 선지자들의 예언의 특징은, 평안만 말하기를 좋아하고 죄의 책망이나 하나님의 진노에 대해 말하지 않는 것이었다. 그들은 하나님을 경외치 않고 도덕적이게 살지 않았다. 오늘날도 우리는 목사들에게서 평안과 위로의 말이나 축복만 듣기를 좋아하지 말고, 죄의 책망과 하나님의 진노에 대한 말씀도 달게 받고 항상 나 자신을 성찰해야 한다. 하나님 앞에서 중요한 것은 우리가 하나님을 경외하고 주 예수 그리스도를 믿고 실제로 죄를 버리고 의와 선을 행하는 것이다. 또 우리는 진지하게 성경을 읽고 연구함으로써 목사들의 다양한 설교들을 분별하고 바른 설교들을 좋아하고 간직하고 잘못된 설교들을 분별하고 거절할 수 있어야 한다.

29장: 포로들에게 보낸 편지

1-14절, 포로들에게 보낸 편지

〔1-7절〕 **선지자 예레미야가 예루살렘에서 이 같은 편지를 느부갓네살이 예루살렘에서 바벨론으로 옮겨간 포로** 중 **남아 있는 장로들과 제사장들과 선지자들과 모든 백성에게 보내었는데 때는 여고니야 왕과 국모와 환관들과 및 유다와 예루살렘 방백들과 목공들과 철공들이 예루살렘에서 떠난 후라. 유다 왕 시드기야가 바벨론으로 보내어 바벨론 왕 느부갓네살에게로 가게 한 사반의 아들 엘라사와 힐기야의 아들 그마랴의 손에** 위탁하였더라. **일렀으되 만군의 여호와 이스라엘의 하나님 내가 예루살렘에서 바벨론으로 사로잡혀 가게 한 모든 포로에게 이같이 이르노라. 너희는 집을 짓고 거기 거하며 전원을 만들고 그 열매를 먹으라. 아내를 취하여 자녀를 생산**[출산] **하며 너희 아들로 아내를 취하며 너희 딸로 남편을 맞아 그들로 자녀를 생산케**[출산케] **하여 너희로 거기서 번성하고 쇠잔하지 않게 하라. 너희는 내가 사로잡혀 가게 한 그 성읍의 평안하기를 힘쓰고 위하여 여호와께 기도하라. 이는 그 성이 평안함으로 너희도 평안할 것임이니라.**

예레미야는 예루살렘에서 유다 왕 시드기야가 바벨론으로 보내어 바벨론 왕 느부갓네살에게로 가게 한 사반의 아들 엘라사와 힐기야의 아들 그마랴의 손에 위탁하여 다음과 같은 편지를 느부갓네살이 예루살렘에서 바벨론으로 옮겨간 포로 중 남아 있는 장로들과 제사장들과 선지자들과 모든 백성에게 보내었다. 그때는 여고니야 왕, 즉 여호야긴 왕과 국모와 환관들과 및 유다와 예루살렘 방백들과 목공들과 철공들이 예루살렘에서 떠난 후, 곧 주전 597년경 이후이었다.

하나님께서는 본문에서 '내가'라는 말을 여러 번 하신다. 예루살렘에서 바벨론으로 사로잡혀 가게 하신 이가 바로 하나님이셨다. 그는 유다 백성을 그들의 죄 때문에 징벌하셔서 바벨론 군대의 포로가 되게 하신 것이었다. 그들의 패전은 하나님께서 하신 일이었다.

예레미야의 편지에 있는 하나님의 말씀의 첫 번째 내용은 그들이 거기서 상당한 기간 동안 안정적 생활을 하라는 것이었다. 하나님께서는 그들이 바벨론에서 집을 짓고 거기 거하며 전원들을 만들고 그 열매를 먹으라고 말씀하신다. '전원'(garden)은 포도원, 감람원 등의 밭을 가리킨다. 또 그는 그들이 아내를 취하여 자녀들을 낳고 그들의 자녀들을 결혼시키고 자녀들을 낳게 하여 그들과 그들의 자손이 거기서 번성하고 수적으로 감소되지 않게 하라고 말씀하셨다.

예레미야의 편지의 두 번째 내용은 그들이 거하는 바벨론의 성읍들이 평안하기를 힘쓰고 그것들을 위해 하나님께 기도하라는 것이다. 그것은 그들의 성읍이 평안해야 그들도 평안한 삶을 살 수 있기 때문이다. 이것은 신약성도들이 그들이 속한 국가의 평안을 구해야 하는 이유이기도 하다. 사도 바울은 디모데에게 말하기를, "모든 사람을 위하여 간구와 기도와 도고와 감사를 하되 임금들과 높은 지위에 있는 모든 사람을 위하여 하라. 이는 우리가 모든 경건과 단정한 중에 고요하고 평안한 생활을 하려 함이니라"고 하였다(딤전 2:1-2).

[8-9절] 만군의 여호와 이스라엘의 하나님이 이같이 말하노라. 너희 중 선지자들에게와 복술(코스밈 קֹסְמִים)[점치는 자들, 예언하는 자들]**에게 혹하지 말며**[속지 말며] **너희가 꾼 바 꿈도 신청하지**[듣지] **말라. 내가 그들을 보내지 아니하였어도 그들이 내 이름으로 거짓을 예언함이니라. 여호와의 말이니라.**

예레미야의 편지의 세 번째 내용은 거짓 선지자들에게 속지 말라는 것이다. 거짓 선지자들은 바벨론에서도 거짓말로 사람들을 속였다. 하나님께서는 그들이 거짓 선지자들의 예언들이나 꿈 해석들에 속지 말고 그것들을 믿지 말라고 하시며 그들은 그가 보내지 않았으나 하나님의 이름으로 거짓말로 예언하는 자들이라고 말씀하셨다. 세상에는 언제나 거짓말하는 거짓 선지자들이 많이 있다. 특히, 성경은 주의 재림 직전에 적그리스도들과 거짓 선지자들이 많이 일어나겠다고 예언했다. 사도시대에 이미 그러했고 지금은 더욱 그러하다.

〔10-11절〕 **나 여호와가 이같이 말하노라. 바벨론에서 70년이 차면 내가 너희를 권고(眷顧)하고**(파카드 פָּקַד)[돌아보고] **나의 선한 말을 너희에게 실행하여 너희를 이 곳으로 돌아오게 하리라. 나 여호와가 말하노라. 너희를 향한 나의 생각은 내가 아나니 재앙이 아니라 곧 평안이요 너희 장래에 소망을 주려 하는 생각이라.**

예레미야의 편지의 네 번째 내용은 바벨론에서 70년이 차면 하나님께서 그들을 돌아보셔서 그의 선한 말을 이루셔서 그들을 고국으로 돌아오게 하실 것이라는 것이다. '그의 선한 말'은 그가 하신 포로 귀환의 약속을 뜻한다. 이스라엘 백성이 70년 후에 바벨론으로부터 돌아올 것이라는 것은 하나님께서 계획하신 일이며 그가 장차 이루실 일이다. 또 하나님께서는 자신의 본심이 이스라엘 백성에게 재앙을 내리는 것이 아니고 평안을 주고 소망을 주려는 것이라고 말씀하셨다. 이스라엘 백성이 70년 후에 고국으로 돌아오는 것은 그들에게 확실한 장래의 소망이며 참으로 기쁘고 복된 일이다.

〔12-14절〕 [그러므로] **너희는 내게 부르짖으며 와서 내게 기도하면 내가 너희를 들을 것이요 너희가 전심으로 나를 찾고 찾으면 나를 만나리라. 나 여호와가 말하노라. 내가 너희에게 만나지겠고** [내가] **너희를 포로된 중에서 다시 돌아오게 하되 내가 쫓아 보내었던 열방과 모든 곳에서** [내가] **모아** [내가] **사로잡혀 떠나게 하던 본 곳으로** [내가] **돌아오게 하리라. 여호와의 말이니라 하셨느니라.**

원문 12절 초두에 있는 우(ו)라는 말은 '그러므로'라고 번역할 수 있다. 포로된 그들이 70년 후에 돌아오는 것은 하나님의 뜻이다. 14절에는 원문에서 '내가'라는 말이 여섯 번이나 나온다(KJV). 하나님께서는 친히 자기 백성을 고국으로 돌아오게 하실 것이다. 그러므로 그들은 그것을 위해 하나님께 기도해야 한다. 에스겔서에서도 하나님께서는 이스라엘의 회복에 대해 예언하신 후 말씀하시기를, "그래도 이스라엘 족속이 이와 같이 자기들에게 이루어 주기를 내게 구하여야 할지라"고 하셨다(겔 36:37). 이스라엘 백성은 하나님의 뜻을 이루기 위해 하나님께 부르짖으며 전심으로 그를 찾고 기도해야 하고 그러면 그가 들으시고 그들이 하나님을 만나게 되고 하나님의 약속하신 포로 귀환의 일이 이루어질 것이다.

본문의 교훈을 정리해보자. 첫째로, 하나님께서는 주권적 섭리자이시다. 본문에는 '내가'라는 말이 많이 나온다. 원문에 14절에서는 여섯 번이나 나온다. 이스라엘 백성을 바벨론 나라에 사로잡혀 가게 하신 분도 하나님이시요 장차 그들을 거기로부터 고국으로 돌아오게 하실 분도 하나님이시다. 심판과 징벌도, 구원과 회복도 하나님께 달려 있다.

둘째로, 포로로 잡혀간 이스라엘 백성은 그 현실에 충실해야 했다. 그들은 집을 짓고 정원을 가꾸고 결혼을 하고 자녀를 출산해야 했다. 또 그들은 그들이 사는 도시들이 평안하기를 기도해야 한다. 오늘 신약 성도들도 우리에게 주신 현실에 충실해야 하고 우리가 사는 세속 국가의 평안을 위해 기도해야 한다. 나라가 평안해야 교회도 평안할 것이다.

셋째로, 이스라엘 백성은 거짓 예언을 조심해야 했다. 거짓 선지자들은 백성을 혼란시킨 한 중요한 요소이었다. 그들은 거짓된 예언을 했고 백성들에게 평안이 있을 것이라고 말했다. 그들은 그들에게 우상숭배와 죄악된 행습을 버리라고 전하지 않았다. 말세에도 성도들은, 거짓된 설교들을 전하며 평안만 선포하는 거짓 목사들을 분별해야 한다.

넷째로, 이스라엘 백성은 70년 후에 바벨론에서 돌아오게 하실 것이라는 하나님의 약속을 붙잡고 소망 중에 하나님께 부르짖어 기도해야 했다. 12절, "너희는 내게 부르짖으며 와서 내게 기도하면 내가 너희를 들을 것이요." 이스라엘 백성을 향한 하나님의 작정된 바가 있으셨으나, 하나님께서는 그들이 그에게 부르짖어 기도하며 전심으로 그를 찾음으로써 기도의 응답을 받아 하나님을 만나며 회복의 은혜를 체험하라고 교훈하셨다. 오늘 우리도 천국 소망을 굳게 붙잡고 기도해야 한다.

15-32절, 거짓 선지자들

〔15-16절〕 너희가 말하기를 여호와께서 바벨론에서 우리를 위하여 선지자들을 일으키셨다 하므로 여호와께서 다윗의 위(位)[왕위]**에 앉은 왕과 이 성에 거하는 모든 백성 곧 너희와 함께 포로되어 가지 아니한 너희 형제에게 대하여 이같이 말씀하시느니라.**

바벨론으로 포로로 끌려간 자들 가운데도 거짓 선지자들이 일어났다. 거짓 선지자들은 포로들이 2년 안에 고국으로 돌아갈 것이라고 예언하였다(렘 28:10-11). 하나님께서는 그들의 거짓된 예언에 대답하시면서 유다 땅에 남아 있던 왕과 백성들에 대한 말씀을 주셨다.

〔17-19절〕 만군의 여호와께서 이같이 말씀하시되 보라, 내가 칼과 기근과 염병을 그들에게 보내어 그들로 악하여[나빠서] **먹을 수 없는 악한**[나쁜] **무화과 같게 하겠고 내가 칼과 기근과 염병으로 그들을 따르게 하며 그들을 세계 열방 중에 흩어 학대를 당하게**[세계 열방들에게 두려움이 되게](BDB, NASB, NIV) **할 것이며 내가 그들을 쫓아 보낸 열방 중에서 저주거리와 놀램과 치소와 모욕거리가 되게 하리니 이는 내가 내 종 선지자들을 그들에게 보내되 부지런히 보내었으나 그들이 나 여호와의 말을 듣지 아니하며 듣지 아니함이니라. 여호와의 말이니라.**

바벨론에 있었던 하나님의 선지자들은 거짓 선지자들이며 그들의 말처럼 그들이 고국으로 돌아오기는커녕 고국에 있는 자들도 망해 세계 열방들에게 두려움이 되게 할 것이다. 고국에 있는 동족들은 칼과 기근과 전염병으로 망해 못 먹을 무화과처럼 될 것이며 세계 열방들에게 두려움이 되며 저주거리와 조롱거리가 될 것이다. 유다 백성이 이렇게 망하게 되는 까닭은 그들이 하나님의 종 선지자들을 통해 부지런히 전달된 하나님의 말씀을 끝까지 듣지 않았기 때문이다.

〔20-23절〕 그런즉 내가 예루살렘에서 바벨론으로 보낸 너희 모든 포로여, 나 여호와의 말을 들을지니라. 만군의 여호와 이스라엘의 하나님 내가 골라야의 아들 아합과 마아세야의 아들 시드기야에 대하여 말하노라. 그들은 내 이름으로 너희에게 거짓을 예언한 자라. 보라, 내가 그들을 바벨론

왕 느부갓네살의 손에 붙이리니 그가 너희 목전에서 그들을 죽일 것이라. 너희 바벨론에 있는 유다 모든 포로가 그들로 저주거리를 삼아서 이르기를 여호와께서 너로 바벨론 왕이 불살라 죽인 시드기야와 아합 같게 하시기를 원하노라 하리니 이는 그들이 이스라엘 중에서 망령되이 행하여 그 이웃의 아내와 행음하며 내가 그들에게 명하지 아니한 거짓을 내 이름으로 말함이니라. 나는 아는 자요 증거인이니라. 여호와의 말이니라 하셨다 하였더라.

하나님께서는 선지자 예레미야를 통해 바벨론에 있는 선지자들 중에 골라야의 아들 아합과 마아세야의 아들 시드기야에 대해 말씀하셨다. 그들은 거짓을 예언한 거짓 선지자들이었고 하나님께서는 그들을 바벨론 왕 느부갓네살의 손에 붙여 불태워 죽임을 당하게 하실 것이다. 그들이 이런 심판과 징벌을 받는 까닭은 세 가지 때문이었다. 첫째, '망령되이'(네발라 נְבָלָה)[악한 일을] 행하였고, 둘째, 이웃의 아내들과 행음하였고, 셋째, 하나님의 이름으로 거짓을 말했기 때문이었다. 그들은 하나님께서 명하시지 않은 말들을 하나님의 이름으로 말했다. 하나님께서는 그 모든 사실들을 다 아셨고 증거하셨다.

〔24-28절〕 너는 느헬람 사람 스마야에게 이같이 말하여 이르라. 만군의 여호와 이스라엘의 하나님이[께서] **이같이 말씀하여 가라사대 네가 네 이름으로 예루살렘에 있는 모든 백성과 제사장 마아세야의 아들 스바냐와 모든 제사장에게 글**[들]**을 보내어 이르기를 여호와께서 너로 제사장 여호야다를 대신하여 제사장을 삼아 여호와의 집 유사로 세우심은 무릇 미친 자와 자칭 선지자를 착고**[차꼬]**에 채우며 칼을 메우게 하심이어늘 이제 네가 어찌하여 너희 중에 자칭 선지자라 하는 아나돗 사람 예레미야를 책망하지 아니하느냐? 대저 그가 바벨론에 있는 우리에게 편지하기를** 때가 **오래리니 너희는 집을 짓고 거기 거하며 전원을 만들고 그 열매를 먹으라 하였다 하였느니라.**

바벨론의 거짓 선지자들 중에 느헬람 사람 스마야라는 자도 있었다. 그는 예루살렘 백성과 제사장 스바냐와 모든 제사장들에게 편지들을 보냈는데 그 편지들에서 제사장 스바냐가 미친 자와 자칭 선지자를 단속하고 그를 차꼬에 채워야 하는 직무를 다하지 못했다고 말하면서 선지자 예레미야가 이 곳에 편지하여 때가 오랠 것이니 집을 짓고 전원을 만들고 그 열매를 먹으라고 했는데 왜 그를 잡아 가두지 않느냐고 책망했다. 그는 하나님의 참 선지자 예레미야를 '미친 자' '자칭 선지자'라고 비난하며 그를 감금하라고 말했던 것이다.

〔29-32절〕 제사장 스바냐가 스마야의 글을 선지자 예레미야에게 읽어 들릴 때에 여호와의 말씀이 예레미야에게 임하여 가라사대 너는 모든 포로에게 글을 보내어 이르기를 여호와께서 느헬람 사람 스마야에 대하여 이같이 말씀하시되 내가 스마야를 보내지 아니하였거늘 그가 너희에게 예언하고 너희로 거짓을 믿게 하였도다. 그러므로 나 여호와가 이같이 말하노라. 보라, 내가 느헬람 사람 스마야와 그 자손을 벌하리니 그가 나 여호와께 패역한[대적하는, 거역하는] **말을 하였음을 인하여 이 백성 중에 거할 그의 사람이 하나도 없을 것이라. 내가 내 백성에게 행하려 하는 선한 일을 그가 보지 못하리라 하셨다 하라. 여호와의 말이니라.**

스마야는 하나님께서 보내지 않으셨는데도 거짓을 예언하여 사람들로 믿게 하였다. 그러므로 하나님께서는 그와 그의 자손을 벌하실 것이다. 그가 하나님께 반역하는 말을 했기 때문이다. 스마야에게 속한 사람들 중에는 이 백성 가운데 거할 자가 하나도 없을 것이며 그는 장차 하나님께서 유다 백성에게 주실 선한 일 곧 이스라엘의 회복의 일을 보지 못할 것이다. 스마야는 바벨론에서 죽을 것이다.

본문의 교훈을 정리해보자. 첫째로, 이스라엘 백성은 거짓 예언들을 조심해야 했다. 21절, "만군의 여호와 이스라엘의 하나님 내가 골라야의 아들 아합과 마아세야의 아들 시드기야에 대하여 말하노라. 그들은 내 이름으로 너희에게 거짓을 예언한 자라." 31절, "여호와께서 느헬람 사람 스마야에 대하여 이같이 말씀하시되 내가 스마야를 보내지 아니하였거늘 그가 너희에게 예언하고 너희로 거짓을 믿게 하였도다." 예나 지금이나 하나님의 교회를 어지럽히는 것은 거짓된 교훈들이다. 그것들은 참된 회개와 계명 순종을 강조하지 않고 오히려 신앙의 해이함을 조장한다. 그러므로 우리는 거짓된 설교들을 분별하고 조심해야 한다.

둘째로, 이스라엘 백성은 거짓 선지자들의 정체를 알아야 했다. 23절, "이는 그들이 이스라엘 중에서 망령되이 행하여 그 이웃의 아내와 행음하며 내가 그들에게 명하지 아니한 거짓을 내 이름으로 말함이니라. 나는 아는 자요 증거인이니라." 거짓 선지자들은 악한 일을 행했고 행음했고 거짓을 설교했고 또 참된 종들을 도리어 '미친 자'니 '자칭 목사'니 하고 비난했다. 참 목사와 거짓 목사는 그 사상과 행위로 분별할 수 있다. 마태복음 7:15-16, "거짓 선지자들을 삼가라. 양의 옷을 입고 너희에게 나아오나 속에는 노략질하는 이리라. 그의 열매로 그들을 알지니 가시나무에서 포도를, 또는 엉겅퀴에서 무화과를 따겠느냐?" 우리는 거짓 목사들의 정체를 그들의 설교들과 그들의 행위들로 분별해야 한다.

셋째로, 이스라엘 백성은 거짓 선지자들의 종말을 알아야 했다. 21, 22절, "내가 그들을 바벨론 왕 느부갓네살의 손에 붙이리니 그가 너희 목전에서 그들을 죽일 것이라," "너희 바벨론에 있는 유다 모든 포로가 그들로 저주거리를 삼아서 이르기를 여호와께서 너로 바벨론 왕이 불살라 죽인 시드기야와 아합 같게 하시기를 원하노라 하리니." 32절, "내가 느헬람 사람 스마야와 그 자손을 벌하리니 그가 나 여호와께 패역한 말을 하였음을 인하여 이 백성 중에 거할 그의 사람이 하나도 없을 것이라." 하나님께서는 때때로 거짓 목사들을 직접 징벌하기도 하신다.

넷째로, 유다 나라의 멸망의 이유는 하나님께서 그들에게 부지런히 보내신 종들의 말을 끝까지 듣지 않았기 때문이다(19절). 하나님의 말씀을 듣고 믿고 순종하는 것이 죽지 않고 사는 길이며 평안을 얻는 길이다. 이사야 55:2-3은, "나를 청종하라. 그리하면 너희가 좋은 것을 먹을 것이며 너희 마음이 기름진 것으로 즐거움을 얻으리라. 너희는 귀를 기울이고 내게 나아와 들으라. 그리하면 너희 영혼이 살리라." 우리는 모든 죄를 멀리하고 하나님의 말씀인 성경을 열심히 읽고 듣고 배우고 주 예수 그리스도를 믿고 성경 교훈을 힘써 지키며 실행해야 한다.

30장: 이스라엘의 회복

1-11절, 하나님께서 돌아오게 하실 것

〔1-2절〕 여호와께로서 말씀이 예레미야에게 임하여 이르시니라. 이스라엘의 하나님 여호와께서 이같이 일러 가라사대 내가 네게 이른 모든 말을 책에 기록하라.

본문은 하나님을 '이스라엘의 하나님'이라고 표현한다. '이스라엘의 하나님'이라는 표현(본서에 47회 나옴)은 이스라엘 백성이 하나님의 특별한 사랑의 대상임을 잘 나타낸다. 이스라엘의 하나님 여호와께서는 예레미야에게 그가 그에게 말한 모든 내용을 책에 기록하라고 명하셨다. 그것은 후시대의 사람들에게 교훈이 되게 하라는 뜻이었다(딤후 3:16-17). 여기에 성경의 필요성이 있었다.

〔3절〕 나 여호와가 말하노라. 내가 내 백성 이스라엘과 유다의 포로를 돌이킬 때가 이르리니 내가 그들을 그 열조에게 준 땅으로 돌아오게 할 것이라. 그들이 그것을 차지하리라. 여호와의 말이니라.

하나님께서는 이스라엘 백성이 포로 생활에서 돌아올 때에 대해 말씀하셨다. 세상의 모든 일은 하나님의 작정하신 때가 있다. 우리는 그때를 믿고 기다린다. 하나님께서는 이스라엘을 '내 백성 이스라엘과 유다'라고 부르신다. 그것은 그들이 비록 심히 죄악되어 멸망을 당했고 많은 연약성을 가지고 있지만 여전히 하나님의 선택된 백성이며 하나님의 특별한 사랑의 대상임을 나타낸다. 북방 이스라엘 나라도, 남방 유다 나라도 우상숭배가 가득하였으나 그들은 여전히 하나님의 백성이며 하나님의 긍휼과 사랑이 마침내 그들을 회복시킬 것이다. 하나님께서는 "내가 . . . 그들을 그 열조에게 준 땅으로 돌아오게 할 것이라"고 말씀하신다. 이스라엘 백성의 포로 귀환 즉 회복은 하나님께서 행하시는 일이다. 가나안 땅은 본래 하나님께서 그 조상들에게 주셨던 땅이었다. 이스라엘 백성은 죄 때문에 하나님의 징벌을 받아 이방나라로 포로되어 갔지만, 때가 되면 고국으로 돌아와 다시 그 땅을 차지하게 될 것이다. 하나님께서 그렇게 하실 것이다.

〔4-7절〕 여호와께서 이스라엘과 유다에 대하여 하신 말씀이 이러하니라. 여호와께서 이같이 말씀하시되 우리가 떨리는 소리를 들으니 두려움이요 평안함이 아니로다. 너희는 자식을 해산하는 남자가 있는가 물어보라. 남자마다 해산하는 여인같이 손으로 각기 허리를 짚고 그 얼굴빛이 창백하여 보임은 어찜이뇨? 슬프다, 그 날이여. 비할 데 없이 크니 이는 야곱의 환난의 때가 됨이로다마는 그가 이에서 구하여 냄을 얻으리로다.

이스라엘 백성은 그들의 죄 때문에 극심한 고난의 벌을 받았다. 이스라엘의 멸망은 마치 해산하는 여인의 고통과 같았다. 이스라엘의 남자들은 해산하는 여인같이 손으로 각기 허리를 짚고 그 얼굴빛이 창백하였다. 그것은 '야곱의 환난의 때'라고 표현되었다. 그러나 이제 그들은 하나님의 긍휼로 그 고통에서 구원을 얻을 것이다.

〔8-9절〕 만군의 여호와가 말하노라. 그 날에 내가 네 목에서 그 멍에를 꺾어버리며 네 줄을 끊으리니 이방인이 다시는 너를 부리지 못할 것이며 너희는 너희 하나님 나 여호와를 섬기며 내가 너희를 위하여 일으킬 너희 왕 다윗을 섬기리라.

'만군의 여호와'는 천군 천사들을 거느리신 능력의 하나님을 나타낸다. 이스라엘 백성의 회복의 날에 만군의 여호와 즉 능력의 하나님께서는 이스라엘 백성의 목에 있는 멍에를 꺾어버리시고 줄을 끊어주실 것이다. 이스라엘 백성은 다시 이방인들을 섬기지 않을 것이다. 그 대신에, 그들은 그들의 하나님 여호와를 섬기며 하나님께서 그들을 위하여 일으키실 그들의 왕 다윗을 섬길 것이다. 이전에는 그들이 하나님을 거절하고 거역했기 때문에 멸망을 당했었다. 그러나 이제는 그들이 참 하나님을 섬기며 하나님의 뜻에 즐거이 순종할 것이다.

하나님께서 왕 다윗을 일으키실 것이라는 말씀은 메시아 예언이다.

예레미야는 23:5-6에서도 “때가 이르리니 내가 다윗에게 한 의로운 가지를 일으킬 것이라. 그가 왕이 되어 지혜롭게 행사하며[형통하여] 세상에서 공평과 정의를 행할 것이며 그의 날에 유다는 구원을 얻겠고 이스라엘은 평안히 거할 것이라”는 하나님의 말씀을 전했었다. 비슷한 예언을 선지자 호세아와 에스겔도 했었다(호 3:5; 겔 34:23-24). 메시아께서는 다윗의 자손으로 오실 것이다.

〔10절〕 그러므로 나 여호와가 말하노라. 내 종 야곱아, 두려워 말라. 이스라엘아, 놀라지 말라. 내가 너를 원방에서 구원하고 네 자손을 포로된 땅에서 구원하리니 야곱이 돌아와서 태평(<u>솨카트 שָׁקַט</u>)[평안]**과 안락**(<u>솨아난 שַׁאֲנַן</u>)[편안함]**을 얻을 것이라. 너를 두렵게 할 자 없으리라.**

하나님께서는 그의 종 이스라엘 백성을 구원하실 것이다. 이스라엘 백성은 지금 이방인들의 땅에서 두려워하며 살고 있지만 그들을 두려워하지 말고 놀라지 말아야 한다. 하나님께서는 이스라엘 백성을 원방에서, 포로된 땅에서 구원하실 것이며 그들은 평안하며 편안할 것이며 그들을 두렵게 할 자들이 아무도 없을 것이다. 하나님께서 그들에게 주실 구원의 결과는 평안과 편안함일 것이다.

〔11절〕 나 여호와가 말하노라. 내가 너와 함께하여 너를 구원할 것이라. 내가 너를 흩었던 그 열방은 진멸(殄滅)한다[완전히 멸한다] **할지라도 너는 진멸하지**[완전히 멸하지] **아니하리라. 그러나 내가 공도(公道)**[공의]**로 너를 징책할 것이요 결코 무죄한 자로 여기지 아니하리라.**

하나님께서 구원하시고자 하시면 죄인들은 구원을 얻을 것이다. 하나님께서는 죄인들의 구주이시다(딛 1:3). 하나님께서는 이스라엘 나라를 멸망시켰던 바벨론 나라는 완전히 멸하실 것이지만 이스라엘 나라는 완전히 멸하지 않으실 것이다. 하나님께서 이스라엘 백성과 이방인들을 구별하실 것이다. 여기에 이스라엘 백성에 대한 하나님의 특별한 사랑이 있고 선택의 진리가 있다. 하나님께서는 만세 전에 구원하실 자들을 택하셨다. 이것이 성경 진리이다.

그러나 하나님께서는 이스라엘 백성을 공의로 징책하실 것이요 결코 무죄(無罪)한 자로 여기지 않으실 것이다. 그는 이스라엘 백성의 죄악을 엄중히 징벌하실 것이다. 그는 사람들의 죄를 매우 미워하신다. 그는 피조물들의 죄 때문에 지옥을 예비하셨다. 주 예수 그리스도께서는 택함 받은 자들의 죄 때문에 십자가에 죽으셨다. 우리의 구원은 하나님의 의로우신 방법으로 이루어졌다.

본문의 교훈을 정리해보자. 첫째로, 택자들을 향하신 하나님의 사랑이 구원의 기초이다. 2-3절, "이스라엘의 하나님," "내가 내 백성 이스라엘과 유다의 포로를 돌이킬 때가 이르리니." 하나님의 사랑이 죄인들을 구원하셨다. 우리는 하나님의 그 선택하신 사랑을 감사해야 한다.

둘째로, 구원 얻은 성도들의 큰복은 평안이다. 10절, "야곱이 돌아와서 태평과 안락을 얻을 것이라." 이스라엘의 회복은 포로 귀환과 더불어 주시는 참된 평안이다. 주께서는 제자들에게 "나의 평안을 너희에게 주노라"고 말씀하셨다(요 14:27). 사도 바울은 성도들에게 편지를 쓸 때마다 하나님께로부터 오는 평안을 기원했다(롬 1:7 등; 살후 3:16). 예수 그리스도를 믿고 섬기는 우리는 세상에서 하나님의 평안을 누린다.

셋째로, 본문은 메시아 시대를 예언한다. 8-9절, "그 날에 내가 네 목에서 그 멍에를 꺾어버리며 네 줄을 끊으리니 이방인이 다시는 너를 부리지 못할 것이며 너희는 너희 하나님 나 여호와를 섬기며 내가 너희를 위하여 일으킬 너희 왕 다윗을 섬기리라." 본문에 예언된 다윗은 메시아를 가리켰다. 메시아 시대는 바로 신약교회 시대이다. 그러나 이스라엘의 완전한 회복은 주의 재림 때에 임할 천국에서 이루어질 것이다.

넷째로, 하나님의 공의는 예나 지금이나 변함이 없다. 11절, ". . . 내가 공도(公道)[공의]로 너를 징책할 것이요 결코 무죄한 자로 여기지 아니하리라." 신약성도가 예수님을 믿어도 범죄하면 하나님의 징계가 있다. 그러므로 우리는 하나님의 계명을 힘써 지키고 죄를 멀리해야 한다.

12-24절, 내가 너를 치료하리라

〔12-15절〕 나 여호와가 말하노라. 네 상처는 고칠 수 없고 네 창상은 중하도다. 네 송사를 변호할 자가 없고 네 상처를 싸맬 약이 없도다. 너를 사랑하던 자가 다 너를 잊고 찾지 아니하니 이는 네 허물이 크고 네 죄가 수다(數多)함[많음]**을 인하여 내가 대적의 상하게 하는** 그**것으로 너를 상하게 하며 잔학한 자의 징계하는** 그**것으로 너를 징계함이어늘 어찌하여 네 상처를 인하여 부르짖느뇨? 네 고통이 낫지 못하리라. 네 죄악의 큼과 죄의 수다(數多)함**[많음]**을 인하여 내가 네게 이 일을 행하였느니라.**

이 말씀은 이스라엘 백성이 그들의 크고 많은 허물과 죄악 때문에 하나님의 징벌을 받아서 고칠 수 없는 상처, 치료할 약이 없는 상처를 입었음을 증거한다. 이것은 그들이 지금 처한 상황이었고 다 하나님께서 내리신 징벌이었다. 하나님께서는 "네 죄악의 큼과 죄의 많음을 인하여 내가 네게 이 일을 행하였느니라"고 말씀하셨다. 사람이 하나님의 계명을 어기고 죄를 지으면 하나님께서 징벌하신다.

〔16-17절〕 그러나(라켄 לָכֵן)[그러므로](BDB, KJV, NASB) **무릇 너를 먹는 자는 먹히며 무릇 너를 치는 자는 다 포로가 되며 너를 탈취하는 자는 탈취를 당하며 무릇 너를 약탈하는 자는 내가 그로 약탈을 당하게 하리라. 나 여호와가 말하노라. 그들이** [너를] **쫓겨난 자라 하며 찾는 자가 없는 시온이라 한즉 내가 너를 치료하여 네 상처를 낫게 하리라**[너를 건강하도록 회복시키며 네 상처를 치료하리라](원문직역)(KJV, NASB, NIV).

하나님께서는 이스라엘을 징벌하셨듯이 그들을 멸망시켰던 이방나라를 멸망시키시고 이스라엘을 치료하시고 회복시키실 것이다.

〔18-22절〕 나 여호와가 말하노라. 보라, 내가 포로된 야곱의 장막들을 돌이키고 그 거하는 곳들을 긍휼히 여길 것이라. 그 성읍은 자기 산(텔 תֵּל)[무더기](BDB, KJV, NASB)**에 중건될 것이요 그 궁궐은 본래대로 거하는 곳이 될 것이며 감사하는 소리와 즐거워하는 자의 목소리가 그 중에서 나오리라. 내가 그들을 번성케 하리니 쇠잔치 아니하겠고 내가 그들을 영화롭게 하리니 비천하지 아니하겠으며 그 자손은 여전하겠고 그 회중은 내 앞에 굳게**

설 것이며 무릇 그를 압박하는 자는 내가 다 벌하리라. 그 왕(앗디르 אַדִּיר) [귀인]**은 그 본족에게서 날 것이요 그 통치자는 그들 중에서 나올 것이며 내가 그를 가까이 오게 하므로 그가 내게 접근하리라.** 그렇지 않고 **담대히 내게 접근할 자가 누구뇨? 여호와의 말이니라. 너희는 내 백성이 되겠고 나는 너희 하나님이 되리라.**

본문은 주권적 섭리자이신 하나님께서 이스라엘을 회복시키실 것을 예언한다. 18절, "내가 포로된 야곱의 장막들을 돌이키고 그 거하는 곳들을 긍휼히 여길 것이라." 19절, "내가 그들을 번성케 하리니 . . . 내가 그들을 영화롭게 하리니." 20절, "내가 다 벌하리라." 21절, "내가 그를 가까이 오게 하므로 그가 내게 접근하리라."

이스라엘의 집들과 성읍들이 회복될 것이다. 18절, "내가 포로된 야곱의 장막들을 돌이키고 그 거하는 곳들을 긍휼히 여길 것이라. 그 성읍은 자기 산에[그 무더기 위에, 그 폐허 위에] 중건될 것이요 그 궁궐은 본래대로 거하는 곳이 될 것이며." 이 예언의 성취는 이스라엘의 포로 귀환과 예루살렘 성전 건립과 성곽 건립을 통해 시작되었으나 장차 새 예루살렘의 건립에서 완전하게 이루어질 것이다.

이스라엘 백성은 또한 감사와 즐거움이 넘치게 될 것이다. 19절, "감사하는 소리와 즐거워하는 자의 목소리가 그 중에서 나오리라." 오늘날 구원 얻은 신약교인들에게도 감사와 기쁨이 있다. 데살로니가전서 5:16, 18, "항상 기뻐하라," "범사에 감사하라." 성령의 열매 중에는 희락[기쁨]이 있다(갈 5:22). 로마서 14:17은 "하나님의 나라는 성령 안에서 의와 평강과 희락이라"고 말하였다. 요한계시록 21:4는 천국에서 눈물과 사망과 슬픔과 아픈 것이 없을 것이라고 증거한다.

이스라엘 백성은 또 번영과 영광을 누릴 것이다. 19절, "내가 그들을 번성케 하리니 쇠잔치 아니하겠고 내가 그들을 영화롭게 하리니 비천하지 아니하겠으며." 이 예언도 천국에서 완전하게 이루어질 것이다. 로마서 8:18, "현재의 고난은 장차 우리에게 나타날 영광과 족히 비교할 수 없도다.” 요한계시록 21:10-11, “성령으로 나를 데리고 크고 높은 산으로 올라가 하나님께로부터 하늘에서 내려오는 거룩한 성 예루살렘을 보이니 하나님의 영광이 있으매 그 성의 빛이 지극히 귀한 보석 같고 벽옥과 수정같이 맑더라.”

이스라엘 백성은 하나님과 밀접한 관계를 가지게 될 것이다. 20절, “그 회중은 내 앞에 굳게 설 것이며.” 21절, “내가 그를 가까이 오게 하므로 그가 내게 접근하리라. 그렇지 않고 담대히 내게 접근할 자가 누구뇨?” 22절, “너희는 내 백성이 되겠고 나는 너희 하나님이 되리라.” 히브리서 4:16, “우리가 긍휼하심을 받고 때를 따라 돕는 은혜를 얻기 위하여 은혜의 보좌 앞에 담대히 나아갈 것이니라.” 히브리서 10:19, “형제들아, 우리가 예수님의 피를 힘입어 성소에 들어갈 담력을 얻었나니.” 요한계시록 21:3, “내가 들으니 보좌에서 큰 음성이 나서 가로되 보라, 하나님의 장막이 사람들과 함께 있으매 하나님께서 저희와 함께 거하시리니 저희는 하나님의 백성이 되고 하나님께서는 친히 저희와 함께 계셔서.”

〔23-24절〕 보라, 여호와의 노가 발하여 폭풍과 회리바람처럼 악인의 머리를 칠 것이라. 나 여호와의 진노는 내 마음의 뜻한 바를 행하여 이루기까지는 쉬지 아니하나니 너희가 말일에 그것을 깨달으리라.

이 말씀은 이스라엘 백성 중의 악인들에게 뿐만 아니라 이스라엘 나라를 멸망시켰던 바벨론 나라에게 하시는 말씀이라고 본다. 하나님께서는 마지막 날에 세상의 악인들을 엄하게 징벌하실 것이다.

본문의 교훈을 정리해보자. 첫째로, 하나님께서는 이스라엘 백성을 징벌하셨으나 이제 그의 긍휼로 그들을 회복시키실 것이다. 이스라엘 나라의 회복은 하나님의 긍휼로만 가능하다. 우리의 구원은 오직 하나님의 은혜로만 되었다. 로마서 9:16, “그런즉 원하는 자로 말미암음도 아니요 달음박질하는 자로 말미암음도 아니요 오직 긍휼히 여기시는 하나님으로 말미암음이니라.” 디모데후서 1:9, “하나님께서 우리를 구원하사 거룩하신 부르심으로 부르심은 우리의 행위대로 하심이 아니요 오직 자기 뜻과 영원한 때 전부터 그리스도 예수 안에서 우리에게 주신 은혜대로 하심이라.” 에베소서 2:8-9, “너희가 그 은혜를 인하여 믿음으로 말미암아 구원을 얻었나니 이것이 너희에게서 난 것이 아니요 하나님의 선물이라. 행위에서 난 것이 아니니 이는 누구든지 자랑치 못하게 함이니라.” 죄인들의 죄를 씻는 길은 하나님의 긍휼과 예수 그리스도의 피밖에 없다. 시편 49:8, “저희 생명의 구속(救贖)이 너무 귀하며 영영히 못할 것임이라.” 우리는 구주 예수 그리스도의 대속 사역과 그의 보혈의 공로로 죄씻음과 의롭다 하심의 구원을 얻었다. 베드로전서 1:18-19, “너희가 알거니와 너희 조상의 유전한 망령된 행실에서 구속(救贖)된 것은 은이나 금같이 없어질 것으로 한 것이 아니요 오직 흠 없고 점 없는 어린양 같은 그리스도의 보배로운 피로 한 것이니라.”

둘째로, 이스라엘 백성은 하나님의 구원을 기뻐하며 감사할 것이다. 이스라엘 나라의 회복의 예언은 이미 성취되기 시작하였고 장차 천국에서 완성될 것이다. 그러므로 신약 성도들은 하나님 안에서 항상 기뻐하며 범사에 감사해야 한다. 이것이 하나님의 뜻이다(살전 5:16, 18). 우리는 주 예수 그리스도의 십자가 의를 믿는 믿음 안에서 천국의 영광을 사모하고 소망하면서 하나님께서 주신 이 큰 구원을 성령의 도우심을 힘입어 지키고 그 은혜 안에서 항상 기뻐하고 감사해야 한다.

셋째로, 이스라엘 백성은 이제 범죄치 말고 죄를 멀리해야 한다. 예수 그리스도의 대속(代贖)을 믿음으로 의롭다 하심을 얻은 신약 성도도 이제는 범죄치 말아야 한다. 하나님께로서 난 자마다 계속 범죄치 않는다(요일 3:9). 로마서 6:12-13, “너희는 죄로 너희 죽을 몸에 왕노릇하지 못하게 하여 몸의 사욕을 순종치 말고 또한 너희 지체를 불의의 도구로 죄에게 드리지 말고 오직 너희 자신을 죽은 자 가운데서 다시 산 자같이 하나님께 드리며 너희 지체를 의의 도구로 하나님께 드리라.”

31장: 새 언약

1-14절, 내가 모으리라

〔1-3절〕 나 여호와가 말하노라. 그때에 내가 이스라엘 모든 가족의 하나님이 되고 그들은 내 백성이 되리라. 나 여호와가 이같이 말하노라. 칼에서 벗어난 백성이 광야에서 은혜를 얻었나니 곧 내가 이스라엘로 안식을 얻게 하러 갈 때에라. 나 여호와가 옛적에 이스라엘에게 나타나 이르기를 **내가 무궁한 사랑으로 너를 사랑하는 고로 인자함으로 너를 인도하였다 하였노라.**

멸망한 이스라엘 나라가 회복될 때에는 하나님께서 이스라엘 모든 가족의 하나님이 되시고 그들은 하나님의 백성이 될 것이다. 2절은 “이스라엘이 안식을 얻으러 갈 때 칼에서 벗어난 그 백성이 광야에서 은혜를 얻었도다”라는 뜻 같다(NASB).[6] 하나님께서는 바벨론 군대의 칼을 모면한 남은 이스라엘 백성에게 은혜를 주셨고 안식을 주실 것이다. 이스라엘 나라의 회복은 그 백성의 많은 죄들에도 불구하고 하나님의 무궁한 사랑과 인자하심 때문에 이루어질 것이다. 사람은 전적으로 부패한 존재이지만 하나님의 무조건적이고 무한한 사랑과 자비 때문에 구원을 얻고 영생을 얻는다.

〔4-7절〕 처녀 이스라엘아, 내가 다시 너를 세우리니 네가 세움을 입을 것이요 네가 다시 소고(小鼓)로 너를 장식하고 즐거운 무리처럼 춤추며 나올 것이며 네가 다시 사마리아 산들에 포도원을 심되 심는 자가 심고 그 과실을 **먹으리라. 에브라임 산 위에서 파숫군이 외치는 날이 이를 것이라. 이르기를 너희는 일어나라. 우리가 시온에 올라가서 우리 하나님 여호와께로 나아가자 하리라. 나 여호와가 이같이 말하노라. 너희는 야곱을 위하여 기쁘 노래하며 만국의 머리된 자를 위하여**(베로쉬 학고임 בְּרֹאשׁ הַגּוֹיִם)[만국

---

6) 할로크 הָלוֹךְ(‘갈 때’)라는 절대부정사는 문맥상 1인칭보다(BDB, KJV, NIV) 3인칭이 합당해 보이며(NASB), 레하르기오 לְהַרְגִּיעוֹ(‘안식을 얻게 하러’)라는 히필형 부정사도 자동사의 뜻이 가능한 것 같다(BDB).

의 머리된 자 가운데서](MT, KJV) **외쳐 전파하며 찬양하며 이르기를 여호와여, 주의 백성 이스라엘의 남은 자를 구원하소서 하라.**

하나님께서는 멸망한 이스라엘 나라를 다시 건립하겠다고 말씀하신다. 이스라엘 나라는 이전처럼 아름답게 단장될 것이며 즐거움이 있어 노래하며 춤출 것이고 먹을것도 풍성할 것이다. 그 땅에는 경건도 회복될 것이다. 파수꾼들, 곧 주의 종들은 사람들에게 성전에 올라가 하나님을 섬기자고 권면할 것이다. '만국의 머리된 자'는 이스라엘 백성을 가리킨다고 본다. 하나님께서는 그 남은 자들을 다 구원하실 것이다. 또 그들은 하나님의 구원을 기뻐하며 찬양할 것이다.

〔8-9절〕 보라, 내가 그들을 북편 땅에서 인도하며 땅끝에서부터 모으리니 그들 중에는 소경과 절뚝발이와 잉태한 여인과 해산하는 여인이 함께하여 큰 무리를 이루어 이 곳으로 돌아오되 울며 올 것이며 그들이 나의 인도함을 입고 간구할 때에[간구함으로 내가 그들을 인도할 것이며] **내가 그들로 넘어지지 아니하고 하숫가의 바른 길로 행하게 하리라. 나는 이스라엘의 아비요 에브라임은 나의 장자니라.**

하나님께서는 이스라엘의 남은 자들을 북편 땅으로부터 인도하시며 땅끝에서부터 모으실 것이다. 그들이 앗수르와 바벨론에 끌려가 온 땅에 흩어졌었으나 하나님께서는 그들을 고국으로 돌아오게 하실 것이다. 소경과 절뚝발이같이 몸이 불편한 자들도 귀환 행렬에 있을 것이며 임신하여 몸이 무거운 여인들이나 해산하여 몸이 불편한 자들도 함께할 것이다. 그들은 다 구원의 행렬에 참여할 것이다.

그들은 큰 무리를 이루어 울면서 돌아올 것이다. 그 울음은 회개와 감사 감격의 눈물일 것이다. 그것은 하나님의 긍휼과 은혜이다. 또 그들은 하나님께 구원과 회복을 간구하며 하나님의 인도하심을 입을 것이다. 기도는 하나님의 작정된 일을 이루는 과정이다. 하나님께서 우리를 위하여 좋은 것을 작정해두셨을지라도 우리는 그것을 위해 하나님께 기도하며 또 하나님의 선한 인도하심을 구하여야 한다.

하나님께서는 또 그들로 넘어지지 않고 하숫가의 바른 길로 행하게 인도하실 것이다. 하숫가의 바른 길은 목마를 염려가 없고 쉴 만한 그늘이 있는 '바른 길' 곧 정로(正路, 데렉 야솨르 דֶּרֶךְ יָשָׁר)이다. 인생의 정로는 하나님을 경외하고 그의 계명대로 사는 것이다.

하나님과 이스라엘 백성의 바른 관계는 아버지와 아들의 관계이다. 그들은 이제 계명을 순종하며 경건하고 의롭게 살아야 한다.

〔10-14절〕 **열방이여, 너희는 나 여호와의 말을 듣고 먼 섬에 전파하여 이르기를 이스라엘을 흩으신 자가 그를 모으시고 목자가 그 양무리에게 행함같이 그를 지키시리로다. 여호와께서 야곱을 속량(贖良)하시되 그들보다 강한 자의 손에서 구속(救贖)하셨으니 그들이 와서 시온의 높은 곳에서 찬송하며 여호와의 은사**(투브 טוּב)[좋은 것들] **곧 곡식과 새 포도주와 기름과 어린양의 떼와 소의 떼에 모일 것**[떼로 흐를 것](KJV)**이라. 그 심령은 물댄 동산 같겠고 다시는 근심이 없으리로다 할지어다. 그때에 처녀는 춤추며 즐거워하겠고 청년과 노인이 함께 즐거워하리니** [이는] **내가 그들의 슬픔을 돌이켜 즐겁게 하며 그들을 위로하여 근심한 후에 기쁨을 얻게 할 것임이니라. 내가 기름으로**[기름진 것으로] **제사장들의 심령에 흡족케 하며 내 은혜로**[좋은 것들로] **내 백성에게 만족케 하리라. 여호와의 말이니라.**

이스라엘 백성을 흩으신 자가 그들을 모으실 것이다. 그는 그들을 그들보다 강한 자의 손에서 건지실 것이다. 구원과 회복은 하나님께서 주시는 은혜이다. 하나님께서 그들을 징벌하여 흩으셨으나 이제 다시 모으시며 구원하시며 인도하시며 안식을 주시며 세우실 것이다.

하나님께서는 그들에게 좋은 것들을 주실 것이다. 곡식과 새 포도주와 기름과 어린양의 떼와 소떼로 흐른다는 표현은 그들이 먹을것을 풍성하게 얻을 것을 말한다고 본다. 그들의 심령은 물댄 동산같이 평안하며 기쁨과 즐거움을 얻게 하시고 만족함을 누리게 하실 것이며 근심과 걱정이나 슬픔이 없게 하실 것이다.

본문의 교훈을 정리해보자. 첫째로, 하나님께서는 친히 이스라엘 나라를 회복시키실 것이다. 4절, "내가 다시 너를 세우리니." 8절, "내가 그들을 북편 땅에서 인도하며 땅끝에서 모으리라." 10절, "이스라엘을 흩으신 자가 그를 모으시고." 13절 "내가 그들의 슬픔을 돌이켜 즐겁게 하며." 14절, "내가 기름진 것으로 제사장들의 심령에 흡족케 하며." 이스라엘 나라의 회복은 예수 그리스도의 오심으로 신약교회 안에서 본격적으로 시작되었다. 구원은 하나님의 일 곧 하나님께서 친히 시작하시고 이루시는 일이다. 하나님께서는 구주이시며 그의 종들은 그가 쓰시는 도구들일 뿐이다. 신약 교인들은 이미 그 은혜를 누리고 있고 장차 주 예수 그리스도의 재림으로 영광의 천국에서 충만히 누릴 것이다.

둘째로, 하나님께서는 바른 길로 회복시키실 것이다. 9절, "[그들이] 울며 올 것이며 간구함으로 내가 그들을 인도할 것이며 내가 그들로 넘어지지 아니하고 하숫가의 바른 길로 행하게 하리라." 하숫가의 바른 길은 목마를 염려가 없고 쉴 만한 그늘이 있는 길이다. 하나님께서는 이스라엘 백성으로 회개하며 간구하며 바른 길로 행하게 하실 것이다. 구원은 인생의 바른 길의 회복이다. 인생의 바른 길은 하나님을 경외하고 그의 모든 계명을 행하는 것이다. 신약적으로 표현하면, 예수 그리스도를 믿고 그의 계명대로 의롭고 선하게 사는 것이다. 구원 얻은 성도들은 바른 길을 걸어야 한다. 그것은 하나님을 경외하고 예수 그리스도를 믿고 성경의 교훈, 곧 하나님의 계명대로 의와 선을 행하는 것이다.

셋째로, 하나님께서는 자기 백성에게 기쁨과 만족을 주실 것이다. 12-14절 "그 심령은 물댄 동산 같겠고 다시는 근심이 없으리로다," "그 때에 처녀는 춤추며 즐거워하겠고 청년과 노인이 함께 즐거워하리니 내가 그들의 슬픔을 돌이켜 즐겁게 하며 그들을 위로하여 근심한 후에 기쁨을 얻게 할 것임이니라. 내가 기름진 것으로 제사장들의 심령에 흡족케 하며 나의 좋은 것들로 내 백성에게 만족케 하리라." 신약 성도들은 장차 복된 천국에서 기쁨과 평안을 충만하게 누릴 것이지만, 세상에서도 주 예수 그리스도 안에서 항상 기뻐하고 평안을 누린다.

15-22절, 네가 돌아오리라

〔15절〕 나 여호와가 이같이 말하노라. 라마에서 슬퍼하며 통곡하는 소리가 들리니 라헬이 그 자식을 위하여 애곡하는 것이라. 그가 자식이 없으므로 위로받기를 거절하는도다.

하나님께서는 이스라엘 백성의 통곡을 베냐민 자손의 눈물이라는 말로 표현하셨다. 라마는 베냐민 지파에 속한 마을이었다(수 18:25). 라헬은 요셉과 베냐민의 어머니이었다. 요셉에게서 에브라임과 므낫세가 나왔다. 라헬은 이스라엘 백성의 여인들을 대표할 만하며, 에브라임과 므낫세와 베냐민은 이스라엘 백성을 대표할 만하다. 이스라엘 나라는 이미 멸망했고 유다 나라는 멸망해가고 있었다. 많은 자녀들이 죽었고 포로로 잡혀갔다. 그래서 이스라엘 백성은 지금 슬퍼하며 통곡하고 있는 것이다.

〔16절〕 나 여호와가 이같이 말하노라. 네 소리를 금하여 울지 말며 네 눈을 금하여 눈물을 흘리지 말라. [이는](원문) **네 일에 갚음을 받을 것인즉 그들이 그 대적의 땅에서 돌아오리라**[돌아올 것임이니라]. **여호와의 말이니라. 나 여호와가 말하노라. 너의 최후에**[장래에](NASB) **소망이 있을 것이라. 너의 자녀가 자기들의 경내로 돌아오리라.**

하나님께서는 슬퍼하는 그들을 위로하시고 그들에게 소망의 말씀을 주신다. 그의 위로는 이스라엘의 자손들이 그 대적의 땅, 즉 앗수르와 바벨론 땅에서 돌아오리라는 것이었다. 그들은 지금 이방나라에서 고생을 하고 있지만, 장래에 소망이 있다. 그들은 장차 그 포로된 땅으로부터 고국 땅으로 돌아올 것이다. 이 얼마나 기쁜 일인가! 이것이 과연 일어날 것인가? 하나님께서는 그렇다고 말씀하신다.

〔18-19절〕 에브라임이 스스로 탄식함을 내가 정녕히 들었노니 이르기를 **주께서 나를 징벌하시매** 멍에에 **익숙지 못한 송아지 같은 내가 징벌을 받았나이다. 주**[께서]**는 나의 하나님 여호와시니 나를 이끌어 돌이키소서. 그리하시면 내가 돌아오겠나이다. 내가 돌이킴을 받은 후에 뉘우쳤고 내가 교훈**

을 받은 후에 내 볼기를 쳤사오니 이는 어렸을 때의 치욕을 진 고로 부끄럽고 욕됨이니이다 하도다.

하나님께서는 또 이스라엘 백성이 자신들의 부족과 무능을 깊이 깨닫고 하나님의 회개시키시며 구원하시는 손길을 간구할 것이라고 예언하신다. 이스라엘 백성은 자신들의 죄 때문에 하나님께서 징벌하셨음을 깨닫고 탄식할 것이다. 이스라엘 나라의 멸망과 이방나라에서의 포로생활은 하나님의 징벌이었다. 또 그들은 이스라엘 나라의 역사가 실패의 역사임을 깨닫고 있다. 많은 선지자들이 하나님의 뜻을 전해주었고 회개하고 하나님께로 돌아오라고 외쳤지만, 그들은 그들의 전한 말을 거절하였고 결국 멸망의 길로 갔다. 그러나 이제 그들은 "나를 이끌어 돌이키소서. 그리하시면 내가 돌아오겠나이다. 내가 돌이킴을 받은 후에 뉘우쳤나이다"라고 고백할 것이다.

〔20절〕 에브라임은 나의 사랑하는 아들 기뻐하는 자식이 아니냐? 내가 그를 책망하여 말할 때마다 깊이 생각하노라. 그러므로 그를 위하여 내 마음이 측은한즉 내가 반드시 그를 긍휼히 여기리라. 여호와의 말이니라.

하나님께서는 이스라엘 백성의 고백이 옳은 고백이라고 인정하신다. 그는 이스라엘의 포로 귀환을 그가 친히 시작하시고 주도하실 것을 선언하신다. 하나님께 회복과 구원의 능력이 있다. 그가 이스라엘 백성을 긍휼히 여기시면 이스라엘 백성은 회개하고 하나님께로 돌아올 것이다. 이스라엘 나라의 회복은 하나님의 긍휼에 근거할 것이다. 오늘날 우리의 구원도 오직 하나님의 긍휼에 근거하였다.

이와 같이, 본문은 사람이 죄를 회개하고 하나님께로 돌아오는 것이 스스로 할 수 있는 것이 아님을 보인다. 사람은 전적으로 부패되고 무능력해졌기 때문에 하나님의 은혜가 아니고서는 아무도 스스로 회개하고 구주 예수 그리스도를 믿고 구원을 얻지 못할 것이다. 그러므로 사도행전 11:18에 보면, 하나님께서 베드로를 통해 이방인 고넬료와 그 가족들과 친지들을 구원하신 일을 들은 다른 사도들과 형제들은 잠잠히 하나님께 영광을 돌리며 "그러면 하나님께서 이방인에게도 생명 얻는 회개를 주셨도다"라고 말하였다. 회개와 믿음은 하나님께서 주시는 은혜이다. 구원은 하나님의 전적인 은혜이다.

예수 그리스도께서도 "아버지께서 내게 주시는 자는 다 내게로 올 것이요 내게 오는 자는 내가 결코 내어쫓지 아니하리라"고 말씀하셨고(요 6:37) 또 "나를 보내신 아버지께서 이끌지 아니하면 아무라도 내게 올 수 없으니 오는 그를 내가 마지막 날에 다시 살리리라"고 하셨다(요 6:44). 하나님께서 은혜를 주시지 않으면 아무도 구원을 얻을 수 없다. 구원은 오직 하나님의 은혜로 된다(엡 2:8).

〔21-22절〕 처녀 이스라엘아, 너를 위하여 길표를 세우며 너를 위하여 표목을 만들고 대로(大路) 곧 네가 전에 가던 길에 착념하라, 돌아오라, 네 성읍들로 돌아오라, 패역한[배역한, 배교한] **딸아, 네가 어느 때까지 방황하겠느냐?** [이는] **여호와가 새 일을 세상에 창조하였나니 곧 여자가 남자를 안으리라**[안을 것임이니라].

'길표'와 '표목'은 고국으로 돌아가는 표지판이다. 이스라엘 백성은 패역한 딸, 하나님을 저버리고 하나님을 거역하고 배교하였던 자들이었다. 그들은 지금 참된 경건도 평안도 없이 방황하고 있다. 그러나 그들은 이전에 가던 길 곧 하나님께서 명하신 정로(正路)에 착념해야 한다. 그것은 성경의 교훈, 곧 의롭고 선한 옛길을 가리킨다.

22절 하반의 "이는 여호와가 새 일을 세상에 창조하였나니 곧 여자가 남자를 안을 것임이니라"는 말씀은 무슨 뜻인가? 이 구절에 대해 두 가지 해석이 있다. 첫째는 연약한 이스라엘 백성이 강한 바벨론 나라를 이긴다는 뜻이라고 본다. 둘째는 처녀 마리아가 아기 예수님을 출산한다는 뜻이라고 본다. 이스라엘의 회복은 바벨론으로부터의 포로귀환에 관계되기도 하지만 메시아의 시대에 완전히 이루어질 것이다. 처녀 마리아가 아기 예수님을 출산하는 것은 하나님께서 행하시는 새 일이다. 성육신(成肉身)은 하나님의 능력의 일이다. '남자'라는 원어(게베르 גֶּבֶר)는 '아이'에게도 사용된 적이 있다(욥 3:3).

본문의 교훈을 정리해보자. 첫째로, 하나님의 본심은 이스라엘을 벌하시는 것이 아니고 구원하시는 것이다. 20절, "에브라임은 나의 사랑하는 아들 기뻐하는 자식이 아니냐? 내가 그를 책망하여 말할 때마다 깊이 생각하노라. 그러므로 그를 위하여 내 마음이 측은한즉 내가 반드시 그를 긍휼히 여기리라." 이스라엘의 회복은 하나님의 긍휼에 근거하였다. 예레미야 애가 3:32-33, "저가 비록 근심케 하시나 그 풍부한 자비대로 긍휼히 여기실 것임이라. 주께서 인생으로 고생하며 근심하게 하심이 본심이 아니시로다." 우리의 구원도 하나님의 긍휼에 근거했다.

둘째로, 구원은 하나님께서 시작하시고 이루시는 일이다. 18-19절, "주는 나의 하나님 여호와시니 나를 이끌어 돌이키소서. 그리하시면 내가 돌아오겠나이다. 내가 돌이킴을 받은 후에 뉘우쳤나이다." 구원은 사람이 하는 일이 아니고, 하나님께서 하시는 일, 그가 시작하시고 이루시는 일이다. 로마서 8:30, "또 미리 정하신 그들을 또한 부르시고 부르신 그들을 또한 의롭다 하시고 의롭다 하신 그들을 또한 영화롭게 하셨느니라." 빌립보서 1:6, "너희 속에 착한 일을 시작하신 이가 그리스도 예수의 날까지 이루실 줄을 우리가 확신하노라." 그러므로 우리는 그의 은혜로 우리를 구원하신 하나님께 감사하며 하나님만 의지해야 한다.

셋째로, 우리는 하나님 중심의 삶, 천국 소망의 삶을 살아야 한다. 21절, "처녀 이스라엘아, 너를 위하여 길표를 세우며 너를 위하여 표목을 만들고 대로(大路) 곧 네가 전에 가던 길에 착념하라. 돌아오라. 네 성읍들로 돌아오라." 이스라엘 백성의 포로 귀환은 단지 유다 땅으로 돌아오는 것이 아니고 하나님께 돌아오고 하나님의 계명을 순종하는 길로 돌아오는 것이다. 만일 그렇지 않다면, 이스라엘 백성은 또다시 죄악된 역사와 징벌과 멸망의 역사를 반복할 것이다. 죄를 회개하고 구주 예수 그리스도를 믿음으로 구원 얻은 신약 성도들은 이제 복된 천국과 영생만 소망하며 하나님 중심의 삶, 즉 경건과 의와 선의 삶을 살아야 한다.

23-30절, 내가 경성하여 세우리라

[23절] 나 만군의 여호와 이스라엘의 하나님이 이같이 말하노라. 내가 그 사로잡힌 자를 돌아오게 할 때에 그들이 유다 땅과 그 성읍들에서 다시 이 말을 쓰리니 곧 의로운 처소여, 거룩한 산이여, 여호와께서 네게 복 주시기를 원하노라 할 것이며.

유다 땅과 그 성읍들은 심히 죄악되었다. 이사야는 1:21은, "신실하던 성읍이 어찌하여 창기가 되었는고. 공평이 거기 충만하였고 의리[공의]가 그 가운데 거하였었더니 이제는 살인자들뿐이었도다"라고 말했다. 예레미야 5:1, 30-31도, "너희는 예루살렘 거리로 빨리 왕래하며 그 넓은 거리에서 찾아보고 알라. 너희가 만일 공의를 행하며 진리를 구하는 자를 한 사람이라도 찾으면 내가 이 성(城)을 사하리라," "이 땅에 기괴하고 놀라운 일이 있도다. 선지자들은 거짓을 예언하며 제사장들은 자기 권력으로 다스리며 내 백성은 그것을 좋게 여기니 그 결국에는 너희가 어찌 하려느냐?"고 말하였다.

이렇게 죄악된 땅과 성읍들이, 하나님께서 그 사로잡힌 자를 돌아오게 하실 때 회복될 것이다. 그때 그 곳은 다시 의로운 처소와 거룩한 산이라고 불릴 것이다. 그것은 종교적, 도덕적 갱신이 일어날 것을 보인 말씀이다. 그 곳은 다시 하나님께 복 받은 땅과 성이 될 것이다. 이방 세계와 같이 변질되었던 구약교회, 아니 이방 세계보다 더 타락했던 구약교회가 다시 회복되며 거룩한 교회가 될 것이다.

그것은 신약교회에서 이루어지고 있고 장차 천국에서 완성될 것이다. 신약교회는 하나님의 거룩하고 영광스런 교회로 작정되었다. 에베소서 5:26-27, "이는 곧 물로 씻어 말씀으로 깨끗하게 하사 거룩하게 하시고 자기 앞에 영광스러운 교회로 세우사 티나 주름잡힌 것이나 이런 것들이 없이 거룩하고 흠이 없게 하려 하심이니라." 그러므로 신약교회는 이제 죄와 불경건을 다 버리고 오직 하나님만 섬기며 성경말씀대로 순종하는 거룩하고 의로운 교회가 되어야 한다.

〔24-26절〕 유다와 그 모든 성읍의 농부와 양떼를 인도하는 자가 거기 함께 거하리니 이는 내가 그 피곤한 심령을 만족케 하며 무릇 슬픈 심령을 상쾌케 하였음이니라 하시기로 내가 깨어보니 내 잠이 달았더라.

예레미야는 이러한 하나님의 계시를 잠자는 중에, 아마 꿈속에서 받았다. 옛 시대에 하나님께서는 때때로 사람이 잠자는 중에, 꿈속에서 자신을 계시하셨다(민 12:6). 오늘날에는 더 이상 그럴 필요가 없으시다. 하나님께서는 오늘날 성경을 통해 말씀하시기 때문이다.

하나님께서는 회복될 유다 땅과 성읍들에 피곤한 심령을 만족케 하시며 슬픈 심령을 상쾌케 하시는 심령의 회복을 주실 것이다. 그는 그들에게 심령에 평안과 기쁨이 있는 날을 주실 것이다. 죄와 징벌로 인해 슬프고 피곤해진 심령이 평안과 기쁨을 얻게 될 것이다. 또 그 땅에는 농부들과 양떼를 인도하는 자들이 함께 거할 것이다. 그 땅에는 농사짓고 목축하는 평화로운 일상생활이 있을 것이다. 그 땅에는 물질적 유여함이 있고 전쟁의 불안이 없을 것이다.

주 예수께서는 참 평안과 기쁨을 신약 성도들에게 은혜로 주셨다. 마태복음 11:28, "수고하고 무거운 짐 진 자들아, 다 내게로 오라. 내가 너희를 쉬게 하리라." 요한복음 14:27, "평안을 너희에게 끼치노니 곧 나의 평안을 너희에게 주노라. 내가 너희에게 주는 것은 세상이 주는 것 같지 아니하니라. 너희는 마음에 근심도 말고 두려워하지도 말라." 갈라디아서 5:22, "오직 성령의 열매는 사랑과 희락[기쁨]과 화평[평안]과 오래 참음과 자비와 양선[선함]과 충성과." 빌립보서 4:4, "주 안에서 항상 기뻐하라. 내가 다시 말하노니 기뻐하라."

〔27-28절〕 여호와께서 가라사대 보라, 내가 사람의 씨와 짐승의 씨를 이스라엘 집과 유다 집에 뿌릴 날이 이르리니 내가 경성하여 그들을 뽑으며 훼파하며 전복하며 멸하며 곤란케 하던 것같이 경성하여 그들을 세우며 심으리라. 여호와의 말이니라.

이스라엘의 회복은 하나님께서 씨를 뿌리심으로 이루어질 것이다. 사람의 씨와 짐승의 씨를 뿌린다는 말씀은 사람과 짐승의 수적 번식과 번창을 가리킨다. 예수께서도 영혼 구원을 위한 전도를 씨 뿌리는 일로 비유하셨다(마 13장). 하나님께서 회복하시는 새 세계에는 구원 얻는 영혼들의 수가 심히 많을 것이다. 이것은 신약교회의 수적 번창을 가리킬 것이다. 요한계시록 7:9, "이 일 후에 내가 보니 각 나라와 족속과 백성과 방언에서 아무라도 능히 셀 수 없는 큰 무리가 흰옷을 입고 손에 종려 가지를 들고 보좌 앞과 어린양 앞에 서서."

하나님의 하시는 일은 요약하면 두 가지이다. 하나는 뽑고 파괴하시는 일이요, 다른 하나는 심고 건설하시는 일이다. 이 두 가지의 일은 하나님께서 선지자 예레미야에게 명하신 일이기도 하였다. 예레미야 1:10, "보라, 내가 오늘날 너를 열방 만국 위에 세우고 너로 뽑으며 파괴하며 파멸하며 넘어뜨리며, 건설하며 심게 하였느니라." 죄와 악은 부서져야 한다. 악을 포용하거나 그것을 두둔하거나 모방하는 것은 그 자체가 악이다. 악은 징벌을 받아야 한다.

그러나 하나님께서는 의인들과 선인들을 심으시고 세우실 것이다. 그것이 그의 회복 운동, 구원 운동이다. 그는 이스라엘 백성을 바벨론 포로 생활로부터 구원하실 것이다. 그는 참 교회를 세우실 것이다.

마태복음 16:18, "내가 네게 이르노니 너는 베드로라. 내가 이 반석 위에 내 교회를 세우리니 지옥의 권세가 이기지 못하리라." 그것이 신약교회이다. 또 이 복음이 온 세계에 전파될 것이다. 세계복음화는 하나님의 뜻이다(계 7:9; 11:15). 마침내 영광스런 천국이 올 것이다. 이 모든 일은 다 주권적 섭리자, 구주 하나님께서 행하시는 일이다.

〔29-30절〕 그때에 그들이 다시는 이르기를 아비가 신 포도를 먹었으므로 아들들의 이가 시다 하지 아니하겠고 신 포도를 먹는 자마다 그 이가 심같이 각기 자기 죄악으로만 죽으리라.

이전에 이스라엘 자손들은 부모들 때문에, 조상들 때문에 바벨론에서 포로생활을 해야 하였다. 그들은 아버지가 신 포도를 먹었으므로 아들들의 이가 시다고 말했었다. 그러나 이제 하나님께서 그들을 포로생활로부터 건져주셨고 고국으로 돌아오게 하실 것이며 그들에게 자유를 주시고 의와 평안도 주실 것이다. 그러므로 아버지가 신 포도를 먹었으므로 아들들의 이가 시다는 말을 더 이상 할 것이 없을 것이다. 각 사람은 자신의 죄악으로만 죽을 것이다. 각 사람은 오직 자신의 행위에 대해 도덕적 책임을 가질 것이다.

본문의 교훈을 정리해보자. 첫째로, 하나님께서는 그 사로잡혔던 자들을 돌아오게 하실 것이며 경성하여 그들을 세우시고 심으실 것이다. 그는 이스라엘 나라를 다시 세우실 것이다. 구주 예수 그리스도를 믿음으로 구원 얻은 신약 성도들은 죄와 마귀의 권세로부터 자유함을 얻은 자들이 되었다. 우리는 다시 죄와 마귀의 종이 되지 않을 것이다. 신약교회는 영원히 폐해지지 않는 하나님의 나라가 될 것이며 주 예수 그리스도께서는 그 나라의 왕이시며 성경은 그 나라의 법이 되었다.

둘째로, 하나님께서는 바벨론으로부터 고국에 돌아온 이스라엘 백성들이 종교적, 도덕적 갱신을 누리게 하실 것이다. 예루살렘 성은 다시 의로운 성읍, 거룩한 산이라고 불릴 것이다. 구주 예수 그리스도를 믿는 신약 성도들인 우리는 예수 그리스도의 의와 거룩으로 옷 입고 이제는 즐거이 하나님만 섬기며 그의 계명들을 순종하며 의롭고 거룩한 길을 걷고 선한 일을 위해 열심을 내는 하나님의 친 백성이 되어야 한다.

셋째로, 하나님께서는 돌아온 이스라엘 백성들이 수적으로 많아지게 하시며 그들로 심령의 평안과 기쁨을 얻게 하시며 또 농사와 목축 같은 평화로운 생활을 하게 하실 것이다. 신약교회는 수적으로 많아져서 온 세계에 헤아릴 수 없이 많은 무리가 되었다. 또 하나님께서는 그들에게 이 세상이 줄 수 없는 심령의 큰 평안과 기쁨을 주셨고 또 물질적 필요도 공급해주신다. 구원 얻은 성도들은 영육의 복된 삶을 누린다.

31-40절, 내가 새 언약을 세우리라

〔31-32절〕 나 여호와가 말하노라. 보라, 날이 이르리니 내가 이스라엘 집과 유다 집에 새 언약을 세우리라. 나 여호와가 말하노라. 이 언약은 내가 그들의 열조의 손을 잡고 애굽 땅에서 인도하여 내던 날에 세운 것과 같지 아니할 것은 내가 그들의 남편이 되었어도 그들이 내 언약을 파하였음이니라.

하나님께서는 날이 이르면 내가 이스라엘 집과 유다 집에 새 언약을 세우리라고 말씀하셨다. 옛 언약은 애굽에서 나온 이스라엘 백성이 시내산에서 하나님과 맺었던 언약이었다. 모세는 하나님의 언약의 말씀을 책에 썼고 제물의 피를 취하여 이스라엘 백성에게 뿌리며 이것이 여호와께서 이 모든 말씀에 대해 너희와 세우신 언약의 피라고 말하였었다(출 24:7-8). 또 광야 생활 40년을 지난 후 모세는 모압 평지에서 이스라엘 백성과 함께 그 언약을 갱신했었다(신 29:10-13). 그러나 이스라엘 백성은 하나님께서 약속하신 가나안 땅에 정착한 후 반복해서 하나님의 언약을 파하였고 그 언약을 지키지 않았다.

이제 새 언약의 날이 올 것이다. 예수 그리스도께서 오셨고 마지막 유월절 저녁식사를 하실 때 그는 포도즙을 나누시면서 "이 잔은 내 피로 세우는 새 언약이니 곧 너희를 위하여 붓는 것이라"고 말씀하셨다(눅 22:20). 신약교회의 성찬식은 새 언약의 표이었다. 새 언약은 옛 언약의 갱신이었으나 이방인들이 편입되는 언약이었다. 이방인 신자들은 하나님의 복음으로 말미암아 그리스도 예수 안에서 함께 후사가 되고 함께 지체가 되고 함께 약속에 참여하는 자가 되었다(엡 3:6).

〔33-34절〕 나 여호와가 말하노라. 그러나 그 날 후에 내가 이스라엘 집에 세울 언약은 이러하니 곧 내가 나의 법을 그들의 속에 두며 그 마음에 기록하여 나는 그들의 하나님이 되고 그들은 내 백성이 될 것이라. 그들이 다시는 각기 이웃과 형제를 가리켜 이르기를 너는 여호와를 알라 하지 아니하리니 이는 작은 자로부터 큰 자까지 다 나를 앎이니라. 내가 그들의 죄악

을 사하고 다시는 그 죄를 기억지 아니하리라. 여호와의 말이니라.

새 언약은 몇 가지 특징을 가진다. 첫째로, 새 언약 아래서는 하나님의 법이 사람들의 마음에 기록될 것이다. 옛 언약에서는 하나님의 법이 돌판에 기록되었으나, 새 언약 때에는 하나님께서 그의 법을 그들의 마음에 기록하실 것이다. 이것은 신약 성도들이 받은 중생(重生)의 은혜와 그들 안에 성령의 내주(內住)하심을 가리켰다. 둘째로, 하나님과 이스라엘 백성 간의 특별한 관계가 형성될 것이다. 전에는 그들의 범죄함으로 이 관계가 깨어졌었으나 이제는 하나님께서 그들의 하나님이 되시고 그들은 하나님의 백성이 될 것이다. 셋째로, 사람들에게 하나님의 지식이 충만할 것이다. 신약시대에는 우리의 어린 자녀들도 하나님과 예수 그리스도를 알고 그를 믿고 그를 찬양하며 경배하며 섬긴다. 넷째로, 죄인들에게 영원한 죄사함이 있을 것이다. 하나님께서는 그들의 죄를 기억하지도 않으실 것이다. 다니엘 9:24도 죄악이 영속(永贖)되고 영원한 의가 드러난다고 말했다. 이것은 신약 시대의 성도들이 누리는 사죄(赦罪)와 칭의(稱義)의 은혜이다.

〔35-37절〕 나 여호와는 해를 낮의 빛으로 주었고 달과 별들을 밤의 빛으로 규정하였고 바다를 격동시켜 그 파도로 소리치게 하나니 내 이름은 만군의 여호와니라. 내가 말하노라. 이 규정이 내 앞에서 폐할진대 이스라엘 자손도 내 앞에서 폐함을 입어 영영히 나라가 되지 못하리라. 나 여호와가 이같이 말하노라. 위로 하늘을 측량할 수 있으며 아래로 땅의 기초를 탐지할 수 있다면 내가 이스라엘 자손의 행한 모든 일을 인하여 그들을 다 버리리라. 여호와의 말이니라.

해와 달과 별들의 법칙이 폐해지지 않듯이, 하나님께서는 이스라엘 백성을 영영히 버리지 않으실 것이며 이스라엘 나라는 하나님 앞에서 폐해지지 않을 것이다. 또 우리가 하늘을 측량할 수 없고 땅의 기초를 탐지할 수 없듯이, 은혜와 긍휼이 한없이 많으신 하나님께서는 이스라엘 백성의 악행들 때문에 그들을 버리지는 않으실 것이다.

신약성경도 하나님께서 이스라엘 백성을 버리지 않으시고 구원하실 것을 증거한다. 로마서 11:1, "그러므로 내가 말하노니 하나님께서 자기 백성을 버리셨느뇨? 그럴 수 없느니라." 로마서 11:11-12, "그러므로 내가 말하노니 저희가 넘어지기까지 실족하였느뇨? 그럴 수 없느니라. 저희의 넘어짐으로 구원이 이방인에게 이르러 이스라엘로 시기나게 함이니라. 저희의 넘어짐이 세상의 부요함이 되며 저희의 실패가 이방인의 부요함이 되거든 하물며 저희의 충만함이리요." 로마서 11:15, "저희를 버리는 것이 세상의 화목이 되거든 그 받아들이는 것이 죽은 자 가운데서 사는 것이 아니면 무엇이리요." 로마서 11:25-27, "너희가 스스로 지혜 있다 함을 면키 위하여 이 비밀을 너희가 모르기를 내가 원치 아니하노니 이 비밀은 이방인의 충만한 수가 들어오기까지 이스라엘의 더러는 완악하게 된 것이라. 그리하여 온 이스라엘이 구원을 얻으리라. 기록된 바 구원자가 시온에서 오사 야곱에게서 경건치 않은 것을 돌이키시겠고 내가 저희 죄를 없이 할 때에 저희에게 이루어질 내 언약이 이것이라 함과 같으니라."

〔38-40절〕 나 여호와가 말하노라. 보라, 날이 이르리니 이 성을 하나넬 망대에서부터 모퉁이 문까지 여호와를 위하여 건축할 것이라. 측량줄이 곧게 가렙산에 이르고 고아 방면으로 돌아 시체와 재의 골짜기와 기드론 시내에 이르는 데까지와 동편 말문 모퉁이에 이르기까지의 모든 밭에 이르리니 다 여호와의 성지**가 되고 영영히 다시는 뽑히거나 전복되지 아니하리라.**

하나넬 망대나 모퉁이 문은 예루살렘 성의 북쪽에 있다. 시체와 재의 골짜기는 예루살렘 성의 서남쪽에 있는 힌놈의 아들의 골짜기를 가리킨다. 예루살렘은 과거에 죄인들이 가득한 성이었지만, 앞으로는 거룩한 곳이 될 것이다. 예루살렘 모든 지경이 여호와의 성지(聖地)가 될 것이다. 그 성은 다시는 뽑혀 버린 바 되지 않을 것이다.

이 예언은 부분적으로 바벨론 포로 생활에서 돌아온 후 예루살렘 성을 재건하는 일에서 성취되었지만 아직 불완전하였다. 이 예언은 예수 그리스도의 오심으로 성취되기 시작하였고 장차 그의 재림으로 완전하게 성취될 것이다. 요한계시록 21:12, 24, 26은 거룩한 새 예루살렘 성에 대해 말한다: "크고 높은 성곽이 있고 열두 문이 있는데 문에 열두 천사가 있고 그 문들 위에 이름을 썼으니 이스라엘 자손 열두 지파의 이름들이라," "만국이 그 빛 가운데로 다니고 땅의 왕들이 자기 영광을 가지고 그리로 들어오리라," "사람들이 만국의 영광과 존귀를 가지고 그리로 들어오겠고." 새 예루살렘 성은 거룩하고 영광스러운 성이며, 영원히 뽑히거나 버림을 당하지 않을 것이다.

본문은 새 언약의 네 가지 특징을 교훈한다. 첫째로, 하나님께서는 그의 법을 그들의 마음에 기록하실 것이다. 이것은 신약 성도들이 받은 중생(重生)의 은혜와 성령의 내주(內住)하심이다. 디도서 3:5, "우리를 구원하시되 우리의 행한 바 의로운 행위로 말미암지 아니하고 오직 그의 긍휼하심을 좇아 중생의 씻음과 성령의 새롭게 하심으로 하셨나니."

둘째로, 하나님께서는 그들의 하나님이 되시고 그들은 그의 백성이 될 것이다. 이것도 신약 성도가 얻은 특권이다. 요한복음 1:12, "영접하는 자 곧 그 이름을 믿는 자들에게는 하나님의 자녀가 되는 권세를 주셨으니." 로마서 8:15, "너희는 다시 무서워하는 종의 영을 받지 아니하였고 양자(養子)의 영을 받았으므로 아바 아버지라 부르짖느니라."

셋째로, 신약교회는 작은 자로부터 큰 자까지 다 하나님을 알 것이다. 물이 바다를 덮음같이 여호와를 아는 지식이 온 세상에 충만할 것이다(사 11:9). 어른들뿐 아니라, 어린아이들도 하나님을 알 것이다.

넷째로, 신약 성도들에게는 영원한 사죄(私罪)가 있을 것이다. 다니엘 9:24, "죄악이 영속(永贖되)며 영원한 의가 드러나며." 히브리서 10:10, 14, "예수 그리스도의 몸을 단번에 드리심으로 말미암아 우리가 거룩함을 얻었노라," "저가 한 제물로 거룩하게 된 자들을 영원히 온전케 하셨느니라." 우리는 그리스도를 믿음으로 죄사함과 의롭다 하심을 얻었다.

32장: 이스라엘의 회복이 약속됨

1-35절, 예루살렘 성 멸망의 이유

〔1-5절〕 유다 왕 시드기야의 제10년 곧 느부갓네살의 제18년에 여호와의 말씀이 예레미야에게 임하니라. 때에 바벨론 군대는 예루살렘을 에워싸고 선지자 예레미야는 유다 왕의 궁중에 있는 시위대 뜰에 갇혔으니 이는 그가 예언하기를 여호와의 말씀에 보라, 내가 이 성을 바벨론 왕의 손에 붙이리니 그가 취할 것이며 유다 왕 시드기야는 갈대아인의 손에서 벗어나지 못하고 반드시 바벨론 왕의 손에 붙이운 바 되리니 입이 입을 대하여 말하고 눈이 서로 볼 것이며 그가 시드기야를 바벨론으로 끌어가리니 시드기야가 나의 권고(眷顧)할[돌아볼] **때까지 거기 있으리라. 나 여호와가 말하노라. 너희가 갈대아인과 싸울지라도 승리치 못하리라 하셨다 하였더니 유다 왕 시드기야가 가로되 네가 어찌 이같이 예언하였느뇨 하고 그를 가두었음이었더라.**

하나님의 종들은 하나님의 진리를 전파하고 하나님 앞에 충성하는 일 때문에 고난과 핍박을 받았고 또 앞으로도 계속 그럴 것이다.

〔6-15절〕 예레미야가 가로되 여호와의 말씀이 내게 임하였느니라. 이르시기를 보라, 네 숙부 살룸의 아들 하나멜이 네게 와서 말하기를 너는 아나돗에 있는 내 밭을 사라. 이 기업을 무를 권리가 네게 있느니라 하리라 하시더니 여호와의 말씀같이 나의 숙부의 아들 하나멜이 시위대 뜰안 내게로 와서 이르되 청하노니 너는 베냐민 땅 아나돗에 있는 나의 밭을 사라. 기업의 상속권이 네게 있고 무를 권리가 네게 있으니 너를 위하여 사라 하는지라. 내가 이것이 여호와의 말씀인 줄 알았으므로 내 숙부의 아들 하나멜의 아나돗에 있는 밭을 사는데 은 17세겔을 달아주되 증서를 써서 인봉하고 증인을 세우고 은을 저울에 달아 주고 법과 규례[관습](KJV)**대로 인봉하고 인봉치 아니한 매매증서를 내가 취하여 나의 숙부의** 아들 **하나멜과 매매증서에 인친 증인의 앞과 시위대 뜰에 앉은 유다 모든 사람 앞에서 그 매매증서를 마세야의 손자 네리야의 아들 바룩에게 부치며 그들의 앞에서 바룩에게 명하여 이르되 만군의 여호와 이스라엘의 하나님이**[께서] **이같이 말씀하시기를 너는**

이 증서 곧 인봉하고 인봉치 않은 매매증서를 취하여 토기에 담아 많은 날 동안 보존케 하라. 만군의 여호와 이스라엘의 하나님 내가 이같이 말하노라. 사람이 이 땅에서 집과 밭과 포도원을 다시 사게 되리라 하셨다 하니라.

예레미야는 여호와의 말씀을 따라 은 17세겔을 주고 하나멜의 밭을 샀다. 유다의 멸망 직전에 밭을 사는 것은 어리석은 일처럼 보이지만, 하나님께서는 이 일을 통해 장차 유다 땅에 회복의 때, 곧 토지 매매가 다시 행해질 때가 올 것을 증거하셨다.

〔16-19절〕 **내가 매매증서를 네리야의 아들 바룩에게 부친 후에 여호와께 기도하여 가로되 슬프도소이다, 주 여호와여, 주께서 큰 능과 드신 팔로 천지를 지으셨사오니 주에게는 능치 못한 일이 없으시니이다**[모든 일이 놀랍지 아니하나이다]. **주**[께서]**는 은혜**(헤세드 חֶסֶד)[자비]**를 천만인에게 베푸시며 아비의 죄악을 그 후 자손의 품에 갚으시오니 크고 능하신 하나님이시요 이름은 만군의 여호와시니이다. 주**[께서]**는 모략에 크시며 행사에 능하시며 인류의 모든 길에 주목하시며 그 길과 그 행위의 열매대로 보응하시나이다.**

하나님께서는 만인에게 자비를 베푸시는 동시에 사람의 죄를 철저하게 보응하신다. 그는 '크시고 능하신 하나님'이시며 그의 이름은 '만군의 여호와'이시다. 그는 지혜와 모략에 뛰어나시며 하늘의 천군 천사들을 동원하셔서 능력으로 행하시며 사람들의 모든 길에 주목하시며 그 길과 행위를 살피시고 판단하시고 보응하시는 자이시다.

〔20-25절〕 **주께서 애굽 땅에서 징조와 기사로 행하셨고 오늘까지도 이스라엘과** 외**인 중에 그같이 행하사 주의 이름을 오늘과 같이 되게 하셨나이다. 주께서 징조와 기사와 강한 손과 드신 팔과 큰 두려움으로 주의 백성 이스라엘을 애굽 땅에서 인도하여 내시고 그들에게 주시기로 그 열조에게 맹세하신 바 젖과 꿀이 흐르는 이 땅을 그들에게 주셨으므로 그들이 들어가서 이를 차지하였거늘 주의 목소리를 청종치 아니하며 주의 도에 행치 아니하며 무릇 주께서 행하라 명하신 일을 행치 아니하였으므로 주께서 이 모든 재앙을 그들에게 내리셨나이다. 보옵소서, 이 성을 취하려 하는 자가 와서 흉벽을 쌓았고 칼과 기근과 염병으로 인하여 이 성이 이를 치는 갈대아인의 손에 붙인 바 되었으니 주의 말씀대로 되었음을 주께서 보시나이다. 주 여**

호와여, 주께서 내게 은으로 밭을 사며 증인을 세우라 하셨으나 이 성은 갈대아인의 손에 붙인 바 되었나이다.

하나님께서는 이스라엘 백성을 애굽에서 나오게 하셨고 그 조상들에게 약속하신 젖과 꿀이 흐르는 가나안 땅을 주셨으나 그들이 그의 목소리를 듣지 않고 그의 교훈대로 행치 않으므로 그들에게 바벨론 군대의 침공과 칼과 기근과 전염병의 재앙을 내리셨다.

〔26-27절〕 때에 여호와의 말씀이 예레미야에게 임하여 이르시되 나는 여호와요 모든 육체의 하나님이라. 내게 능치 못한 일이 있겠느냐?

하나님께서는 영원자존하시고 모든 사람을 창조하신 자요 다스리시는 자이시다. "내게 능치 못한 일이 있겠느냐?"는 원어는 "모든 일이 내게 놀랍겠느냐?"라는 뜻이다. 하나님께서는 전능하신 자이시다.

〔28-32절〕 그러므로 나 여호와가 이같이 말하노라. 보라, 내가 이 성을 갈대아인의 손과 바벨론 왕 느부갓네살의 손에 붙일 것인즉 그가 취할 것이라. 이 성을 치는 갈대아인이 와서 이 성읍에 불을 놓아 성과 집 곧 그 지붕에서 바알에게 분향하며 다른 신들에게 전제(奠祭)를 드려 나를 격노케 한 집들을 사르리니 이는 이스라엘 자손과 유다 자손이 예로부터(민네우로시헴 מִנְּעֻרֹתֵיהֶם)[그들의 어릴 때부터](KJV, NASB, NIV) **내 목전에 악만 행하였음이라. 이스라엘 자손은 그 손으로 만든 것을 가지고 나를 격노케 한 것뿐이니라. 나 여호와가 말하노라. 이 성이 건설된 날부터 오늘까지 나의 노와 분을 격발하므로**[일으키므로] **내가 내 앞에서 그것을 옮기려 하노니 이는 이스라엘 자손과 유다 자손이 모든 악을 행하여 내 노를 격동하였음이라. 그들과 그들의 왕들과 그 방백들과 그 제사장들과 그 선지자들과 유다 사람들과 예루살렘 거민들이 다 그러하였느니라.**

하나님께서는 예루살렘 성을 바벨론 왕 느부갓네살의 손에 붙이실 것이며 바벨론 왕은 이 성을 정복하고 그 집들을 불사를 것이다. 이 성이 망하는 이유는 이스라엘 자손들이 하나님 앞에서 악만 행했기 때문이다. 한 부류뿐 아니라 각계 각층의 사람들이 다 그러했다.

〔33-35절〕 그들이 등을 내게로 향하고 얼굴을 내게로 향치 아니하며 내

가 그들을 가르치되 부지런히 가르칠지라도 그들이 교훈을 듣지 아니하며 받지 아니하고 내 이름으로 일컬음을 받는 집에 자기들의 가증한 물건들을 세워서 그 집을 더럽게 하며 힌놈의 아들의 골짜기에 바알의 산당을 건축하였으며 자기들의 자녀를 몰렉의 불에 **지나가게 하였느니라. 그들이 이런 가증한 일을 행하여 유다로 범죄케 한 것은 나의 명한 것도 아니요 내 마음에 둔 것도 아니니라.**

그들이 행한 악은 특히 하나님의 말씀 듣기를 거절한 것과 우상을 숭배한 것이었다. 사람이 하나님 말씀 듣기를 거절하면 소망이 없다. 사람이 하나님의 말씀을 들어야 회개하고 믿을 수 있고 의롭고 선한 사람이 될 수 있다. 또 우상을 섬기는 것은 죄 중에서 가장 근본적인 죄이다. 사람이 하나님 대신 우상을 섬길 때 모든 죄에 떨어진다.

본문의 교훈을 정리해보자. 첫째로, 창조자 하나님께서는 전능하신 하나님이시다. 17절, "주께서 큰 능과 드신 팔로 천지를 지으셨사오니 주에게는 능치 못한 일이 없으시니이다[모든 일이 놀랍지 아니하나이다]." 27절, "내게 능치 못한 일이 있겠느냐?[모든 일이 내게 놀랍겠느냐?]" 천지를 지으신 하나님께서는 전능하신 하나님이시며 하나님께는 놀라운 일이 아무것도 없으시고 능치 못한 일이 없으시다.

둘째로, 창조자 하나님께서는 특히 심판과 보응의 하나님이시다. 19절, "[주는] 인류의 모든 길에 주목하시며 그 길과 그 행위의 열매대로 보응하시나이다." 창조자 하나님께서는 섭리자와 심판자이시며 그가 만드신 세상을 공의로 다스리시고 최후의 심판을 시행하실 것이다.

셋째로, 이스라엘의 멸망은 그들이 행한 악 때문이다. 23절, "[그들이] 주의 목소리를 청종치 아니하며 주의 도에 행치 아니하며 무릇 주께서 행하라 명하신 일을 행치 아니하였으므로 주께서 이 모든 재앙을 그들에게 내리셨나이다." 30절, "이는 이스라엘 자손과 유다 자손이 예로부터 내 목전에 악만 행하였음이라." 33-35절도 그것을 증거한다. 그러므로 우리는 하나님을 경외하며 죄를 멀리하고 그의 계명을 지켜야 한다.

36-44절, 이스라엘의 회복이 약속됨

〔36-37절〕 그러나(웨앗타 라켄 וְעַתָּה לָכֵן)[이제 그러므로](KJV, NASB) **이스라엘의 하나님 나 여호와가 너희의 말하는 바 칼과 기근과 염병으로 인하여 바벨론 왕의 손에 붙인 바 되었다 하는 이 성에 대하여 이같이 말하노라. 보라, 내가 노와 분과 큰 분노로 그들을 쫓아 보내었던 모든 지방에서 그들을 모아내어 이 곳으로 다시 인도하여 안전히 거하게 할 것이라.**

본장 처음에 하나님께서는 예레미야에게 숙부의 아들 하나멜의 밭을 사게 하신 후 장차 집과 밭을 다시 사게 될 날이 올 것이라고 말씀하셨었다(15절). 그러나 예레미야는 예루살렘 성이 바벨론 군대에 의해 포위되고 칼과 기근과 전염병으로 멸망할 터인데 그 밭을 샀다고 하나님 앞에 탄식어린 말을 했었다. 그때 하나님께서는 그 성의 멸망이 그들의 죄악에 대한 징벌이지만, 이제 주권자이신 그가 이스라엘 나라를 회복시켜 주실 것이라고 말씀하신다. 그는 노와 분과 큰 분노로 그 백성을 쫓아 보내었던 모든 지방에서 그들을 모아내어 이 곳으로 다시 인도하여 안전히 거하게 하실 것이다. 주권적 섭리자 하나님께서 이스라엘 백성을 다시 돌아오게 하실 것이다.

〔38-42절〕 그들은 내 백성이 되겠고 나는 그들의 하나님이 될 것이며 내가 그들에게 한 마음과 한 도(道)를 주어 자기들과 자기 후손의 복을 위하여 항상 나를 경외하게 하고 내가 그들에게 복을 주기 위하여 그들을 떠나지 아니하리라 하는 영영한 언약을 그들에게 세우고 나를 경외함을 그들의 마음에 두어 나를 떠나지 않게 하고 내가 기쁨으로 그들에게 복을 주되 정녕히(베에멧 בֶּאֱמֶת)[참으로] **나의 마음과 정신을 다하여**[나의 온 마음과 나의 온 영혼으로] **그들을 이 땅에 심으리라. 나 여호와가 이같이 말하노라. 내가 이 백성에게 이 큰** [모든] **재앙을 내린 것같이 허락한**[내가 그들에게 말하는] **모든 복을 그들에게 내리리라.**

하나님께서는 이스라엘 백성에게 복을 주실 것이다(39, 40, 41, 42절). 그들은 항상 하나님을 경외할 것이며 그것은 그들 자신들과 그 후손들에게 복이 될 것이다. 하나님께서는 그들에게 복을 주시기 위해 그들을 떠나지 않으실 것이다. 그는 기쁨으로 그들에게 복을 주실 것이다. 그는 그들에게 허락하신 모든 복을 내려주실 것이다. 이스라엘 나라의 회복은 하나님께서 주시는 복이다. 하나님께서는 재앙도 주시지만 복도 주시는 하나님이시다. 그는 모든 복의 근원이시다.

또 하나님께서는 이스라엘 백성들로 자기와 밀접한 바른 관계를 가지게 하실 것이다. 이스라엘 백성은 하나님의 백성이 되고 하나님께서는 그들의 하나님이 되실 것이다. 하나님께서는 그들로 항상 그를 경외하게 하실 것이며 그들에게 복을 주시기 위해 그들을 떠나지 않으실 영원한 언약을 그들과 세우실 것이다. 하나님께서는 그들을 떠나지 않으시며 그들도 하나님을 떠나지 않을 것이다.

복 중의 복은 하나님과 바른 관계를 회복하고 그를 밀접히 섬기는 복이다. 성도의 삶은 주께서 포도나무 비유에서 말씀하신 대로 '그가 우리 안에, 우리가 그 안에' 있는 것이다(요 15장). 바른 신앙생활은 범사에 하나님을 인정하고(잠 3:6) 주야로 그의 말씀을 묵상하고(시 1:2) 또 쉬지 않고 기도하는 것이다(살전 5:17).

또 하나님께서는 그들에게 '한 마음과 한 길'을 주셔서 그들로 항상 하나님을 경외케 함으로 복을 얻게 하실 것이다. 한 마음과 한 길은 하나님의 백성의 바른 신앙생활을 표현한다. '마음을 다해' 하나님을 사랑하는 것(신 6:5)은 한 마음으로 사랑하는 것이다. 우리는 하나님과 재물을 겸하여 섬길 수 없다(마 6:24). 우리는 오직 순전한 마음으로 하나님을 섬겨야 한다. 하나님을 섬기는 것은 여러 길이 아니고 한 길뿐이다. 그것은 성경에 가르치신 대로 믿고 사는 길이다.

하나님께서는 참으로 마음과 정신을 다하여 그들을 그 땅에 심으실 것이며 기쁨으로 그 일을 이루실 것이다. 그는 주권적 구주이시다. 구원은 하나님의 하시는 일이다. 그는 그의 뜻하신 바를 완전히 이루실 것이다. 그는 그렇게 하실 수 있는 능력이 있으시고 그렇게 하시겠다는 뜻을 보이셨다. 이스라엘의 회복도, 우리의 구원도 그러하다.

〔43-44절〕 너희가 말하기를 황폐하여 사람이나 짐승이 없으며 갈대아인의 손에 붙인 바 되었다 하는 이 땅에서 사람들이 밭을 사되 베냐민 땅과 예루살렘 사방과 유다 성읍들과 산지의 성읍들과 평지의 성읍들과 남방의 성읍들에 있는 밭을 은으로 사고 증서를 기록하여 인봉하고 증인을 세우리니 이는 내가 그들의 포로로 돌아오게 함이니라. 여호와의 말이니라.

이스라엘 백성은 포로생활에서 돌아와 밭도 매매할 것이다.

본문의 교훈을 정리해보자. 첫째로, 하나님께서는 이스라엘 백성을 그 쫓아보낸 곳들로부터 모으실 것이다(37절). 그는 그들을 회복시키실 것이다. 심판과 징벌도, 구원과 회복도 하나님께서 행하시는 일이다.

둘째로, 이스라엘 백성이 다시 돌아올 때 그들에게는 경건의 회복, 하나님과의 관계성의 회복이 있을 것이다(39절). 그들은 하나님을 경외하며 섬길 것이며 하나님께서는 그들의 하나님이 되실 것이다. 또 하나님께서는 그들에게 한 마음과 한 길을 주셔서 그들이 하나님을 떠나지 않고 경외하며 그와 동행하며 성심으로 그를 섬기게 하실 것이다.

셋째로, 하나님께서는 그들에게 모든 복을 주시며 안전히 거하게 하시고 다시 밭의 매매가 이루어지는 생활을 하게 하실 것이다(41-44절).

이스라엘의 회복의 예언은 70년간의 바벨론 포로생활 후 고국으로 돌아왔을 때 부분적으로 이루어졌고 또 신약교회 시대에도 부분적으로 이루어졌다. 신약 성도들은 하나님과의 바른 관계의 회복이나 풍성한 평안 등을 이미 누리고 있다. 그러나 그 예언은 신약시대의 말에 예수 그리스도의 재림으로 시작될 천국에서 완전하게 이루어질 것이다.

이제 우리는 하나님께 감사하며 하나님만 바라고 의지하며 살고 참된 경건을 지키고 성경을 읽고 하나님께 기도하는 것을 가장 중요하게 여기고 주일을 거룩히 지키며 교회로 모이고 예수 그리스도의 재림으로 시작될 천국을 사모하며 또 죄를 멀리하고 계명을 순종해야 한다.

33장: 다윗의 의로운 가지

1-11절, 황폐한 성을 치료하실 것

[1-3절] 예레미야가 아직 시위대 뜰에 갇혔을 때에 여호와의 말씀이 그에게 다시 임하니라. 가라사대 일을 행하는(오사흐 עֹשָׂה)[그것을 만드신 자(KJV), 땅을 만드신(NASB)] **여호와, 그것을 지어 성취하는**[세우신] **여호와, 그 이름을 여호와라 하는 자가 이같이 이르노라. 너는 내게 부르짖으라. 내가 네게 응답하겠고 네가 알지 못하는 크고 비밀한**(베추로스 בְּצֻרוֹת)[접근할 수 없는, 놀라운, 기이한(BDB) **일을 네게 보이리라.**

이스라엘 백성이 하나님께 부르짖어 기도하면 하나님께서는 그들에게 불가능하게 보이는 일을 가능하게 하실 것이다. 그는 그들을 바벨론 포로생활로부터 고국으로 돌아와 나라를 회복케 하실 것이다. 그러므로 이스라엘 백성은 그 일을 위해 하나님께 간구해야 한다.

[4-9절] 이스라엘의 하나님 여호와가 말하노라. 무리가 이 성읍의 가옥과 유다 왕궁을 헐어서 갈대아인의 흉벽과 칼을 막아 싸우려 하였으나 내가 나의 노와 분함으로 그들을 죽이고 그 시체로 이 성에 채우게 하였나니 이는 그들의 모든 악을 인하여 나의 얼굴을 가리워 이 성을 돌아보지 아니하였음이니라. 그러나 보라 내가 이 성을 치료하며 고쳐 낫게 하고 평강[평안] **과 성실함**(에메스 אֱמֶת)[안정, 신실함, 진실]**에 풍성함을 그들에게 나타낼 것이며 내가 유다의 포로와 이스라엘의 포로를 돌아오게 하여 그들을 처음과 같이 세울 것이며 내가 그들을 내게 범한 그 모든 죄악에서 정하게 하며 그들의 내게 범하며 행한 모든 죄악을 사할 것이라. 이 성읍이 세계 열방 앞에서 내게 기쁜 이름이 될 것이며 찬송과 영광이 될 것이요 그들은 나의**[내가] **이 백성에게 베푼 모든 복을 들을 것이요 나의**[내가] **이 성읍에 베푼 모든 복과 모든 평강을 인하여 두려워하며 떨리라.**

이스라엘 나라와 유다 나라의 멸망은 그들의 모든 악에 대한 하나님의 진노 때문이었다. 그들을 죽이신 자는 하나님이셨다.

그러나 하나님께서는 예루살렘 성을 치료하시며 고쳐 낫게 하실 것이다. 죄로 인해 멸망한 성, 중병이 걸려 다시 회복하기 어려워 보이는 그 성이지만, 하나님께서 치료하시면 회복될 것이다. 하나님께서는 그 성을 회복시키시고 온전케 하실 수 있다.

또 하나님께서는 그 성에 평안과 안정과 진실의 풍부함을 주실 것이다. 이전에 그 성은 하나님의 평안이 없었다. 불의와 거짓, 혼란과 고통이 충만하였었다. 그러나 이제 하나님께서 회복시키실 때에는 그 성에 평안과 안정과 진리와 진실이 충만할 것이다.

하나님께서는 이스라엘과 유다의 포로들을 돌아오게 하실 것이며 그 땅을 예전과 같이, 처음과 같이 세울 것이라고 말씀하셨다. 이스라엘 나라의 회복은 일차적으로 그들의 포로 귀환으로 시작될 것이다.

또 하나님께서는 이스라엘 백성의 모든 죄악들을 사하시며 정결케 하실 것이다. 회복과 구원은 죄사함으로 시작될 것이다. 죄가 멸망의 원인이었기 때문에 죄사함은 회복의 원인이 될 것이다.

또 하나님께서는 예루살렘 성이 세계 열방 앞에서 하나님께 기쁜 이름이 될 것이며 찬송과 영광이 될 것이라고 말씀하셨다. 열방들은 하나님께서 이스라엘 백성에게 베푸신 모든 복을 들을 것이요 그가 이 성읍에 베푸신 모든 복과 모든 평안을 인하여 두려워하며 떨 것이다. 하나님께서 주시는 구원과 회복은 기쁨과 평안을 줄 것이다.

〔10-11절〕 나 여호와가 이같이 말하노라. 너희가 가리켜 말하기를 황폐하여 사람도 없고 짐승도 없다 하던 여기 곧 황폐하여 사람도 없고 주민도 없고 짐승도 없던 유다 성읍들과 예루살렘 거리에서 즐거워하는 소리, 기뻐하는 소리, 신랑의 소리, 신부의 소리와 및 만군의 여호와께 감사하라. 여호와는 선하시니 그 인자하심이 영원하다 하는 소리와 여호와의 집에 감사제**를 드리는 자들의 소리가 다시 들리리니 이는 내가 이 땅의 포로로 돌아와서 처음과 같이 되게 할 것임이니라. 여호와의 말이니라.**

회복된 예루살렘 성은 사람들의 즐거워하는 소리와 기뻐하는 소리가 다시 들릴 것이며, 신랑의 소리와 신부의 소리가 다시 들릴 것이며, 또 하나님께 감사의 제사를 드리는 소리도 들릴 것이다.

본문의 교훈을 정리해보자. 첫째로, 이스라엘 백성은 나라의 회복을 위해 하나님께 부르짖어 기도해야 했다. 3절, “너는 내게 부르짖으라. 내가 네게 응답하겠고 네가 알지 못하는 크고 기이한 일을 네게 보이리라.” 그것은 이스라엘 나라의 회복에 대한 일을 가리켰다고 본다. 우리도 성화와 영육의 문제를 위해 하나님께 부르짖어 기도해야 한다.

둘째로, 하나님께서는 예루살렘 성이라도 범죄할 때에 바벨론 군대에게 처참하게 짓밟히고 황폐케 되게 하셨다. 악인에게는 평안이 없다. 죄의 값은 사망과 불행이다. 이것은 모든 시대에 변함 없는 진리이다. 하나님의 은혜로 구원 얻은 신약 성도들도 죄 지으면 반드시 죽을 줄 알고 하나님의 진노와 징벌을 두려워하며 범죄치 말아야 한다.

셋째로, 하나님께서는 멸망한 예루살렘 성을 치료하시며 낫게 하실 것이며 이스라엘의 포로들을 돌아오게 하실 것이다. 이런 일은 사람의 생각으로는 불가능한 일이지만 구주 하나님께는 능치 못함이 없으시며 또 이 일은 오직 하나님의 전적인 긍휼과 은혜로 말미암은 것이다.

넷째로, 이스라엘의 회복은 하나님께서 그들의 죄를 용서하심으로 말미암는다. 8절, “내가 그들을 내게 범한 그 모든 죄악에서 정하게 하며 그들의 내게 범하며 행한 모든 죄악을 사할 것이라.” 우리의 구원도 하나님의 죄사함으로 말미암았다. 죄사함이 없다면, 아무도 하나님 앞에 설 수 없을 것이다. 우리는 하나님의 사죄의 은혜를 감사해야 한다.

다섯째로, 이스라엘의 회복의 땅에는 풍성한 평안과 큰 기쁨이 있을 것이다. 하나님께서는 신약 성도들에게도 풍성한 평안과 큰 기쁨의 복을 주셨다. 주 예수께서는 세상이 주는 것과 다른 참 평안을 주셨다(요 14:27). 사도 바울은 “항상 기뻐하라. 쉬지 말고 기도하라. 범사에 감사하라. 이는 그리스도 예수 안에서 너희를 향하신 하나님의 뜻이니라”고 말했다(살전 5:16-18). 우리는 참 평안과 기쁨의 복을 누려야 한다.

12-26절, 다윗의 의로운 가지

〔12-13절〕 나 만군의 여호와가 이같이 말하노라. 황폐하여 사람도 없고 짐승도 없던 이 곳과 그 모든 성읍에 다시 목자(로임 רֹעִים)[목자들]**의 거할 곳이 있으리니 그 양무리를 눕게 할 것이라. 산지 성읍들과 평지 성읍들과 남방의 성읍들과 베냐민 땅과 예루살렘 사면과 유다 성읍들에서 양무리가 다시 계수하는 자의 손 아래로 지나리라. 여호와의 말이니라.**

하나님의 징벌로 황폐케 된 유다 땅이 사람 사는 땅으로 회복될 것이다. 사람들은 다시 목자들이 양을 치는 모습을 보게 될 것이다.

〔14절〕 나 여호와가 말하노라. 보라, 내가 이스라엘 집과 유다 집에 대하여 이른 선한 말을 성취할 날이 이르리라.

'선한 말'은 이스라엘 나라의 회복과 포로들의 귀환에 대한 약속의 말씀이다. 본장 6-7절에서, 하나님께서는 "보라, 내가 이 성을 치료하며 고쳐 낫게 하고 평강과 성실함[진리]에 풍성함을 그들에게 나타낼 것이며 내가 유다의 포로와 이스라엘의 포로를 돌아오게 하여 그들을 처음과 같이 세울 것이라"고 말씀하셨었다. 그는 약속을 지키시는 신실하신 하나님이시다(수 21:45).

〔15-16절〕 그 날 그때에 내가 다윗에게 한 의로운 가지가 나게 하리니 그가 이 땅에 공평과 정의[법과 의]**를 실행할 것이라. 그 날에 유다가 구원을 얻겠고 예루살렘이 안전히 거할 것이며** 그 성은 **여호와 우리의 의(義)라 일컬음을 입으리라.**

'그 날 그때'는 하나님께서 약속하신 메시아를 보내주시는 때를 가리켰다. 그때 하나님께서는 다윗에게서 한 의로운 가지를 나게 하실 것이다. 이것은 예레미야 23:5에서 이미 예언된 바이다: "보라, 때가 이르리니 내가 다윗에게 한 의로운 가지를 일으킬 것이라. 그가 왕이 되어 형통하여 세상에서 공평과 정의를 행할 것이며." 다른 선지자들도 비슷한 예언을 했었다. 이사야 11:1, "이새의 줄기에서 한 싹이 나며 그 뿌리에서 한 가지가 나서 결실할 것이요." 에스겔 34:23-24, "내가 한 목자를 그들의 위에 세워 먹이게 하리니 그는 내 종 다윗이라.” 호세아 3:5, “그 후에 저희가 돌아와서 그 하나님 여호와와 그 왕 다윗을 구하고.” 스가랴 3:8, “내가 내 종 순을 나게 하리라.”

다윗의 한 의로운 가지는 곧 메시아를 가리킨다. 구약성경은 메시아의 강림을 예언하였다. 예수 그리스도께서는, 마태복음 1:1의 증거대로, 아브라함과 다윗의 자손으로 오셨다. 그는 다윗의 동네 베들레헴에서 나셨다(마 2장; 눅 2장). 사람들은 그를 다윗의 자손으로 불렀다(마 21:9). 그는 이 땅에 법과 의를 행하실 것이다. 그 날에 유다는 구원을 얻고 예루살렘 성은 안전히 거할 것이다. 또 그 성은 여호와 우리의 의(義)라 일컬음을 입을 것이다. 이것은 신약교회에게 주신 구원을 가리킨다. 신약교회는 주께서 주신 의(義)와 평안을 누린다.

고린도전서 1:30, “너희는 하나님께로부터 나서 그리스도 예수 안에 있고 예수님은 하나님께로서 나와서 우리에게 지혜와 의로움과 거룩함과 구속(救贖)함이 되셨으니.” 로마서 3:21-22, “이제는 율법 외에 하나님의 한 의(義)가 나타났으니 율법과 선지자들에게 증거를 받은 것이라. 곧 예수 그리스도를 믿음으로 말미암아 모든 믿는 자들에게 미치는 하나님의 의(義)니 차별이 없느니라.” 요한복음 14:27, “평안을 너희에게 끼치노니 곧 나의 평안을 너희에게 주노라. 내가 너희에게 주는 것은 세상이 주는 것 같지 아니하니라. 너희는 마음에 근심도 말고 두려워하지도 말라.”

〔17-18절〕 나 여호와가 이같이 말하노라. 이스라엘 집 위(位)[왕위]**에 앉을 사람이 다윗에게 영영히 끊어지지 아니할 것이며 내 앞에서 번제를 드리며 소제를 사르며** 다른 **제를 항상 드릴 레위 사람 제사장들도 끊어지지 아니하리라 하시니라.**

하나님께서는 다윗 자손 왕들과 레위 사람 제사장들을 끊임없이 주실 것이라고 말씀하셨다. 그는 다윗에게 “네 집과 네 나라가 네 앞에서 영원히 보전되고 네 왕위가 영원히 견고하리라”고 약속하셨었다(삼하 7:16; 시 89:3-4). 메시아 예언은 이 약속에 근거한다. 이사야도 말하기를, "이는 한 아기가 우리에게 났고 한 아들을 우리에게 주신 바 되었는데 그 어깨에는 정사를 메었고 그 이름은 . . . 평강의 왕이라 할 것임이라. 그 정사와 평강의 더함이 무궁하며 또 다윗의 왕위에 앉아서 그 나라를 굳게 세우고"라고 하였다(사 9:6-7).

다윗 자손 왕들과 레위 사람 제사장들은 신약 성도들을 가리켰다고 본다. 요한계시록 5:10은, "저희로 우리 하나님 앞에서 나라[왕들](전통본문)와 제사장을 삼으셨으니 저희가 땅에서 왕노릇하리로다"고 말하고, 요한계시록 22:5는, "저희가 세세토록 왕노릇하리로다"고 말한다. 또 베드로전서 2:9는, "오직 너희는 택하신 족속이요 왕 같은 제사장들이요 거룩한 나라요 그의 소유된 백성이니"라고 말했다.

〔19-22절〕 여호와의 말씀이 예레미야에게 임하니라. 가라사대 나 여호와가 이같이 말하노라. 너희가 능히 낮에 대한 나의 약정과 밤에 대한 나의 약정을 파하여 주야로 그때를 잃게 할 수 있을진대 내 종 다윗에게 세운 나의 언약도 파하여 그로 그 위(位)[왕위]**에 앉아 다스릴 아들이 없게 할 수 있겠으며 내가 나를 섬기는 레위인 제사장에게 세운** 언약도 파할 수 있으리라. **하늘의 만상은 셀 수 없으며 바다의 모래는 측량할 수 없나니 내가 그와 같이 내 종 다윗의 자손과 나를 섬기는 레위인을 번성케 하리라 하시니라.**

하나님께서는 그가 하신 다윗의 자손과 레위인 제사장들에 대한 약속이 반드시 이루어질 것이며 그들이 번성할 것이라고 말씀하신다. 이것은 오늘날 신약 성도들을 가리킨다고 본다.

〔23-24절〕 여호와의 말씀이 예레미야에게 임하니라. 가라사대 이 백성이 말하기를 여호와께서 그 택하신 두 족속을 버리셨다 한 것을 네가 생각지 아니하느냐? 그들이 내 백성을 멸시하여 자기들 앞에서 나라로 인정치 아니하도다.

24절의 '이 백성'은 유다의 원수들인 이방인들보다 이스라엘 백성 중 악한 자들을 가리키는 것 같다. 하나님의 택하신 두 족속은 이스라엘 나라와 유다 나라를 가리키는 것 같다. 악한 자들은 하나님께서 그 두 족속을 버리셨다고 생각하고 더 이상 나라로 인정치 않았다.

〔25-26절〕 **나 여호와가 이같이 말하노라. 나의 주야(晝夜)의 약정이** 서지 **아니할 수 있다든지 천지의 규례가 정한 대로** 되지 **아니할 수 있다 할진대 내가 야곱과 내 종 다윗의 자손을 버려서 다시는 다윗의 자손 중에서 아브라함과 이삭과 야곱의 자손을 다스릴 자를 택하지 아니하리라.** [이는] **내가 그 포로된 자로 돌아오게 하고 그를 긍휼히 여기리라**[여길 것임이니라].

밤낮의 약정이나 천지의 규례가 폐하여지지 않듯이, 하나님께서 하신 약속들이 폐해지지 않을 것이며 그의 긍휼 중에 약속대로 포로들이 돌아올 것이다. 바벨론에 잡혀 간 포로들이 돌아오리라는 예언은 본서에서 이미 여러 차례 나왔다(29:10; 30:3; 32:44; 33:7, 11).

본문의 교훈을 정리해보자. 첫째로, 하나님께서는 약속하신 바를 반드시 성취하시는 신실하신 자이시다. 그는 이스라엘 백성의 범죄에 대해 엄하게 벌하시지만, 또한 약속대로 구원을 베푸신다. 낮과 밤에 대한 그의 약속이 변함 없이 지켜지듯이, 그는 이스라엘 백성의 회복과 포로 귀환의 약속을 반드시 이루실 것이다. 그는 주권적 섭리자이시다.

둘째로, 하나님께서는 약속하신 대로 메시아이신 예수 그리스도를 보내어주셨다. 예수 그리스도께서는 다윗에게서 난 한 의로운 가지이시며 모든 믿는 자를 위해 의를 이루셨고(롬 10:4) 우리의 의가 되신다(고전 1:30). 우리는 예수 그리스도의 십자가 대속 사역으로 그를 믿음으로 하나님의 은혜로 값없이 죄사함과 의롭다 하심을 얻었다(롬 3:22).

셋째로, 하나님께서는 예수님을 믿음으로 구원 얻은 신약 성도들을 왕들과 제사장들로 삼으셨다. 요한계시록 5:10, "저희로 우리 하나님 앞에서 나라[왕들]와 제사장을 삼으셨으니." 베드로전서 2:9, "너희는 택하신 족속이요 왕 같은 제사장들이요 거룩한 나라요 그의 소유된 백성이니." 우리는 예수 그리스도의 속죄사역과 중보 사역으로 말미암아 왕들과 거룩한 제사장들이 된 것을 깨닫고 감사함과 담대함으로 하나님을 섬기며 이 세상 사는 동안 의와 선을 행하며 세상에 빛이 되어야 한다.

34장: 자유 선언을 번복함

〔1-7절〕 **바벨론 왕 느부갓네살과 그 모든 군대와 그 통치 하에 있는 땅의 모든 나라와 모든 백성이 예루살렘과 그 모든 성읍을 칠 때에 말씀이 여호와께로서 예레미야에게 임하니라. 가라사대 이스라엘의 하나님 나 여호와가 이같이 말하노라. 너는 가서 유다 왕 시드기야에게 고하여 이르기를 여호와의 말씀에 보라, 내가 이 성을 바벨론 왕의 손에 붙이리니 그가 이 성을 불사를 것이라. 네가 그 손에서 벗어나지 못하고 반드시 사로잡혀 그 손에 붙임을 입고 네 눈은 바벨론 왕의 눈을 볼 것이며 그 입은 네 입을 마주 대하여 말할 것이요 너는 바벨론으로 가리라. 그러나 유다 왕 시드기야여, 나 여호와의 말을 들으라. 나 여호와가 네게 대하여 이같이 말하노라. 네가 칼에 죽지 아니하고 평안히 죽을 것이며 사람이 너보다 먼저 있은 네 열조 선왕에게 분향하던 일례로 네게 분향하며 너를 위하여 애통하기를 슬프다 주여 하리니 이는 내가 말하였음이니라. 여호와의 말이니라. 선지자 예레미야가 이 모든 말씀을 예루살렘에서 유다 왕 시드기야에게 고하니라.** 때에 **바벨론 왕의 군대가 예루살렘과 유다의 남은 모든 성을 쳤으니 곧 라기스와 아세가라. 유다의 견고한 성읍 중에 이것들만 남았음이더라.**

하나님께서는 유다 왕 시드기야에게 "내가 이 성(예루살렘 성)을 바벨론 왕의 손에 붙이리라"고 말씀하셨고, 또 시드기야가 그것을 눈으로 볼 것이며 그 자신이 바벨론으로 잡혀갈 것이지만 칼에 죽임을 당하지는 않고 평안히 죽을 것이라고 말씀하셨다. 그는 악한 시드기야 왕에게 징벌 중에도 약간의 긍휼을 베푸실 것이다.

〔8-11절〕 **시드기야 왕이 예루살렘에 있는 모든 백성과 언약하고 자유를 선언한 후에 여호와께로서 말씀이 예레미야에게 임하니라.** 그 언약은 곧 **사람으로 각기 히브리 남녀 노비를 놓아 자유케 하고 그 동족 유다인으로 종을 삼지 못하게 한 것이라. 이 언약에 참가한 방백들과 모든 백성이 각기 노비를 자유케 하고 다시는 종을 삼지 말라 함을 듣고 순복하여 놓았더니 후에 그들의** 뜻이 **변하여 자유케 하였던 노비를 끌어다가 다시 복종시켜 노비를 삼았더라.**

시드기야 왕이 예루살렘에 있는 모든 백성과 언약을 맺고 동족인 남녀 노비를 놓아 자유케 했으나, 이 언약에 참가한 자들이 얼마 후에 뜻이 변하여 자유케 했던 노비를 끌어와 다시 노비를 삼았다.

〔12-16절〕 그러므로 여호와의 말씀이 여호와께로서 예레미야에게 임하니라. 가라사대 이스라엘 하나님 나 여호와가 이같이 말하노라. 내가 너희 선조를 애굽 땅 종 되었던 **집에서 인도하여 낼 때에 그들과 언약을 세워 이르기를 너희 형제 히브리 사람이 네게 팔렸거든 7년 만에 너희는 각기 놓으라. 그가 6년을 너를 섬겼은즉 그를 놓아 자유케 할지니라 하였으나 너희 선조가 나를 듣지 아니하며 귀를 기울이지도 아니하였느니라. 그러나 너희는 이제 돌이켜 내 목전에 정당히 행하여 각기 이웃에게 자유를 선언하되 내 이름으로 일컬음을 받는 집에서 내 앞에서 언약을 세웠거늘 너희가** 뜻을 **변하여 내 이름을 더럽히고 각기 놓아 그들의 마음대로 자유케 하였던 노비를 끌어다가 다시 너희에게 복종시켜서 너희 노비를 삼았도다.**

하나님께서는 그들의 잘못을 지적하셨다. 히브리인 즉 동족 사람 종을 자유케 하는 것은 본래 모세의 율법에 명시된 바이었다. 출애굽기 21:2, "네가 히브리 종을 사면 그가 6년 동안 섬길 것이요 제7년에는 값없이 나가 자유할 것이며"(신 15:12도 그러함). 이것은 하나님의 법이요 이스라엘과 맺으신 언약의 내용이었다. 그러므로 시드기야 왕과 백성이 늦게나마 그런 언약을 한 것은 바른 일이었으나, 언약을 맺었던 그들은 그 언약을 번복함으로 하나님의 법을 어겼고 하나님 앞에서 한 그들의 언약을 어겼고 하나님의 이름을 더럽혔다.

〔17-22절〕 그러므로 나 여호와가 이같이 말하노라. 너희가 나를 듣지 아니하고 각기 형제와 이웃에게 자유를 선언한 것을 실행치 아니하였은즉 내가 너희에게 자유를 선언하여 너희를 칼과 염병과 기근에 붙이리라. 나 여호와의 말이니라. 내가 너희를 세계 열방 중에 흩어지게(레자와아 לְזַעֲוָה)[두려움이 되게] **할 것이며 송아지를 둘에 쪼개고 그 두 사이로 지나서 내 앞에 언약을 세우고 그 말을 실행치 아니하여 내 언약을 범한 너희를 곧 쪼갠 송아지 사이로 지난 유다 방백들과 예루살렘 방백들과 환관들과 제사장들과 이 땅 모든 백성을 내가 너희 원수의 손과 너희 생명을 찾는 자의 손에 붙이**

리니 너희 시체가 공중의 새들과 땅 짐승의 식물이 될 것이며 또 내가 유다 왕 시드기야와 그 방백들을 그 원수의 손과 그 생명을 찾는 자의 손과 너희에게서 떠나간 바벨론 왕의 군대의 손에 붙이리라. 나 여호와가 말하노라. 보라, 내가 그들에게 명하여 이 성에 다시 오게 하리니 그들이 이 성을 쳐서 취하여 불사를 것이라. 내가 유다 성읍들로 황무하여 거민이 없게 하리라.

하나님께서는 그들이 그의 말을 듣지 않았기 때문에 거기에 상응하는 벌을 선언하셨다. 또 그는 그들을 세상에 두려움이 되게 하시며 원수들의 손에 붙이시며 유다 성읍들을 황무케 하겠다고 말씀하셨다.

본장의 교훈을 정리해보자. 첫째로, 하나님께서는 주권적 섭리자이시다. 하나님께서는 "내가 하리라"고 일곱 번 말씀하셨다(2, 17, 17, 20, 21, 22, 22). 전쟁의 승리와 실패, 사람의 삶과 죽음, 개인과 사회의 평안과 불행은 하나님의 손에 달려 있다. 우리는 우리의 모든 문제의 해결자이신 주권적 섭리자 하나님만 바라보며 그를 믿고 의지해야 한다.

둘째로, 히브리 남녀 노비를 놓아 자유케 하기로 언약했던 유다 방백들과 백성들의 결심은 오래 가지 못했다. 하나님의 법은, 가난하여 종이 된 히브리 종을 6년간만 부리고 제7년에는 자유케 하라는 것이며 그것은 가난한 사람들을 사랑하며 배려한 법이었다. 그러나 유다 백성은 그 결심을 변하였다. 사람은 심히 죄악되며 약하다. 사람의 죄성은 빈번히 그의 선한 결심을 이긴다. 그러므로 우리는 우리 자신의 뿌리깊은 죄성을 깨닫고 자신을 믿지 말고 언제나 성령의 도우심을 구해야 한다.

셋째로, 하나님께서는 자유 선언을 번복한 유다 방백들과 모든 백성들에게 칼, 전염병, 기근을 내리실 것이며, 그들을 바벨론 왕의 군대의 손에 붙이실 것이며, 그 땅의 성읍들을 황무케 하실 것이라고 선언하셨다. 그것은 하나님의 징벌이며 우리는 그 징벌을 두려워해야 한다. 일시적인 선한 결심은 결코 구원이 되지 못한다. 우리는 하나님의 은혜로 마음의 변화를 받아 모든 죄를 버리고 주님만 믿고 따르는 자가 되어야 하고 하나님의 은혜를 사모하며 받고 믿고 순종하는 자가 되어야 한다.

35장: 레갑 족속의 예

〔1-11절〕 유다 왕 요시야의 아들 여호야김 때에 여호와께로서 말씀이 예레미야에게 임하니라. 가라사대 너는 레갑 족속에게 가서 그들에게 말하고 그들을 여호와의 집 한 방으로 데려다가 포도주를 마시우라. 이에 내가 하바시냐의 손자요 예레미야의 아들인 야아사냐와 그 형제와 그 모든 아들과 레갑 온 족속을 데리고 여호와의 집에 이르러 익다랴의 아들 하나님의 사람 하난의 아들들의 방에 들였는데 그 방은 **방백들의 방 곁이요 문을 지키는 살룸의 아들 마아세야의 방 위더라. 내가 레갑 족속 사람들 앞에 포도주가 가득한 사발과 잔을 놓고 마시라 권하매 그들이 가로되 우리는 포도주를 마시지 아니하겠노라. 레갑의 아들 우리 선조 요나답이 우리에게 명하여 이르기를 너희와 너희 자손은 영영히 포도주를 마시지 말며 집도 짓지 말며 파종도 하지 말며 포도원도 재배치 말며 두지도 말고 너희 평생에 장막에 거처하라. 그리하면 너희의 우거하는 땅에서 너희 생명이 길리라 하였으므로 우리가 레갑의 아들 우리 선조 요나답의 우리에게 명한 모든 말을 순종하여 우리와 우리 아내와 자녀가 평생에 포도주를 마시지 아니하며 거처할 집도 짓지 아니하며 포도원이나 밭이나 종자도 두지 아니하고 장막에 거처하여 우리 선조 요나답의 우리에게 명한 대로 다 준행하였노라. 그러나 바벨론 왕 느부갓네살이 이 땅에 올라왔을 때에 우리가 말하기를 갈대아인의 군대와 수리아인의 군대가 두려운즉 예루살렘으로 가자 하고 우리가 예루살렘에 거하였노라.**

예레미야서는 연대 순으로 쓰여 있지 않다. 앞장은 유다의 마지막 왕 시드기야 때의 일을 기록하나 본장은 여호야김 때의 일을 기록한다. 하나님께서는 예레미야에게 레갑 족속을 데리고 여호와의 집의 한 방에 들어가 포도주를 마시게 하라고 명하셨다. 레갑 족속은 역대상 2:55에 보면 유다 자손 갈렙의 자손이었다. 예레미야는 하나님의 명하신 대로 행하였다. 그러나 레갑 족속은 그 조상 요나답의 말대로 온 가족이 평생 포도주를 마시지 않고 집도 짓지 않고 장막에 거한다고 대답하였다. 그들은 그 조상 요나답의 말을 충실히 지켰다.

〔12-17절〕 때에 여호와의 말씀이 예레미야에게 임하여 가라사대 만군의 여호와 이스라엘의 하나님이 이같이 말하노라. 너는 가서 유다 사람들과 예루살렘 거민에게 이르기를 여호와의 말씀에 너희가 내 말을 들으며 교훈을 받지 아니하겠느냐? 레갑의 아들 요나답이 그 자손에게 포도주를 마시지 말라 한 그 명령은 실행되도다. 그들은 그 선조의 명령을 순종하여 오늘까지 마시지 아니하거늘 내가(웨아노키 וְאָנֹכִי)[그러나 나는] **너희에게 말하고 부지런히 말하여도 너희는 나를 듣지 아니하도다. 나도 내 종 모든 선지자를 너희에게 보내고 부지런히 보내며 이르기를 너희는 이제 각기 악한 길에서 돌이켜 행위를 고치고 다른 신을 좇아 그를 섬기지 말라. 그리하면 너희가 나의 너희와 너희 선조에게 준 이 땅에 거하리라 하여도 너희가 귀를 기울이지 아니하며 나를 듣지 아니하였느니라. 레갑의 아들 요나답의 자손은 그 선조가 그들에게 명한 그 명령을 준행하나 이 백성은 나를 듣지 아니하도다. 그러므로 나 만군의 여호와 이스라엘의 하나님이 이같이 말하노라. 보라, 내가 유다와 예루살렘 모든 거민에게 나의 그들에게 대하여 선포한 모든 재앙을 내리리니 이는 내가 그들에게 말하여도 듣지 아니하며 불러도 대답지 아니함이니라 하셨다 하라.**

레갑 족속은 조상의 명령을 순종했으나, 그와 대조되게 유다 백성은 하나님의 명령을 순종하지 않았다. 하나님의 명령은 간곡하였고 순종에 대한 보상도 분명하였다. 그러나 유다 백성은 하나님의 명령에 귀를 기울이지 않았고 그 간곡한 교훈을 듣지 않았다. 이스라엘의 역사는 항상 그러하였다. 이것은 죄악된 인생의 모습이다. 하나님께서는 이러한 유다와 예루살렘 거민의 죄와 불순종에 대해 그들에게 경고했던 모든 재앙을 내리겠다고 선포하셨다.

〔18-19절〕 예레미야가 레갑 족속에게 이르되 만군의 여호와 이스라엘의 하나님께서 이같이 말씀하시기를 너희가 너희 선조 요나답의 명령을 준종[순종]**하여 그 모든 훈계를 지키며 그가 너희에게 명한 것을 행하였도다. 그러므로 나 만군의 여호와 이스라엘의 하나님이**[께서] **이같이 말하노라. 레갑의 아들 요나답에게서 내 앞에 설 사람이 영영히 끊어지지 아니하리라.**

레갑 족속은 부모를 공경하라는 하나님의 계명을 잘 지켰기 때문에 하나님께서는 그들에게 대대손손 '내 앞에 설 사람' 즉 하나님을 섬기는 경건한 자손들이 있을 것이라고 복을 선언하셨다.

본장에서 우리는 두 가지 교훈을 얻는다. 첫째로, 우리는 레갑 족속처럼 부모를 공경하고 순종해야 한다. 그것은 하나님께서 기뻐하시는 바요 자녀들에게 복된 일이다. 사도 바울은 "자녀들아, 너희 부모를 주 안에서 순종하라. 이것이 옳으니라. 네 아버지와 어머니를 공경하라. 이것이 약속 있는 첫 계명이니 이는 네가 잘되고 땅에서 장수하리라"고 말하였고(엡 6:1-3), 또 "자녀들아, 모든 일에 부모에게 순종하라. 이는 주 안에서 기쁘게 하는 것이니라"고 말했다(골 3:20). 이것은 특히 오늘날같이 많은 자녀들이 부모를 공경하지도 않고 순종하지도 않는 것 같은 시대에 기억되고 다시 강조해야 할 교훈이다. 자녀들은 부모의 교훈에 순종해야 한다. 그것이 성경에 위배되지 않고 자신에게 도덕적 해가 되지 않는다면, 자녀들은 그것을 존중하고 순종해야 한다.

둘째로, 우리는 하나님께 대해서는 그를 더욱 경외하고 순종해야 한다. 하나님을 경외하고 순종하는 것은 사람에게 평안의 길이다. 그러나 하나님을 경외치 않는다면 어떻게 재앙을 피하고 평안을 기대할 수 있겠는가. 신명기 10:13은 하나님의 명령과 규례를 '우리의 행복을 위한 것'이라고 말하였고, 이사야 48:17-18은, "여호와께서 가라사대 나는 네게 유익하도록 가르치고 너를 마땅히 행할 길로 인도하는 너희 하나님 여호와라. 슬프다, 네가 나의 명령을 듣지 아니하였도다. 만일 들었더면 네 평강이 강과 같았겠고 네 의가 바다 물결 같았을 것이며"라고 말하였다. 히브리서 12:9-10도 "우리 육체의 아버지가 우리를 징계하여도 공경하였거든 하물며 모든 영의 아버지께 더욱 복종하여 살려 하지 않겠느냐? 저희는 잠시 자기의 뜻대로 우리를 징계하였거니와 오직 하나님께서는 우리의 유익을 위하여 그의 거룩하심에 참여케 하시느니라" 고 말했다. 우리는 하나님을 경외하고 그의 계명들을 순종해야 한다.

36장: 유다 왕이 책을 불태움

〔1-4절〕 유다 왕 요시야의 아들 여호야김 4년에 여호와께로서 예레미야에게 말씀이 임하니라. 가라사대 너는 두루마리 책을 취하여 내가 네게 말하던 날 곧 요시야의 날부터 오늘까지 이스라엘과 유다와 열방에 대하여 나의 네게 이른 모든 말을 그것에 기록하라. 유다 족속이 내가 그들에게 내리려 한 모든 재앙을 듣고 각기 악한 길에서 돌이킬듯 하니라. 그리하면 내가 그 악과 죄를 사하리라. 이에 예레미야가 네리야의 아들 바룩을 부르매 바룩이 예레미야의 구전(口傳)대로[입의 말대로] **여호와께서 그에게 이르신 모든 말씀을 두루마리 책에 기록하니라.**

선지자 예레미야가 사역한 지 23년쯤 되었을 때에(렘 25:3) 하나님께서는 그에게 두루마리 책을 취하여 그가 말씀하시는 바를 기록케 하셨다. 그래서 예레미야는 바룩을 불렀고, 바룩은 예레미야의 입의 말대로 그 모든 말씀을 두루마리 책에 기록했다. 그 내용은 재앙에 대한 말씀을 포함하였다. 하나님께서 그 말씀을 책에 기록하게 하시는 목적은 그 백성에게 회개를 촉구하기 위함이었다. 성경은 사람이 썼지만, 거기에 기록된 말씀은 곧 하나님의 말씀이다.

〔5-8절〕 예레미야가 바룩을 명하여 가로되 나는 감금을 당한지라. 여호와의 집에 들어갈 수 없은즉 너는 들어가서 나의 구전(口傳)대로[입의 말대로] **두루마리에 기록한 여호와의 말씀을 금식일에 여호와의 집에 있는 백성의 귀에 낭독하고 유다 모든 성에서 온 자들의 귀에도 낭독하라. 그들이 여호와 앞에 기도를 드리며 각기 악한 길을 떠날듯 하니라.** [이는] **여호와께서 이 백성에 대하여 선포하신 노와 분이 크니라**[큼이니라]**. 네리야의 아들 바룩이 무릇 선지자 예레미야의 자기에게 명한 대로 하여 여호와의 집에서 책에 있는 여호와의 말씀을 낭독하니라.**

예레미야는 바룩에게 그 기록한 여호와의 말씀을 금식일에 여호와의 집에 있는 백성에게 낭독하라고 지시하였다. 그 금식일은 7월 10일 속죄일을 가리킬 것이다. 바룩은 예레미야의 지시대로 여호와의 집에서 책에 있는 여호와의 말씀을 낭독하였다.

〔9-10절〕 유다 왕 요시야의 아들 여호야김의 5년 9월에 예루살렘 모든 백성과 유다 성읍들에서 예루살렘에 이른 모든 백성이 여호와 앞에서 금식을 선포한지라. 바룩이 여호와의 집 윗뜰 곧 여호와의 집 새 문 어귀의 곁에 있는 사반의 아들 서기관[서기관 사반의 아들](KJV, NASB, NIV) **그마랴의 방에서 그 책에 있는 예레미야의 말을 낭독하여 모든 백성에게 들리니라.**

1년이 지나고 유다 왕 요시야의 아들 여호야김의 5년 9월이 되었을 때, 어떤 계기가 있었는지는 모르나 예루살렘 모든 백성과 유다 성읍들에서 예루살렘에 이른 모든 백성은 여호와 앞에서 금식을 선포하였는데, 바룩은 여호와의 집 새 문 어귀 곁에 있는 그마랴의 방에서 그 책에 있는 예레미야의 말을 낭독하여 모든 백성에게 듣게 하였다.

〔11-19절〕 사반의 손자요 그마랴의 아들인 미가야가 그 책에 있는 여호와의 말씀을 다 듣고 왕궁에 내려가서 서기관의 방에 들어가니 모든 방백 곧 서기관 엘리사마와 스마야의 아들 들라야와 악볼의 아들 엘라단과 사반의 아들 그마랴와 하나냐의 아들 시드기야와 모든 방백이 거기 앉았는지라. 미가야가 바룩의 백성의 귀에 책을 낭독할 때에 들은 모든 말로 그들에게 고하매 이에 모든 방백이 구시의 증손 셀레먀의 손자 느다냐의 아들 여후디를 바룩에게 보내어 이르되 너는 백성의 귀에 낭독한 두루마리를 손에 가지고 오라. 네리야의 아들 바룩이 두루마리를 손에 가지고 그들에게로 가매 그들이 바룩에게 이르되 앉아서 이를 우리 귀에 낭독하라. 바룩이 그들의 귀에 낭독하매 그들이 그 모든 말씀을 듣고 놀라(파카드 פָּחַד)[두려워하여] **서로 보며 바룩에게 이르되 우리가 이 모든 말을 왕에게 고하리라. 그들이 또 바룩에게 물어 가로되 네가 그 구전하는 이 모든 말을 어떻게 기록하였느뇨? 청컨대 우리에게 이르라. 바룩이 대답하되 그가 그 입으로 이 모든 말을 내게 베풀기로 내가 먹으로 책에 기록하였노라. 이에 방백들이 바룩에게 이르되 너는 가서 예레미야와 함께 숨고 너희 있는 곳을 사람에게 알리지 말라 하니라.**

영적으로 심히 어두웠던 시대에도 하나님을 두려워하는 양심을 가진 소수의 사람들이 있었던 것 같다.

〔20-23절〕 그들이 두루마리를 서기관 엘리사마의 방에 두고 뜰에 들어가 왕께 나아가서 이 모든 말로 왕의 귀에 고하니 왕이 여후디를 보내어 두루마리를 가져오게 하매 여후디가 서기관 엘리사마의 방에서 가져다가 왕과 왕의 곁에 선 모든 방백의 귀에 낭독하니 때는 **9월이라. 왕이 겨울 궁전에 앉았고 그 앞에는 불 피운 화로가** 있더라. **여후디가 3편 4편**[셋쪽, 넷쪽]**을 낭독하면** 왕이 **소도(小刀)**[작은 칼]**로 그것을 연하여 베어 화로 불에 던져서 온 두루마리를 태웠더라.**

유다 왕 여호야김의 반응은 전혀 달랐다. 그 책에 대해 들은 왕은 여후디를 보내어 두루마리를 가져오게 했고 왕과 왕의 곁에 선 모든 방백의 귀에 낭독하게 했다. 때는 9월, 즉 우리 달력으로 12월쯤 되었다. 왕은 겨울 궁전에 앉았고 그 앞에는 불 피운 화로가 있었다. 여후디가 그 책의 3쪽, 4쪽을 낭독하면 왕은 작은 칼로 그것을 계속 조각조각 잘라 화로 불에 던져 온 두루마리를 태웠다.

〔24-26절〕 왕과 그 신하들이 이 모든 말을 듣고도 두려워하거나 그 옷을 찢지 아니하였고 엘라단과 들라야와 그마랴가 왕께 두루마리를 사르지 말기를 간구하여도 왕이 듣지 아니하였으며 왕이 왕의 아들 여라므엘과 아스리엘의 아들 스라야와 압디엘의 아들 셀레먀를 명하여 서기관 바룩과 선지자 예레미야를 잡으라 하였으나 여호와께서 그들을 숨기셨더라.

왕과 그 신하들은 이 모든 말을 듣고도 두려워하거나 그 옷을 찢지 아니하였다. 단지 엘라단과 들라야와 그마랴 등 세 명의 신하들이 왕에게 두루마리를 불태우지 말기를 간구하였으나 왕은 듣지 않았다. 여호야김 왕의 태도는 그 부친 요시야의 태도와 너무 달랐다. 요시야는 성전에서 발견된 율법책의 말씀을 듣고 자신들의 죄와 하나님의 재앙의 경고를 깨닫고 즉시 그 옷을 찢었었다(왕하 22:11). 여호야김의 태도는 40일 후에 성이 망한다는 하나님의 말씀을 선지자 요나를 통해 들었던 이방나라 니느웨 왕의 태도와도 너무 대조된다(욘 3장).

유다 왕 여호야김은 하나님의 말씀을 두려워함 대신 도리어 바룩과 예레미야를 잡으라고 명했다. 그러나 여호와께서는 그들을 숨기셨다. 그것은 마치 사울이 다윗을 잡아죽이려고 매일 찾았으나 하나님께서 그를 그의 손에 붙이지 아니하신 것과 같았다(삼상 23:14).

〔27-32절〕 왕이 두루마리와 바룩이 예레미야의 구전(口傳)으로 기록한 말씀을 불사른 후에 여호와의 말씀이 예레미야에게 임하니라. 가라사대 너는 다시 다른 두루마리를 가지고 유다 왕 여호야김의 불사른 첫 두루마리의 모든 말을 기록하고 또 유다 왕 여호야김에 대하여 이같이 말하기를 여호와의 말씀에 그가 이 두루마리를 불사르며 말하기를 네가 어찌하여 바벨론 왕이 정녕히 와서 이 땅을 멸하고 사람과 짐승을 이 땅에서 없어지게 하리라 하는 말을 이 두루마리에 기록하였느뇨 하도다. 그러므로 나 여호와가 유다 왕 여호야김에 대하여 이같이 말하노라. 그에게 다윗의 위(位)[왕위]**에 앉을 자가 없게 될 것이요 그 시체는 버림을 입어서 낮에는 더위, 밤에는 추위**(케라크 קרח)[서리](BDB, KJV, NASB)**를 당하리라. 또 내가 그와 그 자손과 신하들을 그들의 죄악을 인하여 벌할 것이라. 내가 일찍 그들과 예루살렘 거민과 유다 사람에게 선포하였으나 그들이 듣지 아니한 그 모든 재앙을 내리리라 하셨다 하라. 이에 예레미야가 다른 두루마리를 취하여 네리야의 아들 서기관 바룩에게 주매 그가 유다 왕 여호야김의 불사른 책의 모든 말을 예레미야의 구전(口傳)대로 기록하고 그 외에도 그 같은 말을 많이 더하였더라.**

본장의 교훈을 정리해보자. 첫째로, 하나님께서는 모든 말씀을 책에 기록하라고 명하셨다. 성경은 하나님께서 주신 말씀들이다. 성경의 참 저자는 하나님이시다. 그러므로 우리는 성경의 가치를 알아야 한다.

둘째로, 여호야김 왕과 그 신하들은 하나님의 말씀의 경고를 두려워하지 않고 오히려 그 책을 불태웠다. 우리는 하나님의 말씀인 성경을 두려움과 감사함으로 받고 그 말씀을 멸시하는 죄를 짓지 말아야 한다.

셋째로, 성경 교훈의 요지는 사람이 모든 죄를 버리고 경건하고 의롭고 선하고 진실하게 살라는 것이다. 죄는 재앙의 원인이다. 회개치 않는 마음도 그러하다. 그러나 사람이 비록 죄가 있을지라도 그것을 철저히 회개하고 하나님과 구주 예수 그리스도를 믿고 하나님의 계명을 힘써 지킨다면 하나님께서는 그를 용서하시고 평안과 복을 주실 것이다.

37장: 예레미야가 토굴 옥에서 나옴

〔1-5절〕 요시야의 아들 시드기야가 여호야김의 아들 고니야(여호야긴)**를 대신하여 왕이 되었으니 이는 바벨론 왕 느부갓네살이 그로 유다 땅의 왕을 삼음이었더라.** [그러나](웨 וְ) **그와 그 신하와 그 땅 백성이 여호와께서 선지자 예레미야로 하신 말씀을 듣지 아니하니라. 시드기야 왕이 셀레먀의 아들 여후갈과 마아세야의 아들 제사장 스바냐를 선지자 예레미야에게 보내어 청하되 너는 우리를 위하여 우리 하나님 여호와께 기도하라 하였으니 때에 예레미야가 갇히지 아니하였으므로 백성 가운데 출입하는 중이었더라. 바로의 군대가 애굽에서 나오매 예루살렘을 에워쌌던 갈대아인이 그 소문을 듣고 예루살렘에서 떠났더라.**

본문은 유다의 마지막 왕인 시드기야 때에 유다 왕과 그 신하들과 그 땅 백성이 선지자를 통해 선언된 하나님의 말씀을 듣지 않았음을 증거한다. 그러나 시드기야 왕에게 하나님에 대한 마음이 전혀 없었던 것은 아니었다. 그래서 그는 여후갈과 스바냐를 선지자 예레미야에게 보내어 "우리를 위하여 우리 하나님 여호와께 기도하라"고 부탁했다. 그는 하나님을 '우리 하나님 여호와'라고 부르며 자기들을 위해 하나님께 기도해주기를 그에게 부탁한 것이다. 그러나 시드기야 왕의 마음 속에는 하나님을 참으로 경외함이 없었다고 보인다.

〔6-10절〕 여호와의 말씀이 선지자 예레미야에게 임하여 가라사대 이스라엘의 하나님 나 여호와가 이같이 말하노라. 너희를 보내어 내게 구하게 한 유다 왕에게 이르라. 너희를 도우려고 나왔던 바로의 군대는 자기 땅 애굽으로 돌아가겠고 갈대아인이 다시 와서 이 성을 쳐서 취하여 불사르리라. 나 여호와가 이같이 말하노라. 너희는 스스로 속여 말하기를 갈대아인이 반드시 우리를 떠나리라 하지 말라. [이는] **그들이 떠나지 아니하리라**[아니할 것임이니라]**. 가령 너희가 너희를 치는 갈대아인의 온 군대를 쳐서 그 중에 부상자만 남긴다 할지라도 그들이 각기 장막에서 일어나 이 성을 불사르리라.**

예루살렘 성이 갈대아인들에 의해 정복되리라는 하나님의 말씀이 선언되었다. 하나님께서 이렇게 예루살렘 성의 멸망을 선언하신 것은 왕과 그 신하들과 그 백성이 하나님의 음성을 듣지 않았기 때문이다(2절). 시드기야 왕에게 하나님을 두려워하는 마음이 조금 있었던 것 같으나 하나님의 말씀에 순종함이 없었고 그 신하들과 그 백성을 하나님의 말씀대로 인도함도 없었다. 신하들과 백성은 그 지도자의 생각과 행위에 영향을 받는다. 지도자가 바르게 생각하고 인도하면 나라가 잘되고 평안하지만, 지도자가 바르게 생각하지 못하고 바르게 인도하지 못하면 나라는 잘될 수가 없고 평안할 수가 없다.

〔11-16절〕 갈대아인의 군대가 바로의 군대를 두려워하여 예루살렘에서 떠나매 예레미야가 베냐민 땅에서 백성 중 분깃을 받으려고 예루살렘을 떠나 그리로 가려 하여 베냐민 문에 이른즉 하나냐의 손자요 셀레먀의 아들인 이리야라 이름하는 문지기의 두목이 선지자 예레미야를 붙잡아 가로되 네가 갈대아인에게 항복하려 하는도다. 예레미야가 가로되 망령되다(쉐케르 שֶׁקֶר)[거짓되도다], **나는 갈대아인에게 항복하려 하지 아니하노라. 이리야가 듣지 아니하고 예레미야를 잡아 방백들에게로 끌어가매 방백들이 노하여 예레미야를 때려서 서기관 요나단의 집에 가두었으니 이는 그들이** 이 집으로 **옥을 삼았음이더라. 예레미야가 토굴 옥 음실(陰室)**(카누요스 חֲנֻיוֹת)[지하 감옥]**에 들어간 지 여러 날 만에.**

갈대아인의 군대가 바로의 군대를 두려워하여 예루살렘에서 떠나자 예레미야는 베냐민 땅에서 백성 중 분깃을 받으려고[자기 소유를 취하려고][7] 예루살렘을 떠나 그리로 가려 하여 베냐민 문에 이르렀다. 그때 이리야라는 문지기의 우두머리가 선지자 예레미야가 갈대아인에게 항복하려 한다고 오해하고 그를 붙잡아 방백들에게로 끌어갔고 방백들은 노하여 예레미야를 때려서 서기관 요나단의 집에 가두었다. 그것은 토굴옥 음실(陰室)이었고 그는 거기에 들어가 여러

7) 라칼리크 לַחֲלִק는 '자신을 성별하려고'(KJV)라는 뜻보다 '자기 소유를 취하려고'라는 뜻이라고 본다(BDB, NASB, NIV).

날 갇히어 있었다. 그에 대한 공정한 심리(審理)나 재판이 없었다.

〔17-21절〕 시드기야 왕이 보내어 그를 이끌어내고 왕궁에서 그에게 비밀히 물어 가로되 여호와께로서 받은 말씀이 있느뇨? 예레미야가 대답하되 있나이다. 또 가로되 왕이 바벨론 왕의 손에 붙임을 입으리이다. 예레미야가 다시 시드기야 왕에게 이르되 내가 왕에게나 왕의 신하에게나 이 백성에게 무슨 죄를 범하였관대 나를 옥에 가두었나이까? 바벨론 왕이 와서 왕과 이 땅을 치지 아니하리라고 예언한 왕의 선지자들이 이제 어디 있나이까? 내 주 왕이여, 이제 청컨대 나를 들으시며 나의 탄원을 받으사 나를 서기관 요나단의 집으로 돌려보내지 마옵소서. 내가 거기서 죽을까 두려워하나이다. 이에 시드기야 왕이 명하여 예레미야를 시위대 뜰에 두고 떡 만드는 자의 거리에서 매일 떡 한 덩이씩 그에게 주게 하매 성중에 떡이 다할 때까지 이르니라. 예레미야가 시위대 뜰에 머무니라.

예레미야는 왕에게라도 두려움 없이 하나님의 말씀을 전하였다. 그것은 쉬운 일이 아니다. 그는 용감한 선지자이며 하나님의 충성된 종이었다. 시드기야는 예레미야를 시위대 뜰에 두고 매일 떡 한 덩이씩 그에게 주게 하고 성중에 떡이 다할 때까지 그렇게 했다. 하나님께서는 그 궁핍한 시대에 그런 방법으로 그의 종을 먹이셨다.

본장의 교훈을 정리해보자. 첫째로, 이스라엘과 유다 나라의 멸망의 원인은 죄 때문이었다. 그러므로 죄를 멀리하는 것이 지혜요 평안의 길이다. 우리는 죄를 짓지 말아야 한다. 죄가 모든 불행의 원인이다.

둘째로, 유다 왕 시드기야가 하나님 앞에 바로 서서 왕의 책임을 다하지 못함으로 온 나라와 백성들은 부패해졌고 마침내 멸망케 되었다. 부모가 책임을 다해야 가정이 복되고, 목사가 책임을 다해야 교회가 복되고, 대통령이 책임을 다해야 나라가 복되고 평안하다. 우리는 각자 하나님을 경외하고 구주 예수님을 믿고 자기의 책임을 다해야 한다.

셋째로, 예레미야는 구타와 옥에 갇힘을 당했으나, 그런 중에도 하나님의 위로와 보호와 공급하심이 있었다. 주의 종들은 고난을 각오하며 일해야 한다. 우리는 죄와 타협지 말고 고난 중에도 충성해야 한다.

38장: 진흙 구덩이에서 구출됨

〔1-3절〕 맛단의 아들 스바댜와 바스훌의 아들 그다랴와 셀레먀의 아들 유갈과 말기야의 아들 바스훌이 예레미야의 모든 백성에게 이르는 말을 들은즉 이르기를 여호와께서 이같이 말씀하시되 이 성에 머무는 자는 칼과 기근과 염병에 죽으리라. 그러나 갈대아인에게 항복하는 자는 살리니 그의 생명이 노략물을 얻음같이 살리라. 나 여호와가 이같이 말하노라. 이 성이 반드시 바벨론 왕의 군대의 손에 붙이우리니 그가 취하리라 하셨다 하는지라.

선지자 예레미야가 모든 백성 앞에 전한 하나님의 말씀의 내용은 첫째, 이 성에 머무는 자는 칼과 기근과 염병에 죽을 것이며, 둘째, 그러나 갈대아인에게 항복하는 자는 살 것이며, 셋째, 이 성은 반드시 바벨론 왕의 손에 붙이움을 당할 것이라는 것이었다.

〔4-6절〕 이에 그 방백들이 왕께 고하되 이 사람이 백성의 평안을 구치 아니하고 해를 구하오니 청컨대 이 사람을 죽이소서. 그가 이같이 말하여 이 성에 남은 군사의 손과 모든 백성의 손을 약하게 하나이다. 시드기야 왕이 가로되 보라, 그가 너희 손에 있느니라. 왕은 조금도 너희를 거스릴 수 없느니라. 그들이 예레미야를 취하여 시위대 뜰에 있는 왕의 아들 말기야의 구덩이에 던져 넣을 때에 예레미야를 줄로 달아내리웠는데 그 구덩이에는 물이 없고 진흙뿐이므로 예레미야가 진흙 중에 빠졌더라.

방백들은 예레미야의 말을 듣고 불쾌하여 왕에게 그를 죽이기를 청하였고 왕의 허락 속에 그를 취하여 시위대 뜰에 있는 왕의 아들 말기야의 구덩이에 줄로 달아내리워 던져 넣었다. 그 구덩이에는 물이 없고 진흙뿐이므로 예레미야는 진흙 중에 빠졌다. 선지자는 그 곳에서 굶어죽을 처지가 되었다. 앞장에서 요나단의 지하 감옥에 갇혔다가 놓여났던 그는 또 진흙 구덩이에 던지우는 고난을 당한 것이다. 고난의 연속이었다. 그에게 닥친 고난은 그가 하나님의 말씀을 바르게 전하였기 때문에 온 것이었다. 참 목사는 고난을 각오해야 한다.

〔7-9절〕 왕궁 환관 구스인 에벳멜렉이 그들의[이] 예레미야를 구덩이에 던져 넣었음을 들으니라. 때에 왕이 베냐민 문에 앉았더니 에벳멜렉이 왕궁에서 나와 왕께 고하여 가로되 내 주 왕이여, 저 사람들이 선지자 예레미야에게 행한 모든 일은 악하니이다. 성 중에 떡이 떨어졌거늘 그들이 그를 구덩이에 던져 넣었으니 그가 거기서 주려 죽으리이다.

나라가 심히 부패했던 그때 하나님께서는 왕궁의 내시 중 구스인 에벳멜렉을 사용하셨다. 그는 바른 판단력이 있었고 용감했다. 예레미야 39:16 이하에 보면, 그는 하나님을 경외하고 신뢰한 자이었다. 하나님의 종들에게 고난이 있으나 하나님의 도우심도 있다. 하나님께서는 살아계셔서 자기의 종들과 백성들을 결코 버리지 않으신다.

〔10-13절〕 왕이 구스인 에벳멜렉에게 명하여 가로되 너는 여기서 30명을 데리고 가서 선지자 예레미야의 죽기 전에 그를 구덩이에서 끌어내라. 에벳멜렉이 사람들을 데리고 왕궁 곳간 밑 방에 들어가서 거기서 헝겊과 낡은 옷을 취하고 그것을 구덩이에 있는 예레미야에게 줄로 내리우며 구스인 에벳멜렉이 예레미야에게 이르되 너는 이 헝겊과 낡은 옷을 네 겨드랑이에 대고 줄을 그 아래 대라. 예레미야가 그대로 하매 그들이 줄로 예레미야를 구덩이에서 끌어낸지라. 예레미야가 시위대 뜰에 머무니라.

왕이 30명의 사람들을 데리고 가게 한 것은 방백들의 방해를 막기 위함이었을 것이다. 에벳멜렉은 왕의 허락을 받아 지혜롭게 헝겊과 낡은 옷과 줄을 사용하여 예레미야를 구덩이에게서 끌어내었다. 이것은 하나님께서 하신 일이었다. 하나님께서는 그의 기쁘신 뜻대로 모든 일을 행하시며 그의 종들을 지키시고 인도하신다. 참새 한 마리라도 하나님의 허락 없이는 땅에 떨어지지 않는다(마 10:29).

〔14-16절〕 시드기야 왕이 보내어 선지자 예레미야를 여호와의 집 제3문으로 데려오게 하고 왕이 예레미야에게 이르되 내가 네게 한 일을 물으리니 일호도[아무것도] 내게 숨기지 말라. 예레미야가 시드기야에게 이르되 내가 이 일을 왕에게 아시게 하여도 왕이 단정코 나를 죽이지 아니하시리이까? 가령 내가 왕을 권한다 할지라도 왕이 듣지 아니하시리이다. 시드기야

왕이 비밀히 예레미야에게 맹세하여 가로되 우리에게 이 영혼을 지으신 여호와께서 사시거니와 내가 너를 죽이지도 아니하겠고 네 생명을 찾는 그 사람들의 손에 붙이지도 아니하리라.

시드기야 왕이 구스인 에벳멜렉의 말을 받아들인 것과 하나님의 이름으로 맹세하며 그의 말씀 듣기를 원한 것을 보면 그에게 하나님을 두려워하는 마음이 조금은 있었던 것 같다. 그러나 열왕기하 24:19에 보면, 그는 여호야김의 모든 행위를 본받아 여호와 보시기에 악을 행한 자로 기록되었고, 또 용기가 없어 자기 신하들을 두려워했다.

〔17-23절〕 예레미야가 시드기야에게 이르되 만군의 하나님이신 이스라엘의 하나님 여호와께서 이같이 말씀하시되 네가 만일 바벨론 왕의 방백들에게 항복하면 네 생명이 살겠고 이 성이 불사름을 입지 아니하겠고 너와 네 가족이 살려니와 네가 만일 나가서 바벨론 왕의 방백들에게 항복하지 아니하면 이 성이 갈대아인의 손에 붙이우리니 그들이 이 성을 불사를 것이며 너는 그들의 손을 벗어나지 못하리라 하셨나이다. 시드기야 왕이 예레미야에게 이르되 나는 갈대아인에게 항복한 유다인을 두려워하노라. 염려컨대 갈대아인이 나를 그들의 손에 붙이면 그들이 나를 조롱할까 하노라. 예레미야가 가로되 그 무리가 왕을 그들에게 붙이지 아니하리이다. 원하옵나니 내가 왕에게 고한 바 여호와의 목소리를 청종하소서. 그리하면 왕이 복을 받아 생명을 보존하시리이다. 그러나 만일 항복하기를 거절하시면 여호와께서 내게 보이신 말씀대로 되리이다. **곧 유다 왕궁에 남아 있는 모든 여자가 바벨론 왕의 방백들에게로 끌려갈 것이요 그들은 네게 말하기를 네 친구들이 너를 꾀어 이기고 네 발이 진흙에 빠짐을 보고 물러갔도다 하리라. 네 아내들과 자녀는 갈대아인에게로 끌어냄을 입겠고 너는 그들의 손에서 벗어나지 못하고 바벨론 왕의 손에 잡히리라. 또 네가 이 성으로 불사름을 입게 하리라 하셨나이다.**

예레미야는 시드기야 왕이 하나님의 목소리를 듣고 순종할 것을 간청하였다. 하나님의 징벌을 당하고 있는 그 시점에서도 그가 하나님의 뜻을 순종하면 조금 나을 것이다. 그러나 만일 순종하지 않으면, 그는 결국 비참하게 될 것이며 예루살렘 성은 불태워질 것이다.

〔24-28절〕 시드기야가 예레미야에게 이르되 너는 이 말을 사람으로 알게 하지 말라. 그리하면 네가 죽지 아니하리라. 만일 방백들이 내가 너와 말하였다 함을 듣고 와서 네게 말하기를 네가 왕에게 말씀한 것을 우리에게 고하라. 우리에게 숨기지 말라. 그리하면 우리가 너를 죽이지 아니하리라. 또 왕이 네게 말씀한 것을 고하라 하거든 그들에게 대답하되 내가 왕의 앞에 간구하기를 나를 요나단의 집으로 도로 보내지 말아서 거기서 죽지 않게 하옵소서 하였다 하라 하니라. 모든 방백이 예레미야에게 와서 물으매 그가 왕의 명한 모든 말대로 대답하였으므로 일이 탄로치 아니하였고 그들은 더불어 말하기를 그쳤더라. 예레미야가 예루살렘이 함락되는 날까지 시위대 뜰에 머물렀더라.

시드기야는 하나님의 말씀을 들었으나 그대로 행키를 주저했다. 그러나 예레미야는 하나님의 긍휼 가운데 방백들의 손에 넘기우지 않았고 예루살렘 성이 함락되는 날까지 시위대 뜰에 머물렀다.

본장의 교훈을 정리해보자. 첫째로, 하나님의 종 예레미야는 연속적으로 고난을 당하였다. 그는 요나단의 집의 지하 감옥에도 갇혔고(37장) 진흙 구덩이에도 던지웠다(38장). 옛날부터 하나님의 참된 선지자들은 많은 고난을 당했다. 하나님의 아들 주 예수 그리스도께서는 이 세상에 사람으로 오셨고 십자가에 달려 피흘려 죽으시는 고난의 길을 가셨다. 그의 제자들은 많은 고난 속에서 죽도록 충성한 증인들이었다. 주 예수 그리스도를 따르는 길은 자기를 부정하고 십자가를 지고 고난을 받을 각오를 하며 따르는 길이다. 주의 종들은 고난을 항상 각오해야 한다.

둘째로, 하나님께서는 구스 사람 내시 에벳멜렉을 통해 예레미야를 건져주셨다. 그는 그의 종들과 백성들을 많은 고난 중에서도 보호하시고 도우시고 인도하시고 그 고난에서 건져주신다. 하나님께서는 살아계신다. 그는 그의 신실한 종들과 백성을 결코 버리지 않으신다. 주께서는 세상 끝날까지 우리와 함께하신다. 그러므로 우리는 오직 하나님을 경외하고 그 명령에 순종하며 경건하고 의롭고 선하게만 살아야 한다.

39장: 예루살렘의 멸망

〔1-3절〕 유다 왕 시드기야의 9년 10월에 바벨론 왕 느부갓네살과 그 모든 군대가 와서 예루살렘을 에워싸고 치더니 시드기야의 제11년 4월 9일에 성이 함락되니라[뚫리니라]**. 예루살렘이 함락되매 바벨론 왕의 모든 방백이 이르러 중문에 앉으니 곧 네르갈사레셀과 삼갈르보와 환관장 살스김과 박사장 네르갈사레셀과 바벨론 왕의 기타 모든 방백들이었더라.**

예루살렘 성은 포위된 지 대략 1년 6개월 만에 함락되었다.

〔4-7절〕 유다 왕 시드기야와 모든 군사가 그들을 보고 도망하되 밤에 왕의 동산길로 좇아 두 담 샛문을 통하여 성읍을 벗어나서 아라바로 갔더니 갈대아인의 군대가 그들을 따라 여리고 평원에서 시드기야에게 미쳐 그를 잡아서 데리고 하맛 땅 립나에 있는 바벨론 왕 느부갓네살에게로 올라가매 왕이 그를 심문하였더라. 바벨론 왕이 립나에서 시드기야의 목전에서[눈앞에서] **그 아들들을 죽였고 왕이 또 유다의 모든 귀인을 죽였으며 왕이 또 시드기야의 눈을 빼게 하고 바벨론으로 옮기려 하여 사슬로 결박하였더라.**

시드기야 왕은 하나님의 말씀을 듣지 않고 바벨론 군대에 항복하지 않고 도망치다가 붙잡혔고 립나에서 바벨론 왕에게 심문을 받았고 그의 눈앞에서 그 아들들이 죽임을 당했고 그의 두 눈이 뽑힘을 받았고(왕하 25:7; 렘 52:11) 사슬로 결박되어 바벨론으로 끌려갔다.

〔8-10절〕 갈대아인들이 왕궁과 백성의 집을 불사르며 예루살렘 성벽을 헐었고 시위대장 느부사라단이 성중에 남아 있는 백성과 자기에게 **항복한 자와** 그 외의 **남은 백성을 바벨론으로 잡아 옮겼으며 시위대장 느부사라단이 아무 소유가 없는 빈민을 유다 땅에 남겨 두고 그 날에 포도원과 밭을 그들에게 주었더라.**

갈대아인들은 유다 왕궁과 집들을 불살랐고 예루살렘 성벽을 헐었고 사람들을 바벨론으로 끌고 갔고 가난한 자들을 유다 땅에 남겨 두고 포도원과 밭을 그들에게 주었다. 시위대장 느부사라단은 5월 7일에 그 성에 들어왔고(왕하 25:8), 5월 10일에 왕궁과 예루살렘 성벽을 헐었고 이때 하나님의 성전도 불태워졌다(렘 52:12-14). 예루살렘 성은 예레미야가 전한 하나님의 말씀대로 멸망하였다. 거짓 선지자들의 말은 거짓말임이 판명되었다. 참과 거짓은 말하는 사람의 양심이 알고 시간이 지나면 드러난다. 예루살렘 성이 멸망한 이유는 왕들과 방백들과 백성들의 죄 때문이었다. 특히 므낫세 왕의 많은 우상숭배와 의인들의 피를 많이 흘린 죄 때문이었다(왕하 21장).

므낫세의 손자 요시야가 어린 나이에 개혁운동을 하였으나 하나님께서는 므낫세의 죄악에 대한 진노를 돌이키지 않으셨다(왕하 23:26). 요시야의 아들들인 여호아하스나 여호야김, 여호야김의 아들 여호야긴, 또 유다의 마지막 왕인, 요시야의 아들 시드기야 등은 모두 다 악하였다. 한마디로, 유다와 예루살렘의 멸망은 왕들과 방백들과 백성들의 죄 때문이었다. 죄는 멸망과 죽음과 지옥 형벌의 원인이다.

〔11-14절〕 바벨론 왕 느부갓네살이 예레미야에 대하여 시위대장 느부사라단에게 명하여 가로되 그를 데려다가 선대하고 해하지 말며 그가 네게 말하는 대로 행하라. 이에 시위대장 느부사라단과 환관장 느부사스반과 박사장 네르갈사레셀과 바벨론 왕의 모든 장관이 보내어 예레미야를 시위대 뜰에서 취하여 내어 사반의 손자 아히감의 아들 그다랴에게 붙여서 그를 집으로 데려가게 하매 그가 백성 중에 거하니라.

바벨론 왕 느부갓네살은 시위대장 느부사라단에게 명하여 말하기를, 예레미야를 데려다가 선대하고 해하지 말며 그가 너에게 말하는 대로 행하라고 하였다. 시위대장 느부사라단은 예레미야를 시위대 뜰에서 취하여 내어 그 땅의 총독으로 세운 그다랴에게 붙여서 그를 집으로 데려가게 하였고 예레미야는 백성 중에 거하였다.

하나님께서 진노하셔서 예루살렘을 멸망시키시는 중에서도 자기의 종에게 긍휼을 베푸셨다. 선지자 예레미야는 바벨론 왕의 명령으로 특별히 돌봄을 입었고 해를 당치 않았다. 그는 바벨론 왕이 그 땅에 세운 그다랴에게 가서 남은 백성 중에 거했다. 그다랴는 예레미야를 한번 보호해준 적이 있는 아히감의 아들이다(렘 26:24).

〔15-18절〕 예레미야가 시위대 뜰에 갇혔을 때에 여호와의 말씀이 그에게 임하니라. 가라사대 너는 가서 구스인 에벳멜렉에게 말하기를 만군의 여호와 이스라엘의 하나님의 말씀에 내가 이 성에 재앙을 내리고 복을 내리지 아니하리라 한 나의 말이 그 날에 네 목전에[눈앞에] **이루리라. 나 여호와가 말하노라. 내가 그 날에 너를 구원하리니 네가 그 두려워하는 사람들의 손에 붙이우지 아니하리라. 내가 단정코 너를 구원할 것인즉 네가 칼에 죽지 아니하고 네 생명이 노략물을 얻음같이 되리니 이는 네가 나를 신뢰함이니라. 여호와의 말이니라.**

하나님께서는 구스 사람 에벳멜렉에게도 그의 긍휼과 보호하심을 약속하셨다. 그는 재앙 중에서도 하나님의 구원을 경험할 것이다. 그를 구원하시는 것은 그가 하나님을 신뢰하였기 때문이었다. 하나님께서는 그를 의지하는 자들을 환난 중에서도 구원하신다.

본장의 교훈을 정리해보자. 첫째로, 시드기야는 하나님 말씀을 믿고 따르지 못하다가 결국 비극적 일들을 당했다. 세상은 거짓과 참이 뒤섞여 항상 혼란스럽다. 그렇기 때문에 우리는 더욱 더 성경을 읽고 묵상함으로 하나님의 뜻과 진리를 분별하고 확신해야 한다. 요한일서 4:1, "사랑하는 자들아, 영을 다 믿지 말고 오직 영들이 하나님께 속하였나 시험하라." 우리는 하나님의 진리를 분별하고 그것만 믿고 따라야 한다.

둘째로, 예루살렘의 멸망은 왕들과 방백들과 백성들의 죄 때문이었다. 죄가 불행과 죽음과 지옥의 원인이다. 그러므로 우리는 죄를 멀리해야 하고 죄 짓는 것을 두려워해야 한다. 로마서 8:13, "너희가 육신대로 살면 반드시 죽을 것이로되 성령으로써 몸의 행실을 죽이면 살리니."

셋째로, 예레미야나 에벳멜렉은 특별한 보호하심을 입었다. 하나님의 종들에게 하나님의 특별한 보호하심이 있다. 하나님께서는 자기를 경외하고 믿고 순종하는 자들에게 방패가 되신다(시 18:2). 그러므로 우리는 환난을 두려워 말고 오직 하나님만 믿고 의와 선만 행해야 한다.

40장: 총독 그다랴

〔1절〕 시위대장 느부사라단이 예루살렘과 유다 포로를 바벨론으로 옮기는 중에 예레미야도 잡혀 사슬로 결박되어 가다가 라마에서 해방된 후에 말씀이 여호와께로서 예레미야에게 임하니라.

예레미야에게 임한 하나님의 말씀은 42장의 예언, 즉 남은 유다인들이 애굽으로 내려가지 말라는 내용을 가리키는 것 같다. 본장과 41장에는 하나님의 예언이 없고 역사적 사건들만 기록되어 있다.

〔2-3절〕 시위대장이 예레미야를 불러다가 이르되 네 하나님 여호와께서 이 곳에 이 재앙을 선포하시더니 여호와께서 그 말씀하신 대로 행하셨으니 이는 너희가 여호와께 범죄하고 그 목소리를 청종치 아니하였으므로 이 일이 너희에게 임한 것이니라.

그 시위대장은 하나님의 행하신 바를 바르게 말하였다. 유대 지도자들이 가지지 못했던 이런 지식을 바벨론 왕의 시위대장이 어떻게 가졌는지 놀랍다. 하나님께서 유다 땅에 재앙을 내리신 까닭은 유다인들이 하나님께 범죄하고 그 목소리를 듣지 않았기 때문이었다.

〔4-6절〕 보라, 내가 오늘 네 손의 사슬을 풀어 너를 해방하노니 만일 네가 나와 함께 바벨론으로 가는 것을 선히 여기거든 오라, 내가 너를 선대하리라. 만일 나와 함께 바벨론으로 가는 것을 좋지 않게 여기거든 그만 두라. 보라, 온 땅이 네 앞에 있나니 네가 선히 여기는 대로 가하게 여기는 곳으로 갈지니라. 예레미야가 아직 돌이키기 전에 그가 다시 이르되 **너는 바벨론 왕이 유다 성읍들의 총독으로 세우신 사반의 손자 아히감의 아들 그다랴에게로 돌아가서 그와 함께 백성 중에 거하거나 너의 가하게 여기는 곳으로 가거나 할지니라 하고 그 시위대장이 그에게 양식과 선물을 주어 보내매 예레미야가 미스바로 가서 아히감의 아들 그다랴에게로 나아가서 그 땅에 남아 있는 백성 중에서 그와 함께 거하니라.**

바벨론의 시위대장은 선지자 예레미야에게 그가 어느 곳으로 갈지에 대해 선택할 자유를 주었다. 또 그는 예레미야에게 먹을것과 선물을 주었다. 예레미야는 미스바로 가 그다랴에게로 나아가서 그 땅에 남아 있는 백성 중에서 그와 함께 거하였다.

〔7-8절〕 들에 있는 군대장관들과 그들의 사람들이 바벨론 왕이 아히감의 아들 그다랴를 이 땅 총독으로 세우고 남녀와 유아와 바벨론으로 옮기지 아니한 빈민을 그에게 위임하였다 함을 듣고 그들 곧 느다냐의 아들 이스마엘과 가레아의 두 아들 요하난과 요나단과 단후멧의 아들 스라야와 느도바 사람 에배의 아들들과 마아가 사람의 아들 여사냐와 그들의 사람들이 미스바로 가서 그다랴에게 이르니.

예루살렘 성이 멸망할 때 도피했던 이스마엘과 요하난 등의 군대장관들과 그들의 사람들은 바벨론 왕이 그다랴를 그 땅의 총독으로 세웠다는 소식을 듣고 미스바로 가서 총독 그다랴에게 이르렀다.

〔9-10절〕 사반의 손자 아히감의 아들 그다랴가 그들과 그들의 사람들에게 맹세하며 가로되 너희는 갈대아인 섬기기를 두려워하지 말고 이 땅에 거하여 바벨론 왕을 섬기라. 그리하면 너희에게 유익하리라. 나는 미스바에 거하여 우리에게로 오는 갈대아인을 섬기리니 너희는 포도주와 여름 실과와 기름을 모아 그릇에 저축하고 너희의 얻은 성읍들에 거하라 하니라.

그다랴는 그들에게 맹세하며 "이 땅에 거하여 바벨론 왕을 섬기라"고 말하였다. 그는 진실하고 선한 인물이었던 것 같다.

〔11-12절〕 모압과 암몬 자손 중과 에돔과 모든 지방에 있는 유다인도 바벨론 왕이 유다에 사람을 남겨둔 것과 사반의 손자 아히감의 아들 그다랴를 그들의 위에 세웠다 함을 듣고 그 모든 유다인이 쫓겨났던 각처에서 돌아와 유다 땅 미스바 그다랴에게 이르러 포도주와 여름 실과를 심히 많이 모으니라.

모압과 암몬 자손 중에와 에돔과 모든 지방에 있는 유다인들, 즉 예루살렘 멸망 때 도피했던 자들도 바벨론 왕이 유다에 사람들을 남겨 둔 것과 그다랴를 그들 위에 세웠다 함을 듣고 모든 유다인들이 돌아와 유다 땅 미스바에서 포도주와 여름 실과를 심히 많이 모았다.

〔13-14절〕 가레아의 아들 요하난과 들에 있던 군대장관들이 미스바 그

다랴에게 이르러 그에게 이르되 암몬 자손의 왕 바알리스가 네 생명을 취하려 하여 느다냐의 아들 이스마엘을 보낸 줄 네가 아느냐 하되 아히감의 아들 그다랴가 믿지 아니한지라.

요하난과 들에 있던 군대장관들은 미스바 그다랴에게 암몬 자손의 왕 바알리스가 그의 생명을 취하려 하여 이스마엘을 보냈다고 일러주었다. 그러나 그다랴는 그들의 말 곧 그들이 전하여준 옳은 말을 믿지 않았다. 그는 순박한 것 같으나 지혜롭거나 신중하지 못하였다.

〔15-16절〕 가레아의 아들 요하난이 미스바에서 그다랴에게 비밀히 말하여 가로되 청하노니 나로 가서 사람이 모르게 느다냐의 아들 이스마엘을 죽이게 하라. 어찌하여 그로 네 생명을 취케 하여 네게 모인 모든 유다인으로 흩어지며 유다의 남은 자로 멸망을 당케 하랴. 그러나 아히감의 아들 그다랴가 가레아의 아들 요하난에게 이르되 네가 이 일을 행치 말 것이니라. 너의 이스마엘에 대한 말은 진정이 아니니라[거짓이니라] **하니라.**

요하난은 그다랴에게 자기가 이스마엘을 죽이게 하라고 청했으나, 그다랴는 허락지 않고 이스마엘에 대한 그의 말은 참말이 아니라고 말했다. 그는 요하난의 진심의 제안을 거짓이라고 생각하였다.

본장의 교훈을 정리해보자. 첫째로, 유대 백성들은 하나님의 음성을 듣지 않았기 때문에 멸망하였다. 이것은 바벨론의 시위대장도 깨달은 하나님의 뜻이었다. 하나님의 말씀을 듣지 않는 죄의 결과는 멸망이다.

둘째로, 예레미야는 고난 중에서도 하나님의 보살핌과 보호하심을 입었다. 하나님께서는 자기의 종을 지키신다. 참새 한 마리도 하나님의 허락이 없이는 땅에 떨어지지 않는다(마 10:29). 우리는 하나님의 섭리를 믿고 이 세상 사는 동안 육신의 죽음을 두려워하지 말아야 한다.

셋째로, 총독 그다랴는 너무 사람들을 믿은 것이 문제이었다. 그는 요하난의 말대로 이스마엘에 의해 살해되었다(렘 41:2). 우리는 사람들을 의지하지 말고 하나님만 경외하며 의지하고 범사에 지혜와 분별력을 구해야 한다. 그러면 시험에서 건짐을 받을 것이다(시 25:15; 91:1-7).

41장: 총독 그다랴의 죽음

〔1-4절〕 7월에 왕의 종친 엘리사마의 손자 느다냐의 아들 왕의 장관 이스마엘이 열 사람과 함께 미스바로 가서 아히감의 아들 그다랴에게 이르러 미스바에서 함께 떡을 먹다가 느다냐의 아들 이스마엘과 그와 함께한 열 사람이 일어나서 바벨론 왕의 그 땅 총독으로 세운 바 사반의 손자 아히감의 아들 그다랴를 칼로 쳐죽였고 이스마엘이 또 미스바에서 그다랴와 함께한 모든 유다인과 거기 있는 갈대아 군사를 죽였더라. 그가 그다랴를 죽인 지 이틀이 되었어도 이를 아는 사람이 없었더라.

요하난의 우려대로 이스마엘은 열 사람과 함께 미스바에서 그다랴와 함께 음식을 먹다가 그다랴를 칼로 죽였고 그와 함께 있던 갈대아 군사들도 죽였다. 총독 그다랴는 이스마엘을 경계했어야 했고 순진하게 그를 믿지 말고 그들에게서 무기를 받아 보관하든지 자기 주위에 충분한 호위병을 두었어야 하였다. 그러나 그는 조심하지 않다가 가련하게 죽임을 당하였다. 참 안타까운 죽음이었다.

이스마엘의 행위는 참으로 악하였다. 사람들은 그의 악함을 알고 있었다. 사람을 죽이는 일, 그것도 자기의 생각과 자기 이익에 따라, 회중의 뜻과 달리, 합법적 지도자를 죽인 일은 매우 악한 일이었다.

그가 그다랴를 죽인 지 이틀이 되었어도 이를 아는 사람이 없었다. 유다 백성은 심히 약하여 이 중대한 사건이 다른 곳에 알려지지도 못했다. 그러나 악한 일들은 조만간 드러날 것이며 그렇지 못하더라도 세상 끝에 하나님의 심판대 앞에 드러나 공의의 심판을 받을 것이다.

〔5-8절〕 때에 사람 80명이 그 수염을 깎고 옷을 찢고 몸을 상하고 손에 소제물과 유향을 가지고 세겜과 실로와 사마리아에서부터 와서 여호와의 집으로 나아가려 한지라. 느다냐의 아들 이스마엘이 그들을 영접하러 미스바에서 나와서 울며 행하다가 그들을 만나 아히감의 아들 그다랴에게로 가자 하여 그들이 성 중앙에 이를 때에 느다냐의 아들 이스마엘이 자기와 함

께한 사람들로 더불어 그들을 죽여 구덩이에 던지니라. **그 중에 열 사람은 이스마엘에게 이르기를 우리가 밀과 보리와 기름과 꿀을 밭에 감추었으니 우리를 죽이지 말라 하였으므로 그가 그치고 그들을 그 형제와 함께 죽이지 아니하였더라.**

이스마엘은 참으로 간교하고 악하여 순진한 자들을 속였고 70명의 사람들을 또 죽였다. 그다랴를 죽인 일이 외부로 알려질까봐 그랬을 것이다. 열 사람은 숨겨놓은 곡물과 식품 때문에 죽음을 모면했다.

〔9-10절〕 이스마엘이 그다랴에게 속한 사람들을 죽이고 그 시체를 던진 구덩이는 아사 왕이 이스라엘 왕 바아사를 두려워하여 팠던 것이라. 느다냐의 아들 이스마엘이 그 죽인 시체로 거기 채우고 미스바에 남아 있는 왕의 딸들과 모든 백성 곧 시위대장 느부사라단이 아히감의 아들 그다랴에게 위임하였던 바 미스바에 남아 있는 모든 백성을 사로잡되 곧 느다냐의 아들 이스마엘이 그들을 사로잡고 암몬 자손에게로 가려 하여 떠나니라.

이스마엘이 총독 그다랴에게 속한[그다랴 때문에][8] 사람들을 죽이고 그 시체들을 던진 구덩이는 아사 왕이 팠던 것이다. 이스마엘은 그 죽인 시체로 거기 채우고 미스바에 남아 있는 왕의 딸들과 모든 백성을 사로잡아 암몬 자손에게로 가려고 떠났다. 이스마엘은 요하난의 말대로(40:14) 친(親)암몬파이었다. '사로잡아'라는 표현은 그가 남은 자들을 강제적으로 암몬 자손에게 데려가려 했음을 보인다.

〔11-15절〕 가레아의 아들 요하난과 그와 함께 있는 모든 군대장관이 느다냐의 아들 이스마엘의 행한 모든 악을 듣고 모든 사람을 데리고 느다냐의 아들 이스마엘과 싸우러 가다가 기브온 큰 물가에서 그를 만나매 이스마엘과 함께 있던 모든 백성이 가레아의 아들 요하난과 그와 함께한 모든 군대장관을 보고 기뻐한지라. 이에 미스바에서 이스마엘에게 포로되었던 그 모든 백성이 돌이켜 가레아의 아들 요하난에게로 돌아가니 느다냐의 아들 이스마엘이 여덟 사람과 함께 요하난을 피하여 암몬 자손에게로 가니라.

---

8) 베야드 בְּיַד('손 안에')라는 말은 '속한'이라는 뜻이지만(BDB) '때문에'라는 번역(KJV, NASB)도 좋아 보인다.

이스마엘과 함께 있던 사람들은 요하난과 그와 함께한 모든 군대 장관을 보고 기뻐했다. 그것은 그들이 이스마엘의 악함을 알았음을 보인다. 미스바에서 이스마엘에게 포로되었던 모든 백성은 돌이켜 요하난에게로 돌아갔고 이스마엘은 여덟 사람과 함께 암몬 자손에게로 도망쳤다. 선과 악은 보통 일반 백성도 어느 정도 구분한다.

〔16-18절〕 가레아의 아들 요하난과 그와 함께하는 모든 군대장관이 느다냐의 아들 이스마엘이 아히감의 아들 그다랴를 죽이고 미스바에서 잡아간 모든 남은 백성 곧 군사와 여인과 유아와 환관을 기브온에서 빼앗아 가지고 돌아와서 애굽으로 가려 하여 떠나 베들레헴 근처에 있는 게롯김함에 머무렀으니 이는 느다냐의 아들 이스마엘이 바벨론 왕의 그 땅 총독으로 세운 아히감의 아들 그다랴를 죽였으므로 그들이 갈대아인을 두려워함이었더라.

요하난과 그와 함께하는 모든 군대장관은 모든 남은 자들과 함께 갈대아인들을 두려워하여 애굽으로 가려 하였다.

본장의 교훈을 정리해보자. 첫째로, 이스마엘은 총독 그다랴를 살해하였고 순진한 70명도 죽였다. 정당한 이유와 재판 없이 남을 죽이는 것은 사형에 해당하는 큰 악이다(출 21:12). 형제를 미워하는 것도 살인으로 간주된다(요일 3:15). 우리는 그런 악을 행하지 말아야 한다.

둘째로, 유다 나라가 이렇게 무력해지고 혼란해진 까닭은 그들의 죄 때문이었다. 그들의 죄는 특히 우상숭배이었다. 유다 나라는 죄 때문에 평안과 질서와 권위와 힘을 잃어버렸다. 지도자와 구성원들이 하나님을 바로 섬기지 않고 우상숭배와 물질 사랑, 쾌락 사랑과 온갖 부도덕에 빠지면 평안도, 건강도, 물질적 안정도 잃어버릴 수밖에 없다.

셋째로, 남은 자들은 평안을 위해 애굽으로 가려 했으나 평안은 오직 하나님 안에 있다. 하나님의 백성된 우리는 세상을 의지하지 말고 오직 하나님만 의지해야 한다. 우리나라의 평안도 우리의 군사력이나 미국을 의지하는 데 있지 않고 하나님의 긍휼 안에 있다. 그러므로 우리는 하나님만 의지하고 그의 계명대로 의롭고 선하게만 살아야 한다.

42장: 애굽으로 내려가지 말라

〔1-3절〕 이에 모든 군대의 장관과 가레아의 아들 요하난과 호사야의 아들 여사냐와 백성의 작은 자로부터 큰 자까지 다 나아와 선지자 예레미야에게 이르되 당신은 우리의 간구를 들으시고 이 남아 있는 모든 자를 위하여 당신의 하나님 여호와께 기도하소서. 당신이 목도하시거니와 우리는 많은 중에서 조금만 남았사오니 당신의 하나님 여호와께서 우리의 마땅히 갈 길과 할 일을 보이시기를 원하나이다.

모든 군대장관들과 백성들의 기도 요청은 옳은 요청이었다.

〔4-6절〕 선지자 예레미야가 그들에게 이르되 내가 너희 말을 들었은즉 너희 말대로 너희 하나님 여호와께 기도하고 무릇 여호와께서 너희에게 응답하시는 것을 숨김이 없이 너희에게 고하리라. 그들이 예레미야에게 이르되 우리가 당신의 하나님 여호와께서 당신을 보내사 우리에게 이르시는 **모든 말씀대로 행하리이다**[행치 않는다면](KJV, NASB, NIV). **여호와**[께서]**는 우리 중에**(바누 בָּנוּ)[혹은 '우리를 대하여'(against us)](NASB, NIV) **진실무망한 증인이 되시옵소서. 우리가 당신을 우리 하나님 여호와께 보냄은 그의 목소리가 우리에게 좋고 좋지 아니함을 물론하고 청종하려 함이라. 우리가 우리 하나님 여호와의 목소리를 청종하면 우리에게 복이 있으리이다.**

하나님을 증인으로 삼는 것이 맹세이다. 하나님의 말씀이 따르기에 좋은 내용이든지 아니든지 간에 순종하겠다는 것은 옳은 태도이며 그렇게 할 때 그들에게 복이 될 것이라는 것도 맞는 말이다.

〔7-10절〕 10일 후에 여호와의 말씀이 예레미야에게 임하니 그가 가레아의 아들 요하난과 그와 함께 있는 모든 군대장관과 백성의 작은 자로부터 큰 자까지 다 부르고 그들에게 이르되 너희가 나를 보내어 너희의 간구를 이스라엘의 하나님 여호와께 드리게 하지 아니하였느냐? 그가 가라사대 너희가 이 땅에 여전히 거하면 내가 너희를 세우고 헐지 아니하며 너희를 심고 뽑지 아니하리니 이는 내가 너희에게 내린 재앙에 대하여 뜻을 돌이킴이니라.

10일 후 여호와의 말씀이 예레미야에게 임했다. 옛 시대에는 선지자들이 하나님의 말씀을 직접 들었다. 하나님께서는 그 남은 자들에게 유다 땅을 떠나지 말고 머물라고 말씀하셨다.

〔11-12절〕 나 여호와가 말하노라. 너희는 그 두려워하는 바벨론 왕을 두려워 말라. 내가 너희와 함께하여 너희를 구원하며 그의 손에서 너희를 건지리니 두려워 말라. 내가 너희를 긍휼히 여기리니 그로도 너희를 긍휼히 여기게 하여 너희를 너희 본향으로 돌려보내게 하리라 하셨느니라.

하나님께서는 또 바벨론 왕을 두려워 말라고 말씀하셨다. 하나님께서 그들과 함께하시고 그들을 긍휼히 여기시면 걱정할 것이 없다.

〔13-17절〕 그러나 만일 너희가 너희 하나님 여호와의 말씀을 순복지 아니하고 말하기를 우리는 이 땅에 거하지 아니하리라 하며 또 말하기를 우리는 전쟁도 보이지 아니하며 나팔소리도 들리지 아니하며 식물의 핍절도 당치 아니하는 애굽 땅으로 결단코 들어가 거하리라 하면 잘못 되리라. **너희 유다의 남은 자여, 이제 여호와의 말씀을 들으라. 만군의 여호와 이스라엘의 하나님이**[께서] **이같이 말씀하시되 너희가 만일 애굽에 들어가서 거기 거하기로 고집하면 너희의 두려워하는 칼이 애굽 땅으로 따라가서 너희에게 미칠 것이요 너희의 두려워하는 기근이 애굽으로 급히**[가까이](NASB) **따라가서 너희에게 임하리니 너희가 거기서 죽을 것이라. 무릇 애굽으로 들어가서 거기 우거하기로 고집하는 모든 사람은 이같이 되리니 곧 칼과 기근과 염병에 죽을 것인즉 내가 그들에게 내리는 재앙을 벗어나서 남을 자 없으리라.**

그러나 만일 그들이 하나님의 말씀을 순종하지 않고 전쟁도 없고 음식의 궁핍도 없어 보이는 애굽 땅으로 간다면, 칼과 기근이 그들을 따라갈 것이요 그들은 거기에서 칼과 기근과 전염병에 죽을 것이다.

〔18-19절〕 만군의 여호와 이스라엘의 하나님이[께서] **이같이 말씀하시되 나의 노와 분을 예루살렘 거민에게 부은 것같이 너희가 애굽에 이른 때에 나의 분을 너희에게 부으리니 너희가 가증함과 놀램과 저주와 치욕거리가 될 것이라. 너희가 다시는 이 땅을 보지 못하리라 하시도다. 유다의 남은 자들아, 여호와께서 너희 일로 하신 말씀에 너희는 애굽으로 가지 말라 하셨고 나도 오늘날 너희에게 경계한 것을 너희는 분명히 알라.**

예레미야는 그들에게 "애굽으로 내려가지 말라"는 하나님의 말씀을 분명하게 강조했다. 또 그는 그러나 만일 그들이 하나님의 말씀을 어기고 애굽에 이르면 하나님의 분노가 거기서 그들에게 부어져서 그들이 가증함과 놀램과 저주와 치욕거리가 될 것이라고 말했다.

〔20-22절〕 너희가 나를 너희 하나님 여호와께 보내며 이르기를 우리를 위하여 우리 하나님 여호와께 기도하고 우리 하나님 여호와께서 말씀하신 대로 우리에게 고하라. 우리가 이를 행하리라 하여 너희 마음을 속였느니라. 너희 하나님 여호와께서 나를 보내사 너희에게 명하신 말씀을 내가 오늘날 너희에게 고하였어도 너희가 그 목소리를 도무지 순종치 아니하였은즉 너희가 가서 우거하려 하는 곳에서 칼과 기근과 염병에 죽을 줄 분명히 알지니라.

그 남은 자들은 하나님의 말씀을 그대로 지킬 마음이 없었다. 그들은 예레미야에게 자기들의 마음을 속였다. 예레미야는 그들이 하나님의 말씀을 듣고도 순종치 않았기 때문에 그들이 가서 우거하려는 곳에서 칼과 기근과 전염병에 죽을 것이라고 경고하였다.

본장의 교훈을 정리해보자. 첫째로, 유다 땅에 남았던 자들은 애굽으로 내려가려는 계획을 버리고 하나님의 뜻에 순종해야 하였다. 우리는 하나님 없이 세운 계획을 버리고 오직 하나님의 말씀에 순종해야 한다. 하나님을 진실히 믿고 그의 뜻에 순종하는 자가 하나님과 동행하는 자이며 진리 안에서 행하는 자이다. 우리가 진리 안에서 행하면, 하나님께서 우리를 기뻐하시고 또 진실한 성도들도 우리를 기뻐할 것이다.

둘째로, 하나님의 뜻은 유다 백성이 하나님께서 약속하신 땅을 떠나지 않는 것이다. 오늘날 하나님께서 약속하신 땅은 교회이다. 아무 교회나 말하는 것이 아니고, 성경말씀과 복음 진리에 충실한 참된 교회를 말한다. 즉 목사가 성경을 바르게 전하고 회중이 그 교훈을 믿고 따르는 교회를 말한다. 오늘날 많은 교회들이 성경의 교훈을 저버리고 세상과 섞여 있다고 보인다. 그러나 우리는 성경말씀을 끝까지 붙들며 참 교회에 속하여 바른 교훈을 받고 충성해야 한다. 그것이 하나님의 뜻이다. 그런 교회 안에 하나님의 평안과 기쁨, 위로와 도우심이 있다.

43장: 남은 자들의 불순종

〔1-3절〕 예레미야가 모든 백성에게 그들의 하나님 여호와의 말씀 곧 그들의 하나님 여호와께서 자기를 보내사 그들에게 이르게 하신 **이 모든 말씀을 다 말하매 호사야의 아들 아사랴와 가레아의 아들 요하난과 및 모든 교만한 자가 예레미야에게 말하여 가로되 네가 거짓을 말하는도다. 우리 하나님 여호와께서는 너희는 애굽에 거하려고 그리로 가지 말라고 너를 보내어 말하게 하지 아니하셨느니라. 이는 네리야의 아들 바룩이 너를 꼬드겨서**[충동하여] **우리를 대적하여 갈대아인의 손에 붙여 죽이며 바벨론으로 잡아가게 하려 함이니라 하고.**

하나님께서는 남은 자들에게 유다 땅을 떠나 애굽으로 내려가지 말라고 예레미야를 통해 말씀하셨으나, 그들은 그 말씀을 따르기를 거절하였다. 그들은 예레미야의 수종자 바룩이 그를 충동해 거짓을 말하게 하였다고 주장했다. 참으로 신기한 주장이다. 그들이 하나님의 선지자의 마음에 있지도 않은 일을 어떻게 그렇게 주장할 수 있는가. 그것은 그들의 마음이 교만하였기 때문에 가능한 일이었다. 그러므로 본문은 '모든 교만한 자들'이 그렇게 하였다고 기록하였다(2절). 교만한 자들은 사물을 볼 때 자기 중심적으로 그릇되이 본다.

〔4-7절〕 이에 가레아의 아들 요하난과 모든 군대장관과 모든 백성이 유다 땅에 거하라 하시는 여호와의 목소리를 청종치 아니하고 가레아의 아들 요하난과 모든 군대장관이 유다의 남은 자 곧 쫓겨났던 열방 중에서 유다 땅에 거하려 하여 돌아온 자 곧 남자와 여자와 유아와 왕의 딸들과 시위대장 느부사라단이 사반의 손자 아히감의 아들 그다랴에게 넘겨 둔 모든 사람과 선지자 예레미야와 네리야의 아들 바룩을 영솔하고 애굽 땅에 들어가 다바네스에 이르렀으니 그들이 여호와의 목소리를 청종치 아니함이 이러하였더라.

요하난과 모든 군대장관들과 모든 백성은 유다 땅에 거하라 하시는 여호와의 목소리를 청종치 아니하고 유다의 남은 자 곧 쫓겨났던 열방 중에서 유다 땅에 거하려 하여 돌아온 자들 곧 남자와 여자와 유아와 왕의 딸들과 시위대장 느부사라단이 그들에게 넘겨 둔 모든 사람들과 선지자 예레미야와 바룩을 이끌고 애굽 땅에 들어가 다바네스에 이르렀다. 다바네스는 애굽의 최북단에 있는 성이었다. 그들은 여호와의 목소리를 청종치 아니하였다(4, 7절).

〔8-10절〕 다바네스에서 여호와의 말씀이 예레미야에게 임하여 가라사대 너는 유다 사람의 목전에서 네 손으로 큰 돌들을 가져다가 다바네스 바로의 집 어귀의 벽돌 깔린 곳(brick pavement)(NIV)**에 진흙으로**[안에] **감추고 그들에게 이르기를 만군의 여호와 이스라엘의 하나님이**[께서] **이같이 말씀하시되 보라, 내가 내 종 바벨론 왕 느부갓네살을 불러오리니 그가 그 보좌를 내가 감추게 한 이 돌 위에 두고 또 그 화려한 큰 장막**(royal canopy)(NIV)[9] **을 그 위에 치리라.**

하나님께서는 바벨론 왕 느부갓네살이 애굽을 침공하여 애굽 왕 바로에게 행할 일을 구체적으로 말씀하심으로 자신을 증거하셨다.

〔11-13절〕 그가 와서 애굽 땅을 치고 죽일 자는 죽이고 사로잡을 자는 사로잡고 칼로 칠 자는 칼로 칠 것이라. 내가 애굽 신들의 집에 불을 놓을 것인즉 느부갓네살이 **그들을 불사르며 그들을 사로잡을 것이요 목자가 그 몸에 옷을 두름같이 애굽 땅을 자기 몸에 두르고 평안히 그 곳을 떠날 것이며 그가 또 애굽 땅 벧세메스의 주상(柱像)들**(맛체보스 מַצֵּבוֹת)[기둥들, 방첨탑(오벨리스크 obelisk)](BDB)**을 깨뜨리고 애굽 신들의 집을 불사르리라 하셨다 할지니라.**

벧세메스(벧쉐메쉬 בֵּית שֶׁמֶשׁ)라는 히브리어는 '태양의 전(殿)'이라는 뜻인데, 헬라어로 헬리우폴리스(ἡλίου πόλις)[태양의 도시]라고 하고 구약성경에 온이라는 성이다. 온에는 애굽 신전이 있었고 그것은 제사장들이 살았던 성이다(창 41:45). '주상들'이라는 원어는 '기둥들'이라는 뜻인데, 이방종교의 방첨탑(obelisk)을 의미한다. 에브라임 시루스의 말에 의하면, 거기에 있었던 주상(방첨탑)은 높이가 약

---

9) 사전이 제안하는 뜻이지만, 원어의 뜻은 불분명하다고 함(BDB, KB).

30미터이며 밑받침만 5미터이었다.[10)]

그리스 역사가 헤로도토스가 이 문제에 대해 침묵한다는 사실에 근거하여 바벨론 왕 느부갓네살이 애굽을 정복한 일이 없다는 학자들이 있지만, 유대인 역사가 요세푸스가 전하는 베로수스(Berosus)의 증언에 의하면, 바벨론 왕 느부갓네살은 예루살렘 성을 멸망시킨지 5년 후 애굽을 쳤고 애굽 왕 호프라를 죽였고 애굽에 살았던 유대인들을 바벨론으로 사로잡아 갔다.[11)] 애굽의 비문과 바벨론 비문도 바벨론 왕의 애굽 침공과 승리에 대해 증거한다고 한다.[12)]

본장의 교훈을 정리해보자. 첫째로, 남은 사람들은 교만하며 불순종했다. 교만은 자기 숭배이며 사람은 교만하면 하나님의 음성을 듣지 않는다. 우리는 교만을 버리고 항상 온유하고 겸손으로 단장해야 한다(잠 3:34; 6:16-17). 교만은 신앙생활에 가장 큰 장애물이며 죄이다.

둘째로, 남은 자들은 자신의 안전을 위해 애굽행을 택하였으나 하나님께서는 바벨론 왕을 불러와 애굽 땅을 치게 하실 것이다. 하나님께서는, 교만하여 그의 음성을 불순종하는 남은 자들의 계획을 다 헛되게 만드실 것이다. 하나님 없이 세운 모든 계획은 유익이 없고 헛될 것이다. 우리는 하나님의 뜻에 순종하려는 마음으로 무엇을 계획해야 한다.

셋째로, 하나님께서는 바벨론 왕을 '내 종'이라고 부르시며(10절) 또 애굽의 신들에게 벌을 내리시며 그 신들의 집을 불사르실 것이다. 하나님께서는 모든 일을 주권적으로 행하신다. 다니엘서가 밝히 증거하는 대로, 그는 온 세상을 다스리시며 자신의 뜻을 이루시는 자이시다(단 4:17, 25, 32, 35). 그는 우리의 영원한 생명과 참 평안과 행복이 되신다.

---

10) Jamieson-Fausset-Brown, *Commentary,* II. 2, 145.

11) Josephus, *Antiquities*, 10. 9. 7; *Contra Apionem*, I, 19; Keil-Delitzsch, *Jeremiah*, II, 153; 박윤선, 예레미야서 주석, 463쪽.

12) 박윤선, 예레미야 주석, 463-64쪽.

44장: 남은 자들의 우상숭배의 죄

[1-6절] 애굽 땅에 거하는 모든 유다인 곧 믹돌과 다바네스와 놉과 바드로스 지방에 거하는 자에 대하여 말씀이 예레미야에게 임하니라. 가라사대 만군의 여호와 이스라엘의 하나님이 이같이 말하노라. 너희가 예루살렘과 유다 모든 성읍에 내린 나의 모든 재앙을 보았느니라. 보라, 오늘날 그것들이 황무지가 되었고 거하는 사람이 없나니 이는 그들이 자기나 너희나 너희 열조의 알지 못하는 다른 신들에게 나아가 분향하여 섬겨서 나의 노를 격동한 악행을 인함이라. 내가 나의 모든 종 선지자들을 그들에게 보내되 부지런히 보내어 이르기를 너희는 나의 미워하는 이 가증한 일을 행치 말라 하였어도 그들이 듣지 아니하며 귀를 기울이지 아니하고 다른 신들에게 여전히 분향하여 그 악에서 돌이키지 아니하였으므로 나의 분과 나의 노를 쏟아서 유다 성읍들과 예루살렘 거리를 살랐더니 그것들이 오늘과 같이 황폐하고 적막하였느니라.

하나님께서는 그들의 현재의 형편에 대하여 말씀하셨다. 그 남은 자들이 지금 보고 있는 것은 하나님께서 예루살렘과 유다 모든 성읍들을 황폐케 하신 모든 재앙들이었다. 그 재앙의 원인은 그들이 그들이나 그 선조들이 알지 못하는 다른 신들에게 분향하며 섬겼기 때문이었다. 하나님께서는 그의 모든 종 선지자들을 그들에게 부지런히 보내셔서 그의 미워하시는 일을 행치 말라고 그의 뜻을 사람들에게 충분히 말해주셨으나 그들은 하나님의 뜻을 거역하였다.

[7-10절] 나 만군의 하나님 이스라엘의 하나님 여호와가 이같이 말하노라. 너희가 어찌하여 큰 악을 행하여 자기 영혼을 해하며 유다 중에서 너희의 남자와 여자와 아이와 젖 먹는 자를 멸절하여 하나도 남기지 않게 하려느냐? 어찌하여 너희가 너희 손의 소위(所爲)[행한 배]**로 나의 노를 격동하여 너희의 가서 우거하는 애굽 땅에서 다른 신들에게 분향함으로 끊어버림을 당하여 세계 열방 중에서 저주와 모욕거리가 되고자 하느냐? 너희가 유다 땅과 예루살렘 거리에서 행한 너희 열조의 악과 유다 왕들의 악과 왕비**

들의 악과 너희의 악과 너희 아내들의 악을 잊었느냐? 그들이 오늘까지 겸비치 아니하며 두려워하지도 아니하고 내가 너희와 너희 열조 앞에 세운 나의 법과 나의 율례를 준행치 아니하느니라.

하나님께서는 그들의 미래의 형편에 대해서도 말씀하신다. 그는 그들이 자기들의 영혼을 해하며 유다 중에서 그들의 남자와 여자와 아이와 젖 먹는 자를 멸절하여 하나도 남기지 않게 하려 하며, 또 그의 노를 격동하여 그들이 우거하는 애굽 땅에서 끊어버림을 당하여 세계 열방 중에서 저주와 모욕거리가 되게 하려 한다고 말씀하신다. 즉 그들은 이미 망했고 조금 남았지만, 그 남은 자들조차도 다 멸절하고 이방나라 중에 저주와 모욕거리가 될 것이다. 그 까닭은 그들이 그들의 손으로 다른 신들에게 분향하는 큰 악을 버리지 않고 계속 행하기 때문이다.

그들은 유다 땅과 예루살렘 거리에서 행한 그들의 선조들의 악과 유다 왕들의 악과 왕비들의 악과 그들의 악과 그들의 아내들의 악을 잊어버렸다. 특히 왕비들과 그 아내들을 언급한 것은 이스라엘 열왕들이 그 아내들 때문에 더 타락했음을 보인다. 아내가 바른 생각을 하면 남편이 바른 길 가는 데 도움이 되지만, 아내가 잘못된 생각을 하면 남편이 쉽게 타락해진다. 사람이 얼마나 무지하고 무감각하고 또 연약한지! 어떻게 그 남은 유다인들이 이런 재앙의 현실을 눈으로 보면서도 그것이 자기들의 죄악 때문임을 잊어버릴 수 있는지!

〔11-14절〕 그러므로 나 만군의 여호와 이스라엘의 하나님이 이같이 말하노라. 보라, 내가 얼굴을 너희에게로 향하여 재앙을 내리고 온 유다를 끊어버릴 것이며 내가 또 애굽 땅에 우거하기로 고집하고 그리로 들어간 유다의 남은 자들을 취하리니 그들이 다 멸망하여 애굽 땅에서 엎드러질 것이라. 그들이 칼과 기근에 망하되 작은 자로부터 큰 자까지 칼과 기근에 죽어서 가증함과 놀램과 저주와 모욕거리가 되리라. 내가 예루살렘을 벌한 것같이 애굽 땅에 거하는 자들을 칼과 기근과 염병으로 벌하리니 애굽 땅에 들어가서 거기 우거하는 유다의 남은 자 중에 피하거나 남아서 그 사모하여

돌아와서 거하려는 유다 땅에 돌아올 자가 없을 것이라. 도피하는 자들 외에는 돌아올 자가 없으리라 하셨느니라.

하나님께서는 선지자 예레미야를 통하여 다시 재앙을 선언하신다. 그는 온 유다를 끊어버리시며 애굽 땅에 우거하기로 고집하고 그리로 들어간 유다의 남은 자들을 취하여 그 땅에서 엎드러지게 하실 것이다. 그들은 어린아이들도 노인들도 칼과 기근에 죽을 것이며 가증함과 놀램과 저주와 모욕거리가 될 것이다. 그들이 돌아오기를 사모하던 유다 땅에 돌아올 자가 하나도 없을 것이다. 도피하는 소수의 사람 외에는 하나도 돌아올 자가 없을 것이다. 그렇게 철저히 멸망당하는 이유는 그들이 겸손히 하나님의 법을 순종치 않았기 때문이다.

〔15-19절〕 때에 자기 아내들이 다른 신들에게 분향하는 줄을 아는 모든 남자와 곁에 섰던 모든 여인 곧 애굽 땅 바드로스에 거하는 모든 백성의 큰 무리가 예레미야에게 대답하여 가로되 네가 여호와의 이름으로 우리에게 하는 말을 우리가 듣지 아니하고 우리 입에서 낸 모든 말을 정녕히 실행하여 우리의 본래 하던 것 곧 우리와 우리 선조와 우리 왕들과 우리 방백들이 유다 성읍들과 예루살렘 거리에서 하던 대로 하늘 여신(멜레켓 핫솨마임 מְלֶכֶת הַשָּׁמַיִם)[하늘 왕후]**에게 분향하고 그 앞에 전제**[붓는 제사]**를 드리리라. 대저 그때에는 우리가 식물이 풍부하며 복을 받고 재앙을 만나지 아니하였더니 우리가 하늘 여신**[왕후]**에게 분향하고 그 앞에 전제**[붓는 제사] **드리던 것을 폐한 후부터는 모든 것이 핍절하고 칼과 기근에 멸망을 당하였느니라 하며** 여인들은 가로되 **우리가 하늘 여신**[왕후]**에게 분향하고 그 앞에 전제**[붓는 제사]**를 드릴 때에 어찌 우리 남편의 허락이 없이 그에게 경배하는 과자를 만들어 놓고 전제**[붓는 제사]**를 드렸느냐?**

애굽으로 내려간 유다의 남은 자들은 예레미야가 전한 하나님의 재앙을 듣고도 그 말씀을 단호히 거절했고 그 대신 그들의 입에서 낸 모든 말을 기어코 실행해 그들이 유다 땅과 예루살렘에서 본래 하던 것 곧 하늘 왕후에게 분향하고 그 앞에 붓는 제사를 드리겠다고 하였다. '하늘 왕후'는 달을 가리킨다고 본다. 그들이 우상숭배를 고집한 이유는 그들이 그것 때문에 자신들이 식물의 풍부함을 얻고 복을 받고 재앙을 만나지 않았고 그에게 분향하고 그 앞에 부어 드리던 것을 폐한 후부터 그들에게 모든 것이 부족했고 그들이 칼과 기근에 멸망을 당했다고 생각했기 때문이다. 그들은 참으로 무지한 자들이었다. 그들은 인생에게 복을 주시는 이가 살아계시고 참되신 여호와 하나님 한 분이신 것을 알지 못하고 있었다.

〔20-27절〕 예레미야가 남녀 모든 무리 곧 이 말로 대답하는 모든 백성에게 일러 가로되 너희가 너희 선조와 너희 왕들과 방백들과 유다 **땅 백성이 유다 성읍들과 예루살렘 거리들에서 분향한 일을 여호와께서 기억지 아니하셨느냐? 생각지 아니하셨느냐? 여호와께서 너희 악행과 가증한 소위(所爲)**[행한 바]**를 더 참으실 수 없으셨으므로 너희 땅이 오늘과 같이 황무하며 놀램과 저주거리가 되어 거민이 없게 되었나니 너희가 분향하여 여호와께 범죄하였으며 여호와의 목소리를 청종치 아니하고 여호와의 법과 율례와 증거대로 행치 아니하였으므로 이 재앙이 오늘과 같이 너희에게 미쳤느니라. 예레미야가 다시 모든 백성과 모든 여인에게 말하되 애굽 땅에서 사는 모든 유다여, 여호와의 말씀을 들으라. 만군의 여호와 이스라엘의 하나님이** [께서] **이같이 말씀하시되 너희와 너희 아내들이 입으로 말하고 손으로 이루려 하여 이르기를 우리가 서원한 대로 반드시 이행하여 하늘 여신**[하늘의 왕후]**에게 분향하고 전제를 드리리라 하였은즉** [정녕] **너희 서원을 성립하며** [확고히 하고] [정녕] **너희 서원을 이행하라 하시느니라. 그러므로 애굽 땅에서 사는 모든 유다여, 여호와의 말씀을 들으라. 여호와께서 말씀하시되 내가 나의 큰 이름으로 맹세하였은즉 애굽 온 땅에 거하는 유다 사람들의 입에서 다시는 내 이름을 일컬어서 주 여호와의 사심으로 맹세하노라 하는 자가 없게 되리라. 보라, 내가 경성하여 그들에게 재앙을 내리고 복을 내리지 아니하리니 애굽 땅에 있는 유다 모든 사람이 칼과 기근에 망하여 멸절되리라.**

하나님께서는 "내가 나의 큰 이름으로 맹세하였은즉"이라는 말로 그의 확고부동한 마음을 표현하신다. 그들이 우상숭배의 죄를 버리지 않으면 그들은 더 이상 하나님께로 돌이킬 수 없을 것이며 결국 멸망할 것이다. 그들은 칼과 기근으로 멸망할 것이다.

〔28-30절〕 그런즉 칼을 피한 소수의 사람이 애굽 땅에서 나와 유다 땅으로 돌아오리니 애굽 땅에 들어가서 거기 우거하는 유다의 모든 남은 자가 내 말이 성립되었는지, 자기들의 말이 성립되었는지 알리라. 나 여호와가 말하노라. 내가 이 곳에서 너희를 벌할 표징이 이것이라. 내가 너희에게 재앙을 내리리라 한 말이 단정코 성립될 것을 그것으로 알게 하리라. 보라, 내가 유다 왕 시드기야를 그 원수 곧 그 생명을 찾는 바벨론 왕 느부갓네살의 손에 붙인 것같이 애굽 왕 바로 호브라를 그 원수들 곧 그 생명을 찾는 자들의 손에 붙이리라. 나 여호와가 이같이 말하였느니라 하시니라.

그들은 장차 누구의 말이 이루어졌는지, 하나님의 말씀인지 그들의 말인지 알게 될 것이다. 또 하나님께서는 애굽 왕 바로 호브라를 그 원수들의 손에 붙이겠다고 말씀하셨다. 유대인 역사가 요세푸스는 그의 책에 느부갓네살이 예루살렘을 멸망시킨 지 약 5년 후 애굽을 침공했고 애굽 왕 바로 호브라를 죽였다고 기록하였다.[13]

본장의 교훈을 정리해보자. 첫째로, 사람의 죄는 전쟁과 기근과 질병 등 하나님의 재앙을 가져온다. 유다 나라의 현재의 멸망 상태도, 미래의 멸망도 그러할 것이다(11-14절, 27-28절). 죄의 결과는 현세에서의 불행과 죽음뿐 아니라, 장차 영원한 지옥 불못의 형벌이다(계 21:8).

둘째로, 애굽 땅으로 피신하여 내려갔던 남은 유다인들의 죄는 하늘왕후를 숭배하는 우상숭배의 죄이었다(15-18절). 우리는 우상숭배의 죄를 멀리해야 한다. 우리는 특히 물질주의, 쾌락주의를 멀리해야 한다.

셋째로, 남은 유다인들은 하나님의 징벌을 받으면서도 무지하였고 완고했다(25절). 이것이 사람의 죄성이다. 우리는 사람의 죄성을 깨달아야 한다. 죄인은 하나님의 은혜가 아니고서는 구원의 가망이 없다.

넷째로, 하나님께서는 소수의 사람들을 남겨두실 것이다(14, 28절). 모든 사람들 중에 하나님의 은혜로 남은 자들만 회개하고 예수님 믿고 구원을 얻을 것이다(롬 11:4-5). 우리는 하나님의 긍휼만 구해야 한다.

---

13) *Antiquities*, x. 11.

45장: 바룩에게 하신 말씀

〔1절〕 유다 왕 요시야의 아들 여호야김 제4년에 네리야의 아들 바룩이 예레미야의 구전(口傳)대로[입의 말대로] **이 모든 말을 책에 기록하니라.**

본문은 시간적으로 예레미야 36장의 내용에 이어진다. 예레미야 36장에 보면, 유다 왕 여호야김 제4년에 하나님께서는 선지자 예레미야에게 내가 너에게 말한 모든 말들을 책에 기록하라고 말씀하셨고 예레미야는 바룩을 불러 하나님께서 그에게 주신 모든 말씀들을 두루마리 책에 기록하게 했다(36:2, 4). 하나님께서는 모세 때에도 그가 주신 모든 계시의 말씀들과 사건들을 책에 기록하게 하셨다(신 31:9). 하나님께서는 성경 저자들인 선지자들에게 자신의 뜻을 계시하시고 그 내용을 후세대들을 위하여 책에 기록하게 하셨다. 성경은 이렇게 형성된 것이다. 성경은 기록된 하나님의 말씀이며 또 하나님의 뜻을 명료하고 충분하게 전달하는 귀하고 복된 도구가 되었다.

〔1-3절〕 . . . 때에 선지자 예레미야가 그에게 말하여 가로되 바룩아, 이스라엘의 하나님 여호와께서 네게 이같이 말씀하시되 네가 일찍 말하기를 슬프다, 여호와께서 나의 고통에 슬픔을 더하셨으니 나는 나의 탄식으로 피곤하여 평안치 못하다 하도다 하셨고.

예레미야의 수종자 바룩은 마음에 큰 슬픔과 고통, 탄식과 피곤을 지니고 있었다. 그것은, 유다 땅에 임할 재앙과 멸망에 대한 계속되는 예언들과, 그럼에도 불구하고 유다 백성의 회개나 회복의 움직임은 없었고, 도리어 거절과 비방과 핍박이 예상되었기 때문에 생긴 고통이며 피곤이었을 것이다. 선지자 예레미야와 그는 죽음의 위험을 피하여 숨어야 했고(렘 36:19) 그 책의 글을 들은 유다 왕 여호야김은 칼로 그 두루마리를 조각조각 잘라서 화로 불에 태웠다(렘 36:23). 이런 상황 속에서 바룩의 마음은 심히 슬프고 고통스럽고 피곤하였다.

〔4절〕 또 내게 이르시기를 **너는 그에게 이르라. 여호와께서 이같이 말씀하시기를 보라, 나는 나의 세운 것을 헐기도 하며** [나는] **나의 심은 것을 뽑기도 하나니 온 땅에 이러하거늘.**

원문에는 '나는'이라는 말(아니 אֲנִי)이 두 번 사용되어 강조되었다. 하나님께서 세우고 헐며 하나님께서 심고 뽑는다는 것은 유다 나라를 두고 하신 말씀이 분명하다. 물론 하나님께서는 그 외의 열국들도 홀로 통치하신다(단 4:17, 35). 그는 홀로 온 세상을 통치하시는 주권적 섭리자이시다. 그러나 그는 특히 유다 나라를 통치하신다.

〔5절〕 **네가 너를 위하여 대사(大事)**(게돌로스 גְּדֹלוֹת)[큰 일들]**를 경영하느냐? 그것을 경영하지 말라.** [이는] **보라, 내가 모든 육체에게 재앙을 내리리라**[내릴 것임이니라]. **그러나 너의 가는 모든 곳에서는 내가 너로 생명 얻기를 노략물을 얻는 것 같게 하리라. 여호와의 말이니라 하셨느니라.**

바룩이 계획한 큰 일들이 무엇인지는 알 수 없으나, 하나님께서는 그가 그를 위해 세운 큰 계획을 중단하라고 말씀하셨다. 그 이유는 그가 모든 사람에게 재앙을 내리실 것이기 때문이다. 이것이 성경적 인생관의 한 면이다. 다윗도 시편 131:1-2에서, "여호와여, 내 마음이 교만치 아니하고 내 눈이 높지 아니하오며 내가 큰 일과 미치지 못할 기이한 일을 힘쓰지 아니하나이다. 실로 내가 내 심령으로 고요하고 평온케 하기를 젖뗀 아이가 그 어미 품에 있음 같게 하였나니 내 중심이 젖뗀 아이와 같도다"라고 말했다. 성도는 미래의 큰 일을 계획하지 말고 하나님을 의지하고 현재의 작은 일에 충실해야 한다.

하나님께서는 또 바룩에게, "그러나 너의 가는 모든 곳에서는 내가 너로 생명 얻기를 노략물을 얻는 것 같게 하리라"고 말씀하셨다. 그는 위험한 때에 바룩의 생명을 보존하실 것이다. 하나님께서는 옛날 다윗을 사울의 칼날로부터 보호하셨고, 사울이 그를 매일 찾았으나 그를 그의 손에 붙이지 않으셨다(삼상 23:14). 주께서는 그의 제자들을 전도하러 보내시기 전에, 참새 한 마리도 하나님의 허락 없이 땅에 떨어지지 않고 하나님께서 그들의 머리털까지 다 세신다고 말씀하셨다(마 10:29-30). 하나님께서는 성도의 피난처이시다.

이런 진리를 잘 증거하는 대표적 구절은 시편 91:1-7이다. "지존자의 은밀한 곳에 거하는 자는 전능하신 자의 그늘 아래 거하리로다. 내가 여호와를 가리켜 말하기를 저는 나의 피난처요 나의 요새요 나의 의뢰하는 하나님이라 하리니 이는 저가 너를 새 사냥꾼의 올무에서와 극한 염병에서 건지실 것임이로다. 저가 너를 그 깃으로 덮으시리니 네가 그 날개 아래 피하리로다. 그의 진실함은 방패와 손방패가 되나니 너는 밤에 놀램과 낮에 흐르는 살과 흑암 중에 행하는 염병과 백주에 황폐케 하는 파멸을 두려워 아니하리로다. 천인이 네 곁에서, 만인이 네 우편에서 엎드러지나 이 재앙이 네게 가까이 못하리로다."

본장의 교훈을 정리해보자. 첫째로, 하나님께서는 그가 세우신 것을 헐기도 하시고 그가 심으신 것을 뽑기도 하신다(4절). 그는 사람의 생사화복과 국가의 흥망성쇠와 세계의 역사를 주관하신다. 우리는 이 세상 사는 동안 건강의 문제나 경제의 문제나 사회적 문제가 항상 있지만, 세상의 모든 일을 홀로 주관하시는 섭리자 하나님만 바라보아야 한다.

둘째로, 하나님께서는 바룩에게 큰 일을 계획하지 말라고 말씀하셨다(5절). 우리는 미래의 큰 일을 계획하지 말고 항상 겸손히 하나님을 의지하고 그의 뜻을 구하면서 현재 그가 맡겨주신 작은 일에 충실해야 한다. 예수께서는 달란트 비유에서 하나님께서 마지막 날에 작은 일에 충성한 종들에게 큰 칭찬과 복을 주실 것이라고 말씀하셨다(마 25:21).

셋째로, 우리는 우리 생명을 하나님의 손에 맡겨야 한다. 하나님께서는 우리의 생명의 보호자이시다. 죽음의 위협이 있는 때에라도 우리는 우리의 생명을 오직 하나님의 손과 그의 뜻에 맡겨야 한다. 사도 베드로는, "하나님의 뜻대로 고난을 받는 자들은 또한 선을 행하는 가운데 그 영혼을 미쁘신 조물주께 부탁할지어다"라고 교훈하였다(벧전 4:19).

46장: 애굽에 대한 심판

1-12절, 갈그미스에서의 패전에 대한 예언

〔1-2절〕 열국에 대하여 선지자 예레미야에게 임한 여호와의 말씀이라. 애굽을 논한 것이니 곧 유다 왕 요시야의 아들 여호야김 제4년에 유브라데 하수가 갈그미스에서 바벨론 왕 느부갓네살에게 패한 애굽 왕 바로느고의 군대에 대한 말씀이라.

예레미야 46장부터 51장까지는 열국에 대한 예언이다. 다른 선지자들의 글들에도 그런 예언이 있다(사 14-21장, 23장; 겔 25-32장; 암 1장 등). 세상의 모든 나라는 하나님의 섭리의 손 안에 있다. 하나님의 첫 번째 관심은 이스라엘 나라와 교회이지만, 세계의 모든 나라들도 하나님의 섭리 아래 있다. 세계사는 하나님의 섭리의 역사이다. 본장 2-12절은 주전 605년경에 애굽 왕 바로 느고[14)]가 바벨론 땅 유브라데 강가 갈그미스에서 패전한 사건에 대한 예언이다.

〔3-4절〕 너희는 큰 방패, 작은 방패를 예비하고 나가서 싸우라. 너희 기병이여, 말에 안장을 지워 타며 투구를 쓰고 나서며 창을 갈며 갑옷을 입으라.

이것은 애굽 군대가 출전하는 모습을 표현한다. 당시 애굽 나라는 강대국이고 그 군대는 우수한 무기로 무장된 강력한 군대이었다. 그 병사들은 전쟁에 나아가기 위해 큰 방패와 작은 방패를 예비하였다. 기마병들은 말에 안장을 지워 타며 투구를 썼고 날카롭게 간 창들을 들고 갑옷을 입었다. 그들은 애굽에서 멀리 떨어진 북쪽의 바벨론의 국경지 갈그미스로 바벨론을 치기 위해 원정을 떠날 것이다.

〔5-6절〕 여호와께서 가라사대 내가 본즉 그들이 놀라 물러가며 그들의

---

14) 애굽 왕 바로 느고는 애굽의 고대 역사에 제26왕조의 프사메티쿠스 1세의 아들(주전 610-595년에 통치)이었다고 한다.

용사는 패하여 급히 도망하며 뒤를 돌아보지 아니함은 어찜인고? 두려움이 그들의 사방에 있음이로다 하셨나니 발이 빠른 자도 도망하지 못하며 용맹이 있는 자도 피하지 못하고 그들이 다 북방에서 유브라데 하수가에 넘어지며 엎드러지는도다.

강력한 애굽 군대의 원정은 실패로 끝날 것이다. 병사들은 놀라서 물러가며 용사들은 패하여 급히 도망칠 것이다. 두려움이 사방에 있을 것이다. 그들은 다 북방 유브라데 하수가에서 엎드러질 것이다.

〔7-9절〕 **저 나일의 창일함과 강물의 흉용함 같은 자 누구뇨? 애굽이 나일의 창일함과 강물의 흉용함 같도다. 그가 가로되 내가 일어나 땅을 덮어 성읍들**(the city)(KJV, NIV)**과 그 거민을 멸할 것이라. 말들아, 달리라. 병거들아, 급히 동하라. 용사여, 나오라. 방패 잡은 구스인과 붓인과 활을 당기는 루딤인이여, 나올지니라 하거니와.**

애굽 군대는 강대하고 교만하기까지 했다. 그들은 나일강의 창일함 같을 것이다. 그들은 땅을 덮고 성읍과 그 거민을 멸할 것이라고 호언장담할 것이다. 그들은 말들과 병거들과 용사들을 스스로 격려하며 그들 주위의 동맹국들을 그 전쟁에 참여시킬 것이다.

〔10절〕 [그러나](웨 וְ) **그 날은 주 만군의 여호와께서 그 대적에게 원수 갚는 보수일(報讐日)이라. 칼이 배부르게 삼키며 그들의 피를 가득히 마시리니 주 만군의 여호와께서 북편 유브라데 하수가에서 희생을 내실 것임이로다.**

애굽 군대는 자신들의 강대함을 교만하게, 자신만만하게 말하지만, 그러나 그들은 그 전투에서 패배할 것이다. 그 날은 주 만군의 여호와께서 그 대적에게 원수 갚는 보수일(報讐日)이 될 것이다. 그 전투는 많은 희생을 낼 전투가 될 것이다. 그것은 하나님께서 원수를 갚으시기 때문에 생기는 희생이다.

그 패전의 원인은 하나님이시다. 하나님께서 애굽을 바벨론 북방 갈그미스에서 패하게 하실 것이다. 그 이유는 4년 전에 애굽 왕 바로 느고가 갈그미스로 가려고 므깃도를 지날 때 그를 막는 유다 왕 요시야를 죽인 일(왕하 23:29)과 그 후 그가 다시 유다로 들어와 요시야의 아들 여호아하스를 폐위시키고 그를 포로로 잡아갔고 그 대신 엘리야김을 왕으로 세웠고 그 이름을 여호야김이라고 바꾼 일, 즉 하나님의 택하신 유다 나라를 짓밟고 학대한 악행들 때문이라고 보인다(왕하 23:31-34). 하나님께서는 그 일들을 보복하실 것이다. 애굽 왕의 패전의 결과는 클 것이다. 그는 이전에 누렸던 바벨론 나라 서쪽과 팔레스틴 지역의 통치권을 잃어버리게 될 것이다(왕하 24:7).

〔11-12절〕 처녀 딸 애굽이여, 길르앗으로 올라가서 유향을 취하라. 네가 많은 의약을 쓸지라도 무효하여 낫지 못하리라. 네 수치가 열방에 들렸고[열방이 네 수치를 들었고] **네 부르짖음은 땅에 가득하였나니** [이는] **용사가 용사에게 부딪쳐 둘이 함께 엎드러졌음이니라.**

'처녀 딸 애굽'이라는 표현은 애굽 사람들이 곱게 치장하고 평안하게 사는 모습을 묘사한 것 같다. 그러나 애굽 군대의 패전은 만회하지 못할 패배일 것이다. 세계적 강대국 애굽은 수치를 당할 것이다.

본문의 교훈을 정리해보자. 첫째로, 애굽 같은 강대국도 하나님께서 패전하게 하시면 패전할 것이다. 세계 열국은 하나님의 손 안에 있다. 세계사는 하나님의 섭리의 역사이다. 다니엘 4:17, "인생으로 지극히 높으신 자가 인간 나라를 다스리시며 자기의 뜻대로 그것을 누구에게든지 [주시는 줄을 알게 하려 함이니라]." 그러므로 우리는 세상을 의지하거나 자랑하지 말고 하나님만 의지해야 한다. 그러므로 다윗은 시편 20:7에서, "혹은 병거, 혹은 말을 의지하나 우리는 여호와 우리 하나님의 이름을 자랑하리로다"라고 고백하였다. 그것이 성경의 교훈이다.

둘째로, 악의 세력은 한때 크고 영광스러워 보이지만 마침내 하나님의 심판을 받을 것이다. 시편 1:6, "대저 의인의 길은 여호와께서 인정하시나 악인의 길은 망하리로다." 하나님께서는 악의 세력을 반드시 벌하실 것이다. 그러므로 우리는 악한 일을 멀리하고 오직 하나님을 의지하고 의와 선만 행하며 또 악인들의 회개를 위해 기도해야 한다.

13-26절, 바벨론 왕의 애굽 침공에 대한 예언

〔13-14절〕 바벨론 왕 느부갓네살이 와서 애굽 땅을 칠 일에 대하여 선지자 예레미야에게 이르신 여호와의 말씀이라. 너희는 애굽에 선포하며 믹돌과 놉과 다바네스에 선포하여 말하기를 너희는 굳게 서서 예비하라. [이는] **네 사방이 칼에 삼키웠느니라**[삼키웠음이니라].

이것은 바벨론 왕 느부갓네살의 예루살렘 점령 몇 년 후에 일어난 사건에 대한 예언이었다. 믹돌은 애굽 동북부 국경의 성이었고, 놉은 애굽의 수도이었고 후에 멤피스라고도 불리었고 오늘날 카이로이며, 다바네스는 북부의 성이었다. 애굽의 북부 지역의 큰 성들은 사방이 칼에 삼키울 것이다. '삼키웠다'는 표현은 미래의 확실함을 보인다.

〔15-17절〕 너희 장사(壯士)들이 쓰러짐은 어찜이뇨? 그들의 서지 못함은 여호와께서 그들을 몰아내신 연고니라. 그가 많은 자로 넘어지게 하시매 사람이 사람 위에 엎드러지며 이르되 일어나라. 우리가 포악한 칼을 피하여 우리 민족에게로, 우리 고토로[고국으로] **돌아가자 하며 거기서 부르짖기를 애굽 왕 바로가 망하였도다**(<u>솨온</u> שָׁאוֹן)[시끄러운 소리에 불과하였도다](KJV, NASB, NIV). **그가 시기를 잃었도다.**

애굽의 용사들이 쓰러지고 서지 못한 까닭은 하나님께서 그들을 몰아내셨기 때문이다. 하나님께서는 많은 자들로 넘어지게 하시며 사람이 사람 위에 엎드러지게 하셨다. 그 전쟁은 '포악한 칼'[압제자의 칼](NASB, NIV)이라고 표현된다. 애굽 병사들은 두려워 다 자기 고국으로 돌아가기를 원할 것이다. 애굽 왕 바로는 시끄러운 소리에 불과할 것이다. 이것은 애굽의 군사력이 대단하다는 떠들썩한 소리만 있었고 실제로는 크게 패전할 것이라는 뜻이다.

〔18-21절〕 만군의 여호와라 일컫는 왕이 가라사대 나의 삶으로 맹세하노니 그가 과연 산들 중의 다볼같이, 해변의 갈멜같이 오리라. 애굽에 사는 딸이여, 너는 너를 위하여 포로의 행리[행장, 짐]**를 준비하라. 놉이 황무하며 불에 타서 거민이 없을 것임이니라. 애굽은 심히 아름다운 암송아지라도**

북에서부터 멸망이 이르렀고 이르렀느니라. 또 그 중의 고용군[용병들]**은 외양간의 송아지 같아서 돌이켜 함께 도망하고 서지 못하였나니 재난의 날이 이르렀고 벌받는 때가 왔음이라.**

하나님께서는 큰 위엄을 가지고 친히 온 세상과 나라들을 다스리시는 능력의 통치자이시다. 그는 그의 예언의 확실함을 맹세로 증거하셨다. 그의 작정하심은 다볼산과 갈멜산같이 견고할 것이다. 애굽 거민들은 포로로 잡혀갈 짐 보따리를 준비해야 한다. 애굽의 수도 놉은 황무하고 불에 타서 거민이 없을 것이다. 애굽은 심히 아름다운 암송아지에 비유될 수 있으나 북으로부터 멸망이 이르렀다. 애굽이 고용한 군사들, 즉 용병들도 송아지들같이 도망치고 승리하지 못할 것이다. 이는 재난의 날과 벌받는 때가 왔기 때문이다.

〔22-24절〕 애굽의 소리가 뱀의 소리 같으리니 이는 그들의 군대가 벌목하는 자같이 도끼를 가지고 올 것임이니라. 나 여호와가 말하노라. 그들이 황충보다 많고 계수할 수 없으므로 조사할 수 없는 그의 수풀을 찍을 것이라[그들이 그 삼림을 벌목할 것이라. 그것이 황충보다 많고 셀 수 없을지라도 다 죽고 없을 것이니라](NASB). **딸 애굽이 수치를 당하여 북방 백성의 손에 붙임을 입으리로다.**

산의 뱀들이 벌목꾼을 피해 도망치듯이, 애굽 군대는 바벨론 군대의 도끼 같은 군사력 앞에 뿔뿔이 흩어져 도망칠 것이다. 애굽은 그 전쟁에 패함으로 수치를 당하고 바벨론의 손에 붙임을 입을 것이다.

〔25-26절〕 나 만군의 여호와 이스라엘의 하나님이 말하노라. 보라, 내가 노의 아몬과 바로와 애굽과 애굽 신들과 왕들 곧 바로와 및 그를 의지하는 자들을 벌할 것이라. 내가 그들의 생명을 찾는 자의 손 곧 바벨론 왕 느부갓네살의 손과 그 신하들의 손에 붙이리라. 그럴지라도[그러나](NASB, NIV) **그 후에는 그 땅이 여전히 사람 살 곳이 되리라. 여호와의 말이니라.**

하나님께서는 '내가 벌하리라,' '내가 붙이리라'고 말씀하신다. 그는 애굽을 벌하시므로 그들을 바벨론 왕 느부갓네살의 손에 붙이실 것이다. '노의 아몬'은 애굽의 옛 수도 나일강 상류(남부) 지역에 있었던

'노'라는 성(그것을 데베스라고도 부름)에서 섬겼던 '아몬'(אָמוֹן)이라는 애굽의 신을 가리킨다. 하나님께서는 애굽의 신 아몬과 애굽 왕 바로와 기타 애굽 신들과 왕들과 바로를 의지하는 자들을 다 벌할 것이라고 말씀하신다. 그 신들은 실상 하나님이 아니다.

그러나 하나님의 긍휼의 선언도 있다(26절). 이사야와 에스겔도 그런 예언을 하였다. 이사야 19:22, "여호와께서 애굽을 치실 것이라도 치시고는 고치실 것인 고로 그들이 여호와께로 돌아올 것이라. 여호와께서 그 간구함을 들으시고 그를 고쳐주시리라." 에스겔 29:13-14, "40년 끝에 내가 만민 중에 흩은 애굽 사람을 다시 모아 내되 애굽의 사로잡힌 자들을 돌이켜 바드로스 땅 곧 그 고토로 돌아가게 할 것이라. 그들이 거기서 미약한 나라가 되되." 이 예언들은 성취되었다.

본문의 교훈을 정리해보자. 첫째로, 하나님께서는 애굽의 성들이 칼에 삼키우고 그 용사들이 쓰러지게 하실 것이다. 애굽의 패배는 하나님께서 그 용사들을 몰아내신 연고요 그가 그들을 벌하시고 그들을 바벨론 왕의 손에 붙이시기 때문이다. 하나님께서는 세상의 모든 나라들의 장래를 작정하시고 섭리하신다. 그는 그들을 주권적으로 섭리하신다.

둘째로, 하나님께서는 애굽 사람들이 섬긴 아몬과 모든 애굽 신들을 다 벌하실 것이다. 이스라엘의 하나님께서는 세상에 유일하신 참 하나님이시다. 그와 비교할 만한 신은 세상에 아무도 없다. 여호와 하나님, 그는 유일하신 참 하나님이시다. 우리는 하나님을 아는 지식이 가장 큰 보화인 줄 알고 오직 그를 믿고 섬기며 그의 뜻에 순종해야 한다.

셋째로, 하나님께서는 심판 중에서도 긍휼로 애굽의 회복을 예언하셨다. 세상에는 하나님의 긍휼로 남겨진 자들이 있다. 우리는 하나님의 긍휼을 믿어야 한다. 오늘날 우리가 하나님의 긍휼을 입은 증표는 예수 그리스도의 복음을 믿는 믿음과 하나님의 뜻과 계명을 순종하는 것이다. 하나님의 긍휼을 입은 자들은 구주 예수님을 믿고 순종할 것이다.

27-28절, 이스라엘의 회복 예언

〔27절〕 내 종 야곱아, 두려워 말라. 이스라엘아, 놀라지 말라. [이는] **보라, 내가 너를 원방에서 구원하며 네 자손을 포로된 땅에서 구원하리니 야곱이 돌아와서 평안히**(쇠카트 שָׁקַט)[고요히, 조용히], **정온(靜穩)히**(솨안 שַׁאֲן)[평안히, 안전히] **거할 것이라**[것임이니라]. **그를 두렵게 할 자 없으리라.**

하나님께서는 야곱을 '내 종 야곱아'라고 부르신다(27, 28절). 창조주 하나님께서는 우리의 주인이시요 우리는 그의 종, 곧 그에게 순종해야 할 자이다. 사람의 자유 선언은 그 자체가 죄이다. 아담은 자유의지의 오용으로 범죄하고 타락했고 인류는 죄와 마귀의 종이 되었다. 구원은, 죄의 종된 사람이 하나님과 의(義)의 종이 되는 것이다. 로마서 6:22, "이제는 너희가 죄에게서 해방되고 하나님께 종이 되어 거룩함에 이르는 열매를 얻었으니 이 마지막은 영생이라." 그러므로 이제 우리는 자원함으로, 즐거이 하나님께 복종해야 한다.

하나님께서는 남은 유다 백성에게 "두려워 말며 놀라지 말라"고 말씀하신다. 비록 이스라엘 나라가 망했고 이방나라들은 그 세력이 거대해 보이지만, 그가 살아계셔서 그들을 구원하실 것이기 때문이다. 하나님께서는 온 세계에 뿔뿔이 흩어졌던 그들을 원방에서 건져내실 것이다. 그들은 돌아와 조용히, 평안히 거할 것이다. 하나님께서는 구주(救主)이시다. 죄인들의 소망과 위로는 구주 하나님께 있다.

〔28절〕 나 여호와가 말하노라. 내 종 야곱아, 내가 너와 함께하나니 두려워 말라. [이는] **내가 너를 흩었던 그 열방은 다 멸할지라도 너는 아주 멸하지 아니하리라**[아니할 것임이니라].

하나님께서 이스라엘 백성을 구원하시고 회복시키시는 방법은 그들을 멸망시켰던 그 이방나라를 멸망시키심으로써이다. '내가 너를 흩었던 그 열방들'은 앗수르 나라와 바벨론 나라를 가리킨다. 하나님께서는 전에 바벨론 나라와 그 왕 느부갓네살을 하나님의 뜻을 위해 사용하셨다. 그러나 이제 그는 메대-파사 나라를 들어 바벨론을 멸망시키실 것이다. 그는 바벨론을 멸망시키심으로써 이스라엘을 회복시키실 것이다. 70년 후, 파사 나라의 초대 왕 고레스 원년에 이스라엘 백성은 고국으로 돌아오는 놀라운 일을 경험할 것이다(스 1:1-4).

하나님께서는 이스라엘 나라를 멸망시켰던 바벨론 나라는 완전히 멸망시키실 것이지만, 이스라엘 나라는 아주 멸망시키지 않으실 것이다. 그는 이방나라와 이스라엘 나라를 차별하실 것이다. 그것은 그의 사랑과 선택과 언약 때문이다. 우리의 구원은 우리 속에 있는 어떤 선한 것에 근거하지 않고 오직 하나님의 사랑과 선택에 근거한다. 그러므로 호세아 11:8은, "에브라임이여, 내가 어찌 너를 놓겠느냐? 이스라엘이여, 내가 어찌 너를 버리겠느냐? 내가 어찌 너를 아드마같이 놓겠느냐? 어찌 너를 스보임같이 두겠느냐? 내 마음이 내 속에서 돌아서 나의 긍휼이 온전히 불붙듯 하도다"라고 말했다.

〔28절〕 . . . [그러나](원문; KJV, NASB) **내가 너를 공도(公道)로 징책할 것이요 결코 무죄한 자로 여기지 아니하리라.**

하나님께서는 이스라엘 백성의 죄에 대해 그냥 죄 없는 것처럼 넘어가지 않으실 것이다. '공도(公道)로'라는 원어(람미슈파트 לַמִּשְׁפָּט)는 영어성경들은 '적절하게'(in measure-KJV, properly-NASB), '공의로'(in justice-NIV)라고 번역했다. '공도'라는 원어(미슈파트 מִשְׁפָּט)는 ① 판단, 심판, ② 공의, ③ 적절한 분량, 적당한 정도 등의 뜻이다(BDB). '공도로'라는 말의 일차적 의미가 '공의로'(NIV)라고 생각되지만 하나님께서 공의로 벌하시면 멸망일 뿐이요 회복의 가망성이 없을 것이므로, 어떤 영어성경들은 이 단어를 '적절하게'(KJV, NASB)라고 번역한 것 같다.[15)]

15) 한글개역성경 예레미야 10:24는 이 단어를 '너그러이'라고 번역했지만, 영어성경들은 '법도대로'(KJV), '공의로'(NASB, NIV)라고 번역했다.

그러나 하나님께서 이스라엘 백성을 공도(公道)로 징책할 것이며 결코 무죄한 자로 여기지 아니하실 것이라는 말은 하나님께서 그들의 죄에 대해 적절한 징벌을 내리실 것을 의미한다. 그래서 이스라엘과 유다 나라는 멸망하였고 그 백성은 포로로 잡혀갔으며 70년 동안 고난의 생활을 할 것이다. 하나님께서 자기 백성을 다루시는 방법은 공의로운 방법이며 그들의 죄를 적절히 징벌하시는 방법이다. 우리의 구원도 주 예수 그리스도의 대속(代贖), 즉 대리적 형벌을 통하여 하나님의 공의를 만족시키심으로 가능했다(롬 3:25-26; 고후 5:21; 갈 3:13). 또 하나님께서는 모든 사람들에게 회개와 믿음과 순종을 요구하셨다. 또 우리가 구원 얻은 후에도 실수하고 범죄하면, 하나님께서는 우리를 적절히 징계하실 것이다(히 12:8-10).

본문의 교훈을 정리해보자. 첫째로, 우리는 과거에 죄의 종이며 마귀의 종이었으나 창조자, 섭리자 하나님께로 돌아와 주 예수 그리스도의 복음을 듣고 믿음으로 죄에게서 해방되었고 의의 종이 되고 하나님의 종이 되었다. 하나님께서는 우리의 주인이시며 목자가 되셨다. 우리는 이제 성경에 기록된 하나님의 말씀을 듣고 즐거이 순종해야 한다.

둘째로, 하나님께서는 이스라엘 백성을 적절히 징책하셨다. 우리는 하나님의 공의로운 섭리를 잊지 말아야 한다. 오늘날도 우리가 범죄하면 그는 우리를 적절히 징계하실 것이다. 그는 믿는 성도가 범하는 죄를 용인하지 않으시고 징계하실 것이다. 우리는 하나님의 징계를 두려워해야 한다. 그러므로 우리는 죄를 멀리하고 의와 선만 행해야 한다.

셋째로, 우리의 구원은 하나님의 긍휼에 근거하였다. 우리의 행위들은 누더기 옷같이 누추하였지만, 우리는 하나님의 은혜로 예수 그리스도를 믿음으로 구원을 얻었다. 하나님께서는 죄로 죽었던 우리의 영혼을 살리셨고 의롭다 하셨고 거룩케 하셨고 그의 자녀로 삼으셨다. 우리는 우리를 구원하신 하나님의 크신 은혜와 긍휼을 늘 감사해야 한다.

47장: 블레셋에 대한 말씀

〔1절〕 바로가 가사를 치기 전에 블레셋 사람에 대하여 선지자 예레미야에게 임한 여호와의 말씀이라.

가사는 블레셋의 주요 성이다. 선지자들은 블레셋에 대한 심판도 예언했었다(사 14:29-31; 겔 25:15-17; 암 1:6-8; 습 2:4-7; 슥 9:5-7).

〔2-3절〕 여호와께서 이같이 말씀하시되 보라, 물이 북방에서 일어나 창일하는 시내를 이루어 그 땅과 그 중에 있는 모든 것과 그 성읍과 거기 거하는 자들을 엄몰시키리니 사람들이 부르짖으며 그 땅 모든 거민이 애곡할 것이라. 힘센 것의 굽 치는 소리와 달리는 병거 바퀴의 울리는 소리에 아비의 손이 풀려서 그 자녀를 돌아보지 못하리니.

물이 넘치는 시내를 이루어 땅에 덮치듯이, 북방의 바벨론 군대가 블레셋을 덮쳐 삼킬 것이다. 블레셋은 부르짖고 애곡할 것이다. 적군의 말발굽 소리와 병거바퀴 소리는 요란하여 사람들을 혼비백산케 만들고 아비들은 손에 힘이 없어서 자녀들을 돌아보지 못할 것이다.

〔4절〕 이는 블레셋 사람을 진멸하시며 두로와 시돈에 남아 있는 바 도와줄 자를 다 끊어버리시는 날이 이름이라. [이는] **여호와께서 갑돌섬에 남아 있는 블레셋 사람을 멸하시리라**[블레셋 사람들 즉 갑돌 연안의 남은 자들[16)] 을 멸하실 것임이니라]"(원문, KJV, NASB, NIV).

〔5절〕 가사가 삭발되었고 아스글론과 그들에게 남아 있는 평지[그들의 골짜기에 남아 있는 자들](BDB, KJV, NASB)**가 멸망되었나니 네가 네 몸 베기를 어느 때까지 하겠느냐?**

가사와 아스글론은 블레셋의 주요 성들이었다. 가사가 삭발하였다

---

16) 노아의 아들인 함의 아들들 중에 가슬루힘과 갑도림이 있었고 블레셋이 가슬루힘에게서 나왔으나(창 10:13-14) 그의 형제 갑도림의 자손들도 거기에 거주했던 것 같다. 신명기 2:23은 갑돌 사람이 가사까지 각 촌에 거하는 아위 사람을 멸하고 거기 거했다고 말하며, 아모스 9:7은 하나님께서 블레셋 사람을 갑돌에서 올라오게 하셨다고 말한다.

는 표현이나 블레셋이 그의 몸 베기를 한다는 표현은 슬픔을 표현하는 이방 종교의 미신적인 행위들을 가리킨다고 본다. 성경에는 그런 표현들이 있다. 레위기 19:28, "죽은 자를 위하여 너희는 살을 베지 말며 몸에 무늬를 놓지 말라." 예레미야 48:37, "[모압에서] 각 사람의 두발이 밀렸고 수염이 깎였으며 손이 베어졌으며 허리에 굵은 베가 둘렸고."

〔6-7절〕 여호와의 칼이여, 네가 언제까지 쉬지 않겠느냐? 네 집[칼집]에 들어가서 가만히 쉴지어다. 여호와께서 이를 명하셨은즉 어떻게 쉬겠느냐? 아스글론과 해변을 치려 하여 그가 명정(命定)하셨느니라.

'여호와의 칼'은 블레셋 땅에 임할 전쟁 곧 바벨론 군대의 침략을 가리킨다고 본다. 그것은 하나님께서 블레셋 땅에 내리시는 재앙이다. 하나님께서는 선지자를 통하여 단지 미래의 일을 예언하실 뿐 아니라 그 일을 작정하시고 시행하시는 자이시다. 그러므로 선지자는 스스로 질문하고 스스로 대답한다. 그는 블레셋의 재앙이 하나님께서 명하신 것, 즉 그가 명정(命定)하신 것이라고 표현한다. 하나님께서는 일을 작정하시고 이루시는 주권자이시다.

하나님께서 왜 블레셋에게 이런 재앙을 작정하시고 시행하시는지 본문은 언급하고 있지 않으나 그것은 자명하였다. 그것은 그들의 죄 때문이었다(암 1:6). 블레셋은 이스라엘 나라의 오랜 원수이었고 이스라엘 백성의 옆구리의 가시와 같은 자들이었다. 그들은 이스라엘을 미워하였고 수없이 침략하였고 또 틈만 있으면 침략하려 하였다. 에스겔 25:15, "블레셋 사람이 옛날부터 미워하여 멸시하는 마음으로 원수를 갚아 진멸코자 하였도다."

하나님의 백성인 이스라엘을 대적하고 하나님을 대적했던 블레셋, 그들은 일시적으로 번창하였으나 마침내 도울 자 없이 멸망할 것이다. 하나님을 대적하는 모든 자들의 마지막은 그러할 것이다.

그러나 블레셋 나라는 망할 것이지만, 장차 그 땅에서 하나님께로 돌아와 그를 경외하고 구원 얻을 자들이 있을 것이다. 스가랴 9:6-7, "내가 블레셋 사람의 교만을 끊고 그 입에서 그 피를, 그 잇사이에서 그 가증한 것을 제하리니 그도 남아서 우리 하나님께로 돌아와서 유다의 한 두목같이 되겠고 에그론은 여부스 사람같이 되리라." 모든 사람을 긍휼히 여기시는 하나님께서는 마지막 날에 블레셋도 긍휼히 여기실 것이다. 그들에게도 구원 얻을 자들이 있을 것이다.

본장의 교훈을 정리해보자. 첫째로, 하나님께서는 주권적 섭리자이시며 공의의 심판자이시다. 그는 세상의 모든 나라를 다스리시고 공의로 심판하신다. 그는 만세 전에 그가 작정하신 바를 다 이루시며 반드시 이루시는 주권자이시다. 이사야 46:10-11, "내가 종말을 처음부터 고하며 아직 이루지 아니한 일을 옛적부터 보이고 이르기를 나의 모략이 설 것이니 내가 나의 모든 기뻐하는 것을 이루리라 하였노라. . . . 내가 말하였은즉 정녕 이룰 것이요 경영하였은즉 정녕 행하리라."

둘째로, 하나님을 대적하였고 하나님의 백성을 핍박하였던 블레셋은 마침내 멸망할 것이다. 하나님을 섬길 줄 모르는 불경건하고 부도덕한 나라는 결국 망할 것이다. 불경건하고 부도덕한 사람은 결국 망할 것이다. 그가 일시적으로 번창할지라도 그는 결국 망할 것이다. 시편 1:6, "대저 의인의 길은 여호와께서 인정하시나 악인의 길은 망하리로다."

셋째로, 그러나 블레셋에게도 하나님의 긍휼로 구원 얻을 자들이 있을 것이다. 세상에 하나님의 긍휼로 구원 얻을 자들이 있을 것이다. 그들은 하나님을 경외하고 그의 뜻에 순종할 것이다. 하나님을 경외하고 섬기며 하나님의 뜻에 순종하는 것이 인생의 정로이며 평안과 영생의 길이다. 전도서 12:13, "하나님을 경외하고 그 명령을 지킬지어다. 이것이 사람의 본분이니라." 요한복음 17:3, "영생은 곧 유일하신 참 하나님과 그의 보내신 자 예수 그리스도를 아는 것이니이다." 우리 자신과 우리의 자녀들은 그 복된 길, 영생의 길, 평안의 길을 걸어야 한다.

48장: 모압에 대한 말씀

1-25절, 모압의 멸망을 선언함

〔1-3절〕 모압에 대한 말씀이라. 만군의 여호와 이스라엘의 하나님이[께서] **이같이 말씀하시되 슬프다, 느보여, 그것이 황폐되었도다. 기랴다임이 수치를 당하여 점령되었고 미스갑이 수치를 당하여 파괴되었으니 모압의 칭송이 없어졌도다. 헤스본에서 무리가 그를 모해하여** 이르기를 **와서 그를 끊어서 나라를 이루지 못하게 하자 하는도다. 맛멘이여, 너도 적막하게 되리니 칼이 너를 따르리로다. 호로나임에서 부르짖는 소리여, 황무와 큰 파멸이로다.**

모압에 대한 말씀, 곧 그것의 멸망에 대한 말씀이다. '만군의 여호와'라는 명칭은 천군 천사들을 거느리신 능력의 하나님을 의미한다. 이스라엘 백성의 하나님께서 모압에 대해 말씀하시는 까닭은 그가 온 세상을 주권적으로 다스리시는 왕이시기 때문이다(15절). 느보와 기랴다임은 모압 북부 국경 지역에 있는 성들이다. '미스갑'이라는 말(함미스갑 הַמִּשְׂגָּב)은 '그 안전한 요새'(NASB, NIV)라는 뜻으로 기랴다임 성을 가리킨 것으로 보인다. 모압은 멸망해 칭찬과 자랑이 없어질 것이다. 헤스본은 모압 북부 국경 너머의 성인데 침략자들의 작전 사령부가 될 것이다. 맛멘은 모압 중부에 있는 한 성이며 호로나임은 모압 남부에 있는 한 성이다. 이와 같이 모압 전역 즉 북부와 중부와 남부의 성들이 함락되고 황무해지고 큰 파멸을 당할 것이다.

〔4-7절〕 모압이 멸망을 당하여 그 영아들[아기들]**의 부르짖음이 들리는도다. 그들이 울고 울며 루힛 언덕으로 올라감이여, 호로나임 내려가는 데서 참패를 부르짖는 고통이 들리도다. 도망하여 네 생명을 구원하여 광야의 떨기나무같이 될지어다.** [이는] **네가 네 공작(工作)**(마아솨이크 מַעֲשַׂיִךְ)[네 행위들]**과 보물을 의뢰하므로 너도 취함을 당할 것이요 그모스는 그 제사장들과 방백들과 함께 포로 되어 갈 것이라**[것임이니라].

모압이 멸망할 것이다. 그 아기들의 부르짖음이 들릴 것이다. 그들은 심히 놀라고 몸이 아프고 배가 고파 부르짖고 울음을 참지 못하고 울고 또 울면서 루힛 언덕으로 올라가고 또 사람들은 호로나임으로 내려가면서 패전으로 인해 부르짖을 것이다. 그들은 생명을 구원하러 도망치며 광야의 떨기나무같이 쓸쓸하고 외롭게 될 것이다.

모압의 멸망의 이유는 그들이 자신의 행위들을 의지하였기 때문이다. 그들은 자신들의 행위가 하나님 앞에서 보잘것없고 누더기 옷과 같다는 것을 알지 못했다. 또 그들은 물질의 풍부함을 의지했다. 이와 같이 그들은 행위주의, 업적주의, 물질주의에 빠져 있었다. 뿐만 아니라, 그들은 그들의 신 그모스를 의지했다. 즉 우상숭배의 죄에 빠져 있었다. 그러나 그모스는 그들과 함께 포로 되어 갈 것이다. 거짓된 종교도 죄악이며 그것은 이방나라들의 멸망의 중요한 이유이다.

〔8-10절〕 파멸하는 자가 각 성에 이를 것인즉 한 성도 면치 못할 것이며 골짜기는 훼파되며 평원은 파멸되어 여호와의 말씀과 같으리로다. 모압에 날개를 주어 날아 피하게 하라. 그 성읍들이 황무하여 거기 거하는 자 없으리로다. 여호와의 일을 태만히 하는 자는 저주를 받을 것이요 자기 칼을 금하여 피를 흘리지 아니하는 자도 저주를 당할 것이로다

파멸하는 자가 각 성에 올 것이며 예외가 없을 것이다. 모압의 한 성읍도 멸망을 면치 못할 것이다. 골짜기도 평원도 다 멸망할 것이다. 그것은 하나님의 말씀과 같을 것이다(1, 15절). 그 말씀대로 모압의 성들은 황무하여 거기 거하는 사람이 없게 될 것이다.

모압을 멸망시키는 일은 하나님의 일이다. 하나님께서 지금 모압을 심판하시고 모압을 멸망시키시고 모압 사람들을 다 죽이려 하신다. 그러므로 하나님의 심판을 수행하는 자들은 그 일을 게을리해서는 안 된다. 여호와의 일을 태만히 하는 자는 저주를 받을 것이다.

〔11-13절〕 모압은 예로부터 평안하고 포로도 되지 아니하였으므로 마치 술의 **그 찌끼 위에 있고 이 그릇에서 저 그릇으로 옮기지 않음 같아서 그 맛이 남아 있고 냄새가 변치 아니하였도다. 그러므로 나 여호와가 말하**

노라. 날이 이르리니 내가 그 그릇을 기울일 자를 보낼 것이라. 그들이 기울여서 그 그릇을 비게 하고 그 병들을 부수리니 이스라엘 집이 벧엘을 의뢰하므로 수치를 당한 것같이 모압이 그모스로 인하여 수치를 당하리로다.

모압의 평안은 술이 술통에 그대로 있어서 맛이 변하지 않은 것과 같았다. 모압은 옛날부터 평안했다. 그들은 남의 나라에 포로로 잡혀간 적이 없었다. 모압의 맛과 냄새는 변하지 않았다. 그러나 그 맛과 냄새는 우상숭배적이고 교만하고 부도덕한 죄악의 맛과 냄새이었다. 그들이 극심한 고난을 경험하였다면 회개하고 거룩해졌을지도 모르나, 그들의 평안과 형통이 도리어 그들을 죄에서 떠나지 못하게 했고 마침내 최후의 멸망을 맞게 하였다. 하나님께서는 그 땅을 침략하여 멸망시킬 자를 그들에게 보내실 것이며 침략자들은 그 술통을 기울여서 비게 하고 그 통들을 부술 것이다. 이스라엘 백성이 유다 왕을 배반하고 분리된 후 벧엘에 금송아지를 만들어 섬기는 우상숭배에 떨어졌고(왕상 12:28; 왕하 10:29) 결국 멸망하여 수치를 당하였던 것같이, 모압은 가짜 신 그모스로 인해 수치를 당할 것이다.

〔14-19절〕 너희가 어찌하여 말하기를 우리는 용사요 전쟁의 맹사[무사]**라 하느뇨? 만군의 여호와라 일컫는 왕이 이같이 말하노라. 모압이 황폐되었도다. 그 성읍들은 연기가 되어 올라가고 그 택한 청년들은 내려가서 살륙을 당하니 모압의 재난이 가까왔고 그 고난이 속히 임하리로다. 그의 사면에 있는 모든 자여, 그 이름을 아는 모든 자여, 그를 위하여 탄식하여 말하기를 어찌하여 강한 막대기, 아름다운 지팡이가 부러졌는고 할지니라. 디본에 거하는 딸아, 네 영광** 자리**에서 내려 메마른 데 앉으라. 모압을 파멸하는 자가 올라와서 너를 쳐서 네 요새를 파하였음이로다. 아로엘에 거하는 여인이여, 길곁에 서서 지키며 도망하는 자와 피하는 자에게 일이 어찌 되었는가 물을지어다.**

모압은 자신들의 용맹과 군사력을 자랑했으나, 그들보다 더 크신 만군의 왕 여호와, 전쟁에 능하신 여호와(시 24:8)께서 그들의 멸망을 선언하셨다. 모압은 황폐할 것이다. 모압의 택한 청년들, 즉 정예부대 청년들도 살육을 당할 것이다. 모압의 자랑은 헛되게 될 것이다. 그들의 강한 막대기와 아름다운 지팡이는 부러질 것이다. 그들은 영광의 자리에서 내려와서 메마른 데 앉을 것이며 그 요새도 함락될 것이다.

〔20-25절〕 모압이 패하여 수치를 받나니 너희는 곡하며 부르짖으며 아르논 가에서 이르기를 모압이 황무하였다 할지어다. 심판이 평지에 임하였나니 곧 홀론과 야사와 메바앗과 디본과 느보와 벧디불라다임과 기랴다임과 벧가물과 벧므온과 그리욧과 보스라와 모압 땅 원근 모든 성에로다. 모압의 뿔이 찍혔고 그 팔이 부러졌도다. 여호와의 말이니라.

모압은 패하여 수치를 당할 것이다. 그들은 애곡하며 부르짖을 것이다. 한두 성이 멸망하는 것이 아니고, 수도 디본을 포함한 모든 성들이 다 멸망을 당할 것이다. 모압의 뿔이 찍히고 그 팔이 부러질 것이다. 모압의 힘은 완전히 꺾일 것이다.

본문의 교훈을 정리해보자. 첫째로, 창조자 하나님께서는 세계 역사의 주인이시며 주권적 섭리자요 왕이시다(1, 15절). 인류의 역사는 하나님의 작정과 섭리의 과정이며 하나님의 나라 건립의 역사이다. 모든 일들이 하나님의 뜻과 말씀대로 이루어질 것이다(1, 8, 15절). 그러므로 우리는 사람을 의지하지 말고 또 세상이나 세상의 것들을 의지하지 말고 오직 하나님만 의지하고 하나님만 섬기며 하나님의 말씀인 성경책을 가장 귀하게 여기고 그 말씀을 다 믿고 그 교훈에 절대 순종해야 한다.

둘째로, 모압은 이스라엘 백성을 핍박하였었고 그모스 숭배 즉 우상숭배와 행위주의, 공적주의, 황금만능주의, 군사력 의지 등은 다 하나님의 가증히 여기시는 바이었다. 악한 모압은 결국 멸망할 것이다. 본문은 멸망, 황폐, 수치, 황무, 적막, 파멸, 부르짖음, 참패, 포로, 살육, 재난, 심판 등의 여러 단어를 사용한다. 세상에서 악한 사람들과 악한 나라들은 결국 망할 것이다. 그러므로 우리는 악하게 살지 말아야 하고 또한 불경건, 교만, 행위주의, 공적주의, 물질주의를 다 버려야 한다. 우리는 오직 하나님의 말씀대로 경건하게 살고 의와 선만 행해야 한다.

26-47절, 모압의 교만을 벌하심

〔26-28절〕 모압으로 취하게 할지어다. 이는 그가 나 여호와를 거스려[거슬러] **자만함이라. 그가 그 토한 것에서 굴**[딩굴]**므로 조롱거리가 되리로다. 네가 이스라엘을 조롱하지 아니하였느냐? 그가 도적 중에서 발견되었느냐? 네가 그를 말할 때마다 네 머리를 흔드는도다. 모압 거민들아, 너희는 성읍을 떠나 바위 사이에 거할지어다. 깊은 골짜기**(파카스 פַּחַת)['구덩이'(BDB), '바위 틈'(KJV, NASB)] **어귀에 깃들이는 비둘기같이 할지어다.**

모압으로 취하게 하라는 말은 마치 술 취한 자가 구토하고 자기가 토한 것 위에서 딩굴러 온 몸이 더러워지고 주위 사람들에게 놀림을 받듯이 되라는 뜻이다. 모압이 전에 이스라엘 백성을 조롱하고 도적을 대하듯 멸시하고 머리를 흔들었으나 이제 그 자신이 그렇게 될 것이다. 모압이 이렇게 더러워지고 놀림거리가 될 것은 그가 하나님을 거슬러 자만했기 때문이다. 이제 모압에 거하는 자들은 성읍을 떠나 바위 사이에 거하며 바위 틈 어귀에 깃들이는 비둘기같이 될 것이다.

〔29-31절〕 우리가 모압의 교만을 들었나니 심한 교만 곧 그 자고와 오만과 자긍과 그 마음의 거만이로다. 나 여호와가 말하노라. 내가 그 노함(에브라 עֶבְרָה)[넘쳐흐름, 자만, 분노](BDB)**의 허탄함을 아노니 그가 자긍**(바드 בַּד)[쓸데없는 말, 허풍의 말](BDB)**하여도 아무것도 성취치 못하였도다. 그러므로 내가 모압을 위하여 울며 온 모압을 위하여 부르짖으리니 무리가 길헤레스 사람을 위하여 슬퍼하리로다.**

하나님을 바로 알지 못하고 바로 섬기지 못했던 이방나라 모압의 특징은 교만이었다. 본문은 교만, 심한 교만, 자고, 오만, 자긍, 마음의 거만 등의 여러 말로 그것을 표현한다. 30절에 '허탄함'이나 '아무것도 성취치 못하였다'는 원어는 둘 다 같은 말인데(로 켄 לֹא־כֵן), '그렇지 않다'는 뜻이다. 즉 내가 그의 노함 혹은 그의 자만을 아는데 그것이 그렇지 않으며 즉 헛되며, 내가 그의 쓸데없는 말들과 허풍의 말들을 아는데 그것이 그렇지 않다 즉 헛되다는 뜻이다. 교만한 자들의 쓸데없는 허풍의 말들은 아무것도 성취되지 못할 것이다. 하나님께서는 멸망하는 모압을 위해 부르짖어 우신다고 말씀하신다. 또 사람들도 길헤레스 사람을 위해 슬퍼할 것이라고 말씀하신다. 길헤레스는 모압 남부에 있는 모압의 옛 수도이었다.

[32-34절] 십마의 포도나무여, 너의 가지가 바다를 넘어 야셀 바다까지 뻗었더니 너의 여름 실과와 포도에 파멸하는 자가 이르렀으니 내가 너를 위하여 곡하기를 야셀의 곡함보다 더하리로다. 기쁨과 즐거움이 옥토와 모압 땅에서 빼앗겼도다. 내가 포도주 틀에 포도주가 없게 하리니 외치며 밟는 자가 없을 것이라. 그 외침은 즐거운 **외침이 되지 못하리로다. 헤스본에서 엘르알레를 지나 야하스까지와 소알에서 호로나임을 지나 에글랏셀리시야까지의 사람들이 소리를 발하여 부르짖음은 니므림의 물도 말랐음이로다.**

모압 사람들은 파멸하는 자들에게 여름 실과와 포도를 빼앗기고 포도주 틀에 포도주가 없게 됨으로 기쁨과 즐거움이 그 비옥한 땅에서 사라질 것이다. 농부들이 추수 때 포도주 틀을 밟는 즐거운 외침이 다시는 없을 것이다. 추수한 것들을 다 잃어버리게 될 때 그 땅에 먹을 것이 부족하고 기쁨과 즐거움이 사라질 것이다. 그런데 이 일은 하나님께서 심판으로 내리시는 일이다. 33절은, "내가 포도주 틀에 포도주가 없게 하리라"고 말한다. 야하스는 모압의 동북부의 성이며 호로나임은 남부의 성이었다.

[35-39절] 나 여호와가 말하노라. 모압 산당에서 제사하며 그 신들에게 분향하는 자를 내가 그치게 하리라. 그러므로 나의 마음이 모압을 위하여 피리같이 소리하며 나의 마음이 길헤레스 사람들을 위하여 피리같이 소리하나니 이는 그 모았던 재물이 없어졌음이니라. 각 사람의 두발이 밀렸고 수염이 깎였으며 손이 베어졌으며 허리에 굵은 베가 둘렀고 모압의 모든 지붕에서와 거리 각처에서 애곡함이 있으니 내가 모압을 재미없는[기뻐하지 않는] **그릇같이 깨뜨렸음이니라. 여호와의 말이니라. 아하 모압이 파괴되었도다. 그들이 애곡하는도다. 모압이 부끄러워서 등을 돌이켰도다. 그런즉 모압이 그 사방 모든 자의 조롱거리와 두려움이 되리로다.**

하나님께서 이방 신들을 섬기던 자들을 벌하심으로 더 이상 잘못된 종교 사상을 가진 자들이 없을 것이다. 그는 모압을 위해 피리같이 슬픈 소리를 내실 것이다. 모압의 슬픔은 그 모았던 재물이 없어졌기 때문이다. 모압 사람들은 부요한 여건 속에서 재물을 모았지만, 하나님께서 모압을 심판하실 때 그 재물이 다 빼앗기게 될 것이다.

모압 사람들의 슬픔은, 머리털이 밀렸고 수염이 깎였고 손이 베어졌고 허리에 굵은 베가 둘렸다는 말로 표현된다. 이것은 이방 종교인들의 애곡하는 모습을 묘사한 것이다. 또 사람들은 자기 집들의 모든 지붕에서와 거리 각처에서 애곡할 것이다. 모압은 파괴되고 부끄러움을 당할 것이며 주위 사람들에게 조롱거리와 두려움이 될 것이다. 이것은 다 하나님의 심판으로 인한 것이다. 그래서 38절은 "내가 모압을 기뻐하지 않는 그릇같이 깨뜨렸음이니라"고 말한다.

〔40-42절〕 나 여호와가 이같이 말하노라. 보라, 그가 독수리같이 날아와서 모압 위에 그 날개를 펴리라. 성읍들이 취함을 당하며 요새가 함락되는 날에 모압 용사의 마음이 구로하는 여인 같을 것이라. 모압이 여호와를 거스려[거슬러] **자만하였으므로 멸망하고 다시 나라를 이루지 못하리로다.**

바벨론 군대장관이 독수리같이 날아올 것이다. 그가 올 때에 모압은 멸망을 당할 것이다. 모압 성읍들이 취함을 당하고 요새가 함락되는 그 날에, 모압 용사들의 마음은 해산하려고 고통하는 여인같이 될 것이다. 여인들의 해산 고통은 사람들의 고통 중에 가장 큰 고통들 중 하나이다. 42절은 다시, 모압이 하나님을 거슬러 자만하였기 때문에 멸망할 것이라고 말한다. 교만한 자는 반드시 멸망할 것이다.

〔43-46절〕 나 여호와가 말하노라. 모압 거민아, 두려움과 함정과 올무가 네게 임하나니 두려움에서 도망하는 자는 함정에 떨어지겠고 함정에서 나오는 자는 올무에 걸리리니 이는 내가 모압의 벌받을 해로 임하게 할 것임이니라. 여호와의 말이니라. 도망하는 자들이 기진하여 헤스본 그늘 아래 서니 이는 불이 헤스본에서 발하며 화염이 시혼의 속에서 나서 모압의 살쩍(페아 פֵּאָה)['모퉁이'(corner)(KJV), '이마'(NASB, NIV)]**과 훤화하는**[시끄럽게 떠드는]

자들의 정수리를 사름이로다. 모압이여, 네게 화 있도다. 그모스 백성이 망하였도다. 네 아들들은 사로잡혀 갔고 네 딸들은 포로가 되었도다.

하나님께서 모압의 벌받을 해로 임하게 하실 때 그 거민은 두려움과 함정과 올무에 걸려 멸망할 것이다. 도망하는 자들은 힘없이 서서 모압의 멸망을 보게 될 것이다. 불이 모압의 이마와 시끄럽게 떠드는 자들의 정수리를 사른다는 말은 모압의 중심부와 그 지도자들을 다 멸한다는 뜻일 것이다. 그모스 신을 섬기던 모압 사람들은 멸망할 것이며 그 자녀들은 다른 나라에 포로로 잡혀갈 것이다.

〔47절〕 **그러나 내가 말일에 모압의 포로로 돌아오게 하리라. 여호와의 말이니라 하시니라. 모압을 심판하는** 말씀이 **이에 그쳤느니라.**

그러나 마지막 날 하나님의 긍휼로 모압이 회복될 것이다.

본문의 교훈을 정리해보자. 첫째로, 모압의 멸망은 그모스 숭배에서부터 비롯되었다(13절). 바른 종교와 바른 신앙은 바른 생활을 가져온다. 하나님의 계명들은 다 선하다. 여호와 하나님께서는 세상에 유일하신 참 하나님이시며 그를 경외하는 자는 악을 떠나고 선을 행한다.

둘째로, 모압은 교만 때문에 멸망하였다. 29절, "우리가 모압의 교만을 들었나니 심한 교만 곧 그 자고와 오만과 자긍과 그 마음의 거만이로다." 42절, "모압이 여호와를 거스려 자만하였으므로 멸망하고 다시 나라를 이루지 못하리로다." 사람은 교만하면 망한다. 예수 그리스도를 따르는 자는 자신을 부정하고 그리스도의 온유와 겸손을 본받아야 한다(마 11:29). 우리는 교만치 말고 항상 겸손한 마음을 가져야 한다.

셋째로, 모압은 풍성한 식물과 재물과 즐거움을 다 빼앗길 것이다. 하나님을 믿고 소망하는 자들은 이 세상의 것들이 다 헛됨을 알고 이 세상과 이 세상에 있는 것들을 사랑치 말아야 한다(요일 2:15-17).

넷째로, 하나님께서는 그의 긍휼로 모압을 회복시키실 것이다. 구원은 하나님의 긍휼에 있다. 우리는 하나님의 긍휼만 의지해야 한다.

49장: 암몬, 에돔 등에 대한 말씀

1-6절, 암몬에 대한 말씀

암몬은 롯의 작은 딸이 아버지 롯에게서 낳은 아들의 자손들, 즉 롯의 자손들이다(창 19:38). 롯은 아브라함의 조카이므로 암몬 자손은 이스라엘 자손과 가까운 친척인 셈이다. 그러나 그들은 사사 시대 때부터 이스라엘 백성을 침공하여 괴롭혔고(삿 10:8-9) 다윗 시대에나(삼상 11:1; 삼하 10:6 등) 그 후 시대에도(대하 20:1) 종종 그러하였다. 암몬 자손들은 이스라엘 백성의 대적이 된 것이다.

〔1절〕 암몬 자손에 대한 말씀이라. **여호와께서 이같이 말씀하시되 이스라엘이 무자(無子)하냐?**[자식이 없느냐?] **상속자가 없느냐? 말감이 갓을 점령하며 그 백성이 그 성읍들에 거함은 어찜이뇨?**

'말감'이라는 말은 '그들의 왕'(KJV)이라는 뜻으로 암몬 족속들의 신의 이름이기도 하였다. 그들은 그들의 신을 말캄(NASB) 혹은 몰렉(NIV)이라고 불렀다. '말감이 갓을 점령하였다'는 말은 북방 이스라엘이 앗수르 나라에 멸망한 후 유다 멸망 시기에 암몬 자손들이 암몬의 서쪽 국경 너머 즉 이스라엘의 요단강 동쪽 중남부 갓 지파의 땅을 점령하고 거하고 있었음을 보인다. 그 일은 하나님 앞에서 악한 것으로 간주되었다. 하나님께서는 이스라엘 백성이 자식이 없고 상속자가 없어서 암몬 족속들이 그 땅을 점령하였는가라고 반문하신다. 그는 자기의 백성 이스라엘의 땅을 이방인들이 점령하여 거하는 것을 악한 일로 여기시는 것이다.

〔2-3절〕 그러므로 나 여호와가 말하노라. 보라, 날이 이르리니 내가 전쟁 소리로 암몬 자손의 랍바에 들리게 할 것이라. 랍바는 거친[황폐한] **무더기가 되겠고 그 촌락들**(베노세하 בְּנֹתֶיהָ)[그의 딸들]**은 불에 탈 것이며 그때에 이스라엘은 자기를 점령하였던 자를 점령하리라. 여호와의 말이니라. 헤**

스본아, 애곡할지어다. [이는] **아이**(성 이름)**가 황폐하였도다**[황폐하였음이라]. **너희 랍바의 딸들아, 부르짖을지어다. 굵은 베를 감고 애통하며 울타리 가운데서 앞뒤로 달릴지어다.** [이는] **말감과 그 제사장들과 그 방백들이 다 사로잡혀 가리로다**[감이로다].

하나님께서는 암몬 족속에게 심판을 선언하셨다. 그것은 전쟁에 대한 소식이다. "내가 전쟁 소리로 암몬 자손의 랍바에 들리게 하리라." 랍바는 암몬의 수도이다. 하나님께서는 전쟁이 일어나게 섭리하실 것이다. 그 전쟁의 결과로, 암몬 자손들의 땅은 황폐한 무더기가 될 것이며 그 촌락들과 거민들은 불에 탈 것이다. 그때에 이스라엘 백성은 자기를 점령하였던 자들을 점령할 것이다. 그렇게 이스라엘 백성은 하나님께서 주셨던 본래의 땅을 회복할 것이다. 암몬이 점령했던 이스라엘 땅에 속한 큰 성 헤스본이나 암몬의 수도 랍바의 거민은 그 심판 날에 애곡하며 부르짖을 것이다. 그들은 굵은 베를 감고 애통하며 당황하여 이리 뛰고 저리 뛰며 도망칠 것이다. 그들의 신(神)[신상]이나 왕, 그 제사장들과 방백들은 다 사로잡혀 갈 것이다.

〔4-5절〕 **타락한**(쇼벱 שׁוֹבֵב)[배교한, 변절한] **딸아, 어찌하여 골짜기 곧 네 흐르는 골짜기로 자랑하느냐? 네가 어찌하여 재물을 의뢰하여** 말하기를 **누가 내게 오리요 하느냐? 주 만군의 여호와가 말하노라. 보라, 내가 두려움을 네 사방에서 네게 오게 하리니 너희 각 사람이 쫓겨서 바로 나갈 것이요 도망하는 자들을 모을 자가 없으리라.**

암몬은 그 조상 롯의 경건과 도덕성으로부터 변절하였다. 롯은 불경건하고 음란한 성에서 하나님을 경외하고 의롭게 살고자 했었다. 그는 딸들이 순결성을 지키게 양육했다. 그는 자기 집에 방문한 자와 동성애 관계를 가지려는 사람들에게 그런 악을 행치 말라고 말하였다(창 19:1-8). 베드로후서 2:7은 롯을 '의로운 롯'이라고 불렀다. 그러나 암몬 자손들은 그 조상 롯의 경건과 도덕성을 멀리 떠나 있었다. 게다가, 그들은 그들의 흐르는 골짜기를 자랑하였고 재물을 의뢰했으며 그들의 평안이 지속되리라고 자신하였다. 그들의 '골짜기'는 언덕들보다 물이 많은 곳이며 비교적 비옥한 땅이었던 것 같다. 그들은 물질적 풍요와 평안 때문에 자만했고 또 부도덕했다. 하나님께서는 물질적 풍요함 때문에 교만하고 우상숭배하며 부도덕한 세상 나라를 미워하신다. 두려움이 암몬 땅 사방에서 올 것이다. 그들은 각기 쫓겨나갈 것이며, 또 그들 중에는 도망하는 자들을 모을 지도자도 없을 것이다. 암몬 자손에게 처참한 멸망의 날이 올 것이다.

〔6절〕 그러나 그 후에 내가 암몬 자손의 포로로 돌아오게 하리라. 여호와의 말이니라 하시니라.

하나님께서는 암몬 자손들에게 심판을 선언하신 후 장차 그들에게 긍휼을 베푸실 것도 말씀하셨다. 이 말씀도 성취된 것 같다. 암몬의 수도 랍바이었던 오늘날의 암만은 인구 약 20만명 이상의 도시이며 복음을 듣고 구원을 얻을 가능성이 그들에게 열려져 있다.

본문의 교훈을 정리해보자. 첫째로, 암몬의 멸망은 세상 나라의 멸망의 한 예이다. 암몬은, 하나님의 자녀들과 교회를 핍박하고 물질적 풍요를 누리고 자랑하고 육신적인 평안과 안일을 구하며 우상숭배적이고 부도덕한 세상 나라의 모습이다. 그런 나라에 마침내 하나님의 심판이 임할 것이다. 만일 그들이 불경건과 교만과 안일함과 육신적 쾌락 추구와 부도덕을 회개하고 하나님께로 돌아오지 않는다면, 그런 나라들은 쇠약해지고 멸망할 것이다. 오늘날 우리나라를 포함하여 세상 나라들의 마지막이 그러할 것이다. 세상 나라들은 결국 멸망할 것이다.

둘째로, 그러므로 우리는 살아계신 참 하나님을 두려워하며 모든 죄를 다 버리고 회개하고 오직 경건하고 의롭고 선한 삶을 살아야 한다. 또 우리같이 부족하고 연약한 죄인들을 사랑하시고 구원하셨고 양육하시는 긍휼과 은혜의 하나님께 감사와 찬송을 올려야 한다. 하나님께서는 우리의 의(義)이시며 힘과 기쁨과 위로이시며 영생과 평안이시다.

7-22절, 에돔에 대한 말씀

〔7-8절〕 에돔에 대한 말씀이라. **만군의 여호와께서 이같이 말씀하시되 데만에 다시는 지혜가 없게 되었느냐? 명철한 자에게 모략이 끊어졌느냐? 그들의 지혜가 없어졌느냐? 드단 거민아, 돌이켜 도망할지어다. 깊은 데 숨을지어다.** [이는] **내가 에서의 재난을 그에게 임하게 하여 그를 벌할 때가 이르게 하리로다**[할 것임이로다].

하나님께서는 에돔에 징벌을 선언하셨다. 에돔은 야곱의 형 에서의 자손들이며 이스라엘의 친척이다. 그들은 사해 남쪽 세일산, 높은 산악지대에 거하였다. 데만은 에돔의 큰 성이었다. 에돔에 지혜자가 다 없어질 것이다. '드단'은 에돔의 이웃나라이다. 에돔이 멸망할 때에 드단 거민들도 돌이켜 도망하고 깊은 데 숨어야 할 것이다.

〔9-11절〕 포도를 거두는 자들이 네게 이르면 약간의 열매도 남기지 아니하겠고 밤에 도적이 오면 그 욕심이 **차기까지**[만] **멸하느니라**[멸하지 않겠느냐?](KJV, NASB). **대저**[그러나] **내가 에서로 적신(赤身)**[벌거숭이]**이 되게 하여 그 비밀한 곳들이 드러나게 하였나니 그가 그 몸을 숨길 수 없을 것이라. 그 자손과 형제와 이웃이 멸망하였은즉 그가 없어졌느니라. 네 고아들을 남겨 두라. 내가 그들을 살려 두리라. 네 과부들은 나를 의지할 것이니라.**

포도를 거두는 자들은 약간 열매를 남길 것이며 밤에 온 도적도 그 욕심이 차기까지만 취할 것이지만, 에돔의 멸망은 다를 것이다. 하나님께서 에서 자손이 벌거벗은 몸이 되게 하실 것이며 그 자손과 형제와 이웃이 멸망할 것이다. 그러나 11절은 에돔의 고아들과 과부들이 하나님의 긍휼 가운데 하나님을 의지할 것이라는 뜻 같다.

〔12-13절〕 나 여호와가 이같이 말하노라. 보라, 이 잔을 마시지 않을 자도 마시지 않지 못하겠거늘 네가 형벌을 온전히 면하겠느냐? 면하지 못하고 반드시 마시리라. 나 여호와가 말하노라. 내가 나로 맹세하노니 보스라가 놀램과 수욕거리와 황폐함과 저주거리가 될 것이요 그 모든 성읍이 영영히 황폐하리라.

에돔의 모든 사람이 예외 없이 이 형벌을 받을 것이다. 수도 보스라와 기타 모든 성들은 영영히 황폐할 것이다. 에돔에 대한 예언은 모압이나 암몬처럼(렘 48:47; 49:6) 회복의 말씀이 없다. 에돔에게는 영구적 황폐만 예언되었다. 이 예언은 그대로 성취되었다고 보인다.

〔14-15절〕 내가 여호와에게서부터 오는 소식을 들었노라. 사자를 열방 중에 보내어 이르시되 **너희는 모여와서 그를 치며 일어나서 싸우라 하시도다.** 여호와께서 가라사대 **내가 너를 열방 중에 작게 하였고 사람들 중에 멸시를 받게 하였느니라.**

예레미야는 여호와께서 열방을 불러와 에돔을 치게 하실 것이라고 말한다. 하나님께서는 세계 역사를 주관하신다. 세계사는 하나님의 섭리의 역사이다. 그는 에돔을 심판하셔서 그 나라를 열방 중에 작게 하시고 사람들 중에 멸시를 받게 하실 것이다.

〔16절〕 바위틈에 거하며 산꼭대기를 점령한 자여, 스스로 두려운 자인 줄로 여김과 **네 마음의 교만이 너를 속였도다. 네가 독수리같이 보금자리를 높이 지었을지라도 내가 거기서 너를 끌어내리리라. 여호와의 말이니라.**

에돔 사람은 '바위틈에 거하며 산꼭대기를 점령한 자'이었다. 에돔의 거주지는 산악지대이었다. 그 대표적 성의 하나인 페트라는 높은 바위산 위에 건립된 성이었고 로마시대에 한 중요한 성이었으나, 그 후 수백년 동안 잊혀져 있다가 1812년 다시 발견되었다. 산꼭대기에, 바위틈에 건립된 에돔 성들은 주위 나라들에게 두려움이었고 에돔 자신에게는 자존심이었다. 에돔은 그로 인해 교만하였다. 그러나 그 교만 때문에 에돔은 회개치 못했고 결국 멸망하게 되었다. 하나님께서는 사람의 교만을 미워하신다. 그들이 높은 곳에 요새를 만들어도 하나님께서는 그들을 거기서 끌어내리실 것이다. 아무리 높은 곳의 요새도 하나님의 심판의 손길을 피할 수는 없다.

〔17-19절〕 에돔이 놀라운 것이 되리니 그리로 지나는 자마다 놀라며 그 모든 재앙을 인하여 비웃으리로다. 나 여호와가 말하노라. 소돔과 고모라와 그 이웃 성읍들의 멸망된 것같이 거기 거하는 사람이 없으며 그 중에 우거

할 아무 인자(人子)가 없으리라. 보라, 사자가 요단의 수풀에서 올라오는 것같이 그가 와서 견고한 처소[항상 무성한 초장](NASB, NIV)**를 칠 것이라. 내가 즉시 그들을 거기서 쫓아내고 택한 자를 내가 그 위에 세우리니 나와 같은 자 누구며 나로 더불어 다툴 자 누구며 내 앞에 설 목자가 누구뇨?**

에돔을 지나는 자들마다 놀라며 그 모든 재앙을 인해 비웃을 것이다. 소돔과 고모라와 그 이웃 성읍들같이, 에돔의 성들은 완전히 멸망하여 거기 거하는 사람이 없게 될 것이다. 그 땅을 심판할 하나님의 택한 자는 사자같이 와서 무성한 초장 에돔을 멸망시킬 것이다. 하나님께서는 "내가 즉시 그들을 거기서 쫓아내고 택한 자를 내가 그 위에 세울 것이라"고 말씀하신다. 에돔의 멸망은 하나님의 심판이었다.

〔20-22절〕 그런즉 에돔에 대한 나 여호와의 도모와 데만 거민에 대하여 경영한 나 여호와의 뜻을 들으라. 양떼의 어린것들을 그들이 반드시 끌어가고 그 처소로 황무케 하리니 그 넘어지는 소리에 땅이 진동하며 그 부르짖는 소리는 홍해에 들리리라. 보라, 원수가 독수리같이 날아와서 그 날개를 보스라 위에 펴는 그 날에 에돔 용사의 마음이 구로하는 여인 같으리라.

에돔의 멸망은 하나님의 계획이었다. 그 땅은 황무케 되고 그 멸망의 소리로 땅이 진동하며 용사들은 해산하는 여인같이 될 것이다.

본문의 교훈을 정리해보자. 첫째로, 견고했던 에돔의 멸망은 하나님의 뜻이다. 영원하신 하나님, 온 세상의 창조자께서는 주권적 작정자와 섭리자이시다. 그는 세상의 모든 일들을 홀로 섭리하신다. 세계 역사는 하나님의 섭리의 역사이다. 그 하나님께서 에돔을 멸망시키실 것이다.

둘째로, 에돔은 교만했고 그 교만 때문에 결국 멸망할 것이다. 교만은 큰 죄이며 교만한 자는 망한다. 우리는 하나님을 경외하고, 교만을 버리고 온유하고 겸손하며, 악을 버리고 선한 사람이 되어야 한다.

셋째로, 우리는 그리스도의 의 안에 거해야 한다. 그리스도를 믿음으로 얻는 죄사함과 의롭다 하심은 하나님의 진노로부터의 구원을 보장한다(롬 5:9). 그러므로 우리는 예수 그리스도의 의 안에 거해야 한다.

23-39절, 다메섹, 게달과 하솔, 엘람에 대한 말씀

〔23-25절〕 다메섹에 대한 말씀이라. **하맛과 아르밧이 수치를 당하리니 이는 흉한 소문을 듣고 낙담함이라. 바닷가에 슬픔이 있고 평안이 없도다. 다메섹이 피곤하여**[연약하게 되어] **몸을 돌이켜 달아나려 하니 떨림이 그를 움켰고 해산하는 여인같이 고통과 슬픔이 그를 잡았도다. 찬송의 성읍, 나의 즐거운 성읍이 어찌 버린 것이 되지 않겠느냐?**

다메섹에 대한 하나님의 말씀이다. 아람의 수도인 다메섹은 아람 나라를 가리켰다고 본다. 하맛과 아르밧은 아람의 북부와 서부의 성들이다. 아람의 성들은 재앙의 소문을 듣고 당황할 것이다. 사람들은 낙담하고 슬퍼할 것이며 평안이 없을 것이다. 다메섹 사람들은 연약해져서 도망치며 떨며 해산하는 여인같이 고통스러워하고 슬퍼할 것이다. 사람들이 '나의 즐거운 성읍'이라고 칭송하던 성이 멸망할 것이다. 마지막 날, 세상 나라도 이처럼 망할 것이다. 찬란하고 아름다운 세상 나라들과 그 도시들이 마침내 다 멸망할 것이다.

〔26-27절〕 나 만군의 여호와가 말하노라. 그런즉 그 날에 그의 청년들은 그 거리에 엎드러지겠고 모든 군사는 멸절될 것이며 내가 다메섹의 성벽에 불을 놓으리니 벤하닷의 궁전이 살라지리라.

그 멸망의 날에 청년들은 거리에 엎드러지고 모든 군인들은 죽임을 당할 것이다. 하나님께서는 다메섹의 성벽에 불을 놓으실 것이며 벤하닷의 궁전은 불태워질 것이다. 벤하닷은 아람의 두세 명의 왕들의 칭호이었다. 다메섹의 멸망은 하나님께서 행하시는 심판이다.

〔28-29절〕 바벨론 왕 느부갓네살에게 공격된 바 게달과 하솔 나라들에 대한 말씀이라. **여호와께서 이같이 말씀하시되 너희는 일어나 게달로 올라가서 동방 자손들을 멸하라. 너희는 그 장막과 양떼를 취하며 휘장과 모든 기구와 약대를 빼앗아다가 소유를 삼고 그들을 향하여 외치기를 두려움이 사방에 있다 할지니라.**

게달과 하솔 나라들에 대한 하나님의 말씀이다. 게달은 팔레스틴

동남쪽 아라비아 사막 지역의 나라이며, 하솔도 그러한 것 같다. 그 백성들은 양떼와 약대를 치는 유목민들이다. 그들은 동방 자손들이라고 불리었다. 그런데 바벨론 왕 느부갓네살이 그들을 침공하며 그 장막과 양떼를 취하고 그 휘장과 모든 기구와 약대를 빼앗을 것이다.

〔30-31절〕 나 여호와가 말하노라. 하솔 거민아, 도망하라. 멀리 가서 깊은 데 거하라. 이는 바벨론 왕 느부갓네살이 너를 칠 모략과 너를 칠 계책을 정하였음이니라. 나 여호와가 말하노라. 너는 일어나 저 **평안하고**(쉘레우 שְׁלֵיו)['번성하고'(BDB)] **염려 없이 거하는 백성 곧 성문이나 문빗장이 없이 홀로 거하는 국민을 치라.**

하솔에게도 같은 재앙이 임할 것이다. 하솔은 평안하고 번성하는 나라이었다. 그 나라 사람들은 문빗장 없이 염려 없이 거했으나, 이제 바벨론 왕의 공격을 당하며 그로 인해 멸망할 것이다.

〔32-33절〕 그들의 약대들은 노략되겠고 그 많은 가축은 탈취를 당할 것이라. 내가 그 머리털을 **모지게 깎는 자들**(케추체 페아 קְצוּצֵי פֵאָה)['그 머리털을 모지게 깎는 자들'(BDB, NASB), '국경 끝에 있는 자들'(KJV, NIV)]**을 사면에 흩고 그 재난을 각방(各方)에서 오게 하리라. 여호와의 말이니라. 하솔은 시랑의 거처가 되어 영원히 황무하리니 거기 거하는 사람이나 그 중에 우거하는 아무 인자(人子)가 없게 되리라.**

약대들과 많은 가축들은 약탈당하고 빼앗길 것이다. 하나님께서는 그들을 온 사방에 흩으실 것이다. 심판이다. 그 결과, 게달도 하솔도 황폐할 것이다. 그 곳들은 이리나 승냥이 같은 짐승들이 거하는 곳이 될 것이며 영원히 황무하여 아무 사람도 거기 거하지 않을 것이다.

〔34절〕 유다 왕 시드기야의 즉위한지 오래지 아니하여서 엘람에 대한 여호와의 말씀이 선지자 예레미야에게 임하니라 가라사대.

엘람에 대한 하나님의 말씀이다. 엘람은 오늘날 이라크의 동쪽 국경 너머 즉 이란의 남서부 지역이다. 하나님의 말씀은 역사 속에 한 시점에 주어지지만 영구적인 진리이다. 하나님께서는 열국을 다스리시는 섭리자이시다. 다니엘 4:17, "곧 인생으로 지극히 높으신 자가 인간 나라를 다스리시며 자기의 뜻대로 그것을 누구에게든지 주시며 또 지극히 천한 자로 그 위에 세우시는 줄을 알게 하려 함이니라." 세계사는 하나님의 섭리의 역사이다. 나라와 권세는 하나님께 있다. 인간 나라는 멸망하여도, 하나님의 나라는 영원할 것이다. 마태복음 6:10, 13, "나라이 임하옵시며 . . . [이는] 나라와 권세와 영광이 아버지께 영원히 있사옵나이다[있사옴이니이다]."

〔35-36절〕 나 만군의 여호와가 이같이 말하노라. 보라, 내가 엘람의 힘의 으뜸 되는 활을 꺾을 것이요 하늘의 사방에서부터 사방 바람을 엘람에 이르게 하여 그들을 사방으로 흩으리니 엘람에서 쫓겨난 자의 이르지 아니하는 나라가 없으리라.

엘람의 심판도 하나님께서 행하시는 일이다. 하나님께서는 엘람의 힘의 으뜸 되는 활, 곧 가장 강한 장수의 힘을 꺾으실 것이다. 하나님께서는 오늘날 군사력을 최우선으로 삼는 나라의 힘도 폐하실 것이다. 하나님께서는 엘람 백성을 사방으로 흩으실 것이다. 엘람에서 쫓겨난 자들이 이르지 않을 나라가 없을 것이다.

〔37-38절〕 나 여호와가 말하노라. 내가 엘람으로 그 원수의 앞, 그 생명을 찾는 자의 앞에서 놀라게 할 것이며 내가 재앙 곧 나의 진노를 그 위에 내릴 것이며 내가 또 그 뒤로 칼을 보내어 그를 진멸하기까지 할 것이라. 내가 나의 위(位)[보좌]**를 엘람에 베풀고 왕과 족장들을 그 곳에서 멸하리라. 여호와의 말이니라.**

하나님께서는 엘람으로 그 원수 앞에서 놀라게 하실 것이다. 엘람의 재앙은 하나님의 진노라고 표현된다. 세상에 대한 심판은 하나님의 진노의 결과이다. 거기에 하나님의 심판의 이유가 보인다. 하나님의 진노는 의인에게 내리는 법이 없고 악인에게만 내린다. 사도 바울은, "하나님께서 각 사람에게 그 행한 대로 보응하시되 참고 선을 행하여 영광과 존귀와 썩지 아니함을 구하는 자에게는 영생으로 하시고 오직 당을 지어 진리를 좇지 아니하고 불의를 좇는 자에게는 노와 분으로 하시리라. 악을 행하는 각 사람의 영에게 환난과 곤고가 있으리라"고 말하였다(롬 2:6-9).

하나님께서는 또 그 뒤로 칼을 보내어 엘람을 완전히 멸망시킬 것이라고 말씀하시고, "내가 나의 보좌를 엘람에 베풀고 왕과 족장들을 그 곳에서 멸하리라"고 하신다. 하나님의 보좌는 그의 심판 보좌를 가리킬 것이다. 하나님께서는 엘람에 그의 심판 보좌를 베푸시고 그 왕과 귀족들을 다 심판하시며 멸망시키실 것이다.

〔39절〕 그러나 끝날에 이르러는 내가 엘람의 포로를 돌아오게 하리라. 여호와의 말이니라.

하나님께서는 심판의 선언 중에도 그의 긍휼의 구원을 계시하셨다. 하나님께서는 마지막 날에 엘람의 포로들을 돌아오게 하실 것이다.

본문의 교훈을 정리해보자. 첫째로, 하나님께서는 온 세상의 창조자이실 뿐 아니라, 또한 온 세상을 다스리시는 섭리자이시다. 우리는 창조자와 섭리자이신 하나님을 알아야 한다. 우리 개인의 삶뿐 아니라, 세상 나라들과 세계의 역사가 그의 뜻 안에 있다. 그러나 우리는 하나님께서 악한 나라들을 심판하신다는 것을 알아야 할 뿐 아니라, 또한 그가 그의 택한 자들을 그의 긍휼로 구원하신다는 것도 알아야 한다.

둘째로, 아름답고 찬란해 보이는 세상 나라들과 그 도시들은 쇠할 것이며 결국 멸망할 것이다. 우리는 이 세상의 헛됨을 알아야 한다. 세상 나라들의 자랑하던 성들은 버린 바가 될 것이며 그들의 많은 양떼들은 빼앗길 것이며 그들의 강한 군사력도 무용지물이 될 것이다. 우리는 이 세상의 헛됨을 알고 이 세상을 의지하거나 자랑하지 말아야 한다.

셋째로, 하나님을 알지 못하고 하나님을 섬기지 않고 우상이나 섬기는 불경건한 세상은 다 망할 것이다. 우리의 소망은 오직 하나님밖에 없다. 하나님을 경외하고 믿고 의지하며 그의 뜻에 순종하는 것이 의요 평안이요 영생이다. 거기에 개인과 국가와 온 세계의 참된 행복이 있다.

50장: 바벨론의 멸망을 예언함

1-20절, 바벨론의 멸망을 예언함

〔1-3절〕 여호와께서 선지자 예레미야로 바벨론과 갈대아인의 땅에 대하여 하신 말씀이라. 너희는 열방 중에 광고하라. 공포하라. 기를 세우라. 숨김이 없이 공포하여 이르라. 바벨론이 함락되고 벨이 수치를 당하며 므로닥이 부스러지며 그 신상들은 수치를 당하며 우상들은 부스러진다 하라. 이는 한 나라가 북방에서 나와서 그를 쳐서 그 땅으로 황폐케 하여 그 중에 거하는 자가 없게 함이라. 사람이나 짐승이 다 도망하여 가느니라.

신약시대의 목사는 성경을 바르게 해석함으로 하나님의 뜻을 전하는 자이며 설교자의 권위는 그의 설교가 얼마나 성경에 충실한가와 그의 인격에 의해 결정될 것이지만, 구약시대의 선지자는 하나님의 말씀을 직접 받아서 전하는 자이었다. 예레미야가 받아 전한 내용은 바벨론의 멸망에 대한 소식이었다. 그것은 공개적으로 알려져야 할 소식이었다. 성경은 만인에게 공개된 책이다. 벨(בֵּל)은 바알과 같은 말로 바벨론의 수호신이며 므로닥(מְרֹדָךְ) 혹은 마루두쿠(말둑)라고도 불린다. 바벨론은 멸망하고 그 수호신인 벨 혹은 므로닥은 수치를 당하며 부스러지고 그 신상들과 우상들은 부서질 것이다. 바벨론의 멸망은 북방에서 오는 한 나라에 의해 이루어질 것이다. 그들은 바벨론을 쳐서 그 땅을 황폐케 만들 것이며 그 중에 거하는 자가 없게 할 것이다. 바벨론의 사람들이나 짐승들은 다 도망칠 것이다.

〔4-5절〕 나 여호와가 말하노라. 그 날 그때에 이스라엘 자손이 돌아오며 그와 함께 유다 자손이 돌아오되 그들이 울며 그 길을 행하며 그 하나님 여호와께[를] 구할 것이며 그들이 그 얼굴을 시온으로 향하여 그 길을 물으며 말하기를 **너희는 오라, 잊어버리지 아니할 영영한 언약으로 여호와와 연합하자 하리라.**

바벨론이 멸망하는 날에, 이스라엘 자손은 포로생활을 하던 곳에서 해방되어 고국으로 돌아올 것이다. 그들은 감격에 젖어 울며 돌아오며 하나님께 기도하며 "영영한 언약으로 하나님과 연합하자"라고 말할 것이다. 전에는 하나님을 믿지 않고 그의 언약을 저버리고 그를 거역하고 떠났었고 그 죄 때문에 멸망했으나, 이제는 믿음과 순종으로 하나님과 연합할 것이며 그것은 그들에게 생명과 평안이 될 것이다.

〔6-7절〕 내 백성은 잃어버린 양떼로다. 그 목자들이 그들을 곁길로 가게 하여 산으로 돌이키게 하였으므로 그들이 산에서 작은 산으로 돌아다니며 쉴 곳을 잊었도다. 그들을 만나는 자들은 [대] **그들을 삼키며 그 대적은 말하기를 그들은 여호와 곧 의로운 처소시며 그 열조의 소망이신 여호와께 범죄하였음인즉 우리는 무죄하다 하였느니라.**

이스라엘 백성의 현재의 처지는 길 잃은 양떼와 같다. 그들의 목자들 곧 지도자들이 그들을 곁길로 가게 인도하였고 이 산 저 산으로 방황하게 하였고 쉴 곳을 잊게 하였다. 목자들은 그 역할을 다하지 못했다. 그들을 만나 삼킨 대적자들은 그들이 그 하나님께 범죄했기 때문에 망한 것이니 우리에게는 죄가 없다고 말하였다.

〔8-10절〕 너희는 바벨론 가운데서 도망하라. 갈대아인의 땅에서 나오라. 떼에 앞서가는 숫염소같이 하라. 보라, 내가 큰 연합국으로 북방에서 일어나 나와서 바벨론을 치게 하리니 그들이 항오를 벌이고 쳐서 취할 것이라. 그들의 화살은 연숙한[잘 훈련된] **용사의 화살 같아서 헛되이 돌아오지 아니하리로다. 갈대아가 약탈을 당할 것이라. 그를 약탈하는 자마다 만족하리라. 여호와의 말이니라.**

바벨론의 멸망의 때에, 이스라엘 백성은 바벨론으로부터 도망쳐 나오게 될 것이다. 하나님께서는 북방으로부터 큰 연합군을 일으켜 바벨론을 치게 하실 것이다. 그들이 곧 메대 파사의 연합군이다. 그 연합군의 잘 훈련된 병사들은 바벨론을 쳐서 취할 것이다. 바벨론은 약탈자들이 만족할 정도로 약탈을 당할 것이다.

〔11-13절〕 나의 산업을 노략하는 자여, 너희가 즐거워하며 기뻐하며 곡

식을 **가는 송아지같이 뛰며 힘센 말같이 울도다. 그러므로 너희의 어미가 온전히 수치를 당하리라. 너희를 낳은 자가 치욕을 당하리라. 보라, 그가 열방의 말째와 광야와 마른 땅과 사막이 될 것이며 여호와의 진노로 인하여 거민이 없는 온전한 황무지가 될 것이라. 바벨론으로 지나는 자마다 그 모든 재앙을 놀라며 비웃으리로다.**

바벨론은 하나님의 산업인 이스라엘 백성을 노략할 자이다. 그러나 그들은 멸망할 것이다. 그들이 멸망하는 이유는 그들이 하나님의 기업 이스라엘을 멸망시킬 때 즐거워하며 기뻐할 것이기 때문이다. 그들은 열방의 마지막이 될 것이며 광야와 마른 땅과 사막과 같이 될 것이다. 그들이 거주민이 없는 온전한 황무지가 될 것은 하나님의 진노 때문이다. 하나님의 진노 때문에 바벨론은 멸망할 것이다.

〔14-16절〕 바벨론을 둘러 항오를 벌이고 활을 당기는 모든 자여. 화살을 아끼지 말고 쏘라. 그가 여호와께 범죄하였음이니라. 그 사면에서 소리질러 칠지어다. 그가 항복하였고 그 보장(保障)[기둥들]**은 무너졌고 그 성벽은 훼파되었으니 이는 여호와의 보수(報讐)하시는**[원수 갚으시는] **것이라. 그의 행한 대로 그에게 행하여 보수(報讐)하라**[원수 갚으라]**. 파종하는 자와 추수 때에 낫을 잡은 자를 바벨론에서 끊어버리라. 사람들이 그 압박하는 칼을 두려워하여 각기 동족에게로 돌아가며 고향으로 도망하리라.**

바벨론의 멸망의 이유는 그들이 하나님께 범죄하기 때문이다. 그 죄 때문에 하나님께서는 침략자들을 불러들이실 것이며 그들은 아낌없이 화살을 쏠 것이다. 바벨론은 항복할 것이며 그 기둥들은 무너질 것이며 그 성벽은 훼파될 것이다. '그 보장'이라는 원어17)는 '그것의 버팀기둥들'이라는 뜻이다(BDB, NASB). 바벨론의 멸망은 하나님의 보수(報讐)[원수 갚으심]이다. 공의의 하나님께서는 바벨론이 행한 악한 행위대로 그들에게 갚으실 것이다. 그 결과로, 바벨론 땅에는 씨뿌리는 자들이나 추수 때에 낫을 잡는 자들이 없을 것이다. 사람들은

---

17) 원문에 <u>오슈요세하</u> אָשְׁוִיֹתֶיהָ 라고 쓰여 있으나(케팁), 마소라 학자들은 <u>오슈요세하</u> אָשְׁיוֹתֶיהָ (그 버팀목들)라고 읽으라고 제안한다(케레).

다 각자의 고향으로 도망칠 것이다.

〔17-20절〕 이스라엘은 흩어진 양이라. 사자들이 그를 따르도다. 처음에는 앗수르 왕이 먹었고 다음에는 바벨론 왕 느부갓네살이 그 뼈를 꺾도다. 그러므로 나 만군의 여호와 이스라엘의 하나님이 이같이 말하노라. 보라, 내가 앗수르 왕을 벌한 것같이 바벨론 왕과 그 땅을 벌하고 이스라엘을 다시 그 목장으로 돌아오게 하리니 그가 갈멜과 바산에서 먹을 것이며 그 마음이 에브라임과 길르앗 산에서 만족하리라. 나 여호와가 말하노라. 그 날 그때에는 이스라엘의 죄악을 찾을지라도 없겠고 유다의 죄를 찾을지라도 발견치 못하리니 이는 내가 나의 남긴 자를 사할 것임이니라.

하나님께서는 바벨론 왕과 그 땅을 벌하실 것이며 이스라엘 백성으로 하여금 다시 그 고국으로 돌아오게 하실 것이다. 그때에 이스라엘 백성은 고향 땅에서 평안히 살며 만족할 것이다. 하나님께서는 이스라엘 나라의 남긴 자들의 죄를 용서하실 것이며 사람이 죄를 찾아도 찾을 수 없을 것이다. 죄사함은 하나님의 회복의 핵심이다.

본문의 교훈을 정리해보자. 첫째로, 거대했던 바벨론 제국은 북방에서 오는 큰 연합군에 의해 멸망할 것이다. 하나님께서는 그 연합군을 불러와 그 일을 이루실 것이다. 그는 주권적 섭리자이시다. 하나님께서는 세상의 모든 나라들을 흥하게도 하시고 망하게도 하신다.

둘째로, 바벨론이 멸망할 이유는 그들이 하나님의 기업 이스라엘을 노략하며 기뻐하고 즐거워했기 때문이다. 그것은 악한 일이었다. 하나님께서는 그 악에 대해 진노하시며 심판하시고 이스라엘 백성의 원수를 갚으실 것이다. 우리는 공의의 심판자 하나님을 두려워해야 한다.

셋째로, 하나님께서는 이스라엘을 징벌하기는 하셨지만, 정한 때에 회복시키실 것이다. 바벨론의 멸망으로 이스라엘은 회복되어 평안히 고국으로 돌아올 것이다. 그는 육신적 회복뿐 아니라, 하나님과 연합하고 죄사함을 얻고 하나님을 섬기며 순종하는 영적 회복을 주실 것이다. 우리의 구원도 그러했다. 우리는 하나님의 구원을 감사해야 한다.

21-46절, 바벨론의 멸망은 하나님의 뜻

〔21절〕 나 여호와가 말하노라. 너희는 올라가서 므라다임의 땅을 치며 브곳의 거민을 쳐서 진멸하되 내가 너희에게 명한 대로 다하라.

하나님께서는 바벨론을 멸망시키기 위해 올 북방 연합군에게 말씀하신다. 므라다임은 '갑절의 패역'이라는 뜻이며 브곳은 '벌받음'이라는 뜻이다. 므라다임의 땅과 브곳의 거민은 심히 패역한 바벨론 제국을 가리켰다고 본다. 하나님께서는 "내가 너희에게 명한 대로 다하라"고 말씀하신다. 바벨론 제국의 멸망은 단지 침략군이 하는 일이 아니고, 하나님께서 지시하시며 명령하시는 일이다.

〔22-24절〕 그 땅에 싸움의 소리와 큰 파멸의 소리가 있으리라. 온 세계의 방망이가 어찌 그리 꺾여 부숴졌는고. 바벨론이 어찌 그리 열방 중에 황무지가 되었는고. 바벨론아, 내가 너를 잡으려고 올무를 놓았더니 네가 깨닫지 못하고 걸렸고 네가 나 여호와와 다투었으므로 만난 바 되어 잡혔도다.

바벨론에 전쟁의 소리, 큰 파멸의 소리가 있을 것이다. 그 전쟁으로 인해 그들은 멸망할 것이다. 온 세계의 몽둥이였던 강대한 나라 바벨론은 꺾이고 부서지고 멸망하여 황폐한 땅이 될 것이다. 바벨론 제국은 하나님께서 그를 잡으려고 놓은 올무에 걸릴 것이다. 그들은 하나님과 다투었기 때문에 잡힐 것이다. 그들이 하나님과 다투었다는 것은 그들의 죄가 교만과 패역의 죄임을 보인다. 그것은 큰 죄이었다.

〔25절〕 나 여호와가 그 병고(兵庫)[병기고, 무기고]**를 열고 분노의 병기를 냄은 주 만군의 여호와 내가 갈대아인의 땅에** 행할 **일이 있음이라.**

하나님께서는 그의 병기 창고를 여시고 분노의 병기들을 꺼내어 바벨론 땅을 치게 하실 것이다. 북방 연합군의 침공은 하나님께서 친히 행하시는 일이다. 하나님의 작정하신 뜻과 섭리하시는 일 외에 이 세상에서 일어나는 일은 아무것도 없다(시 135:6; 롬 11:36).

〔26-28절〕 먼데 있는 너희는 와서 그를 치고 그 곳간을 열고 그것을 쌓

아 무더기 같게 하라. 그를 진멸하고 남기지 말라. 그 황소를 다 죽이라. 도수장으로 내려가게 하라. 그들에게 화 있도다. 그들의 날, 그 벌받는 때가 이르렀음이로다. 바벨론 땅에서 도피한 자의 소리여, (시온에서) 우리 하나님 여호와의 보수(報讎)하시는 것, 그 성전의 보수(報讎)하시는 것을 [시온에서] **선포하는** 소리로다.

'시온에서'라는 말은 '선포하는'이라는 말 앞에 두어야 한다(KJV, NASB, NIV). '먼데 있는 너희'는 북방 연합군 곧 메데-파사의 연합군을 가리킨다(9절; 51:11). 그들은 와서 바벨론을 치고 그 창고를 열고 그것을 무더기처럼 쌓고 남김 없이 완전히 다 멸할 것이다. '그 황소'는 바벨론 용사들을 가리킨다. 침략군은 와서 그들을 다 죽일 것이다. 이 날은 그들이 벌받는 날이다. 이것은 하나님께서 정하신 심판의 날이다. 그 날은 하나님께서 원수를 갚으시는 날이다. 그 날에 바벨론 땅에서 도피한 자들은 시온에서 이 사실을 선포할 것이다.

〔29-30절〕 활 쏘는 자를 바벨론에 소집하라. 무릇 활을 당기는 자여, 그 사면으로 진을 치고 쳐서 피하는 자가 없게 하라. 그 일한 대로 갚고 그 행한 대로 그에게 행하라. 그가 이스라엘의 거룩한 자 여호와를 향하여 교만하였음이니라. 그러므로 그 날에 청년들이 그 거리에 엎드러지겠고 군사들이 멸절되리라. 여호와의 말이니라.

군사들은 바벨론으로 모여 전쟁할 것이다. 그 전쟁은 바벨론 사람들에게 그들의 행한 대로 갚으시는 하나님의 보응이다. 하나님께서는 사람들의 행한 대로 심판하신다. 그의 심판은 언제나 공정하다(롬 2:6). 하나님께서 바벨론 제국에 보응하시는 까닭은 그가 이스라엘의 거룩한 자 여호와를 향해 교만했기 때문이다(29절). 사람이 하나님을 대적하여 교만한 것은 죄 중에 큰 죄이다. 하나님께서는 이 세상과 세상의 모든 사람을 지으신 창조주이시기 때문이다. 그러므로 바벨론의 청년들은 거리에 엎드러지고 군사들은 다 멸절될 것이다.

〔31-32절〕 주 만군의 여호와가 말하노라. 교만한 자여, 보라, 내가 너를 대적하나니 네 날 곧 너를 벌할 때가 이르렀음이라. 교만한 자가 걸려

넘어지겠고 그를 일으킬 자가 없을 것이며 내가 그 성읍들에 불을 놓으리니 그 사면에 있는 것이 다 살라지리라.

바벨론은 '교만한 자'라고 두 번이나 불린다(31, 32절). 바벨론의 죄는 교만이었다. 교만은 불경건한 자들의 공통적 죄이며 사람의 근본적 죄이다. 하나님께서는 교만한 바벨론을 대적하신다. 하나님께서 대적하시는 자는 세상에서 가장 불행하다. 만복의 근원인 전능자께서 그를 대적하는 것이기 때문이다. 그가 어떤 사람을 대적하시면 그 사람은 모든 좋은 것을 잃고 가장 불쌍하게 될 것이다. 하나님께서 바벨론을 대적하시므로 그들은 하나님의 징벌을 받을 것이다. 그들의 날, 곧 그들을 벌하실 때가 왔다. 바벨론의 성읍들은 불탈 것이요 그 거민들은 다 죽을 것이다. 그것은 하나님의 심판이다.

〔33-34절〕 나 만군의 여호와가 이같이 말하노라. 이스라엘 자손과 유다 자손이 함께 학대를 받는도다. 그들을 사로잡은 자는 다 그들을 엄히 지켜 놓아주지 아니하거니와 그들의 구속자(救贖者)는 강하니 그 이름은 만군의 여호와라. 결코[반드시, 확실히] **그들의 원(寃)을 펴서**[원통함을 풀어서] **그 땅에 평안함을 주고 바벨론 거민으로 불안케 하리라.**

지금 이스라엘 자손들과 유다 자손들은 바벨론에게 학대를 받고 있다. 그들을 사로잡은 자들은 그들을 엄히 지키고 놓아주지 않았다. 그러나 그들의 구원자는 강하시다. 그의 이름은 만군의 여호와이시다. 그는 반드시 이스라엘 백성의 원한을 풀어주시고 그 땅에 평안을 주실 것이며 바벨론 거민들에게는 불안을 주실 것이다.

〔35-38절〕 나 여호와가 말하노라. 칼이 갈대아인의 위에와 바벨론 거민의 위에와 그 방백들과 지혜로운 자의 위에 임하며 칼이 자긍하는 자(밧딤 בַּדִּים)[허풍쟁이들, 거짓 선지자들(NIV)](BDB)**의 위에 임하리니 그들이 어리석게 될 것이며 칼이 용사의 위에 임하리니 그들이 놀랄 것이며 칼이 그들의 말들과 병거들과 그들 중에 있는 잡족의 위에 임하리니 그들이 부녀같이 될 것이며 칼이 보물 위에 임하리니 그것이 노략될 것이요 가뭄이 물 위에 임하여 그것을 말리우리니 이는 그 땅이 조각한 신상의 땅이요 그들은 우상**

에 미쳤음이니라.

'칼'이라는 말이 다섯 번 나온다. 칼은 사람을 죽이는 칼이며 전쟁을 가리킨다. 하나님의 심판은 전쟁으로 임할 것이다. 바벨론이 심판받는 이유는 우상숭배 때문이다. 바벨론 땅은 조각한 신상의 땅이며 사람들은 우상에 미쳤다. 하나님께서는 우상숭배를 미워하신다.

〔39-40절〕 그러므로 사막의 들짐승이 시랑(jackals, 자칼)(NASB)**과 함께 거기 거하겠고 타조도 그 중에 깃들일 것이요 영영히 거민이 없으며 대대에 거할 자가 없으리라. 나 여호와가 말하노라. 나 하나님이 소돔과 고모라와 그 이웃 성읍들을 무너지게 한 것같이 거기 거하는 사람이 없게 하며 그 중에 우거하는 아무 인자(人子)가 없게 하리라.**

옛날에 소돔과 고모라와 그 이웃 성읍들(아드마와 스보임 등, 신 29:23)이 완전히 멸망한 것같이, 바벨론은 멸망을 하여 자칼이나 타조 등의 들짐승이나 살고 아무 사람도 살지 못하는 곳이 될 것이다.

〔41-43절〕 보라, 한 족속이 북방에서 오고 큰 나라와 여러 왕[들]**이 격동을 받아 땅끝에서 오나니 그들은 활과 창을 가진 자라. 잔인하여 긍휼히 여기지 아니하며 그 목소리는 파도가 흉용함 같도다. 딸 바벨론아, 그들이 말을 타고 무사(武士)같이 각기 항오를 벌여 너를 칠 것이라. 바벨론 왕이 그 소문을 듣고 손이 약하여지며 고통에 잡혀 해산하는 여인의 구로(劬勞) 함 같도다.**

바벨론의 멸망은 9절에서도 말한 것처럼 북방에서 오는 한 족속으로 인하여 이루어질 것이다. 그 연합군은 한 큰 나라와 여러 왕들로 구성될 것이다(51:11). 그들은 강한 군대이며 잔인한 군대이다. 그들은 바벨론을 칠 것이다. 바벨론 왕은 그 소문을 듣고 손에 맥이 풀리고 해산하는 여인의 고통 같은 고통에 사로잡힐 것이다.

〔44-46절〕 보라, 사자가 요단의 수풀에서 올라오는 것같이 그가 와서 견고한 처소를 칠 것이라. 내가 즉시 그들을 거기서 쫓아내고 택한 자를 내가 그 위에 세우리니 나와 같은 자 누구며 나로 더불어 다툴 자 누구며 내 앞에 설 목자가 누구뇨? 그런즉 바벨론에 대한 나 여호와의 도모와 갈대아

인의 땅에 대하여 경영한 나 여호와의 뜻을 들으라. 양떼의 어린것들을 그들이 반드시 끌어가고 그 처소로 황무케 하리니 바벨론의 함락하는 소리에 땅이 진동하며 그 부르짖음이 열방 중에 들리리라 하시도다.

메대-파사 연합군의 바벨론 침공은 하나님의 행하시는 일이다. 본문은 '내가' '나와' '나로' '내 앞에' '나 여호와의'라는 말을 일곱 번이나 사용한다. 바벨론의 멸망은 하나님께서 행하시는 일이다. 45절은 그것이 하나님의 도모이며 경영하신 뜻이라고 말한다. 세계의 역사는 하나님의 작정을 이루시는 일이며 하나님의 섭리의 일이다. 바벨론은 마침내 황무케 되며 그 부르짖음이 열방 중에 들릴 것이다.

본문의 교훈을 정리해보자. 첫째로, 온 세상의 창조자와 섭리자이신 하나님께서는 세계적 제국 바벨론을 심판하시고 벌주시고 멸망시키실 것이다. 우리는 그 일이 하나님의 계획과 뜻임을 알아야 한다. 우리는 세상의 모든 일이 하나님의 작정과 섭리의 일임을 알아야 한다. 우리는 주권적 작정자, 섭리자, 심판자 하나님을 알고 믿고 의지해야 한다.

둘째로, 바벨론 제국의 멸망의 원인은 교만과 우상숭배이었다. 하나님께서는 그들의 교만한 행위를 갚으실 것이며(29, 31절) 우상에 미친 사람들을 벌하실 것이다(38절). 교만과 우상숭배는 어리석고 악한 일이며 스스로 멸망을 자초하는 일이다. 우리는 교만과 우상숭배를 버려야 한다. 우리는 하나님 앞에서 피조물이며 죄인인 것을 깨닫고 겸손해야 하며 또 이 세상에서 하나님보다 더 귀한 것이 아무것도 없음을 알고 하나님만을 가장 높이고 귀히 여기며 사랑하고 섬기며 순종해야 한다.

셋째로, 주권적 섭리자 하나님께서는 악인들을 심판하실 뿐만 아니라, 그의 택한 백성을 죄와 멸망에서 구원하신다. 그것은 이스라엘에게 베푸신 그의 긍휼에서 증거되었고 구원 얻은 우리 모두에게서도 증거되었다. 사람의 모든 문제는 하나님께 돌아가 죄를 회개하고 그를 믿고 그의 계명에 순종함으로 해결된다. 우리는 하나님의 구원을 진심으로 감사해야 하며 이제는 하나님 중심, 말씀 중심으로만 살아야 한다.

51장: 하나님께서 바벨론을 멸하실 것

1-19절, 하나님의 원수 갚으심

〔1-6절〕 여호와께서 이같이 말씀하시되 보라, 내가 멸망시키는 자의 마음을 일으켜 바벨론을 치고 또 나를 대적하는 자(레브 카마이 לֵב קָמָי)[레브 카마이](음역[音譯]함; 갈대아에 대한 암호적 명칭으로 봄)(NASB, NIV) **중에 처하는 자를 치되 내가 타국인을 바벨론에 보내어 키질하여 그 땅을 비게 하리니 재앙의 날에 그를 에워 치리로다. 활을 당기는 자를 향하며 갑주를 갖추고 선 자를 향하여 쏘는 자는 그 활을 당길 것이라**[그의 활을 당기는 자는 당기는 자를 향해 당기고, 그의 갑옷을 입고 서는 자는 서는 자를 향해 일어서라](MT; KJV와 비슷함). **그 청년들을 아끼지 말며 그 군대를 진멸하라. 무리가 갈대아인의 땅에서 죽임을 당하여 엎드러질 것이요 그 거리에서 찔림을 당한 자가** 엎드러지리라 **하시도다. 대저 이스라엘과 유다가 이스라엘의 거룩하신 자를 거역하므로 죄과가 땅에 가득하나 그 하나님 만군의 여호와에게 버림을 입지 아니하였나니 바벨론 가운데서 도망하여 나와서 각기 생명을 구원하고 그의 죄악으로 인하여 끊침**[끊어짐]**을 보지 말지어다. 이는 여호와의 보수(報讐)**[원수 갚으심]**의 때니 그에게 보복하시리라.**

바벨론의 멸망은 이스라엘과 유다의 구원이 될 것이다. 이스라엘은 하나님께 완전히 버림을 받지는 않았다. 그들은 바벨론이 멸망할 때 거기서 도망쳐 나와 생명을 구할 것이다. 바벨론의 멸망은 이스라엘 백성을 위한 하나님의 원수 갚으심이다. 유다는 하나님 앞에서는 죄 때문에 멸망을 당했지만, 그들이 바벨론에게 범죄한 것은 없었다. 바벨론이 유다를 멸망시킨 것은 하나님께 보복을 받을 악이었다.

〔7절〕 바벨론은 여호와의 수중(手中)의[손안의] **온 세계로 취케 하는 금잔이라**[이었도다]. **열방이 그 포도주를 마시고 인하여 미쳤도다.**

이것은 바벨론이 널리 퍼뜨린 우상숭배와 방탕을 가리킬 것이다. 당시에 세상은 바벨론의 영향을 받아 우상숭배적이게 되었고 방탕하게 되었다고 보인다. 열방은 그 술에 취했고 미쳤다. 그러나 바벨론은 하나님의 주권적 섭리 안에 있었다. 그들은 하나님의 손 안에 있는 금잔이었다. 그들의 악행까지도 하나님의 주권적 섭리 안에 있었다.

〔8-10절〕 바벨론이 졸지에 넘어져 파멸되니 이로 인하여 울라. 그 창상을 인하여 유향을 구하라. 혹 나으리로다. 우리가 바벨론을 치료하려 하여도 낫지 아니한즉 버리고 각기 고토로 돌아가자. 그 화가 하늘에 미쳤고 궁창에 달하였음이로다. 여호와께서 우리 의를 드러내셨으니[우리를 변호하셨으니](NASB, NIV) **오라, 시온에서 우리 하나님 여호와의 일을 선포하자.**

거대한 제국 바벨론은 삽시간에 넘어져 파멸될 것이다. 바벨론의 상처는 그 어떤 치료약으로도 낫지 못할 것이다. 그들의 죄가 하늘에 미쳤고 마침내 하나님의 진노가 그들에게 임했다. 그러나 바벨론의 멸망으로 이스라엘 백성은 고국으로 돌아가게 될 것이다. 바벨론의 멸망은 유다를 변호하는 일이 될 것이다. 이로써 이스라엘을 회복시키시는 하나님의 일이 이루어지며 이 소식은 시온에 선포될 것이다.

〔11-14절〕 화살을 갈며 방패를 굳게 잡으라[전통(箭筒, 화살통)을 채우라](NASB). **여호와께서 메대 왕들의 마음을 격발**[감동]**하사 바벨론을 멸하기로 뜻하시나니 이는 여호와의 보수(報讐)하시는**[원수 갚으시는] **것 곧 그 성전의 보수(報讐)하시는 것이라. 바벨론 성벽을 향하여 기를 세우고 튼튼히 지키며 파숫군**[파수꾼]**을 세우며 복병을 베풀어 방비하라. 이는 여호와께서 바벨론 거민에 대하여 말씀하신 대로 경영하시고 행하심이로다. 많은 물**가**에 거하여 재물이 많은 자여, 네 탐남**[탐람]**의 한정(限定), 네 결국이 이르렀도다. 만군의 여호와께서 자기로 맹세하시되 내가 진실로 사람을 황충같이 네게 가득히 하리니 그들이 너를 향하여 소리를 높이리라 하시도다.**

메대-파사 연합군은 바벨론을 멸망시킬 것이다. 그것은 하나님께서 원수를 갚으시는 것이다. 그것은 그들이 하나님의 성전을 파괴한 일에 대한 원수 갚으심이다. 유브라데 강이 흐르는 바벨론은 재물이 많고 물질적으로 부요했고 탐심이 많았다. 그러나 이제 그들의 탐람(貪婪)이 한계에 도달하였고 그 끝이 왔다. 하나님께서는 바벨론을 멸할 자들을 황충 떼 즉 메뚜기 떼같이 가득히 부르실 것이다. 그는 바벨론 거민에 대해 말씀하신 그의 계획을 시행하실 것이다.

〔15-19절〕 여호와께서 그 권능으로 땅을 지으셨고 그 지혜로 세계를 세우셨고 그 명철로 하늘들을 펴셨으며 그가 목소리를 발하신즉 하늘에 많은 물이 생기나니 그는 땅끝에서 구름이 오르게 하시며 비를 위하여 번개하게 하시며 그 곳간에서 바람을 내시거늘 사람마다 우준하고 무식하도다. 금장색마다 자기의 만든 **신상으로 인하여 수치를 당하나니 이는 그 부어만든 우상은 거짓이요 그 속에 생기가 없음이라. 그것들은 헛것이요 망령되이 만든 것인즉 징벌하시는 때에 멸망할 것이나 야곱의 분깃은 이같지 아니하시니 그는 만물의 조성자요** 이스라엘은 **그 산업의 지파라. 그 이름은 만군의 여호와시니라.**

하나님께서는 권능과 지혜로 하늘과 땅을 만드셨고 또 온갖 생물들과 사람들을 만드셨고 그 땅에 살게 하셨다. 그러나 사람들은 어리석고 무지하여 하나님을 알지 못하고 자기들이 만든 우상들을 섬기고 있다. 그러나 우상은 거짓이요 그 속에 생기가 없으며 헛되다. 그것은 하나님의 심판의 날에 다 멸망할 것이다. 그러나 여호와 하나님께서는 만물의 창조자시며 이스라엘 백성은 그 기업의 지파이다.

본문의 교훈을 정리해보자. 첫째로, 이방의 신들은 다 헛되다. 17절, "이는 그 부어만든 우상은 거짓이요 그 속에 생기가 없음이라." 그것들은 사람이 고안한 거짓된 것들이며 생명이 없고 결국 멸망하고 만다.

둘째로, 여호와 하나님 곧 성경말씀을 주신 하나님께서는 살아계신 참 하나님이시다. 그는 사람이 만든 우상들과 다르시며 만물의 창조자시요 세상의 일들을 주권적으로 계획하시고 시행하시는 자이시다.

셋째로, 하나님께서는 바벨론의 교만과 우상숭배와 방탕을 징벌하신다. 그는 공의로 세상을 심판하신다. 마지막 심판 때에도 그러할 것이다. 그러므로 우리는 참 하나님만 섬기고 교만과 우상숭배, 음란과 방탕을 멀리하고 하나님의 말씀인 성경의 교훈대로 의와 선만 행해야 한다.

20-40절, 하나님의 보응으로 황폐케 될 것

[20-23절] 여호와께서 가라사대 **너는 나의 철퇴 곧 병기라. 내가 너로 열방을 파하며 너로 국가들을 멸하며 내가 너로 말과 그 탄 자를 부수며 너로 병거와 그 탄 자를 부수며 너로 남자와 여자를 부수며 너로 노년과 유년을 부수며 너로 청년과 처녀를 부수며 너로 목자와 그 양떼를 부수며 너로 농부와 그 멍엣소를 부수며 너로 방백들과 두령들을 부수리로다**[부수도다].

본문의 '너'는, 파사 왕 고레스를 가리킨다는 해석도 있으나, 바벨론 왕을 가리킨다고 보인다(매튜 풀, 재미슨-포셋-브라운, 박윤선 등이 이 견해를 취한다). 전장 23절은 바벨론을 '온 세계의 방망이'라고 표현하였다. 역대하 36:17은 "하나님께서 갈대아 왕의 손에 저희를 다 붙이시매 저가 와서 그 성전에서 칼로 청년을 죽이며 청년 남녀와 노인과 백발노옹을 긍휼히 여기지 않았다"고 기록했다. 본문에 아홉 번 사용된(한번은 '파하다'라고 번역됨) '부수리로다'는 말(웨닙파츠티 וְנִפַּצְתִּי, 미완료 강의형(피엘), 와우연계형)은 미래시제(KJV)보다 현재시제(NASB, NIV)로 보는 것이 좋을 것이다.

[24절] [그러나] **그들이 너희 목전에 시온에서 모든 악을 행한 대로 내가 바벨론과 갈대아 모든 거민에게 갚으리라. 여호와의 말이니라.**

하나님께서는 바벨론 군대가 유다 백성에게 행한 그대로 모든 악을 갚으실 것이다. 바벨론 제국의 멸망은 하나님께서 그들이 하나님의 백성에게 행한 악을 그대로 갚으시는 것이다. 하나님께서는 공의로 보응하시는 자이시다. 세계 역사는 하나님의 작정과 섭리의 역사이며 그것은 악인들에 대한 하나님의 공의의 보응을 포함한다.

[25-26절] 나 여호와가 말하노라. 온 세계를 멸한 멸망의 산아, 보라, 나는 네 대적이라. 나의 손을 네 위에 펴서 너를 바위에서[바위로부터] **굴리고 너로 불탄 산이 되게 할 것이니 사람이 네게서 집 모퉁이 돌이나 기촛돌을 취하지 아니할**[하나도 취하지 못할] **것이요 너는 영영히 황무지가 될 것이니라. 여호와의 말이니라.**

바벨론 제국은 온 세계를 멸한 멸망의 산과 같았으나, 이제 하나님께서는 그의 대적이 되셨다. 그는 그의 손을 바벨론 위에 펴서 그를 바위로부터 굴려버리고 그를 불탄 산처럼 되게 하실 것이다. 사람들은 바벨론 나라에서 집 모퉁이 돌이나 기촛돌 하나도 취하지 못할 것이다. 바벨론은 영영히 황무지가 될 것이다.

〔27-28절〕 땅에 기를 세우며 열방 중에 나팔을 불어서 열국을 예비시켜 그를 치며 아라랏과 민니와 아스그나스 나라를 불러모아 그를 치며 대장을 세우고 그를 치되 사나운 황충같이 그 말들을 몰아오게 하라. 열국 곧 메대인의 왕들과 그 방백들과 그 모든 두령과 그 관할하는 모든 땅을 예비시켜 그를 치게 하라.

하나님께서는 바벨론을 칠 열국들을 부르신다. 아라랏과 민니는 바벨론 북방 오늘날 아르메니아 지역을 가리키는 것 같고, 아스그나스는 바벨론 서북방 터어키 지역을 가리키는 것 같다. 바벨론을 칠 북방에서 오는 연합군은 메대 파사의 연합군이며 그들은 바벨론과의 전쟁을 준비하며 연합하여 바벨론을 침공할 것이다. 11절, "여호와께서 메대 왕들의 마음을 감동하사 바벨론을 멸하기로 뜻하시나니."

〔29절〕 땅이 진동하며 고통하나니 이는 나 여호와가 바벨론을 쳐서 그 땅으로 황무하여 거민이 없게 할 경영이 섰음이라.

메데 파사의 연합군과 바벨론의 전쟁은 땅이 진동하며 그 거민들이 고통할 큰 전쟁이 될 것이다. 하나님께서는 바벨론을 쳐서 그 땅으로 황무케 하고 거민이 없게 할 계획을 세우셨다. 온 세계는 목적이 없고 방향이 없이 달리는 자동차가 아니고, 세계 역사는 창조주요 주권적 섭리자이신 하나님의 계획하시고 경영하시는 대로 진행될 것이다. 그는 악한 나라를 멸하시고 자기 백성을 구원하실 것이다.

〔30-32절〕 바벨론의 용사는 싸움을 그치고 그 요새에 머무르나 기력이 쇠하여 여인같이 되며 그 거처는 불타고 그 문빗장은 부러졌으며 보발군[전령=명령을 전하는 자]**이 달려 만나고 사자가 달려 만나서 바벨론 왕에게 고**

하기를 그 성읍 사방[끝]**이 함락되었으며 모든 나루는 빼앗겼으며 갈밭이 불탔으며 군사들이 두려워하더이다 하리라.**

바벨론의 용사들은 기력이 쇠하여 여인같이 되고 그 거처는 불타고 그 문빗장은 부러졌고 전령들은 한 사람이 다른 사람에게 전달하고 또 전달하여 바벨론 왕에게 고하기를 온 성이 함락되었고 나루들이 빼앗겼고 갈밭이 불탔고 군사들이 두려워 떤다고 말할 것이다. 31절에 '그 성읍 끝'은 '그 성읍 전체'를 가리킨 것 같다(NASB, NIV).

〔33-35절〕 만군의 여호와 이스라엘의 하나님이[께서] **이같이 말씀하시되 딸 바벨론은 때가 이른 타작마당과 같은지라. 미구에**[머잖아] **추수 때가 이르리라 하시도다. 바벨론 왕 느부갓네살이 나를 먹으며 나를 멸하며 나로 빈 그릇이 되게 하며 용**(탄닌 תַּנִּין)[바다 괴물]**같이 나를 삼키며 나의 좋은 음식으로 그 배를 채우고 나를 쫓아내었으니 나와 내 육체에 대한 잔학이 바벨론에 돌아가기를 원한다고 시온 거민이 말할 것이요 내 피** 흘린 죄**가 갈대아 거민에게로 돌아가기를 원한다고 예루살렘이 말하리라.**

바벨론은 추수 때의 타작마당같이 심판을 받을 것이다. 성경에서 하나님의 심판은 때때로 추수나 타작마당으로 비유된다. 요엘 3:13, "너희는 낫을 쓰라. 곡식이 익었도다. 와서 밟을지어다. 포도주 틀이 가득히 차고 포도주 독이 넘치니 그들의 악이 큼이로다." 마태복음 3:12, "손에 키를 들고 자기의 타작마당을 정하게 하사 알곡은 모아 곡간에 들이고 쭉정이는 꺼지지 않는 불에 태우시리라." 마태복음 13:39, "추수때는 세상 끝이요." 바벨론 왕 느부갓네살이 유다 나라를 먹고 멸하고 빈 그릇 되게 하고 바다 괴물같이 그들을 삼키고 그들의 좋은 음식으로 그 배를 채우고 그들을 쫓아내었듯이, 바벨론 군대가 유다에 행한 그 잔학한 행위와 피 흘린 죄악이 그 자신들에게 돌아갈 것이다. 이것이 바벨론 제국에 내릴 하나님의 보응이다.

〔36-40절〕 그러므로 여호와께서 이같이 말씀하시되 보라, 내가 네 송사를 듣고 너를 위하여 보수(報讐)하여 그 바다를 말리며 그 샘을 말리리니 바벨론이 황폐한 **무더기가 되어서 시랑**[자칼]**의 거처와 놀람과 치솟거리가 되고**

거민이 없으리라. 그들이 다 사자같이 소리하며 어린 사자같이 부르짖으며 열정이 일어날 때에 내가 연회를 베풀고 그들로 취하여 기뻐하다가 영영히 잠들어 깨지 못하게 하리라. 여호와의 말이니라. 내가 그들을 끌어내려서 어린양과 수양[숫양]과 수염소[숫염소]가 도수장으로 가는 것 같게 하리라.

하나님께서는 유다의 억울한 송사를 듣고 그를 위해 원수를 갚으시되 바벨론으로 황폐한 무더기가 되게 함으로써 갚으실 것이다. 그 땅은 들짐승의 거처와 사람들의 놀람과 수칫거리가 될 것이며 사람이 살지 않는 황무지가 될 것이다. 바벨론은 잔치를 베풀고 기뻐하다가 술 취해 영영히 깨지 못하는 자가 되며 도살장으로 가는 어린양이나 숫양이나 숫염소같이 될 것이다. 하나님께서 그렇게 하실 것이다.

본문의 교훈을 정리해보자. 첫째로, 하나님께서는 이전에 바벨론을 철퇴로 사용하여 세상의 여러 나라들을 멸하셨었으나 이제 때가 되어 그들의 악에 대해 징벌하시며 자기 백성 이스라엘을 자유케 하실 것이다. 개인의 삶도, 가정도, 교회도, 국가도, 온 세계의 역사도, 하나님의 주권적 섭리 안에 있다. 우리는 하나님의 주권적 섭리를 믿어야 한다.

둘째로, 하나님께서는 바벨론 제국의 대적이 되셨다(25절). 그는 그에게 공의로 보응하시며 그 땅을 황폐케 하실 것이다. 하나님과 대적이 되는 것은 멸망이요 불행이다. 우리는 하나님과 대적이 되지 말아야 한다. 우리는 예수 그리스도를 믿음으로 죄사함을 얻고 의롭다 하심을 얻었고 하나님과 화목되었기 때문에 이제는 오직 하나님을 경외하고 그의 말씀인 성경 교훈들에 순종하며 모든 죄를 버리고 떠나야 한다.

셋째로, 하나님을 알지 못하고 우상만 섬기며 악을 행하던 바벨론은 멸망하고 황폐케 될 것이다. 하나님을 알지 못하고 무시하고 대적하고 그의 계명을 거역하는 자들에게는 불행이 있을 것이지만, 그를 경외하고 그의 계명에 순종하는 자들에게는 복과 평안이 있을 것이다. 하나님께서는 만복의 근원이시다. 악인에게는 복과 평안이 없다. 우리는 하나님의 복을 사모하며 계명을 순종함으로써 복과 평안을 누려야 한다.

41-64절, 바벨론의 신상들을 벌할 것

〔41-43절〕 슬프다, **세삭이 함락되었도다. 온 세상의 칭찬받는** 성이 **빼앗겼도다.** 슬프다, **바벨론이 열방 중에 황폐하였도다. 바다가 바벨론에 넘침이여, 그 많은 파도가 그것에 덮였도다. 그 성읍들은 황폐하여 마른 땅과 사막과 거민이 없는 땅이 되었으니 그리로 지나가는 인자(人子)가 없도다.**

'세삭'(알파벳 첫자와 끝자를 바꾸어 말하는 아트바쉬 표현법) 곧 바벨론은 멸망할 것이며 성읍들은 황폐케 될 것이다.

〔44절〕 내가 벨을 바벨론에서 벌하고 그 삼킨 것을 그 입에서 끌어내리니 열방이 다시는 그에게로 흘러가지 아니하겠고 바벨론 성벽은 무너지리로다.

벨은 바벨론 사람이 섬긴 신의 이름이다. 하나님께서는 바벨론과 함께 그들의 신을 벌하실 것이다. 이 말씀은 종교다원주의를 정죄한다. 종교다원주의는 이방인들의 신이 같은 하나님에 대한 그 민족의 이해이므로 이방 종교도 같은 하나님을 섬기는 것이며 이방 종교에도 구원이 있다는 사상이다. 그러나 바벨론 사람들은 이스라엘과 같은 하나님을 섬기는 것이 아니다. 이제 바벨론은 멸망할 것이다. 전에는 바벨론이 여러 나라들을 삼켰으나 다시는 열방이 그에게로 흘러들어가지 않을 것이다. 바벨론 제국의 성벽들은 무너질 것이다.

〔45-46절〕 나의 백성아, 너희는 그 중에서 나와 각기 나 여호와의 진노에서 스스로 구원하라. 너희 마음을 겁약하게 말며 이 땅에서 들리는 풍설을 인하여 두려워 말라. 풍설은 이 해에도 있겠고 저 해에도 있으리라. 경내에는 강포함이 있어 관원끼리 서로 치리라.

하나님께서는 이스라엘 백성이 바벨론에서 나와 도망침으로 목숨을 건지라고 말씀하신다. 또 그는 도피하는 그들에게 마음을 겁약하게 말고 떠도는 소문으로 인해 두려워 말라고 말씀하신다. 하나님께서는 자기 백성이 범죄할 때에 징책하셨지만, 그들을 구원하실 때에는 그들을 위로 격려하시고 피할 만한 때에 피하게 하신다.

〔47절〕 그러므로 보라, 날이 이르리니 내가 바벨론의 조각한 신상들을 벌할 것이라. 그 온 땅이 치욕을 당하겠고 그 살륙 당한 모든 자가 그 가운데 엎드러질 것이며.

하나님께서 바벨론을 심판하실 날이 올 것이다. 그때 그는 바벨론의 신상들을 벌하실 것이다. 우상숭배는 바벨론 나라의 첫 번째 죄이었다. 우상숭배하는 바벨론 땅은 수치와 욕을 당할 것이다.

〔48-49절〕 하늘과 땅과 그 중의 모든 것이 바벨론을 인하여 기뻐 노래하리니 이는 파멸시키는 자가 북방에서 그에게 옴이니라. 여호와의 말이니라. 바벨론이 이스라엘 사람을 **살륙하여 엎드러뜨림같이 온 땅** 사람이 **바벨론에서 살륙을 당하여 엎드러지리라 하시도다.**

하늘과 땅과 그 중의 모든 것, 즉 하늘의 천사들과 거룩한 성도들, 땅 위의 경건하고 진실한 성도들은 바벨론 나라의 멸망의 때가 왔음을 기뻐하며 노래할 것이다. 바벨론을 멸망시킬 자들이 북방에서 올 것이기 때문이다. 전에는 바벨론 군대가 이스라엘 사람들을 살육하여 엎드러뜨렸으나 이제는 바벨론이 살육을 당해 엎어질 것이다.

〔50절〕 칼을 면한 자들이여, 서지 말라. 행하라. 원방에서 여호와를 생각하며 예루살렘을 너희 마음에 두라.

멀리 도망친 자들은 그 곳에서 하나님을 기억해야 할 것이다. 그들은 마음 속에 예루살렘 성을 기억해야 할 것이다. 왜냐하면 하나님께서 바벨론 제국을 멸망시키심으로써 그들이 그 곳으로부터 도피해 나올 수 있고 다시 예루살렘 성으로 돌아갈 수 있기 때문이다. 그들은 이제 참되신 하나님을 알고 그를 섬기는 자가 되어야 한다.

〔51-53절〕 이방인이 여호와의 집 성소에 들어가므로 우리가 책망을 들으며 수치를 당하여 부끄러움이 우리 얼굴에 덮였느니라. 그러므로 여호와께서 가라사대 보라, 날이 이르리니 내가 그 조각한 신상을 벌할 것이라. 상함을 입은 자들이 그 땅에서 신음하리라. 가령 바벨론이 하늘까지 솟아오른다 하자. 그 성을 높이어 견고히 한다 하자. 멸망시킬 자가 내게서부터 그들에게 임하리라. 여호와의 말이니라.

과거에 이방사람들이 하나님의 성전에 들어가므로 이스라엘 백성은 하나님께 책망을 들었고 수치와 부끄러움을 당했으나, 이제 하나님께서 바벨론의 조각한 신상을 벌하심으로 그것을 갚으실 것이다. 그때 상함을 입은 자들이 바벨론 땅에서 신음할 것이다. 그 나라가 아무리 강성하고 그 성이 아무리 견고할지라도, 그것을 멸망시킬 자가 하나님께로부터 임할 것이다. 그가 바벨론을 멸망시킬 것이다.

〔54-56절〕 바벨론에서 부르짖는 소리여, 갈대아인의 땅에 큰 파멸의 소리로다. 이는 여호와께서 바벨론을 황폐케 하사 그 떠드는 소리를 끊으심이로다. 그 대적[파도](KJV)**이 많은 물의 요동함같이 요란한 소리를 발하니 곧 멸망시키는 자가 바벨론에 임함이라. 그 용사들이 사로잡히고 그들의 활이 꺾이도다. 여호와는**[께서는] **보복의 하나님이시니 반드시 보응하시리로다.**

하나님께서 바벨론을 황폐케 하실 것이기 때문에 바벨론에서 부르짖는 소리가 있고 용사들이 사로잡히고 그들의 활이 꺾일 것이다.

〔57-58절〕 만군의 여호와라 일컫는 왕이[께서] **이같이 말씀하시되 내가 그 방백들과 박사들과 감독들과 관장들과 용사들로 취하게 하리니 그들이 영영히 자고 깨지 못하리라. 만군의 여호와가**[께서] **이같이 말하노라**[말씀하시니라]**. 바벨론의 넓은 성벽은 온전히 무너지겠고 그 높은 문들은 불에 탈 것이며 백성들의 수고는 헛될 것이요 민족들의 수고는 불탈 것인즉 그들이 쇠패하리라 하시니라.**

하나님께서는 바벨론의 지도자들이 술취하여 영영히 깨지 못하게 하실 것이다. 넓은 성벽이 완전히 무너지며 높은 문들이 불에 탈 것이다. 백성들의 모든 수고는 헛될 것이며 다 불타고 쇠패해질 것이다.

〔59절〕 유다 왕 시드기야 4년에 마세야의 손자 네리야의 아들 스라야가 왕과 함께 바벨론으로 갈 때에 선지자 예레미야가 그에게 말씀을 명하니 스라야는 시종장(侍從長)(사르 메누카 שַׂר־מְנוּחָה)[휴식처 장관]**이더라.**

스라야는 아마 바룩의 형제인 듯하다. 예레미야 32:12, "마세야의 손자 네리야의 아들 바룩." '시종장'(侍從長) 즉 휴식처 장관은 왕을 수행하며 그가 거할 곳을 준비하는 관리라는 뜻 같다.

〔60-64절〕 예레미야가 바벨론에 임할 모든 재앙 곧 바벨론에 대하여 기록한 이 모든 말씀을 한 책에 기록하고 예레미야가 스라야에게 이르되 너는 바벨론에 이르거든 삼가 이 모든 말씀을 읽고 말하기를 여호와여, 주께서 이 곳에 대하여 말씀하시기를 이 땅을 멸하여 사람이나 짐승이 거기 거하지 못하게 하고 영영히 황폐케 하리라 하셨나이다 하라. 너는 이 책 읽기를 다 한 후에 책에 돌을 매어 유브라데 하수[강] **속에 던지며 말하기를 바벨론이 나의 재앙 내림을 인하여 이같이 침륜**[멸망]**하고 다시 일어나지 못하리니 그들이 쇠패하리라 하라 하니라. 예레미야의 말이 이에 마치니라.**

예레미야는 바벨론에 임할 모든 재앙 곧 바벨론에 대하여 기록한 모든 말씀을 한 책에 기록하고 스라야에게 말하기를, 바벨론에 도착하면 이 모든 말씀을 읽은 후에 책에 돌을 매어 유브라데 강물 속에 던지고 "바벨론이 나의 재앙 내림을 인하여 이같이 멸망하고 다시 일어나지 못하리라"고 말하라고 했다.

본문의 교훈을 정리해보자. 첫째로, 바벨론의 멸망은 하나님께서 내리시는 공의의 심판과 보응이었다. 53절, "멸망시킬 자가 내게서부터 그들에게 임하리라." 57절, "내가 그 방백들과 박사들과 감독들과 관장들과 용사들로 취하게 하리니 그들이 영영히 자고 깨지 못하리라." 공의로우신 하나님께서는 악인들을 공의로 보복하시며 보응하실 것이다.

둘째로, 하나님께서는 특히 바벨론의 신을 벌하실 것이다. 44절, "내가 벨을 바벨론에서 벌하고." 47절, "그러므로 보라, 날이 이르리니 내가 바벨론의 조각한 신상들을 벌할 것이라." 현대인들은 하나님 대신 돈이나 자기 자신이나 과학이나 육신의 쾌락을 사랑한다. 우리는 그런 우상들을 다 버리고 살아계시고 참되신 여호와 하나님만 섬겨야 한다.

셋째로, 이스라엘 백성은 바벨론에서 나와야 한다. 45절, "나의 백성아, 너희는 그 중에서 나와 각기 나 여호와의 진노에서 스스로 구원하라." 바벨론 나라는 멸망하는 세상을 예표한다. 우리는 장망성(將亡城) 같은 세상으로부터 구원을 얻고 세상과 구별된 삶을 살아야 한다.

52장: 유다의 멸망

〔1-2절〕 시드기야가 위(位)[왕위]**에 나아갈 때에 나이 21세라. 예루살렘에서 11년을 치리하니라. 그 모친의 이름은 하무달이라. 립나인 예레미야의 딸이더라. 시드기야가 여호야김의 모든 행위를 본받아 여호와 보시기에 악을 행한지라.**

예레미야 52장은 유다의 멸망에 대해 증거한다. 유다의 마지막 왕 시드기야는 21세에 왕이 되어 11년을 다스리면서 그의 이복형(왕하 23:36) 여호야김의 모든 행위를 본받아 여호와 보시기에 악을 행하였다. 성경이 왕을 언급할 때 그의 모친을 언급하는 것은 사람은 그를 낳고 기른 어머니의 영향을 많이 받기 때문일 것이다. 시드기야의 모친은 그를 위해 신앙적, 도덕적 교육에 소홀히 했던 것 같다.

〔3-6절〕 여호와께서 예루살렘과 유다를 진노하심이 그들을 그 앞에서 쫓아내시기까지에 이르렀더라. 시드기야가 바벨론 왕을 배반하매 시드기야 9년 10월 10일에 바벨론 왕 느부갓네살이 그 모든 군대를 거느리고 예루살렘을 치러 올라와서 그 성을 대하여 진을 치고 사면으로 흉벽을 쌓으매 성이 시드기야 왕 11년까지(나이 32세) **에워싸였더니 그 4월 9일에 성중에 기근이 심하여 그 땅 백성의 식물이 진하였더라**[먹을 것이 없었더라].

시드기야 왕의 악은 하나님의 진노를 일으켰다. 시드기야가 바벨론 왕을 배반하자 시드기야 9년 10월 10일에 바벨론 왕이 예루살렘 성을 치러 올라와 포위했고 시드기야 왕 11년(주후 586년경)까지, 즉 약 만 1년 6개월 동안 그러했다. 그 4월 9일에 성중에 기근이 심하여 백성의 먹을 것이 없었다. 사람들은 이제 더 이상 버틸 힘이 없었다.

〔7-11절〕 갈대아인이 그 성읍을 에워쌌더니 성벽을 깨뜨리매[성벽이 부서지매] **모든 군사가 밤중에 두 성벽 사이 왕의 동산 곁문 길로 도망하여 아라바 길로 가더니 갈대아인의 군대가 시드기야 왕을 쫓아가서 여리고 평지에서 미치매 왕의 모든 군대가 그를 떠나 흩어진지라. 그들이 왕을 잡아**

가지고 하맛 땅 립나에 있는 바벨론 왕에게로 끌고 가매 그를 신문(訊問)하니라. 바벨론 왕이 시드기야의 아들들을 그의 목전에서 죽이고 또 립나에서 유다의 모든 방백을 죽이며 시드기야의 두 눈을 빼고 사슬로 결박하여 바벨론으로 끌어다가 그 죽는 날까지 옥에 두었더라.

마침내 성벽이 부서졌고 왕은 모든 군사들과 함께 밤중에 아라바 길로 도망하다가 잡혀 바벨론 왕 앞에 끌려왔고 그의 눈 앞에서 그의 아들들이 죽임을 당했고 그의 두 눈이 뽑혔고 사슬로 결박되어 바벨론으로 끌려가 죽는 날까지 옥에 갇히었다. 비참하고 굴욕적이었다.

〔12-16절〕 바벨론 왕 느부갓네살의 19년 5월 10일에 바벨론 왕의 어전 시위대 장관 느부사라단이 예루살렘에 이르러 여호와의 전과 왕궁을 불사르고 예루살렘의 모든 집을 귀인의 집까지 불살랐으며 시위대 장관을 좇는 갈대아인의 온 군대가 예루살렘 사면 성벽을 헐었으며 시위대 장관 느부사라단이 백성 중 빈한한[가난한] **자와 성중에 남아 있는 백성과 바벨론 왕에게 항복한 자와 무리의 남은 자를 사로잡아 옮겨가고 빈천한 국민을 남겨두어 포도원을 다스리는 자와 농부가 되게 하였더라.**

느부갓네살 19년 5월 10일, 시위대 장관 느부사라단은 여호와의 전과 왕궁을 불살랐고 모든 집들을 불태웠고 예루살렘 성의 사면 성벽을 다 헐었다. 예루살렘 성은 황폐하게 되었다. 그는 사람들을 포로로 사로잡아 바벨론으로 갔고 가난한 자들 중 일부만 남겨두었다.

〔17-23절〕 갈대아인이 또 여호와의 전의 두 놋기둥과 받침들과 여호와의 전의 놋바다를 깨뜨려 그 놋을 바벨론으로 가져갔고 또 가마들과 부삽들과 불집게들과 주발들과 숟가락들과 섬길 때에 쓰는 모든 놋그릇을 다 가져갔으며 시위대 장관이 또 잔들과 화로들과 주발들과 솥들과 촛대들과 숟가락들과 바리들[그릇들] **곧 금물의 금과 은물의 은을 가져갔는데 솔로몬 왕이 여호와의 전을 위하여 만든 두 기둥과 한 바다와 그 받침 아래 있는 열두 놋소 곧 이 모든 기구의 놋 중수를 헤아릴 수 없었더라. 그 기둥은 한 기둥의 고가 18규빗이요 그 주위**[둘레]**는 12규빗이며 그 속이 비었고 그 두께는 사지놓이**[네 손가락 너비]**며 기둥 위에 놋머리가 있어 그 고가 다섯 규빗이요 머리 사면으로 돌아가며 꾸민 그물과 석류가 다 놋이며 또 다른 기둥**

에도 이런 모든 것과 석류가 있었으며 그 사면에 있는 석류는 96이요 그 기둥에 둘린 그물 위에 있는 석류는 도합이 100이었더라.

갈대아인들은 여호와의 전의 두 놋기둥과 놋바다를 비롯하여 셀 수 없이 많은 놋들과 성전 제사용 금과 은과 놋그릇들을 가져갔다.

〔24-30절〕 시위대 장관이 대제사장 스라야와 부제사장 스바냐와 전 문지기 세 사람을 잡고 또 성중에서 사람을 잡았으니 곧 군사를 거느린 장관 하나와 또 성중에서 만난 바 왕의 시종(侍從) 7인과 국민을 초모(招募)하는[백성을 소집하는] **군대장관의 서기관 하나와 성중에서 만난 바 국민 60명이라. 시위대 장관 느부사라단이 그들을 잡아가지고 립나 바벨론 왕에게 나아가매 바벨론 왕이 하맛 땅 립나에서 다 쳐 죽였더라. 이와 같이 유다가 사로잡혀 본토에서 떠났더라. 느부갓네살의 사로잡아 옮긴 백성이 이러하니라. 제7년에 유다인이 3,023이요 느부갓네살의 18년에 예루살렘에서 사로잡아 옮긴 자가 832인이요 느부갓네살의 23년에 시위대 장관 느부사라단이 사로잡아 옮긴 유다인이 745인이니 그 총수가 4,600인이었더라.**

많은 사람들은 바벨론 왕에게 끌려가 죽임을 당하였다. 바벨론 왕이 사로잡아 옮긴 유다 백성은 느부갓네살 제7년(주전 597년경, 여호야긴 때)에 3,023명, 제18년(주전 586년경)에 832명, 제23년(주전 581년경)에 745명 등 그 총수가 4,600명이었다.

〔31-34절〕 유다 왕 여호야긴이 사로잡혀간 지 37년 곧 바벨론 왕 에윌므로닥의 즉위 원년 12월 25일에 그가 유다 왕 여호야긴을 옥에서 내어놓아 그 머리를 들게 하고 그에게 선히 말하고 그의 위(位)를 그와 함께 바벨론에 있는 왕들의 위보다 높이고 그 죄수의 의복을 바꾸게 하고 그 일평생에 항상 왕의 앞에서 먹게 하였으며 그의 쓸 것은 날마다 바벨론 왕에게서 받는 정수(定數)가 있어서 죽는 날까지 곧 종신토록 끊이지 아니하였더라.

바벨론 왕 에윌므로닥(주전 561-559년)은 유다 왕 여호야긴에게 자비를 베풀었다. 여호야긴이 18세에 포로로 잡혀갔으므로(왕하 24:8, 12), 에윌므로닥이 그에게 자비를 베푼 때 여호야긴의 나이는 55세쯤 되었다. 에윌므로닥은 느부갓네살의 아들인데, 37년간 감옥에 갇혀 있었던 여호야긴과 어떤 연유로 알게 되고 친근하게 되었던 것 같고 또 여호야긴도 감옥살이를 하면서 회개하고 크게 반성하여 바벨론 왕의 호의를 받을 만한 좋은 인격으로 변화되었을 것이다.

에윌므로닥이 여호야긴에게 베푼 자비는 일곱 가지이었다. 첫째, 그는 그를 옥에서 내어놓았다. 37년간의 긴 감옥살이가 끝났다. 둘째, 그는 그의 머리를 들게 하였다. 이것은 그의 신분을 존중한다는 뜻이다. 셋째, 그는 그에게 선하게 말했다. 넷째, 그는 그의 지위를 그와 함께 바벨론에 있는 왕들의 지위보다 높였다. 다섯째, 그는 그의 죄수의 의복을 바꾸었다. 여섯째, 그는 그를 평생 자기의 식탁에서 함께 먹게 했다. 일곱째, 그는 그에게 필요한 것들 종신토록 주었다. 이것은 대단한 호의이었다. 그것은 유다의 회복에 대한 암시이었다.

본장의 교훈을 정리해보자. 첫째로, 유다의 마지막 왕 시드기야는 하나님 보시기에 악을 행했다. 우리는 하나님 앞에서 악을 행치 말아야 한다. 우리는 성경말씀에 비추어 또 이성과 양심에 비추어 모든 거리끼는 악을 버리며 항상 의롭고 선하고 진실하게 살아야 한다.

둘째로, 시드기야의 자녀들은 그의 눈앞에서 죽임을 당했고 그 자신의 두 눈은 뽑혔고 죽는 날까지 감옥에서 살았다. 성전과 왕궁, 그리고 예루살렘의 집들이 다 불탔다. 그것은 참으로 비참한 일이었다. 하나님께서는 악에 대해 진노하시고 보응하시고 징벌하신다. 역사는 우리에게 거울이 된다. 우리는 악에 대한 대가가 크다는 것을 알아야 한다.

셋째로, 37년간 감옥에 갇혀 있었던 여호야긴은 바벨론 왕 에윌므로닥의 호의를 입었다. 우리는 여호야긴보다 더 큰 호의를 하나님께 받았다. 하나님께서는 37년이 아닌 영원한 지옥 형벌에서 우리를 구원하셨고 하나님의 자녀로 삼으셨고 늘 부족한 우리를 항상 위로, 격려하시고 영육의 필요를 공급해주시고 언제나 우리를 붙드시고 가장 선한 길로 인도하신다(롬 8:28). 우리는 하나님의 그 크신 긍휼을 감사해야 한다.

예레미야 애가

서론

예레미야 애가의 **주요 내용**은 예루살렘 성의 비참한 멸망을 슬퍼하는 것이다. 1:1-2, "슬프다, 이 성이여. 본래는 거민이 많더니 이제는 어찌 그리 적막히 앉았는고. 본래는 열국 중에 크던 자가 이제는 과부 같고 본래는 열방 중에 공주 되었던 자가 이제는 조공 드리는 자가 되었도다. 밤새도록 애곡하니 눈물이 뺨에 흐름이여. 사랑하던 자 중에 위로하는 자가 없고 친구도 다 배반하여 원수가 되었도다."

예레미야 애가의 **저자**는, 비록 히브리어 본문에 언급되어 있지는 않지만, 전통적으로 선지자 예레미야라고 인정해왔다. 주후 3세기경의 헬라어 70인역은 본서의 제목을 '예레미야의 애가'라고 했고, 라틴어 벌게이트역과 요나단의 아람어 탈굼역, 그리고 영어성경들도 이 전통을 따라 '예레미야 애가'라고 했다. 초대교부들이나 종교개혁자들이나 유력한 주석가들이 다 그 전통을 따랐다.

특히 저자는 예루살렘 멸망을 직접 목격했는데, 예레미야가 바로 그러하였다. 또 본서는 예레미야서와 문체적 유사성도 많이 보인다. 예레미야는 예레미야 9:1에서 "어찌하면 내 머리는 물이 되고 내 눈은 눈물 근원이 될꼬? 그렇게 되면 살륙 당한 딸 내 백성을 위하여 주야로 곡읍하리로다"라고 말했었다.

본서의 **특징적 진리**는 하나님의 진노이다. 본서에는 '진노' '노'라는 말이 14회, '원수' '대적'이라는 말이 24회, 또 '멸망' '황폐'라는 말이 19회 나온다. 예루살렘 성의 멸망의 원인은 죄 때문이다. 예루살렘은 그 거민들의 죄가 많으므로(1:5), 그들이 크게 범죄하므로(1:8), 여호와의 명령을 거역하였으므로(1:18), 나의 모든 죄악을 인하여(1:22), 우리의 범죄함과 패역함 때문에(3:42), 내 백성의 죄가 소돔의 죄악보다 중하므로(4:6), 그 선지자들의 죄와 제사장들의 죄악을 인하여

(4:13), 우리의 범죄함을 인하여(5:16) 멸망했다. 하나님께서는 자기 백성 이스라엘이라 할지라도 범죄할 때에 심히 노하셨다.

또 본서는 사람의 구원이 오직 하나님의 긍휼로 말미암음을 계시한다. 예레미야의 눈물은 죄로 멸망한 백성에 대한 인간 예레미야의 안타까움의 마음을 나타낼 뿐 아니라, 자기 백성을 향하신 하나님의 긍휼의 눈물을 나타내기도 할 것이다. 예레미야 애가 5:21은 본서의 중요한 진리이고 성경 전체의 중요한 진리이다. "여호와여, 우리를 주께로 돌이키소서. 그리하시면 우리가 주께로 돌아가겠사오니."

부수적으로, 본서는 **어크로스틱(acrostic) 형식**으로 기록되어 있다. 어크로스틱 형식이란 각 절이 알파벳 순서로 시작되는 것을 말한다. 1, 2, 4장은 각각 히브리어 알파벳 순서로 시작되는 22절로 구성되었고, 3장의 66절은 세 절씩 알파벳 순서로 시작된다. 단지 2:16-17; 3:46-51; 4:16-17은 ע과 פ의 순서가 바뀌었다. 그러나 5장은 어크로스틱 형식을 사용하지 않고 있다.

본문 혹은 각주에 자주 사용된 약어

KJV	영어 King James Version
NASB	영어 New American Standard Version
NIV	영어 New International Version
LXX	고대 헬라어 70인역
Syr	고대 수리아어역
It	고대 라틴어역
Vg	고대 라틴어 Vulgate역
BDB	Brown-Driver-Briggs, *Hebrew Lexicon of the O. T.*
KB	Koehler-Baumgartner, *Lexicon in Veteris Testamenti Libros*
NBD	*The New Bible Dictionary.* IVP.
Poole	Matthew Poole, *A Commentary on the Holy Bible.*
JFB	Jamieson, Faussett, Brown 주석.
박윤선	박윤선, 구약주석.

1장: 예루살렘의 황폐함을 슬퍼함

1-6절, 슬프다, 이 성이여

〔1절〕 **슬프다, 이 성이여, 본래는 거민이 많더니**[어찌하여 백성이 가득하던 성이] **이제는 (어찌) 그리 적막히 앉았는고. 본래는 열국 중에 크던 자가 이제는 과부 같고 본래는 열방 중에 공주 되었던 자가 이제는 조공 드리는 자**[강제노역자(NASB), 종(NIV)]**가 되었도다.**

바벨론 군대의 침입과 전쟁으로 많은 사람들이 죽었고 어떤 이들은 사방으로 도망쳤으며 또 많은 이들은 포로로 잡혀갔기 때문에 이제 예루살렘 성은 거민 수가 매우 줄어 적막한 곳이 되었다. 그 성은 이제 남편과 사별한 과부같이 쓸쓸하며 낙이 없게 되었다. 이전에는 열국들 중에 크고 지방들 중에 공주같이 존귀하던 성, 경건한 성도들이 가장 사랑하고 즐거워했던 그 성이 이제는 종처럼 바벨론 사람들의 지배를 받고 그 거민들이 학대와 강제노역을 당하고 있다.

〔2절〕 [그가] **밤새도록**(발라옐라 בַּלַּיְלָה)[밤에](KJV, NASB, NIV) **애곡하니 눈물이 뺨에 흐름이여, 사랑하던** [모든] **자 중에 위로하는 자가 없고 친구도 다 배반하여 원수가 되었도다.**

선지자 자신을 포함하여 그 성의 남은 거민들은 밤에 애곡하였다. 그들이 밤에 애곡한 것은 낮에는 노역으로 수고로운 시간을 보냈기 때문일 것이다. 좀 쉬고 웃고 해야 할 밤에 쉬지 못하고 웃지 못하고 애곡하였다는 뜻일 것이다. 예루살렘 성을 사랑하던 모든 자들 중에 위로하는 자가 없고 모든 친구도 배반하여 원수가 되었다. 전에 이스라엘과 유다가 강한 때에는 조공을 바치고 친근히 하고 동맹 관계를 맺었던 이웃 나라들이 많았으나 유다 나라가 멸망할 당시에는 그들이 다 등을 돌렸다. 이웃 나라들과의 동맹 관계는 허무하였다.

〔3절〕 **유다는 환난과 많은 수고로 인하여 사로잡혀 갔도다. 저가 열방에**

거하여 평강[안식]**을 얻지 못함이여, 그 모든 핍박하는 자가 저를 쫓아 협착한 곳에**[심한 고통 중에] **미쳤도다.**

유다 백성들은 환난과 많은 수고를 당하는 중에(NASB) 바벨론의 포로로 사로잡혀갔다. 포로로 간 그들은 이방나라들에 거하여 충분한 잠과 휴식을 취하지 못했고 심한 고통 중에 처하였다.

〔4절〕 시온의 도로가 처량함(아벨롯 אֲבֵלוֹת)[애곡함](BDB, KJV, NASB)**이여, 절기에 나아가는 사람이 없음이로다. 모든 성문이 황적**[황폐]**하며 제사장들이 탄식하며 처녀들이 근심하며 저도**[그 성 자체가] **곤고를 받았도다.**

예루살렘의 도로들은 기쁜 절기에 나아가는 사람들이 없기 때문에 애곡하는 것 같았다. 모든 성문들은 황폐하고 제사장들이 탄식하며 처녀들이 근심하고 그 성 자체가 곤고한 상태에 있었다.

〔5-6절〕 저의 대적이 머리가 되고 저의 원수가 형통함은 저의 죄가 많으므로 여호와께서 곤고케 하셨음이라. 어린 자녀들이 대적에게 사로잡혔도다. 처녀 시온의 모든 영광이 떠나감이여, 저의 목백[방백들]**은 꼴을 찾지 못한 사슴이 쫓는 자 앞에서 힘없이 달림 같도다.**

유다 백성의 대적들은 그들의 머리가 되고 그의 원수들은 형통했다. 왜 유다 백성과 예루살렘 성에 이런 일이 생긴 것인가? 그것은 그들의 죄가 많아 하나님께서 그들을 곤고케 하셨기 때문이다. 신명기 28장에서 하나님께서는 이스라엘 백성이 하나님의 법을 순종하면 열국 가운데서 머리가 되고 꼬리가 되지 않게 하겠다고 약속하셨고(13절), 반대로 그들이 하나님의 법을 지키지 않으면 그들 중에 우거하는 이방인들이 머리가 되고 그들은 꼬리가 될 것이라고 경고하셨다(43-44절). 예루살렘 성의 멸망은 하나님의 경고대로 된 것이다.

사람이 다 죄인이지만 죄가 작을 경우 하나님께서 그렇게 무섭게 징계하지는 않으시는 것 같으나, 사람이 계속하여 많은 죄를 지을 때 하나님께서는 그를 무섭게 징벌하신다. 그들은 곤고함을 당하였고 그들의 어린 자녀들은 사로잡혔고 시온의 모든 영광은 떠나갔다. 그들의 방백들은 꼴을 찾지 못해 힘없이 달리는 사슴과 같았다. 노아의 시대에도 사람들의 죄악이 세상에 가득하고 온 땅이 하나님 앞에서 패괴하고 강포가 땅에 가득하였을 때, 하나님께서는 홍수로 온 땅과 거기 거하는 생물들을 멸하셨었다(창 6:5, 11, 13). 그러므로 우리는 죄가 많다고 깨달을 때뿐 아니라, 조금 있을 때부터 회개해야 한다. 죄가 계속 누적되면, 또 그 죄를 회개치 않고 끝까지 고집하면, 사람은 마침내 하나님께 큰 벌을 받고 결국 망하게 될 것이다.

본문의 교훈을 정리해보자. 첫째로, 예루살렘 성은 이전에 크고 공주같이 존귀하던 성이었고 경건한 성도들이 가장 사랑하고 즐거워했던 성이었지만, 그 거민들이 범죄할 때 그 성은 그 영광을 상실하고 멸망하고 황폐케 되었다. 세상의 부귀와 영광이 다 그렇다. 그것은 일시적이며 사람들이 계속 악을 짓고 고집하면 어느 날 다 없어지고 말 것이다. 전도서의 교훈대로, 땅의 모든 것은 참으로 헛되며, 이사야의 말씀대로, 모든 육체는 풀과 같고 그 영광은 풀의 꽃과 같다(사 40:6). 우리는 이 세상의 부귀와 영광과 권세를 크게 여기거나 의지하지 말아야 한다.

둘째로, 바벨론 제국이 유다 나라를 침공했을 때 유다 나라의 이웃들과 동맹국들은 유다 나라를 위하지 않았다. 친구들은 언제나 배신하고 떠나갈 수 있고 동맹국들도 그러하다. 오늘 친구와 동맹인 자들이 내일 원수가 될 수 있는 것이 세상이다. 사람들은 우리의 참된 위로와 도움이 되지 못한다. 그러므로 우리는 모든 사람을 사랑하고 친절히 대하고 그에게 선을 베풀어야 하지만, 사람을 너무 신뢰하지는 말아야 한다.

셋째로, 우리는 오직 하나님만 경외하고 의지하고 그의 명령만 순종해야 한다. 이것이 성경이 말하는 사람의 본분이며 평안의 길이다. 전도서 12:13, "일의 결국을 다 들었으니 하나님을 경외하고 그 명령을 지킬지어다. 이것이 사람의 본분이니라." 이사야 48:18, "슬프다, 네가 나의 명령을 듣지 아니하였도다. 만일 들었더면 네 평강이 강과 같았겠고."

7-11절, 그 결말을 생각지 않음

〔7절〕 예루살렘이 환난과 군박(窘迫)을 당하는(메루드 מְרוּד)[정처 없음의] **날에 옛날의 모든 즐거움을 생각함이여, 백성이 대적의 손에 빠지나 돕는 자가 없고 대적은 보고 그 황적(荒寂)함**(미슈밧 מִשְׁבָּת)[멸망](BDB)**을 비웃도다.**

예루살렘 거민들은 환난을 당하고 정처 없이 행하고 있다. 사람들은 옛날의 모든 즐거움을 생각한다. 옛날에는 성안에 평안과 즐거움이 있었다. 또 먹을것도 넉넉하였고 가족과 이웃 간의 사랑의 교제도 있었다. 그러나 지금은 그들에게 환난과 정처 없음뿐이다.

또 백성은 대적의 손에 빠졌다. 본서에는 '대적'(차르 צַר, 9번)이나 '원수'(오옙 אֹיֵב, 15번)라는 말이 24번이나 나온다. 백성이 대적의 손에 빠진다는 말은 대적이 지배하고 학대한다는 말이다. 또 이런 상황에서도, 예루살렘을 돕는 자가 없었다. 예루살렘은 자신을 지킬 힘이 없었고 그가 믿었던 애굽의 도움도 얻지 못했다. 물론 하나님의 도우심도 얻지 못하였다. 그것은 가장 불행한 일이었다. 대적들은 예루살렘의 멸망을 비웃었다. 예루살렘은 참으로 불쌍한 처지가 되었다.

〔8절〕 예루살렘이 크게 범죄하므로 불결한 자같이 되니 전에 높이던 모든 자가 그 적신(赤身)[벌거벗음]**을 보고 업신여김이여, 저가 탄식하며 물러가도다.**

예루살렘의 문제는 그 거민들이 크게 범죄한 데 있었다. 작은 죄는 하나님께 쉽게 용서받기도 할 것이지만, 사람이 큰 죄를 지으면 하나님께서 그를 멸망시키실 수밖에 없다. 하나님께서는 오래 참으시지만, 큰 죄를 짓고도 끝까지 회개치 않는 자를 반드시 벌하신다.

예루살렘의 죄는 또한 '불결함'이라는 말로 표현되었다. 거민들이 우상을 섬기고 부도덕하게 행한 것은 하나님 앞에서 보기에 좋지 못하고 더럽고 추한 모습이다. 이런 불결함 때문에 그들은 멸망을 당한 것이고 육신적으로도 낮아지고 상하고 찢기고 더러워진 것이다.

예루살렘 성전과 왕궁은 다 부서져 공개되었고 왕후와 공주들과 궁녀들은 짓밟힘을 당했다. 이전에 예루살렘을 높이며 그에게 조공도 바치러 왔던 이웃 나라들이 이제는 예루살렘의 벌거벗은 모습을 보고 업신여긴다. 예루살렘 거민들 자신도 탄식하며 물러갔다.

〔9절〕 **저의 더러움이 그 치마에 있[었]으나 결국을 생각지 아니함이여**[아니하였도다], **그러므로 놀랍게 낮아져도 위로할 자가 없도다. 여호와여, 원수가 스스로 큰 체하오니**[원수가 거대해졌사오니] **나의 환난을 감찰하소서.**

'저의 더러움이 그 치마에 있다'는 말은 영적 음란의 죄를 묘사한 것 같다. 예루살렘은 우상숭배의 죄를 범했으나 그 결말을 생각하지 않았다. 그들은 자신의 미래를 대비하지 못하였다. 그러므로 그 성은 놀랍게 낮아졌다. 그 부요하고 영화롭고 평화로웠던 성은 이런 수치와 궁핍을 당하고 있어도 그를 위로할 자가 아무도 없었다.

원수들은 거대한 세력이 되었고 예루살렘은 미약해졌다. 이런 때, 예레미야는 하나님께 호소한다. 죄로 인하여 징벌을 받는 성도에게도 한가닥 소망이 있다면, 그것은 하나님께 호소하는 것이다. 하나님께서 돌아보시면 그는 어떤 곤란 중에서도 구원을 얻을 것이다.

〔10절〕 **대적이 손을 펴서 보물을 빼앗았나이다**[빼앗았사오니, 이는] **주께서 이미 이방인을 금하여 주의 공회에 들어오지 못하게 하셨사오나 저희가 성소에 들어간 것을 예루살렘이 보았나이다**[보았음이니이다].

성전은 이스라엘에게 가장 귀한 곳이다. 하나님께서는 그 거룩한 성소로 이스라엘과 이방을 구별하셨다. 그러나 이방인들이 성소를 짓밟고 그 곳에 들어갔고 성도들은 이제 그것을 보고 탄식한다.

〔11절〕 **그 모든 백성이 생명을 소성시키려고 보물로 식물들을 바꾸었더니 지금도 탄식하며 양식을 구하나이다. 나는 비천하오니**(졸렐라 זוֹלֵלָה) [무가치하오니](BDB) **여호와여, 나를 권고하옵소서**[돌아보옵소서].

예루살렘에 거하는 백성에게는 먹을것이 심각하게 부족하였다. 그들은 보물로 식물들을 바꾸어 먹었고 지금도 탄식하며 양식을 구하고 있다. 선지자는 예루살렘의 형편을 대신해 “나는 무가치하오니”라고 표현한다. 그러나 선지자는 다시 하나님께 호소한다. “여호와여, 나를 돌아보옵소서.” 멸망당하는 유다 백성의 남은 소망은 오직 하나님의 돌아보심뿐이다. 하나님의 긍휼 외에 다른 소망은 없었다.

본문의 교훈을 정리해보자. 첫째로, 존귀하던 예루살렘 성은 멸망하여 황폐케 되고 비천케 되었다. 예루살렘 거민은 옛날의 즐거움을 기억할 뿐 지금은 고통과 슬픔뿐이다. 그들은 자유가 없고 돕는 자도 없고 원수의 비웃음을 받으며 벌거벗겨지고 탄식하고 있다. 그들은 낮아졌고 위로하는 자도 없다. 원수는 커졌고 성전은 짓밟혔으며 그들은 먹을 것이 심각히 부족하였고 심히 비천하고 무가치한 자가 되었다.

둘째로, 예루살렘의 멸망의 원인은 그들의 큰 죄와 불결 때문이었다(8-9절). 그들의 죄는 우상숭배와 부도덕이었고, 그것은 자신들을 더럽게 하였다. 그들은 모든 죄를 버리고 하나님 중심으로 삶으로써 미래를 대비했어야 했다. 우리는 모든 죄를 버리고 미래를 대비해야 한다.

셋째로, 그들에게 소망이 있다면, 그것은 하나님의 긍휼에 호소하며 모든 죄를 버리고 계명을 순종하는 것이다. 11절, “여호와여, 나를 돌아보옵소서.” 죄인의 소망은 오직 하나님의 긍휼과 은혜에 있다. 또 하나님의 긍휼과 은혜를 구하는 자마다 이제는 경건하고 의롭고 선하게만 살아야 한다. 그러면, 우리는 평안을 누릴 것이다. 이사야 48:18, “네가 나의 명령을 듣지 아니하였도다. 만일 들었더면 네 평강이 강과 같았겠고.” 또 하나님의 능력의 보호를 체험할 것이다. 이사야 43:2, “네가 물 가운데로 지날 때에 내가 함께할 것이라. . . . 네가 불 가운데로 행할 때에 타지도 아니할 것이요 불꽃이 너를 사르지도 못하리라.” 또 의식주의 공급함도 받을 것이다. 마태복음 6:33, “너희는 먼저 하나님의 나라와 그의 의를 구하라. 그리하면 이 모든 것을 너희에게 더하시리라.”

12-17절, 주께서 징벌하심

〔12절〕 무릇 지나가는 자여, 너희에게는 관계가 없는가? 내게 임한 근심 같은 근심이 있는가? 볼지어다, 여호와께서 진노하신 날에 나를 괴롭게 하신 것이로다.

유다 땅을 지나는 자들은 유다 백성의 근심과 고통에 대해 무관심한 것 같았다. 그들은 유다 백성의 고통을 동정하지 않았다. 사람이 평안할 때 환난 당하는 가난한 이웃에게 무관심한 것도 잘못이다(겔 16:49; 약 4:17). 환난 받는 이웃을 동정하지 않는 것은 죄악이다.

하나님께서는 오래 참으시지만 진노하시는 날이 있다. 그는 진노하신 날에 유다 백성을 괴롭게 하셨다. 역사상 하나님의 심판의 날이 종종 있었고 마지막으로 온 세상을 공의로 심판하실 날이 올 것이다(롬 2:5). 하나님께서는 평안도 주시지만 환난도 주신다(사 45:7). 우리는 하나님의 주권적 섭리와 악인에 대한 징벌을 믿는다.

〔13절〕 [그가] **위에서부터 나의 골수에 불을 보내어 이기게 하시고** [그가] **내 발 앞에 그물을 베푸사 나로 물러가게 하셨음이여,** [그가 나를] **종일토록**(콜-하이욤 כָּל־הַיּוֹם)[항상](BDB) **고적(孤寂)하여 곤비케 하셨도다.**

"위에서부터 나의 골수에 불을 보내어 이기게 하셨다"는 표현은 하나님께서 그의 뼈들에 불같은 고통을 보내셔서 견딜 수 없게 하셨다는 뜻이다. 또 하나님께서는 그의 발 앞에 그물을 베푸셔서 그로 물러가게 하셨고 항상 쓸쓸하여 곤비케 하셨다. 하나님께서는 모든 일을 행하신다. 사람의 누리는 복도, 당하는 화도 다 하나님께로부터 온다. 하나님께서는 유다 백성에게 불같은 화를 내리셨다.

〔14절〕 내 죄악의 멍에를 그 손으로 묶고 얽어 내 목에 올리사 내 힘을 피곤케 하셨음이여, 내가 당할 수 없는 자의 손에 주께서 나를 붙이셨도다.

하나님께서는 유다의 죄악들과 그 결과를 손으로 묶고 얽어 그의 목에 올리셨고 그의 힘을 피곤케 하셨다. 또 주께서는 그가 당할 수 없는 자의 손에 그를 붙이셨다. '주께서'라는 원어(아도나이 אֲדֹנָי)는 '주권자'를 가리키는 말이며, 15절에도 두 번 더 나온다. 하나님께서는 모세의 율법에서 이스라엘 백성이 만일 하나님의 법을 순종하면 그들 다섯 명이 원수 백 명을 쫓고 그들 백 명이 원수 만 명을 쫓을 것이라고 약속하셨으나, 반면에 만일 그들이 하나님의 법을 순종치 않으면 원수에게 지고 세계 만국으로 흩어질 것이라고 경고하셨다(레 26:7-8, 17). 유다의 패배는 이 율법의 경고대로 된 것이다.

〔15절〕 주께서 내 지경 안 모든 용사를 없는 것같이 여기시고 성회를 모아 내 소년들을 부수심이여, [주께서] **처녀 유다를 술틀에 밟으셨도다.**

'없는 것같이 여기셨다'는 원어(실라 סִלָּה)는 '경멸하셨다'(BDB), '거절하셨다'(KB, NASB, NIV)는 뜻이다. 주께서는 유다 지경 안의 모든 군사들을 경멸하시며 거절하셨고 대회를 열어 그 청년들을 죽게 하셨다. 그는 처녀 유다를 술틀에 밟아 굴욕과 멸망을 당하게 하셨다.

〔16절〕 이를 인하여 내가 우니 내 눈에 눈물이 물같이 흐름이여, 나를 위로하여 내 영을 소성시킬 자가 멀리 떠났음이로다[이는 내 영혼을 소생시킬 위로자가 나를 멀리 떠났음이로다]. **원수들이 이기매 내 자녀들이 외롭도다.**

예레미야는 하나님의 징벌과 예루살렘의 참혹한 멸망의 현실 앞에서 울었다. 원문에는 '내 눈에'라는 말(에니 에니 עֵינִי עֵינִי)이 두 번 나온다(KJV). 선지자의 눈에서는 비오듯 눈물이 펑펑 쏟아졌다. 위로자이신 하나님께서는 유다를 멀리 떠나셨고 돕지 않으셨다. 원수들은 유다 백성을 이겼고 유다 자손들은 쓸쓸하게 되었다.

하나님께서 유다 백성을 멀리 떠나신 것은 그들이 범죄했기 때문이다. 이사야 59:1-2, "여호와의 손이 짧아 구원치 못하심도 아니요 귀가 둔하여 듣지 못하심도 아니라. 오직 너희 죄악이 너희와 너희 하나님 사이를 내었고 너희 죄가 그 얼굴을 가리워서 너희를 듣지 않으시게 함이라." 에스겔 8:6, "그들이 여기서 크게 가증한 일을 행하여 나로 내 성소를 멀리 떠나게 하느니라."

〔17절〕 시온이 두 손을 폈으나 위로할 자가 없도다. 여호와께서 야곱의 사면에 있는 자를 명하여 야곱의 대적이 되게 하셨으니 예루살렘은 저희 가운데 불결한 자 같도다.

두 손을 펴는 것은 하나님과 사람에게 도움을 요청하는 모습이다. 그러나 시온을 위로할 자가 없었다. 하나님께서도 그를 위로하지 않으시고 사람들 중에도 위로자가 없었다. 하나님께서는 유다의 사면에 있는 자들을 그들의 대적이 되게 하셨다. 그것은 하나님께서 하신 일이었다. 예루살렘 성은 그들 가운데 불결한 자같이 되었다.

본문의 교훈을 정리해보자. 첫째로, 유다의 멸망은 하나님께서 행하신 일이며 하나님께서 명하신 일이었다. 하나님께서는 세상의 크고 작은 모든 일, 좋고 나쁜 모든 일을 다 섭리하신다. 사무엘상 2:6-7, "여호와께서는 죽이기도 하시고 살리기도 하시며 음부에 내리게도 하시고 올리기도 하시는도다. 여호와께서는 가난하게도 하시고 부하게도 하시며 낮추기도 하시고 높이기도 하시는도다." 우리는 범사에 주권적 섭리자 하나님을 인정하며 그를 의지하며 그의 주권적 섭리를 믿어야 한다.

둘째로, 예루살렘의 멸망의 이유는 그들의 죄 때문이었다. 죄의 결과는 큰 불행과 고통이었다. 예루살렘 성은 근심과 고통 가운데 떨어졌고 황폐하고 쓸쓸하며 곤비해졌다. 그들의 군대는 경멸과 죽임을 당했고 유다 백성은 짓밟혔다. 죄는 모든 좋은 것들을 빼앗고 가로막고 모든 재앙을 가져온다. 죄는 불행과 사망의 원인이다. 우리가 세상에서 조심해야 할 일은 오직 죄 짓지 않는 것이다. 우리는 죄를 멀리해야 한다.

셋째로, 예루살렘 성의 멸망의 때 그들에게는 위로자가 없었다. 그들은 이웃의 동맹국들에게서 위로를 얻지 못했다. 그것은 실상 그들이 참 위로자 하나님과 대적이 되었기 때문이다. 하나님께서는 전쟁터 같은 세상에서 우리의 참 위로자이시다. 그러므로 세상 사는 동안 하나님과 동행하는 것은 가장 큰 복이며 큰 위로와 힘과 승리의 길이다. 하나님의 위로를 받지 못하는 자는 세상에서도 참 위로를 받지 못할 것이다.

18-22절, 나의 거역과 패역 때문에

〔18절〕 여호와는[여호와 그는] **의로우시도다.** [이는] **내가 여호와의 명령을 거역하였도다**[거역하였음이로다]**. 너희 모든 백성들아, 내 말을 듣고 내 근심을 볼지어다. 나의 처녀와 소년들이 사로잡혀 갔도다.**

하나님께서는 의로우시다. 의롭다는 말은 '기준에 맞다'는 뜻이다. 그 기준은 하나님 자신, 즉 하나님의 속성, 하나님의 뜻, 하나님의 계명과 율법이다. 예레미야가 하나님을 의롭다고 말하는 까닭은 유다의 멸망이 하나님의 공의로운 처분이었기 때문이다. 그러므로 그는 "내가 여호와의 명령을 거역하였음이로다"라고 말한다. 그가 무슨 큰 죄를 지었다는 뜻이 아니다. 비록 그 자신도 부족한 자이지만, 그는 지금 유다 민족을 대표해 유다의 죄악됨을 하나님 앞에 아뢰는 것이다. 유다의 멸망은 그들이 하나님의 명령을 거역하였기 때문에 왔다.

예레미야는 "너희 모든 백성들아, 내 말을 들으라"고 말한다. 그는 유다 백성들에게 지금이라도 이 재앙이 하나님의 공의의 처분이요 우리의 죄 때문에 온 것을 알라고 말하는 것이다. 또 그는 그들이 그의 근심을 보라고 말한다. 또 그는 예루살렘의 소년 소녀들을 "나의 처녀와 소년들"이라고 부르며 그들이 사로잡혀갔다고 말한다. 그들은 2세들이요 다음 시대를 책임질 자들이며 미래의 소망이다. 그러나 그들이 사로잡혀갔고 노예가 되었고 사람의 기본적 권리를 다 빼앗긴 자가 되었다. 이제 유다 나라의 소망은 없어졌고 미래는 사라졌다.

〔19절〕 내가 내 사랑하는 자를 불렀으나 저희가 나를 속였으며 나의 제사장들과 장로들은 소성시킬 식물을 구하다가 성중에서 기절하였도다.

'내 사랑하는 자들'은 유다의 이웃 나라들, 어려울 때 도와주겠다고 약속했던 동맹국들을 가리키는 것 같다. 어려울 때 친구가 진짜 친구인데, 그들은 전에는 유다와 친근한 교류가 있었지만, 유다가 어려울 때 관심과 동정을 가지지 않았고 아무런 도움을 주지 않았다. 그들은 유다를 속였고 동맹으로서의 약속을 지키지 않았다. 또 제사장들과 장로들은 음식을 구하다가 성중에서 기절하고 죽어 갔다. 기본적인 것들, 즉 사람들의 생명을 유지할 음식들이 없었다.

〔20절〕 여호와여, 돌아보옵소서. [이는] **내가 환난 중에서 마음이 괴롭고 마음이 번뇌하오니**[번뇌함이니이다.] [이는] **나의 패역이 심히 큼이니이다. 밖으로는 칼의 살륙이 있고 집에는 사망 같은 것이 있나이다.**

예레미야의 마음은 괴롭고 번뇌하였다. 평안이 없었다. 행복하지 못하였다. 그래서 그는 하나님께 호소하며 기도한다. 그는 하나님을 찾고 그의 이름을 부른다. 예레미야는 하나님을 아는 자이며 하나님을 믿는 자이다. 하나님을 알고 믿고 의지하는 자마다 이 세상 사는 동안 어려운 문제를 만났을 때 낙심치 않고 하나님께 기도할 것이다.

또 예레미야는 유다의 번뇌와 고통, 즉 그 재앙의 원인이 무엇인지 말한다. 그것은 그의 패역이 심히 컸기 때문이었다. 유다 백성은 죄 때문에, 그의 패역의 큰 죄 때문에 심한 고통과 불행 가운데 떨어졌다. 길거리에는 칼의 살육이 있었고 집 안에는 사망 같은 것이 있었다. 많은 사람들이 굶주림과 질병과 부상으로 인해 죽어가고 있었다.

〔21절〕 저희가 나의 탄식을 들었으나 나를 위로하는 자가 없고 나의 모든 원수가 나의 재앙을 들었으나 주께서 이렇게 행하심을 기뻐하나이다. [그러나] **주께서 반포하신 날을 이르게 하시리니 저희가 나와 같이 되겠나이다.**

유다의 모든 원수들은 유다 백성의 탄식을 들었지만 유다를 위로하지 않았다. 고난 당하는 자에게 위로의 말이 큰 힘이 되지만, 유다 백성은 그런 위로의 말을 들을 수 없었다. 원수들은 유다의 재앙을 들었으나 주께서 그렇게 행하심을 기뻐했다. 그들은 무정한 자들이었고 자기 자신의 부족과 악함을 알지 못하는 무지한 자들이었다.

유다의 멸망은 주님 곧 주권적 섭리자 하나님께서 행하신 일이었다. 이미 12절, 17절은 여호와께서 진노하셔서 그 사면에 있는 자들을 대적이 되게 하셨음을 말했고, 14절, 15절은 주(아도나이, 3번)께서 유다를 원수의 손에 붙이셨고 그 용사들을 죽게 하셨다고 말하였다. 유다의 멸망은 하나님께서 선언하신 바대로 된 일이었다. 그는 그가 선언하신 그 날을 오게 하셨다. 심판과 멸망의 그 날은 기어코 오고야 말았다. 그러나 장차 유다의 원수들도 똑같이 멸망할 것이다.

〔22절〕 저희 모든 악을 주 앞에 나타내시고 나의 모든 죄악을 인하여 내게 행하신 것같이 저희에게 행하옵소서. [이는] **나의 탄식이 많고 나의 마음이 곤비하니이다**[곤비함이니이다].

예레미야는 유다의 멸망이 그들의 모든 죄악 때문임을 다시 고백한다. 유다의 멸망은 그들이 하나님의 명령을 거역했기 때문에(18절), 그들의 패역이 심히 컸기 때문에(20절), 또 그들의 모든 죄악 때문에(22절) 온 것이었다. 그러나 예레미야는 원수 나라들도 유다처럼 그들의 죄 때문에 멸망을 당하게 하시기를 하나님께 탄원한다. 그들의 죄란 우상숭배, 부도덕함, 포학함, 무정함 등이다. 특히 이방인들이 유다 백성에게 행한 강포와 악행, 유다 백성이 그들에게 당한 억울한 학대에 대해서 하나님께서는 공의로 심판하실 것이다.

본문의 교훈을 정리해보자. 첫째로, 유다 백성의 죄는 그들의 고통과 근심, 번뇌와 곤비함, 굶주림과 포로로 잡혀감, 살육과 사망의 원인, 즉 그들의 멸망의 원인이었다. 반면에, 사람의 의는 생명과 평안과 기쁨의 원인이다(사 48:18). 우리는 모든 죄를 버리고 죄를 짓지 말아야 한다.

둘째로, 유다는 동맹국들이 있었으나 전쟁 때에 아무런 도움이 되지 못하고 속임을 당했다. 자녀들은 포로로 잡혀갔고 음식은 고갈되었다. 하나님을 의지하지 않고 사람만 의지하는 자는 절망할 때가 올 것이다. 우리는 사람이나 세상이나 세상의 것들을 의지하지 말아야 한다.

셋째로, 유다 백성은 재앙을 당하면서도 회개치 않았다. 그들은 하나님을 거역했고 심히 패역했다. 선지자만 그들을 대표해 회개의 기도를 올렸을 뿐이다. 사람은 징벌 중에서라도 회개하는 것이 사는 길이다.

2장: 하나님의 진노와 형벌

1-10절, 하나님의 맹렬한 진노

〔1절〕 슬프다, 주께서 어찌 그리 진노하사 처녀 시온을 구름으로 덮으셨는고. 이스라엘의 아름다운 것(티프에렛 תִּפְאֶרֶת)[아름다움, 영광]**을 하늘에서 땅에 던지셨음이여, 진노하신 날에 그 발등상을 기억지 아니하셨도다.**

유다의 멸망은 주 하나님께서 하신 일이었다. 1-10절 원문의 본문에는 '주께서'라는 말(아도나이 אֲדֹנָי)이 4번(1, 2, 5, 7절), 또 '여호와께서'라는 말(יְהוָה)이 2번 나온다(6, 8절). 하나님께서는 복도 주시지만 재앙도 내리신다. 재앙은 사람의 죄에 대한 그의 징벌이다.

유다의 멸망은 하나님께서 불같이 진노하심으로 왔다. 1절, "진노하사 . . . 진노하신 날에." 2절, "노하사." 3절, "맹렬한 진노로." 4절, "노를 불처럼." 예레미야 애가서 전체에 '진노'라는 말이 열네 번 나온다. 하나님께서는 사람의 죄에 대해 불같이 진노하신다.

하나님께서는 진노의 구름으로 예루살렘을 덮으셨다. 마치 폭우가 쏟아지기 전에 검은 구름이 하늘을 캄캄하게 만들며 두려움을 주듯이, 하나님께서는 진노의 구름으로 예루살렘을 덮으셨다.

하나님께서는 이스라엘의 아름다운 것을 하늘에서 땅에 던지셨다. 이스라엘과 예루살렘은 하나님의 은혜로 그를 섬기며 그의 계명을 지키는 동안에는 기쁨과 평안과 사랑이 넘쳤고 질서가 있었고 물질적 유여함이 있었고 또 군사적으로도 강하였다. 그러나 그들이 하나님을 저버리고 그의 계명을 지키지 않았을 때 하나님께서는 진노하셔서 이스라엘의 아름다움과 영광을 하늘에서 땅에 던지셨다.

또 하나님께서는 그 진노하신 날에 그의 발등상을 기억지 아니하셨다. 그의 발등상은 그의 임재(臨在)가 있는 성전을 가리킨 것 같다. 시편 132:7은 "우리가 그의 성막에 들어가서 그 발등상 앞에서 경배하리로다"고 말한다. 유다와 예루살렘이 멸망하는 날, 예루살렘 성전은 더 이상 하나님의 특별한 보호의 대상이 되지 못하였다.

〔2-3절〕 주께서 야곱의 모든 거처를 삼키시고 긍휼히 여기지 아니하셨음이여, 노하사 처녀 유다의 견고한 성을 헐어 땅에 엎으시고 나라와 방백으로 욕되게 하셨도다. 맹렬한 진노로 이스라엘 모든 뿔을 자르셨음이여, 원수 앞에서 [그의] **오른손을 거두시고 맹렬한 불이 사방으로 사름같이 야곱을 사르셨도다.**

하나님께서는 이스라엘 백성의 모든 집을 부수시고 긍휼히 여기지 않으셨다. 그는 유다의 견고한 성들을 허무시고 땅에 엎으셨고 나라와 방백들을 욕되게 하셨다. 그는 맹렬한 진노로 이스라엘의 모든 뿔을 자르셨다. 뿔은 힘과 영광을 상징한다. 그는 원수 앞에서 그의 오른손 곧 힘있는 손을 거두셨다. 애가서에는 '원수' 혹은 '대적'이라는 말이 24번 나온다. 하나님께서는 이스라엘 백성을 돕지 않으셨다. 그는 맹렬한 불이 사방을 사름같이 야곱을 사르셨다. 그는 유다 나라의 모든 귀하고 영광스러운 것들을 천하고 무가치하게 만드셨다.

〔4절〕 원수같이 활을 당기고 대적처럼 오른손을 들고 서서 눈에 아름다운 모든 자를 살륙하셨음이여, 처녀 시온의 장막에 노를 불처럼 쏟으셨도다.

하나님께서는 유다 백성에게 원수같이 행하셨다. 아브라함은 하나님의 벗이라 불리었고(사 41:8), 하나님께서는 이스라엘 백성이 순종하면 "내가 네 대적에게 대적이 될지라"고 약속하셨었으나(사 49:25), 그는 지금 그들에게 원수같이 행하시는 것이다. 그는 원수같이 활을 당기시고 오른손을 들고 서셔서 눈에 아름다운 모든 자들을 살육하셨다. 본문은 바벨론 군대의 살육을 하나님께서 하신 것이라고 말한다. 이 세상의 모든 일은 하나님의 섭리로 행해진다. 그러므로 전쟁을 막고 평화를 유지하는 길은 다른 데 있지 않고 오직 온 백성이 죄를 회개하고 하나님과 화목하고 의와 선을 행하는 데 있다.

〔5-6절〕 주께서 원수같이 되어 이스라엘을 삼키셨음이여, 모든 궁을 삼

키셨고 견고한 성들을 훼파하사 처녀 유다에 근심[슬픔]**과 애통을 더하셨도다. 성막을 동산의 초막같이 헐어 버리시며 공회 처소를 훼파하셨도다. 여호와께서 시온 가운데서 절기와 안식일을 잊어버리게 하시며 진노하사 왕과 제사장을 멸시하셨도다.**

주께서는 원수같이 이스라엘 백성을 멸망시키셨다. 그는 모든 궁과 견고한 성들을 파괴하셨고 유다 백성에게 슬픔과 애통을 더하셨다. 그는 하나님의 성막을 동산의 초막같이 헐어버리시며 유다 백성이 시간을 정하여 모이는 집회 장소를 다 부수셨다. 시온에서 절기와 안식일은 잊혀졌고 왕과 제사장들은 멸시를 당하였다.

〔7-8절〕 여호와께서 또 자기 제단을 버리시며 자기 성소를 미워하시며 궁장(宮墻)[궁궐벽]**을 원수의 손에 붙이셨으매 저희가 여호와의 전에서 훤화하기**[지껄이며 떠들기]**를 절기날과 같이 하였도다. 여호와께서 처녀 시온의 성을 헐기로 결심하시고 줄을 띠고 훼파함에서 손을 거두지 아니하사 성과 곽으로 통곡하게 하셨으매 저희가 함께 쇠하였도다.**

주께서는 자기 소유인 성전의 제단과 성소를 미워하셨고 궁궐벽을 원수의 손에 붙이셨다. 원수들은 절기같이 하나님의 전에서 시끄럽게 떠들었다. 주께서는 예루살렘 성을 헐기로 결심하시고 손을 펴서 그 성을 부수셨다. 성벽은 다 허물어졌고 사람들은 그 광경을 보고 통곡하며 다 쇠약해졌다. 열왕기하 25:8-10, "바벨론 왕 느부갓네살의 19년 5월 7일에 바벨론 왕의 신하 시위대 장관 느부사라단이 예루살렘에 이르러 [며칠 후 5월 10일에(렘 52:12)] 여호와의 전과 왕궁을 사르고 예루살렘의 모든 집을 귀인의 집까지 불살랐으며 시위대 장관을 좇는 갈대아 온 군대가 예루살렘 사면 성벽을 헐었으며."

〔9-10절〕 성문이 땅에 묻히며 빗장이 꺾여 훼파되고 왕과 방백들이 율법 없는 열방 가운데 있으며[열방 가운데 있으며 법이 없으며](KJV, NASB, NIV) **그 선지자들은 여호와의 묵시를 받지 못하는도다. 처녀 시온의 장로들이 땅에 앉아 잠잠하고 티끌을 머리에 무릅쓰고 굵은 베를 허리에 둘렀음이여, 예루살렘 처녀들은 머리를 땅에 숙였도다.**

성문이 땅에 묻히고 문빗장이 꺾여 파괴되고 왕과 방백은 이방인들 가운데 포로로 끌려가고 법이 없는 무법천지가 되었다. 예레미야 52:11, "시드기야의 두 눈을 빼고 사슬로 결박하여 바벨론으로 끌어다가 그 죽는 날까지 옥에 두었더라." 선지자들은 더 이상 하나님의 계시를 받지 못하였다. 장로들은 할 말을 잃고 땅에 잠잠히 앉았고 티끌을 머리에 무릅썼고 굵은 베를 허리에 둘렀다. 유다 백성과 예루살렘 성에게는 더 이상 품위도, 권위도, 영광도 없었다. 평소에 명랑하던 처녀들도 슬픔과 고통 중에 머리를 땅에 숙였다.

본문의 교훈을 정리해보자. 첫째로, 유다와 예루살렘의 멸망은 하나님께서 크게 진노하심으로 이루어졌다. 1절, "슬프다, 주께서 어찌 그리 진노하사." 하나님께서는 유다 백성을 하늘에서 땅에 던지셨고 삼키셨고 엎으셨고 뿔을 자르셨고 불로 사르셨고 살육하셨고 진노를 쏟으셨고 훼파하셨다. 또 그는 왕과 방백들과 제사장들과 장로들과 처녀들과 유다 나라의 아름다운 모든 자들을 다 벌하셨다. 또 그는 모든 거처와 견고한 성들과 모든 궁과 성전과 제단과 집회 장소와 사면 성벽을 다 부수시고 허무셨고 불태우셨으며, 또 절기와 안식일을 폐하셨다. 하나님의 진노는 참으로 두려운 것이었다. 우리는 하나님을 두려워해야 한다. 하나님을 두려워하는 것이 참 지혜와 지식의 시작이다(잠 1:7).

둘째로, 이스라엘 백성이 하나님의 진노를 받게 된 것은 그들이 하나님과 원수 되었기 때문이었다. 그것은 그들이 범죄함으로 그렇게 된 것이다. 사람은 범죄하면 하나님과 원수가 되고 그러면 하나님의 진노를 받게 될 것이다. 그것은 곧 멸망이요 불행이다. 그러므로 우리는 범죄하지 말고 하나님과 원수 되지 말고 하나님과 예수님을 믿고 의와 선을 행해야 한다. 우리는 예수 그리스도를 믿고 죄사함과 의롭다 하심을 얻었고 하나님과 화목되었다. 이것이 성경이 말하는 구원이다. 또 이렇게 구원 얻은 자들은 이제 믿음과 의와 선으로 살고 평안을 누릴 것이다.

11-22절, 하나님께서 내리신 형벌

〔11절〕 내 눈이 눈물에 상하며 내 창자가 끓으며[아프며] **내 간이 땅에 쏟아졌으니 이는 처녀 내 백성이 패망하여 어린 자녀와 젖먹는 아이들이 성읍 길거리에 혼미함**[기진함]**이로다.**

예루살렘이 멸망했을 때 어린 자녀들과 젖먹는 아이들이 길거리에서 기진함을 보고 선지자는 창자가 끓는 눈물을 흘렸다.

〔12-13절〕 저희가 성읍 길거리에서 상한 자처럼 혼미하여[기진하여] **그 어미의 품에서 혼이 떠날 때에 어미에게 이르기를 곡식과 포도주가 어디 있느뇨 하도다. 처녀 예루살렘이여, 내가 무엇으로 네게 증거하며 무엇으로 네게 비유할꼬? 처녀 시온이여, 내가 무엇으로 네게 비교하여 너를 위로할꼬? 너의 파괴됨이 바다같이 크니 누가 너를 고칠소냐?**

어린아이들은 엄마 품에서 빵과 포도 쥬스를 달라고 말했다. 그 성의 멸망은 너무 커서 위로할 말이 없었고 고칠 길이 없었다.

〔14절〕 네 선지자들이 네게 대하여 헛되고 어리석은 묵시를 보았으므로 네 죄악을 드러내어서 네 사로잡힌 것을 돌이키지 못하였도다. 저희가 거짓 경고와 미혹케 할 것만 보았도다.

그 성의 멸망의 한 원인은 거짓 선지자들의 예언들이었다. 그들은 헛되고 어리석은 묵시를 보았고 예루살렘 거민들에게 거짓된 위로와 소망을 전했다. 그들은 부드러운 말만 했고 유다 백성의 죄를 책망하거나 드러내지 않았다. 그러므로 유다 백성은 자기들의 죄를 깨닫지 못했고 죄로부터 떠나지 않다가 마침내 멸망하여 포로로 잡혀갔다.

〔15-16절〕 무릇 지나가는 자는 다 너를 향하여 박장(拍掌)하며 처녀 예루살렘을 향하여 비소하고[비웃고] **머리를 흔들며 말하기를 온전한 영광이라, 천하의 희락이라 일컫던 성이 이 성이냐 하며 너의 모든 원수는 너를 향하여 입을 벌리며 비소하고 이를 갈며 말하기를 우리가 저를 삼켰도다. 우리가 바라던 날이 과연 이 날이라. 우리가 얻기도 하고 보기도 하였다 하도다.**

지나가는 자들과 모든 원수들은 유대인들을 비웃고 조롱하였다.

〔17절〕 여호와께서 이미 정하신 일을 행하시고 옛날에 명하신 말씀을 다 이루셨음이여, 긍휼히 여기지 아니하시고 훼파하사 원수로 너를 인하여 즐거워하게 하며 너의 대적의 뿔로 높이 들리게 하셨도다.

이런 참혹한 예루살렘 멸망은 여호와 하나님께서 이미 작정하신 일을 행하신 것이며 옛날에 명하신 말씀을 이루신 것이었다. 그것은, 단순히 바벨론 군대가 예루살렘을 파괴한 것이 아니었고, 천지의 대주재자 하나님께서 유다를 긍휼히 여기지 않으시고 그 성을 파괴하고 원수들로 즐거워하게 하신 것이었다. 주권적 섭리자 하나님께서 이 모든 일들을 행하신 것이었다.

〔18-19절〕 저희 마음이 주를 향하여 부르짖기를 처녀 시온의 성곽아, 너는 밤낮으로 눈물을 강처럼 흘릴지어다. 스스로 쉬지 말고 네 눈동자로 쉬게 하지 말지어다. 밤 초경에 일어나 부르짖을지어다. 네 마음을 주의 얼굴 앞에 물 쏟듯 할지어다. 각 길머리에서 주려 혼미한[기진한] **네 어린 자녀의 생명을 위하여 주를 향하여 손을 들지어다 하였도다.**

예레미야는 유다 백성들이 하나님을 향해 부르짖고 밤낮 눈물을 강처럼 흘리며 외치라고 말한다. 그는 그들이 밤 초경에 일어나 부르짖고 마음을 하나님의 얼굴 앞에 물 쏟듯 하며 각 길머리에서 굶주려서 기진한 어린 자녀들의 생명을 인해 하나님을 향해 손을 들라고 말한다. 그것은 하나님께 회개와 간구의 기도를 올리라는 뜻이다. 손을 들고 기도하는 것은 하나님께 항복하는 심정으로, 절대 순종을 각오하는 심정으로, 간절히 기도하는 것을 뜻한다. 예루살렘 성의 멸망이 하나님께서 행하신 일임을 안다면, 그들은 이제 하나님께 회개하며 간구하는 것밖에 남은 일이 없다는 것을 알아야 할 것이다.

〔20-21절〕 여호와여, 감찰하소서. 뉘게 이같이 행하셨는지요. 여인들이 어찌 자기 열매 곧 손에 받든(티푸킴 טִפֻּחִים)['안고 어르는'(dandling)(BDB), '건강하게 기른'(KB, NASB)] **아이를 먹으오며 제사장들과 선지자들이 어찌 주의 성소에서 살륙을 당하오리이까? 노유(老幼)**[노인들과 청년들]**는 다 길바닥에 엎드러졌사오며 내 처녀들과 소년들이 칼에 죽었나이다. 주께**

서 진노하신 날에 죽이시되 긍휼히 여기지 아니하시고 살륙하셨나이다.

가장 참담하고 비극적인 일은 여인들이 자기 손으로 안고 길렀던 아이들을 먹은 것이었다. 제사장들과 선지자들도 성소에서 살육을 당했고 노인들과 청년들도 죽임을 당해 길바닥에 엎드러졌으며 처녀들과 소년들도 칼에 죽었다. 주의 진노의 날에 주께서는 유다 백성을 긍휼히 여기지 않으셨고 다 죽이셨다.

〔22절〕 주께서 내 두려운 일을 사방에서 부르시기를 절기에 무리를 부름같이 하셨나이다. 여호와께서 진노하신 날에 피하거나 남은 자가 없었나이다. 내 손에 받들어 기르는 자를 내 원수가 다 멸하였나이다.

하나님께서 진노하시는 날에 피하거나 남은 자들이 없었다.

본문의 교훈을 정리해보자. 첫째로, 온전한 아름다움, 천하의 희락이라고 불리었던 예루살렘 성은 완전히 멸망했다. 어린아이들은 굶주려 기진하여 죽어갔고, 오랫동안 먹지 못했던 부모들은 심지어 자기 자녀들을 잡아먹기까지 하였다. 하나님께서는 진노하신 날에 그들을 죽이셨다. 그의 진노를 피하거나 남은 자가 없었다. 원수들은 어린것들도 다 죽였다. 죄의 값은 멸망이다. 죄를 짓는 자들은 결국 다 망한다.

둘째로, 선지자들은 거짓말을 했고 거짓된 평안과 헛된 소망만 전했다. 그들은 백성의 죄를 드러내거나 책망하지 않았다. 선지자들의 거짓된 설교들은 백성들을 멸망의 길로 인도하였다. 죄를 책망하고 의의 길을 지시하는 바른 설교는 참으로 중요하다. 죄인들에게 평안만을 전하는 것은 속이는 설교이다. 우리는 거짓된 설교를 분별해야 한다.

셋째로, 예루살렘의 멸망은 하나님께서 옛부터 정하신 일을 이루신 것이었다. 하나님께서는 모든 일을 행하시는 주권자이시다. 복도 화도 하나님께로부터 온다. 그는 우리의 생사화복을 주관하신다. 그러므로 우리는 하나님 중심으로만 살아야 한다. 우리는 하나님과 예수 그리스도만 의지하고 모든 죄를 버리고 하나님의 모든 계명에 순종하며 살아야 한다. 거기에 건강과 일용할 양식, 평안과 행복과 영생이 있다.

3장: 선지자의 고통과 소망

1-33절, 진노 중에도 소망이 있음

〔1-3절〕 **여호와의 노하신 매로 인하여 고난 당한 자는 내로다.** [그는] **나를 이끌어 흑암에 행하고 광명에 행치 않게 하셨으며 종일토록**(콜-하이욤 כָּל־הַיּוֹם)[항상](BDB) **손을 돌이켜 자주 자주**[거듭거듭] **나를 치시도다.**

유다 백성의 고통은 하나님께서 내리신 진노의 매이었다. 하나님께서는 그들을 흑암 중에 행하도록 이끄셨다. 광명은 기쁨과 행복을 가리키고, 흑암은 슬픔과 불행을 가리킨다. 그들이 현재 처한 상황은 흑암이다. 슬픔과 고통, 불행과 죽음이다. 하나님께서는 그의 징계의 손을 유다 백성을 향해 펴시고 항상 거듭거듭 징벌하셨다.

〔4-6절〕 **나의 살과 가죽을 쇠하게 하시며 나의 뼈를 꺾으셨고**[부수셨고] **담즙**[고통]**과 수고를 쌓아 나를 에우셨으며 나로 흑암에 거하게 하시기를 죽은 지 오랜 자 같게 하셨도다.**

하나님께서는 유다 백성의 살과 가죽을 쇠하게 하셨고 그들의 뼈를 부수셨다. 유다 백성은 그 전쟁 중에 먹지도 못하고 마음을 쓰고 매 맞고 넘어짐으로 온 몸이 상하고 찢기고 뼈가 부서지고 상하였다. 하나님께서는 고통과 수고로 그들을 둘러싸셨고 그들로 죽은 지 오랜 자 같게 고통과 불행에 가득히 에워싸이게 하셨다.

〔7-9절〕 **나를 둘러싸서 나가지 못하게 하시고 나의 사슬을 무겁게 하셨으며 내가 부르짖어 도움을 구하나 내 기도를 물리치시며 다듬은 돌을 쌓아 내 길을 막으사 내 첩경을 굽게 하셨도다.**

하나님께서는 그들을 둘러싸서 그들로 나가지 못하게 하셨고 그들의 사슬을 무겁게 하셨다. 유다 백성은 바벨론 군인들의 감시 아래 감금되어 자유가 없었고 도피할 곳도 없었다. 하나님께서는 도움을 구하는 그들의 부르짖음을 듣지 않으셨고 그 기도를 물리치셨다. 그는 그들이 그 국가적 재난에 대처하기 위해 의논하고 세운 계획들을 막으셨고 그들이 잘못된 방향으로 가게 하셨다.

〔10-13절〕 저는 내게 대하여 엎드리어 기다리는 곰과 은밀한 곳의 사자 같으사 나의 길로 치우치게 하시며 내 몸을 찢으시며 나로 적막하게 하셨도다. 활을 당기고 나로 과녁을 삼으심이여, 전동(箭筩)[화살통]**의 살로 내 허리**(킬레요사이 כִּלְיוֹתָי)[나의 콩팥]**를 맞추셨도다.**

하나님께서는 엎드려 기다리는 곰과 은밀한 곳의 사자같이 그들을 위협하여 곁길로 가게 하셨고 그들의 몸을 찢으셨고 그들로 적막하게, 쓸쓸하고 비참하게 만드셨다. 또 그는 숙련된 궁수처럼 활을 당기고 과녁을 맞추듯이 그들의 내장을 맞추셨다.

〔14절〕 나는 내 모든 백성에게 조롱거리 곧 종일토록[항상] **그들의 노랫거리가 되었도다.**

유다 백성은 바벨론 나라의 침공을 받아 멸망을 당하면서도 회개하지 않았고 오히려 선지자 예레미야를 항상 조롱하고 멸시하였다.

〔15-18절〕 나를 쓴 것으로 배불리시고 쑥으로 취하게 하셨으며 조약돌로 내 이를 꺾으시고 재로 나를 덮으셨도다. 주께서 내 심령으로 평강을 멀리 떠나게 하시니 내가 복을 잊어버렸음이여, 스스로 이르기를 나의 힘과 여호와께 대한 내 소망이 끊어졌다 하였도다.

유다 백성은 고통으로 배불렀고 그들의 이는 꺾였고 그들의 몸은 재로 더러워졌다. 평안과 형통의 복은, 잊혀진 옛 이야기가 되었다. 그들은 힘과 소망을 잃었고 낙심과 절망만 있었다.

〔19-23절〕 내 고초와 재난(마루드 מָרוּד)[안정 없음](BDB, NASB, NIV) **곧 쑥과 담즙을 기억하소서. 내 심령이 그것을 기억하고 낙심이 되오나 중심에 회상한즉 오히려 소망이 있사옴은 여호와의 자비와 긍휼이 무궁하시므로 우리가 진멸되지 아니함이니이다. 이것이 아침마다 새로우니 주의 성실**(에무나세카 אֱמוּנָתֶךָ)[주의 신실하심]**이 크도소이다.**

유다 백성은 하나님의 징벌로 큰 고난을 당하고 정처 없이 방황하고 있다. 그것은 쑥과 담즙같이 그들의 심령에 쓴 고통이며 또 이런 고통 중에 그들은 낙심하고 있었다. 그러나 낙망할 만한 큰 고난 중에도 소망이 있었다. 그 소망은 하나님의 크신 자비와 긍휼에 근거한 소망이었다. 이것은 성경 전체의 중요한 진리이다. 죄로 인하여 회복 불가능하게 된 죄인들의 구원은 전적으로 하나님의 자비와 긍휼에 근거한다. 또 그 소망은 하나님의 크신 신실하심에 근거하였다. 우리의 구원도 하나님의 크신 자비와 긍휼에 근거했고 그의 신실하심으로 이루어졌다. 이 사실은 오늘 우리에게도 날마다, 아침마다 새롭다.

〔24-26절〕 내 심령에 이르기를 여호와는[께서는] **나의 기업이시니 그러므로 내가 저를 바라리라 하도다. 무릇 기다리는 자에게나 구하는 영혼에게 여호와께서 선을 베푸시는도다. 사람이 여호와의 구원을 바라고 잠잠히 기다림이 좋도다.**

예레미야는 남은 이스라엘을 대신하여, "여호와는 나의 기업이시니 그러므로 내가 저를 바라리라"고 고백한다. 이것은 경건한 고백이다. 땅의 것을 재산과 기업으로 삼는 자는 땅이 불탈 때 그의 소망이 땅과 함께 사라질 것이지만, 하나님을 재산과 기업과 복으로 삼는 자는 그 소망과 영광이 영원할 것이다. 하나님께서는 인생의 참 소망이 되신다. 그는 우리의 기쁨과 힘과 위로가 되신다. 또 그는 그를 기다리며 구하는 자에게 선을 베푸신다. 하나님의 구원을 바라고 잠잠히 기다리는 것이 믿음이다. 하나님께서는 그를 믿고 의지하며 소망하는 자에게 선과 복을 베푸신다. 시편 62:1, "나의 영혼이 잠잠히 하나님만 바람이여, 나의 구원이 그에게서 나는도다."

〔27-30절〕 사람이 젊었을 때에 멍에를 메는 것이 좋으니 혼자 앉아서 잠잠할 것은 주께서 그것을 메우셨음이라. 입을 티끌에 댈지어다. 혹시 소망이 있을지로다. 때리는 자에게 뺨을 향하여 수욕으로 배불릴지어다.

유다 백성은 지금 하나님의 징벌로 큰 고난 가운데 있다. 그러나 젊었을 때 멍에를 메는 것이 좋다. 왜냐하면 단련을 받아서 거룩하고 온전한 인격이 되어 인생을 살 수 있기 때문이다. 그가 지금 당하는 고난의 멍에는 하나님께서 친히 메우신 것이니 잠잠히 또 입을 티끌에 대듯이 겸손히 하나님 앞에 굴복하며 고난을 당하는 것이 좋다.

〔31-33절〕 이는 주께서 영원토록 버리지 않으실 것임이며 저가 비록 근심케 하시나 그 풍부한 자비대로 긍휼히 여기실 것임이라. 주께서 [즐거운 마음으로] **인생으로 고생하며 근심하게 하심이 본심이 아니시로다.**

고난 받는 유다 백성이 소망 중에 인내하며 대처할 수 있는 이유는, 주께서 그들을 영원토록 버리지 않으실 것이기 때문이다. 주께서 그들을 근심케 하셨지만 그의 풍부한 자비대로 긍휼히 여기실 것이다. 주께서는 즐거운 마음으로 인생을 고생케 하시거나 근심케 하신 것이 아니다. 그는 택자들을 향해 크신 자비와 긍휼을 가지고 계신다.

본문의 교훈을 정리해보자. 첫째로, 죄는 사람에게 하나님의 진노를 가져오고 또 고난과 불행을 초래한다. 그러므로 우리는 죄를 멀리해야 한다. 사람에게 있어서 죄 짓지 않는 것은 최상의 삶이다. 의로운 삶은 충만한 평안을 가져오며(사 48:18) 몸의 건강까지도 보장된다(잠 3:7-8).

둘째로, 이스라엘 백성은 죄 때문에 큰 징벌을 받았지만, 하나님의 본심은 그들에게 고난을 주는 것이 아니었다. 33절, "주께서 인생으로 고생하며 근심하게 하심이 본심이 아니시로다." 하나님께서는 선하시며 모든 좋은 것을 주신다. 평안과 행복은 본래 사람을 위해 예비된 바이다. 사람은 범죄함으로 모든 것들을 잃었으나, 우리는 하나님의 크신 은혜와 그의 아들 예수 그리스도의 십자가 대속 사역으로 죄와 멸망에서 구원을 얻었다(롬 3:23-24). 우리는 하나님의 본심을 알아야 한다.

셋째로, 우리는 고난 중에 잠잠히 하나님만 바라야 한다. 21-22절, "중심에 회상한즉 오히려 소망이 있사옴은 여호와의 자비와 긍휼이 무궁하시므로 우리가 진멸되지 아니함이니이다." 26절, "사람이 여호와의 구원을 바라고 잠잠히 기다림이 좋도다." 우리는 때때로 하나님께서 주시는 고난을 달게 받으며 잠잠히 긍휼의 하나님만 바라고 죽는 날까지 의와 선을 힘써 행해야 한다. 그것이 성도의 본분이며 승리의 길이다.

34-66절, 하나님의 구원을 사모함

〔34-36절〕 세상에 모든 갇힌 자를 발로 밟는 것과 지극히 높으신 자의 얼굴 앞에서 사람의 재판을 굽게 하는 것과 사람의 송사를 억울케 하는 것은 다 주의 기쁘게 보시는 것이 아니로다.

하나님께서는 갇힌 자를 학대함과 불의한 재판을 미워하신다.

〔37-39절〕 주의 명령이 아니면 누가 능히 말하여 이루게 하랴. 화, 복이 지극히 높으신 자의 입으로 나오지 아니하느냐? 살아 있는 사람은 자기 죄로 벌을 받나니 어찌 원망하랴.

유다 백성에게 임한 재앙은 하나님의 명령으로 이루어진 것이다. 하나님께서는 '주' 즉 주권자이시다. 세상의 모든 일들은 그의 주권적 작정과 섭리의 일들이다. 사람의 복과 재앙이 다 지극히 높으신 자의 입으로부터 나온다. 그것이 하나님에 대한 바른 지식이다. 하나님의 징벌을 받는 이는 고난 중에 하나님께 원망해서는 안 된다. 하나님께서는 공의의 통치자시며 사람은 자기의 심은 대로 거두기 때문이다.

〔40-41절〕 우리가 스스로 행위를 조사하고 여호와께로 돌아가자. 마음과 손을 아울러 하늘에 계신 하나님께 들자.

유다 백성은 자신의 행위를 살피고 회개하여 하나님께로 돌아가야 하며 마음과 손을 하늘에 계신 하나님께 들어야 한다. 마음과 손을 하나님께 든다는 말은 진지하고 간절한 기도를 말한다고 본다. 하나님께 돌아온 사람은 하나님께 진지하고 간절한 기도를 올릴 것이다. 유다 나라의 소망은 오직 참된 회개와 간절한 기도에 있다. 하나님의 긍휼이 아니고서는 그 나라는 다시 세워지지 못할 것이다.

〔42-43절〕 우리의 범죄함과 패역함을 주께서 사하지 아니하시고 진노로 스스로 가리우시고 우리를 군축(窘逐)하시며[뒤쫓으시며] **살륙하사 긍휼을 베풀지 아니하셨나이다.**

유다 나라의 멸망의 원인은 그들의 범죄함과 패역함 때문이었다. 하나님께서는 유다의 범죄함과 패역함을 용서치 않으셨고 진노하여 그들을 뒤쫓으셨고 죽이셨고 긍휼을 베풀지 않으셨다. 죄가 죽음과 모든 불행의 원인이다. 죄가 예루살렘의 멸망의 원인이었다.

〔44-47절〕 주께서 구름으로 스스로 가리우사 기도로 상달치 못하게 하시고 우리를 열방 가운데서 진개(塵芥, 먼지)(세키 סְחִי)[쓰레기, 찌꺼기]**와 폐물을 삼으셨으므로 우리의 모든 대적이 우리를 향하여 입을 크게 벌렸나이다. 두려움과 함정과 잔해와 멸망이 우리에게 임하였도다.**

하나님께서 구름으로 자신을 가리우심으로 그들의 기도는 그 앞에 상달치 못했다. 그들이 하나님의 은혜의 날에 그를 찾지 않다가 징벌과 환난의 날에 그를 찾았으나, 하나님께서는 그 기도를 듣지 않으셨다. 하나님께서는 그들을 열방 중에 쓰레기와 같이 여기셨다. 대적들은 그들을 조롱하고 멸시하였고 두려움과 멸망이 그들에게 임했다.

〔48-51절〕 처녀 내 백성의 파멸을 인하여 내 눈에 눈물이 시내처럼 흐르도다. 내 눈의 흐르는 눈물이 그치지 아니하고 쉬지 아니함이여, 여호와께서 하늘에서 살피시고 돌아보시기를 기다리는도다. 나의 성읍의 모든 여자를 인하여 내 눈이 내 심령을 상하게 하는도다.

예레미야는 예루살렘 성의 멸망과 참혹한 재앙의 현실 앞에 하염없이 울었다. 그의 눈에는 눈물이 시내처럼 흘렀고 그치지 않았다. 그러나 그런 중에도 그는 하늘에 계신 주권자 하나님께서 그들을 긍휼히 여기시고 그들을 살피시고 돌아보시기를 기다렸다.

〔52-54절〕 무고히 나의 대적이 된 자가 나를 새와 같이 심히 쫓도다. 저희가 내 생명을 끊으려고 나를 구덩이에 넣고 그 위에 돌을 던짐이여, 물이 내 머리에 넘치니 내가 스스로 이르기를 이제는 멸절되었다 하도다.

예레미야는 백성을 대신하여 말하는 것 같다. 유다 백성은 바벨론 군사들에게 잘못한 것이 없으나 그들은 까닭 없이 독수리가 먹이를 쫓듯이 심히 쫓았다. 유다 백성은 고난의 깊은 구덩이에 던지웠고 물이 머리에 넘친 것과 같았다. 그들은 죽은 것과 다름이 없었다.

〔55-56절〕 여호와여, 내가 심히 깊은 구덩이에서 주의 이름을 불렀나이

다. 주께서 이미 나의 음성을 들으셨사오니 이제 나의 탄식과 부르짖음에 주의 귀를 가리우지 마옵소서.

절망적 상황에서 주권자 하나님께 기도할 수 있다는 것은 성도만의 특권이다. 또 그것은 모든 어려운 문제의 해결책이기도 하다. 유다 백성은 과거에 하나님의 응답을 여러 번 체험하였었다. 그런 체험에 근거하여 선지자는 현재의 고난 중에 하나님께 부르짖어 기도한다.

〔57-59절〕 내가 주께 아뢴 날에 주께서 내게 가까이 하여 가라사대 두려워 말라 하셨나이다. 주여, 주께서 내 심령의 원통을 펴셨고[송사들을 변호하셨고] **내 생명을 속하셨나이다. 여호와여, 나의 억울을 감찰하셨사오니 나를 위하여 신원(伸寃)하옵소서**[나의 송사를 판단하소서](KJV, NASB).

하나님께서 주시는 기도 응답의 첫 단계는 마음의 평안이다. 구체적인 응답은 그 다음에 온다. 예레미야는 과거에 하나님께서 자신의 억울함을 갚아주셨고 현재의 억울한 형편도 감찰하심을 확신한다. 과거의 체험은 현재의 지침이 된다. 과거에 공의로 섭리하신 하나님께서는 현재도 모든 일을 공의로 보응하실 것이 분명하다.

〔60-63절〕 저희가 내게 보수(報讐)하며 나를 모해(마카솨바 מַחֲשָׁבָה)[해치려 계획]**함을 주께서 다 감찰하셨나이다. 여호와여, 저희가 나를 훼파**[훼방](국한문 개역)[비방]**하며 나를 모해**[해치려 계획]**하는 것 곧 일어나 나를 치는 자의 입술에서 나오는 것과 종일**[항상] **모해**[해치려 계획]**하는 것을 들으셨나이다. 저희가 앉든지 서든지 나를 노래하는 것을 주여, 보옵소서.**

전지하신 하나님께서는 사람들의 모든 말과 행위를 다 감찰하시고 들으시며 공의로 보응하신다. 그는 악한 바벨론 사람들이 유다 백성을 향해 원수를 갚고 해치려는 악한 계획들을 한 것을 다 감찰하셨고 그들이 유다를 비방하는 악한 말들을 다 들으셨고 다 보셨다.

〔64-66절〕 여호와여, 주께서 저의 손으로 행한 대로 보응하사 그 마음을 강퍅하게 하시고 저주를 더하시며 진노로 저희를 군축(窘逐)하사[내쫓으사] **여호와의 천하에서 멸하시리이다**[멸하소서]

원문은 네 개의 명령형 동사(미완료시제 단축형)로 되어 있으며 그것들은 다 기도의 내용들이다. 첫째는, '보응하소서'라는 말이다. "저의 손으로 행한 대로 보응하소서." 하나님께서는 행한 대로 갚으시는 공의의 하나님이시다(전 12:14; 시 1:6; 롬 2:6-8; 계 20:12).

둘째는, '주소서'라는 말이다. "그 마음을 강퍅하게 하시고 저주를 더하소서." 직역하면, "그들에게 마음의 강퍅함을, 그들에게 저주를 주소서." 완고함은 그 자체가 하나님의 심판이며 징벌이다. 강퍅함과 완고함을 가진 자는 결코 회개할 수 없다. 그것은 하나님의 저주이다.

셋째는, '쫓아내소서'라는 말이다. "저희를 진노로 쫓아내소서."

넷째는, '멸하소서'라는 말이다. "저희를 여호와의 천하에서 멸하소서." 하나님의 공의의 심판은 악인들의 영원한 징벌과 멸망이다.

본문의 교훈을 정리해보자. 첫째로, 유다의 멸망은 하나님의 징벌이었다. 37-38절, "주의 명령이 아니면 누가 능히 말하여 이루게 하랴. 화, 복이 지극히 높으신 자의 입으로 나오지 아니하느냐?" 우리는 하나님의 주권을 인정해야 한다. 주권적 섭리자를 아는 것이 참 경건이다.

둘째로, 유다의 멸망은 그들의 범죄함과 패역함 때문에 온 것이며 그들에게 소망이 있다면 회개하고 하나님께로 돌아가는 것이다. 40-41절, "우리가 스스로 행위를 조사하고 여호와께로 돌아가자. 마음과 손을 아울러 하늘에 계신 하나님께 들자." 우리는 하나님께로 돌아가야 한다. 이것은 모든 사람에게 해당되는 진리이다. 모든 사람은 자신의 부족을 깨닫고 불경건과 부도덕의 모든 죄를 버리고 하나님께로 돌아와 회개의 합당한 열매를 맺어야 한다. 그것이 하나님의 진노를 피하는 길이다.

셋째로, 성도는 고난 중에서 하나님께 기도해야 한다. 55절, "여호와여, 내가 심히 깊은 구덩이에서 주의 이름을 불렀나이다." 59절, "여호와여, 나의 억울을 감찰하셨사오니 나의 송사를 판단하옵소서." 시편 46:1은, "하나님께서는 우리의 피난처시요 힘이시니 환난 중에 만날 큰 도움이시라"고 말했다. 우리는 고난 중에서 하나님께 기도해야 한다.

4장: 예루살렘 거민을 낮추심

1-12절, 거름더미를 안았음

〔1-2절〕 슬프다, 어찌 그리 금이 빛을 잃고 정금이 변하였으며 성소의 돌이 각 거리 머리에 쏟아졌는고. 시온의 아들들이 보배로와 정금에 비할러니 어찌 그리 토기장이의 만든 질항아리같이 여김이 되었는고.

금이 빛을 잃고 정금이 변했다는 말은 예루살렘 성의 낮아진 형편을 묘사한다. 전에는 정금과 같았으나 지금은 빛을 잃은 정금이 되었다. 마치 정금이 빛을 잃고 정금 아닌 물질로 변한 것처럼, 예루살렘 성은 비천한 상태에 떨어졌다. 성소의 돌은 길거리에 쏟아지고 버려졌다. 전에 정금같이 보배로웠던 시온의 아들들은 이제는 토기장이가 만든 질그릇같이 별 가치 없는 존재로 여김을 받았다.

〔3-5절〕 들개(탄닌 תַּנִּין)[재칼들](여우와 이리 중간쯤 되는 짐승)(BDB, NASB)**는 오히려 젖을 내어 새끼를 먹이나 처녀 내 백성은 잔인하여 광야의 타조 같도다. 젖먹이가 목말라서 혀가 입천장에 붙음이여, 어린 아이가 떡을 구하나 떼어 줄 사람이 없도다. 진수**[맛있는 음식]**를 먹던 자가 거리에 외로움이여, 전에는 붉은 옷을 입고 길리운 자가 이제는 거름더미를 안았도다.**

사나운 짐승인 재칼도 자기 새끼에게는 젖을 먹이지만, 유다 백성은 짐승보다 더 잔인하여 광야의 타조같이 자기 자식을 돌보지 않는다. 젖 먹는 아기는 젖을 먹지 못해 목이 말라 혀가 입천장에 붙고 어린아이들은 먹을 빵을 구하나 떼어 줄 자가 없었다. 맛있는 음식만 골라 먹던 아이들은 이제 거리에서 처량하였고, 붉은 옷을 입고 길리우던 자들은 이제 천한 자같이 거름더미를 안았다. '거름더미를 안았다'는 말은 그들의 비천해짐을 잘 보인다.

〔6절〕 전에 소돔이 사람의 손을 대지 않고 경각간에[한 순간에] **무너지더니 이제 처녀 내 백성의 죄가 소돔의 죄악보다 중하도다.**

예루살렘 성의 멸망은 그들의 죄에 대한 하나님의 징벌이었다. 그들의 죄는 옛날의 소돔 성의 죄악보다 더 무거웠다. 옛날에 소돔 성이 사람의 손을 대지 않고 순식간에 멸망했듯이, 예루살렘 성과 유다 나라는 하나님의 징벌로 처참하게 멸망하였다. 예루살렘의 처참한 멸망의 원인은 다른 것 때문이 아니고, 바로 그들의 죄악 때문이었다.

〔7-8절〕 전에는 존귀한 자(네지레하 נְזִירֶיהָ)[그들의 성별된 자들](BDB, NASB)**의 몸이 눈보다 깨끗하고 젖보다 희며 산호**[혹은 '홍옥'(KJV, NIV)]**보다 붉어 그 윤택함이 마광한 청옥 같더니 이제는 그 얼굴이 숯보다 검고 그 가죽이 뼈에 붙어 막대기같이 말랐으니 거리에서 알 사람이 없도다.**

유다 나라의 성별된 자들이나 방백들은 몸이 눈보다 깨끗하고 우유보다 희며 홍옥보다 붉고 윤택함이 광나는 청옥 같았으나, 이제는 얼굴이 숯보다 더 검게 되었고 거리에서 알아볼 자가 없으며(원문 순서) 그 가죽이 뼈에 붙었고 몸이 막대기같이 말랐다.

〔9-10절〕 칼에 죽은 자가 주려 죽은 자보다 나음은 토지 소산이 끊어지므로 이들이 찔림같이 점점 쇠약하여 감이로다. 처녀 내 백성의 멸망할 때에 자비한 부녀[여인들이]**가 손으로 자기 자녀를**[자기들의 자녀들을] **삶아 식물을 삼았도다.**

굶어 죽어가는 자들의 모습이 처참하기 때문에, 선지자는 차라리 칼에 죽은 자들이 굶어 죽은 자보다 낫다고 말한다. 예루살렘 멸망의 가장 처참한 모습은 그 거민들이 너무 굶주려 평소에 인자하던 여인들이 손으로 자기 자녀들을 삶아 먹은 일이었다. 그것은 이미 2:20에서도 말한 사실이었다: "여호와여, 감찰하소서. 뉘게 이같이 행하셨는지요. 여인들이 어찌 자기 열매 곧 손에 받는 아이를 먹으오며." 원문은 한 명이 아니고 여러 명이 그러하였음을 암시하기를, '여인들'이 '자기들의 자녀들'을 삶아 먹었다고 증거한다.

이것은 이미 모세의 율법에서, 그들이 하나님의 음성을 듣지 않고 그 명령을 행치 않고 그것을 멸시하고 싫어하고 그 언약을 배반할 때

내려질 것이라고 경고된 바이다. 레위기 26:29, "너희가 아들의 고기를 먹을 것이요 딸의 고기를 먹을 것이며." 신명기 28:53, "네가 대적에게 에워싸이고 맹렬히 쳐서 곤란케 함을 당하므로 네 하나님 여호와께서 네게 주신 자녀 곧 네 몸의 소생의 고기를 먹을 것이라."

〔11-12절〕 여호와께서 분을 발하시며 맹렬한 노를 쏟으심이여, 시온에 불을 피우사 그 지대를 사르셨도다[삼키셨도다]. **대적과 원수가 예루살렘 성문으로 들어갈 줄은 세상 열왕과 천하 모든 백성이 믿지 못하였었도다.**

예루살렘 성의 멸망은 하나님께서 분을 발하시며 맹렬한 노를 쏟으신 일이었다. 하나님께서는 시온에 불을 피우셨고 그 기초를 삼키셨다. 원수들이 예루살렘 성에 들어가 그 성을 비참하게 멸망시키리라고는 세상의 열왕들과 백성들도 믿지 못하였었다. 그러나 그들이 상상하거나 예상하지 못한 일이 현실에서 일어났다. 하나님께서는 일반 사람들의 예상을 뒤엎으시고 예언된 징벌을 그들에게 내리셨다. 예루살렘 성은 처참하게, 비극적이게 멸망하였다.

본문의 교훈을 정리해보자. 첫째로, 죄가 모든 불행의 원인이며 죄를 회개하고 죄를 짓지 않는 것이 모든 행복의 시작이다. 악인에게는 평안이 없다(사 48:22). 사람이 죄성 있는 육신을 가지고 살고 있는 세상에서 죄를 완전히 짓지 않는 것은 불가능할지라도, 구원 얻은 성도는 죄를 멀리하고 죄 짓지 않기 위해 힘써야 한다. 우리는 죄를 멀리해야 한다.

둘째로, 하나님께서는 죄에 대해 반드시 벌하신다. 예루살렘의 멸망은 우리에게 거울이 된다. 하나님께서는 죄인에게 진노하시고 심판하시는 공의의 하나님이시다. 우리는 하나님의 진노를 두려워해야 한다.

셋째로, 우리는 범죄했을 때 즉시 회개해야 한다. 예수께서는 "회개하라, 천국이 가까웠느니라"고 말씀하셨다(마 4:17). 사도 바울도 복음을 전할 때 하나님께 대한 회개를 전했다(행 20:21). 회개는 결코 뒤로 미룰 일이 아니다. 우리는 깨달은 죄를 즉시 회개하기를 힘써야 한다.

13-22절, 지도자들의 죄 때문에

〔13절〕 그 선지자들의 죄와 제사장들의 죄악을 인함이니 저희가 성읍 중에서 의인[들]**의 피를 흘렸도다.**

유다 나라의 멸망은 백성의 죄악 때문일 뿐 아니라, 또한 지도자들의 죄악 때문이었다. 실상, 지도자들의 죄악이 더 중요하다. 한 사회는 그 지도자가 어떤 자인가에 따라 그 평안의 여부에 차이가 난다. 유다 지도자들인 선지자들과 제사장들은 성읍 중에서 의인들의 피를 흘리는 가증한 죄를 범했다. 의와 진리를 선포하고 공의를 시행해야 할 자들이 의인들의 피를 흘리고 악인들의 악을 용납한 것이다.

〔14-15절〕 저희가 거리에서 소경같이 방황함이여, 그 옷이 피에 더러웠으므로 사람이 만질 수 없도다. 사람[들]**이 저희에게 외쳐 이르기를 부정(不淨)하다, 가라, 가라, 가라, 만지지 말라 하였음이여, 저희가 도망하여 방황할 때에 이방인이 이르기를 저희가 다시는 여기 거하지 못하리라 하였도다.**

'저희'는 선지자들과 제사장들을 가리키는 것 같다. 그들은 소경같이 방황했다. 실상 그들은 영적 소경이었다. 그들의 옷은 피에 더러워져서 사람이 만질 수 없는 것이 되었다. 나병 환자에게 '부정(不淨)하다'고 외치며 진 밖으로 나가 살게 했듯이(레 13:45-46), 그들은 다 부정(不淨)한 자같이 되었다. 이제 그들은 이방나라에 포로로 잡혀갈 것이며 이 땅에 다시 거하지 못할 것이다.

〔16절〕 여호와께서 노하여 흩으시고 다시 권고치(힙비트 הִבִּיט)[쳐다보지, 존중하지, 돌아보지] **아니하시리니 저희가 제사장들을 높이지 아니하였으며 장로들을 대접지 아니하였음이로다.**

'여호와께서 노하여'라는 원어(프네 여호와 פְּנֵי יְהוָה)는 '여호와의 얼굴'이라는 뜻이다. 여호와의 얼굴 곧 진노하신 여호와 하나님께서 유다 백성을 흩으시고 다시 돌아보지 않으실 것이다. 전에는 하나님께서 이스라엘 백성을 이방나라들과 달리 사랑하셨고 주목하며 귀히 여기셨으나(신 11:12), 지금은 그렇지 않다. 그는 지금 진노의 얼굴을 그들에게 향하셨다. 본절 후반부의 '저희'는 유다의 원수들을 가리킬 것이다. 그들은 유다 나라의 존귀한 지도자들, 제사장들과 장로들을 높이거나 대접하지 않을 것이다. 바르게 행하며 백성을 평안하게 하는 지도자들은 존중히 여김을 받을 것이지만, 악을 행하며 백성으로 화를 당케 하는 자들은 모욕을 당할 것이다.

〔17-20절〕 우리가 헛되이 도움을 바라므로 우리 눈이 상함이여, 우리를 구원치 못할 나라를 바라보고 바라보았도다. 저희가 우리 자취를 엿보니 우리가 거리에 행할 수 없음이여, 우리의 끝이 가깝고 우리의 날이 다하였고 우리의 마지막이 이르렀도다. 우리를 쫓는 자가 공중의 독수리보다 빠름이여, 산꼭대기에서도 쫓고 광야에도 매복하였도다. 우리의 콧김 곧 여호와의 기름 부으신 자가 저희 함정에 빠졌음이여, 우리가 저를 가리키며 전에 이르기를 우리가 저의 그늘 아래서 열국 중에 살겠다 하던 자로다.

유다 백성들은 그들을 구원치 못할 나라 곧 애굽을 바라보고 헛된 도움을 기대했다. 그러나 유다가 바벨론의 침략을 받았을 때, 애굽은 그들에게 아무런 도움을 주지 못했고 그들의 멸망을 막아주지 못했다. 그들의 외교적 노력과 군사 대국과의 동맹이 무용지물이었다.

원수들은 유다 백성을 가까이서 엿보았고 눈으로 볼 수 있는 거리에서 예루살렘 거민들을 관측하고 있었다. 예루살렘의 멸망 곧 유다의 멸망이 가까웠고 그 마지막 날이 이르렀다. 그들을 쫓는 바벨론 군대는 공중의 독수리보다 빨라서 유다 백성은 산꼭대기로도 광야로도 도망칠 수 없고 멸망을 피할 수 없을 것이다.

20절의 '우리의 콧김'은 '우리의 코의 호흡'이라는 말로 하나님의 기름 부으신 자 곧 왕을 가리켰다고 본다. 유다 멸망 때의 왕은 시드기야이었다. 유다 백성은 그 왕이 그들을 잘 다스려 열국 가운데서 평안하게 살 줄로 생각했으나, 그는 원수들의 함정에 빠졌고 사로잡혔다. 하나님께서는 사람의 모든 헛된 소망과 기대, 헛된 의지물을 다

파하셨다. 애굽 나라도 그들의 왕도, 하나님께서 허락하신 것이 아닌 모든 인간적 소망과 의지물은 다 헛되었다.

〔21-22절〕 우스 땅에 거하는 처녀 에돔아, 즐거워하며 기뻐하려무나. [그러나](NASB) **잔이 네게도 이를지니 네가 취하여 벌거벗으리라. 처녀 시온아, 네 죄악의 형벌이 다하였으니 주께서 다시는 너로 사로잡혀 가지 않게 하시리로다.** [그러나](NASB) **처녀 에돔아, 주께서 네 죄악을 벌하시며 네 허물을 드러내시리로다.**

에돔은 우스 땅에 거하는 자들이라고 표현된다. 이 '우스'는 욥의 고향인 우스(욥 1:1)와 같은 지역일 것이다. 에돔 사람들은 멸망하는 유다를 보면서 기뻐하고 있었다. 예레미야는 이제 에돔에 대해 비꼬며 "에돔아, 즐거워하며 기뻐하려무나"라고 말한다. 그러나 실상 그는 에돔이 슬퍼해야 할 소식을 전하고 있다. 에돔은 하나님의 진노의 잔을 받을 것이다. 하나님께서는 에돔 사람들의 죄악을 벌하시며 그들의 허물을 드러내실 것이다. 그러나 반면 그는 유다 백성에게는 그들의 죄의 벌이 끝나고 다시는 포로로 잡혀가는 일이 없는 날이 올 것이라고 말씀하신다. 유다와 예루살렘 성의 멸망이라는 고통스런 상황 속에서도 하나님께서는 그들에게 소망과 위로의 말씀을 주신다.

하나님께서는 세계 열국을 공의로 섭리하신다. 그는 자기 백성 유다라도 범죄할 때 혹독하게 징벌하셨다. 유다의 멸망을 비웃고 기뻐하던 에돔은 장차 하나님의 공의의 징벌을 받게 될 것이다. 그러나 하나님께서 택하신 백성인 유다는 때가 되면 회복될 것이다. 이와 같이, 세계 역사는 하나님의 작정과 섭리로 진행되고 성취될 것이다.

본문의 교훈을 정리해보자. 첫째로, 온 세상은 하나님의 섭리의 손 안에 있다. 세계사는 하나님의 손 안에서 진행된다. 하나님께서는 때때로 암울하게 보이는 일들까지도 섭리하셔서 그의 뜻을 이루신다. 개인의 일도, 교회의 일도, 국가의 일도, 세계의 일도 다 그러하다. 그러므로 우리는 세계 역사의 진행을 두려워 말고 오직 섭리자 하나님만 바라보아야 한다. 우리는 온 세상의 창조자요 섭리자이신 하나님과 그의 아들 우리 주 예수 그리스도를 믿고 성삼위일체 하나님만 바라고 의지하고 섬겨야 한다. 이것이 모든 사람에게 가장 귀하고 중요한 일이다.

둘째로, 하나님 없이 가진 혹은 하나님을 대적하여 가진 모든 인간적 소망은 헛되다. 불경건은 가장 근본적 죄악이다. 개인뿐 아니라, 국가의 소망도 하나님께 있다. 국가의 안전은 정치 외교나 경제나 군사력에 있지 않다. 각종 미사일이나 이지스함이나 F-35 전투기 같은 최첨단 무기들을 많이 소유하는 것이나 한미동맹을 견고히 하는 것이 나라의 평안을 보장하는 것은 아니다. 하나님께서 허락하지 않으시는 모든 소망과 의지물은 실상 다 헛되다. 하나님께서는 불경건하고 우상숭배적이고 부도덕한 나라를 지키지 않으신다. 현세의 평안과 형통, 미래의 영생과 천국은 오직 하나님께서 주신다. 시편 39:7, "주여, 내가 무엇을 바라리요? 나의 소망은 주께 있나이다." 우리는 헛된 소망을 버려야 한다.

셋째로, 하나님께서는 모든 일을 공의로 섭리하신다. 죄를 짓고 악을 행하는 자는 누구든지 엄한 벌을 받을 것이다. 그러나 경건하게 살고 의와 선을 행하는 자는 평안과 형통을 누릴 것이다. 에녹은 65세에 므두셀라를 낳았고 므두셀라를 낳은 후 3백년을 하나님과 동행하며 자녀를 낳았으며 그는 365세를 살았었다(창 5:22). 창세기 6:9, "노아는 의인이요 당세에 완전한 자라. 그가 하나님과 동행하였으며." 하나님 앞에 살고 하나님과 동행하는 것이 경건이다. 또 참된 믿음은 하나님의 계명을 순종함으로 의롭고 선한 행실로 증거된다. 그러므로 우리는 하나님만 믿고 의지하고 오직 신구약성경에 증거된 그의 모든 명령과 교훈을 힘써 지키고 행해야 한다. 미가 6:8, "사람아, 주께서 선한 것이 무엇임을 네게 보이셨나니 여호와께서 네게 구하시는 것이 오직 공의를 행하며 인자(仁慈)[자비]를 사랑하며 겸손히 네 하나님과 함께 행하는 것이 아니냐?" 우리는 오직 경건하게 살고 의와 선을 행해야 한다.

5장: 이스라엘의 회복을 간구함

〔1-5절〕 여호와여, 우리의 당한 것을 기억하시고 우리의 수욕을 감찰하옵소서. 우리 기업이 외인에게, 우리 집들도 외인[이방인들]**에게 돌아갔나이다. 우리는 아비 없는 외로운 자식**[고아]**이오며 우리 어미는 과부 같으니 우리가 은을 주고 물을 마시며 값을 주고 섶**[땔감]**을 얻으오며 우리를 쫓는 자는 우리 목을 눌렀사오니 우리가 곤비하여 쉴 수 없나이다.**

예레미야는 유다 나라와 예루살렘 성의 멸망으로 인해 당한 비극적 상황을 하나님께서 돌아보시기를 구한다. 그 모든 불행에 대해 그에게 탄원할 수 있다는 것은 확실히 그들에게 남은 소망이었다.

하나님께서 주신 그들의 땅과 집들은 다 이방인들에게로 돌아갔다. 각 가정은 자녀들과 여자들을 보호하고 책임져줄 자들이 없었다. 그들은 아버지 없는 고아들이며 그들의 어머니는 과부 같았다. 그들은 물을 마시기 위해 돈을 주어야 하였고 땔감을 얻기 위해 값을 주어야 했다. 그들은 기본적 식생활에 어려움이 있었다. 그들을 쫓는 자들은 그들의 목을 눌렀고 그들은 피곤하며 휴식을 취할 수 없었다.

〔6절〕 우리가 애굽 사람과 앗수르 사람과 악수하고['사람에게 손을 주고,' '복종하고'(NASB, NIV)] **양식을 얻어 배불리고자 하였나이다.**

'악수한다'는 원어는 '손을 준다'는 말로 상대에게 충성을 맹세하거나 복종하겠다는 뜻이라고 보인다. 역대상 29:24, "모든 방백과 용사와 다윗 왕의 여러 아들이 솔로몬 왕에게 복종하니[손을 주니]." 에스라 10:19, "저희가 다 손을 잡아 맹세하여[손을 주며] 그 아내를 보내기로 하고." 유다 사람들은 배불리 양식을 얻기 위해 애굽 사람들과 앗수르 사람들에게 충성을 맹세하고 복종하였다.

〔7-8절〕 우리 열조는 범죄하고 없어졌고 우리는 그 죄악을 담당하였나이다. 종들이 우리를 관할함이여, 그 손에서 건져낼 자가 없나이다.

예레미야는 그들이 선조들의 죄악을 담당하였다고 말한다. 선조들이 범죄했고 지금 다 죽고 없어졌고 그 자녀들은 그 선조들의 죗값을 받고 있다. 사람이 지은 죄의 값은 자신이나 자녀들이 반드시 받아야 한다. 바벨론 제국의 종들은 유다 백성을 다스렸다. 유다 백성은 온갖 학대를 당했으나, 그들의 손에서 건져내어줄 자가 아무도 없었다.

〔9-11절〕 광야에는 칼이 있으므로 죽기를 무릅써야 양식을 얻사오니 주림의 열기로 인하여 우리의 피부가 아궁이처럼 검으니이다(카마르 כָּמַר)[달아오르니이다, 탔나이다](BDB, NASB, NIV). **대적이 시온에서 부녀들을, 유다 각 성에서 처녀들을 욕보였나이다.**

광야에는 바벨론 군인들의 칼이 있었기 때문에 그들이 먹을 것을 얻기 위하여 광야로 나가는 것은 죽을 각오를 하지 않으면 할 수 없는 일이었다. 그들은 여러 날 먹지 못하였기 때문에 그들의 피부는 아궁이처럼 탔다. 또 대적자들은 시온에서 부녀자들을, 유다 각 성에서 처녀들을 학대하고 욕보였다. 전쟁의 결과는 비참하였다. 거기에는 사람의 기본적 도덕성도, 양심도, 인정도 없었다.

〔12-14절〕 방백들의 손이 매어달리며 장로들의 얼굴이 존경을 받지 못하나이다. 소년들이 맷돌을 지오며[돌리오며] **아이들이 섶을 지다가 엎드러지오며 노인은 다시 성문에 앉지 못하며 소년은 다시 노래하지 못하나이다.**

방백들은 손이 매어 달리기까지 하였고 장로들의 얼굴은 존경을 받지 못하였다. 이전에 사람들에게 존경을 받던 자들이 이제는 모욕과 부끄러움을 당하였다. 이전에 그렇게 힘든 일을 해본 적이 없는 어린 소년들이 무거운 맷돌을 돌렸고 어린아이들은 땔감을 지다가 힘들어 엎드러졌다. 노인들은 이전처럼 성문에 앉아 담소하거나 성안의 재판사건을 처리하는 일들을 하지 못했고 젊은이들은 이전처럼 즐거운 노래를 부르지 못하였다.

〔15-18절〕 우리 마음에 희락이 그쳤고 우리의 무도(舞蹈)[춤]**가 변하여 애통이 되었사오며 우리 머리에서 면류관이 떨어졌사오니 오호라, 우리의 범죄함을 인함이니이다. 이러므로 우리 마음이 피곤하고 이러므로 우리 눈**

이 어두우며 시온산이 황무하여 여우가 거기서 노나이다.

그들의 마음에 기쁨과 즐거움이 그쳤고 춤이 애통으로 변하였다. 그들의 머리에서 아름다운 면류관이 땅에 떨어졌다. 이스라엘에게서 영광이 떠났다. 예레미야는 이 모든 비극적 현실이 자신들의 죄 때문에 왔다고 말한다. 모든 불행은 사람의 죄 때문에 온다. 그것은 개인이나 가정이나 국가나 마찬가지다. 그들의 죄의 결과로, 그들의 마음은 피곤하였고 그들의 눈은 어두웠으며 시온산은 황무해져서 사람들이 거하는 대신에 여우들이 뛰노는 놀이터로 변하였다.

〔19-20절〕 여호와여, 주는 영원히 계시오며 주의 보좌는 세세에 미치나이다. 주께서 어찌하여 우리를 영원히 잊으시오며 우리를 이같이 오래 버리시나이까?

예레미야는 이런 상황에서 하나님을 앙망하며 그의 영원하심과 그의 영원한 통치자 되심(NASB, NIV)을 고백한다. 시편 9:7, “여호와께서 영영히 앉으심이여, 심판을 위하여 보좌를 예비하셨도다.” 선지자는 하나님께서 자기 백성을 영원히 잊으시고 버리실 것인지 질문한다. 사람들은 현재의 비극적 징벌과 재앙으로 낙심하지만, 선지자는 하나님의 섭리가 그때에도 진행되고 이루어지고 있음을 믿고 있다.

〔21-22절〕 여호와여, 우리를 주께로 돌이키소서. 그리하시면 우리가 주께로 돌아가겠사오니 우리의 날을 다시 새롭게 하사 옛적 같게 하옵소서. 주께서 우리를 아주 버리셨사오며 우리에게 진노하심이 특심하시니이다[만일 주께서 우리를 아주 버리지 않으셨고 우리에게 진노하심이 특심하지 않으시다면](NASB, NIV).

“여호와여, 우리를 주께로 돌이키소서. 그리하시면 우리가 주께로 돌아가겠사오니”라는 기도는 사람이 전적으로 부패하고 무능력해져 있음과 구원이 오직 하나님의 은혜로만 가능하다는 진리를 증거한다. 예레미야는 사람의 전적 부패성과 무능력을 증거했다. 예레미야 17:9, “만물보다 거짓되고 심히 부패한 것은 마음이라.” 예레미야 13:23,

“구스인이 그 피부를, 표범이 그 반점을 변할 수 있느뇨? 할 수 있을진대 악에 익숙한 너희도 선을 행할 수 있으리라.”

사람의 전적 부패성과 무능력, 구원의 전적 은혜성은 신약시대에도 사도 바울을 통해 밝히 증거되었다. 로마서 8:7-8, “육신의 생각은 하나님과 원수가 되나니 이는 하나님의 법에 굴복치 아니할 뿐 아니라 할 수도 없음이라.” 로마서 9:18, “하나님께서 하고자 하시는 자를 긍휼히 여기시고 하고자 하시는 자를 강퍅케 하시느니라.”

또 구원은 사람의 본래의 영광스런 상태로의 회복이다. 성경은 그것을 예언한다. 그것은 사도행전 3:21에 기록된 ‘만유를 회복하실 때’이며 요한계시록 21:1에 예언된 ‘새 하늘과 새 땅’이며 21:5에 언급된 대로 하나님께서 만물을 새롭게 하시는 세상의 큰 변화이다.

본장의 교훈을 정리해보자. 첫째로, 사람의 죗값은 심히 크고 무섭다(7, 16절). 하나님께서는 심판자이시다. 그는 사람의 죄에 대해 고생과 파멸, 몸의 죽음과 영원한 지옥으로 벌하신다(계 21:8). 주 예수께서는 인류의 죄의 대가를 치루기 위해 이 세상에 오셨고 십자가에 죽으셨다.

둘째로, 그러므로 우리는 범죄치 말아야 한다. 하나님의 구원은 죄로부터의 구원이며, 구원 얻은 자는 다시는 죄를 범치 말아야 한다. 죄가 없는 인격과 세상이 하나님의 구원의 목표이며 섭리의 목표이다. 구원은 죄사함이며 신앙생활의 일차적 목표는 죄를 짓지 않는 것이다.

셋째로, 우리는 하나님의 은혜와 구주 예수님의 의만 의지해야 한다. 21절, “여호와여, 우리를 주께로 돌이키소서. 그리하시면 우리가 주께로 돌아가겠사오니.” 로마서 3:24, “그리스도 예수 안에 있는 구속(救贖)으로 말미암아 하나님의 은혜로 값없이 의롭다 하심을 얻은 자 되었느니라.” 빌립보서 3:8, “모든 것을 해로 여김은 내 주 그리스도 예수를 아는 지식이 가장 고상함을 인함이라.” 우리는 하나님의 은혜와 구주 예수님의 십자가 대속의 의만 의지하고 감사하며 찬송하며 증거해야 한다.

저자 소개

연세대학교 문과대학 철학과 졸업 (B.A.).
총신대학 신학연구원[신학대학원] 졸업 (M.Div. equiv.).
미국, Faith Theological Seminary 졸업 (Th.M. in N.T.).
미국, Bob Jones University 대학원 졸업 (Ph.D. in Theology).
계약신학대학원 교수 역임, 합정동교회 담임목사.

〔**역서**〕 J. 그레셤 메이천, 신약개론, 신앙이란 무엇인가? 등 다수.

〔**저서**〕 구약성경강해 1, 2, 신약성경강해, 조직신학, 기독교교리개요, 기독교 윤리, 현대교회문제, 자유주의 신학의 이단성, 교회연합운동 비평, 복음주의 비평, 현대교회문제자료집, 기독교신앙입문, 천주교회비평 등.

예레미야 및 애가 강해

2012년 9월 28일 1판
2019년 8월 16일 2판
2024년 6월 7일 3판

저 자 김 효 성

발행처 옛신앙 출판사
Old-time Faith Press
www.oldfaith.net
서울특별시 마포구 독막로 26 (합정동)
합정동교회 내
02-334-8291, 팩스 02-337-4869
oldfaith@hjdc.net
등록번호: 제10-1225호

ISBN 978-89-98821-97-5 03230 값 7,000원

♣ '**옛신앙**'이란, 옛부터 하나님의 선지자들과 주 예수 그리스도의 사도들이 가졌던 신앙, 오직 정확 무오(正確無誤)한 하나님 말씀인 신구약 성경에만 근거한 신앙, 오늘날 배교(背敎)와 타협의 풍조에 물들지 않는 신앙을 의미합니다.

"여호와께서 이같이 말씀하시되 '너희는 길에 서서 보며 **옛적 길** 곧 **선한 길**이 어디인지 알아보고 그리로 행하라. 너희 심령이 평강을 얻으리라' 하나, 그들의 대답이 '우리는 그리로 행치 않겠노라' 하였으며"(렘 6:16).